Simonis
Über Gott und die Welt
Gottes- und Schöpfungslehre

Walter Simonis

Über Gott und die Welt

Gottes- und Schöpfungslehre

Patmos

Bibliografische Information der Deutschen Bibliothek

Die Deutsche Bibliothek verzeichnet diese Publikation in der
Deutschen Nationalbibliografie; detaillierte bibliografische Daten
sind im Internet unter http://dnb.ddb.de abrufbar.

© 2004 Patmos Verlag GmbH & Co. KG, Düsseldorf
Alle Rechte vorbehalten
1. Auflage 2004
Umschlaggestaltung: Groothuis, Lohfert, Consorten (Hamburg) unter
Verwendung einer Miniatur aus der Bible moralisée, Frankreich, um 1270
Satz: Typo Fröhlich GmbH, Düsseldorf
Druck und Bindung: Bercker Graph. Betriebe, Kevelaer
ISBN 3-491-70375-1
www.patmos.de

Inhalt

Einleitung

»Auferstehung und ewiges Leben? Die wirkliche Entstehung des Oster-glaubens« (2002) sollte, wie dort auf S. 13 gesagt, die Einleitung zu einer umfassenden systematischen Theologie sein, ihr erster Band, in dem es um die Begründung und Rechtfertigung des christlichen Glaubens über-haupt geht; Fundamentaltheologie also. Auf dem Prüfstand selbstkriti-scher Reflexion standen aber nicht ein bloßes Glauben oder Gläubigsein als solches, sondern auch schon der Inhalt, das Dogma, das Was des christlichen Glaubens. Näherhin der Inhalt, von dem ich (mit Paulus 1 Kor 15,13ff) meine, daß er den eigentlichen Kern unseres Glaubens ausmacht (s. dort S. 9-12); und der somit gleichsam das Salz in der Suppe aller weite-ren Reflexionen, Auslegungen und Interpretationen des Glaubens sein müßte. Ohne dieses Salz wird christliche Theologie schal. Es allein gibt ihr unverwechselbaren Eigengeschmack und macht sie unterscheidbar von anderen Gerichten, die heute zur Sättigung von Geist, Seele und Leib des Menschen angeboten werden. Ja, ohne dieses Salz, nämlich den Glauben an Auferstehung und ewiges Leben, kurz: an ein Jenseits, wird Theologie als etwas Eigenes gegenstandslos, somit eigentlich überflüssig. Was sie ohne dies sonst noch zu sagen weiß, das können, jedenfalls prinzipiell gesehen, andere auch sagen; und sie tun es längst, ohne dazu eines from-men, dekorativen theologischen Überbaus zu bedürfen. Das betrifft auch die Schöpfungstheologie.

Der fundamentaltheologische Einleitungsband handelte vom Glauben an Auferstehung und ewiges Leben, er kreiste also im wesentlichen um *Eschatologie*, um die Fragen nach den sogenannten letzten Dingen. Nun besteht die Theologie bekanntlich nicht nur aus Eschatologie; sonst be-dürfte es nicht dieses Bandes zur Schöpfungstheologie und weiterer Bände, Christologie, Ekklesiologie und Sakramentenlehre. All das, was es zu diesen theologischen Themen zu sagen gibt, steht aber gleichsam innerhalb der großen eschatologischen Klammer – so wie das christliche Credo zusammengehalten wird durch das »Ich glaube« zu Beginn und das »an das ewige Leben« am Ende. Und all das in der Klammer Stehende ist »in nuce«, »im Kern«, »im Grunde« auch schon »enthalten« im Glauben an Auferstehung und ewiges Leben. Die vielen weiteren Wahrheiten des christlichen Glaubens, seine Lehren und Dogmen, sie sind konkretisie-rende Entfaltungen und Auslegungen des Grundlegenden und Maßge-benden: des Glaubens an Auferstehung und ewiges Leben: *Explizierung* des in diesem Glauben *Implizierten*. Ihre Würze haben diese Explikationen, eben die theologischen Reflexionen über die christlichen Glaubenswahrheiten, also auch nur, wenn und solange als in ihnen das Salz dieses Glaubens zu schmecken ist. Nicht irgendeines Glaubens, sondern genau *des* Glaubens, der von der Wirklichkeit des Jenseits überzeugt ist. Näherhin: nicht von der Wirklichkeit *irgendeines* Jenseits – ein solches könnte dann auch »das süße Nichts« heißen; aber ein solches Jenseits wäre schlichtweg uninteressant –, sondern des Jenseits des *Diesseits*. Das heißt, die weiteren Explikationen und Lehrstücke/Traktate der Theologie kommen aus der Eschatologie, sie haben sozusagen ihren Ursprung im (Glauben an das) Jenseits. Nur als von daher begründete sind sie eigentlich interessant.

Was heißt das nun für die vorliegende Gottes- und Schöpfungslehre? Das Gemeinte wird deutlicher, wenn ich den Titel präzisiere. Er müßte dann so lauten: »*Über den Glauben* an Gott und die Welt«. Mit dem Glauben ist aber kein anderer gemeint als der Glaube an das Jenseits, über den im 1. Band nachgedacht wurde. Das heißt, Gegenstand dieser Schöpfungstheologie ist nicht einfachhin »Gott« und die »Welt«. Vielmehr gehen wir aus von der Überzeugung des Glaubens, daß es das Jenseits gibt, und fragen von daher gleichsam zurück, re-flektieren darüber, wie dann von Gott und von der Welt *heute* zu denken ist. Wir denken gewissermaßen von der Zukunft her – die sie ja jedenfalls für uns persönlich noch ist – zurück an die Gegenwart; und, soweit dies möglich und sinnvoll ist, auch an die Vergangenheit, aus der die gegenwärtige Welt geworden ist.

Die Bewegung der Schöpfungstheologie ist also auch Reflexion/Rückwendung in einem ganz wörtlichen Sinne. Der Glaube selbst ist gewissermaßen nur nach vorne orientiert: auf das Jenseits, die Vollendung, das »Ziel« hin. Das war, wie das Neue Testament zur Genüge dokumentiert, in der Kirche von Anfang an so. Das Vatikanum II spricht von der Kirche als dem wandernden Gottesvolk; wobei entscheidend ist und den Unterschied zu Israels Glauben ausmacht: Ziel dieses Wanderns ist nicht eine innerweltliche Zukunft, ein messianisches Gottesreich im Diesseits, sondern die geglaubte Vollendung im Jenseits. Das ist dem Glauben das Entscheidende, das Wichtigste. Dabei kann er es als, wie ich sagen möchte, »einfacher« Glaube auch bleiben lassen. Die Schöpfungstheologie greift dies auf und blickt von dort her auch zurück. Sie expliziert, was dem einfachen Glauben nur mehr oder weniger selbstverständlich ist: Jenseits, ewiges Leben, das kann es überhaupt nur geben, wenn es einen Gott gibt. Ein wirklicher Gott kann aber nicht nur ein Gott des Jenseits sein. Das Jenseits soll ja die Vollendung unseres Diesseits, nicht etwas *ganz* anderes sein. Also muß der Gott des Jenseits auch schon der Gott des Diesseits sein, wenn anders mit »Jenseits« und »Diesseits« diese eine, identische Welt gemeint ist, nicht zwei verschiedene Welten.

Das Explizieren des Glaubens seitens der theologischen Reflexion lebt selbst allein aus dem Interesse des Glaubens am Jenseits. Erst dieses Interesse gibt dem, was sie nun inhaltlich über den einfachen Glauben hinaus zu sagen hat (oder auch nicht zu sagen hat), seine Würze. Wäre nicht das als wirklich geglaubte Jenseits ihr eigentliches Formalobjekt, so wäre Schöpfungstheologie eigentlich uninteressant. Ihr Gegenstand wäre allein das Heute, die diesseitige Welt einschließlich ihrer geschichtlichen Herkunft und möglichen Zukunft. Kurz, die Welt, so wie sie war, ist und sein wird bzw. werden kann. Alles, was es dazu zu sagen gibt, ist aber prinzipiell empirisches Wissen, für das es heute weder Glauben noch Theologie braucht.

Schöpfungstheologie wurzelt im Glauben an das Jenseits, und in diesem Glauben blickt sie zurück auf das Heute und sein Gewordensein, seine Vergangenheit, auf die empirische diesseitige Welt, ihre Natur und ihre Geschichte, um sie als Gottes Schöpfung zu verstehen. Aber das ändert an der empirischen Welt selbst gar nichts. Sie ist und bleibt, wie sie ist. Ob die Welt in sieben Tagen entstand, ob sie zig Milliarden Jahre alt ist, oder ob sie einmal gar nicht existierte, das sind an sich reine Tatsachenfragen. Jede Annahme läßt die schöpfungstheologische Aussage zu, daß die Welt von Gott geschaffen ist. Denn diese Aussage ist eine universale, allgemeine, streng metaphysische Aussage. Sie gilt von allem und jedem Einzelnen. *Was* und *wie* aber dieses »alles« und »jedes Einzelne« ist, darüber sagt sie nichts, das sagt uns allein unser empirisches Natur- und Geschichtswissen. Natur und Geschichte *als* Schöpfung zu betrachten, also durchaus als Schöpfung eines unendlichen Gottes!, das macht weder die Natur noch die Geschichte anders, als sie ist. Der richtig verstandene Schöpfungsbegriff besagt ja genau dies, daß Gott die Welt, das Nichtgöttliche es selbst sein macht, sein läßt. Selbstverständlich besagt er auch, daß die Welt *seine* Welt ist, immer ihm gehört, bis in die letzten Fasern ihres Seins durch ihn, in ihm und mit ihm ist. (S. Apg 17,28.) Aber eben als sie selbst. Und was und wie dieses »sie selbst« ist und aussieht, dafür ist allein unser empirisches Wissen und unser Nachdenken über die Welt zuständig. An ihm ändert *bloße Schöpfungstheologie* gar nichts, rein wissensmäßig, »wissenschaftlich« gesehen ist sie überflüssig. Sie erklärt nichts, sie löst kein intellektuelles Problem oder Rätsel. Selbst *daß* es empirisch unbeantwortbare Fragen und Probleme gibt, dies gegenüber »der Wissenschaft« bzw. gegenüber naiver Wissenschaftsgläubigkeit festzustellen, auch dazu bedarf es nicht erst der Schöpfungstheologie. Dazu genügt schon ein wenig philosophisches Nachdenken oder auch nur gesunder Menschenverstand.

Ich verdeutliche das Gemeinte mit der, wenn nicht wahren, so doch gut erfundenen Anekdote vom Gespräch zwischen Napoleon und dem Astronomen und Philosophen Laplace: Laplace legt Napoleon sein System dar, Napoleon fragt, wo in diesem System denn Gott bleibt. Die Antwort: Diese Hypothese brauche ich nicht. – Laplace hatte völlig Recht! Er war auch keineswegs so unkritisch naiv zu meinen, ein exaktes wissenschaftliches System der Welt beantworte alle möglichen Fragen, erkläre alles, mache alles klar für uns und durchsichtig. Nein, was er sagen wollte war: Wenn es Unklarheiten, Fragen, Probleme, bloße Wahrscheinlichkeiten gibt, dann hilft die »Hypothese Gott« auch nicht weiter. Die zu erklärende Sache selbst bleibt so dunkel wie zuvor. Die Hypothese Gott als Erklärung anzunehmen erweitert nur das Problem: »Gott« fungiert zwar als Antwort auf die Frage nach dem an der Sache selbst nicht bzw. noch nicht vorfindbaren Warum und Wieso, bleibt aber selbst »unklar«. »Gott« als *Erklärung* der Sache selbst anzunehmen, ist also nur Gewohnheit, um nicht zu sagen: Bequemlichkeit des Denkens. In Wirklichkeit bleibt alles so unklar wie zuvor. Daß die Gestirne sich bewegen ist klar. Warum sie sich eigentlich bewegen, bleibt unklar. (Naturgesetze beschreiben lediglich das Wie ihres Sichbewegens, sie setzen das Daß bereits voraus.) Doch auch die Hypothese »Gott bewegt sie« macht das *Sich*bewegen der Gestirne weder klarer noch unklarer, sie läßt es, wie es ist. Zur Erklärung ist sie überflüssig, auch wenn sie mit dem Anspruch und Anschein des Erklärthabens auftritt.

1 Abgrenzungen

Schöpfungstheologie soll Ergebnis der Reflexion über den Glauben an »Auferstehung und ewiges Leben« sein. Ihr Thema heißt dann »Gott und die Welt«. Sie ist weder *bloße Gottes*lehre, noch ist sie *bloße*, und sei es noch so kritisch sich gebärdende *Welt*betrachtung. Das Salz, die Würze der Schöpfungstheologie ist geradezu das »und« in dem »Gott und die Welt«. Wohin aber gerät Theologie, in der dieses »und« in den Hintergrund tritt und in ihr selbst keine maß- und richtungsgebende Funktion mehr ausübt? Dazu im folgenden einige kritische Bemerkungen.

1.1 Zur Theologie als Sorge um den wahren, unverwechselbaren Gott

Zur Notwendigkeit einer eigenen Gotteslehre ließe sich anführen, es müsse das erste und eigentliche Interesse der Theologie *als Theo*logie sein, einer Verabsolutierung und Vergötzung der Welt, der Weltmächte und ihrer Idole einschließlich des Menschen selbst kritisch Einhalt zu gebieten: Nicht die Welt oder wer oder was auch immer in ihr ist »der Herr«, das Letzte und Höchste, sondern Gott, ihr Schöpfer! Nicht auf Götzen haben wir zu setzen und zu vertrauen, sondern auf Gott, der der eigentliche, erste und letzte Grund aller Weltwirklichkeit ist. Ihn also, der immer wieder verwechselt werde mit den Mächten der Welt, ihren Ansprüchen und Glücksverheißungen, muß Schöpfungs*theo*logie erst einmal ins Recht setzen. Schon um des wahren Gottes willen ist eine eigene Gotteslehre notwendig.

Das hört sich gut an. Ich bestreite natürlich gar nicht, daß es an sich richtig ist: Gott ist Gott, nicht Welt. Sie ist endlich, er ist unendlich. Auch bestreite ich gar nicht, daß man von diesem Standpunkt her die ganze Geschichte der Religionen darstellen und interpretieren kann als ein ständiges Ringen um den wahren Gott. Indes bestreite ich sehr wohl, daß dies *für uns heute* noch ein *wirkliches* Problem ist, ein Streit, zu dessen Lösung es unbedingt einer eigenen *Theologie* bedürfte. Ich habe vielmehr den Eindruck, hier schafft sich die Theologie Pappkameraden, um selbst munter weiterschießen zu können und zu müssen, um selbst interessant und im Geschäft zu bleiben. Das ist Theologie von gestern und für gestern.

Wie sieht denn unsere Wirklichkeit aus? Heute! Und wohl erst recht morgen! Wie es früher war, lasse ich einmal auf sich beruhen. Kann man da ernsthaft behaupten, es werde (immer noch) der wahre Gott mit allen möglichen oder unmöglichen Götzen verwechselt? Anstelle des wahren Gottes regierten Geld, Macht, Sex, Erfolg die Welt. Sie würden heute von den Menschen angebetet! Sie müßte die Theologie als Götzen entlarven! Ich halte das ganz schlicht für weltfremde Schreibtischtheologie, die sich an sich selbst berauscht und befriedigt, statt erst einmal die wirklichen Menschen zu befragen. Natürlich wollen die Menschen Geld, Macht, Sex, Erfolg, jeder so gut es geht. Das war gestern so, das ist heute so, und das wird wohl auch morgen so sein. (Nur zwischendurch: So hat *Gott* die Welt gemacht!) Aber welcher Mensch sieht denn in einem dieser »Götzen« wirklich Gott? Jeder halbwegs vernünftige Zeitgenosse weiß doch, daß Geld allein nicht glücklich macht, daß Macht vergänglich ist, daß Sex nicht alles ist, daß Erfolg neben Mißerfolg steht. Darüber muß ihn kein Theologe erst mit ernster Miene belehren. Und wenn ihm der Theologe versichert, daß der wahre Gott der andere, der unendliche Gott und Herr und Schöpfer von allem ist, nicht eine von diesen Mächten der Welt, so wird er trocken zurückfragen: Ja und? Was ändert das? Wenn er wirklich unendlich ist und somit der Schöpfer dieser Welt, inklusive meiner selbst, dann ist es doch gerade sein Schöpfungswille, daß *wir* in der Welt aus *unserem* Dasein das Beste machen. Und wenn wir das tun, heißt das doch nicht, wir würden wirklich Irdisches verabsolutieren, es mit Gott verwechseln, es an seine Stelle setzen. So dumm sind wir gar nicht, Endliches mit Unendlichem zu verwechseln. Das ist sozusagen schon per definitionem ausgeschlossen.

Oder, so könnte unser Zeitgenosse nachstoßen, willst du mit deinem unendlichen Gott und Schöpfer doch noch etwas anderes, als nur zu sagen, daß die angeblichen Götzen dieser Welt nur Götzen sind; was mir aber nichts wirklich Neues ist? Geht es darum, daß ich erst mit dem wahren, unendlichen Gott wirklich gut und besser leben werde? Meinst du, nur wenn ich auf den wahren Gott setze und vertraue, dann wird es viel besser mit meinem jetzigen Leben? Ihn als den wahren Gott glauben, das ist erst die wahre »Kraft zum Leben«.

Aber das kommt mir doch irgendwie bekannt vor! War es nicht immer schon in der Religionsgeschichte so, daß *der* Gott als der *wahre* Gott angenommen wurde, der die größten Erfolge in der Welt vorzuweisen hatte, der den Menschen den meisten Nutzen brachte? Der ihnen die beste »Kraft zum Leben« war. Obwohl es doch ihre eigene Lebenskraft war. Gehst du nicht nach demselben Schema vor? So nämlich: Die Götzen von heute sind nicht der wahre Gott – wobei du aber, ich wiederhole es, nur Eulen nach Athen trägst! –, der wahre Gott ist der unendliche Schöpfer und Herr der Welt. An ihn allein ist zu glauben, ihm allein ist zu vertrauen. Erst so gelingt mein Leben, wird es wirklich gut.

Doch einmal ganz abgesehen davon, daß sich auch darin nur die uralte Schematik durchhält, nach der derjenige am erfolgreichsten ist, der auf den richtigen Gott setzt – hier heißt der »Erfolg« so: Ich darf und kann das Leben, die Welt voll Vertrauen annehmen, bejahen –, bringt dieses bloße Glauben an einen unendlichen Schöpfergott wirklich mehr, wenn es nur um das Diesseits, die jetzige Welt geht? Schon zu dem »Erfolg« des Vertrauendürfens und Vertrauenkönnens läßt sich sagen: Schön und gut, aber wenn, dann ist das doch auf jeden Fall *mein* Vertrauen, *mein* Lebensmut, *mein* Optimismus. Aber brauche ich dazu wirklich erst Gott bzw. den Glauben an ihn? Ist das nicht schon eine ganz natürliche Sache? Eine Sache nicht zuletzt individueller psychischer Veranlagung, dann aber, ganz allgemein des Daseins und Lebens überhaupt? Leben, wenn es nun einmal da ist und solange es lebt, setzt nun einmal alles daran zu leben, und zwar im Vertrauen auf sich selbst. Wie sollte es auch anders gehen? Daß *letztlich*, oder auch erstlich, hinter und in allem ein unendlicher Gott steht und waltet, das ist damit gar nicht ausgeschlossen. Aber auf ihn zu vertrauen, das beinhaltet für jetzt, wenn überhaupt etwas, dann ebensogut alles wie nichts. Damit ist in konkreto kein Problem gelöst, keine Frage beantwortet. Nüchtern sagt der Volksmund: Hilf dir selbst, dann hilft dir Gott. Kann ich aber mir selbst nicht helfen und hilft mir niemand und nichts in der Welt, so hilft mir auch Gott bzw. alles Vertrauen auf ihn hier nicht weiter. So ist nun einmal die Welt, und so bleibt sie auch als Schöpfung Gottes.

Also: Wenn es dir nur um den ganz anderen Gott geht, der nicht mit den »Göttern der Welt« zu verwechseln sei, nichts dagegen! Wenn es aber nur um das bessere Diesseits geht, so ist das im Grunde ein alter Hut, nur moderner gestylt, nämlich nicht mehr so bunt und grell daherkommend wie früher, sondern eher in dezentem Grau. Soll dieser wahre Gott wirklich von Interesse für mich sein, dann mußt du das schon deutlicher sagen: *Was* bietet er mehr, als das Diesseits ohnehin schon zu bieten vermag. Nur um dieses Mehr willen wäre er interessant.

1.2 Zur Schöpfungstheologie als Sorge um unsere Welt

Bloße *Schöpfungs*theologie, der es nur um die jetzige, diesseitige Welt geht, wird zur Begleiterin dessen, was ohnehin der Fall ist. Das ist auch dann noch der Fall, wenn sie sich als kritische Instanz innerhalb der Welt, der Schöpfung gebärdet; wenn sie also nicht nur gegen »falsche Götter« zu Felde zieht – an die ohnehin kein Mensch wirklich glaubt –, sondern im Namen des wahren Schöpfergottes gegen das Böse in der Welt kämpft. So etwa, indem sie Gerechtigkeit und Freiheit einfordert: »politische Theologie«. So etwa, indem sie die Bewahrung der Schöpfung auf ihren Schild erhebt, Umweltzerstörung anprangert, einen neuen Umgang mit der Schöpfung fordert: »ökologische Schöpfungstheologie«.

Damit hier kein Mißverständnis entsteht: Auch ich bin unbedingt gegen Ungerechtigkeit, gegen Umweltzerstörung, für die Erhaltung einer Welt, in der man gerne lebt. Wer ist das nicht! Doch sogleich kommen die Fragen. Sobald es nämlich um das konkrete Wie im einzelnen geht! Da hilft die Berufung darauf, daß Gott eine gerechte Welt will, daß es sicher gegen Gottes Schöpfungswillen wäre, die Schöpfung zu zerstören, keinen Schritt weiter. Das ist alles so richtig, wie es allgemein bleibt. Bekanntlich steckt aber der Teufel nicht im Allgemeinen, sondern im Detail.

Doch nehmen wir es einmal hin, daß es in der Tat unendlich viel Böses, Schlechtes in der Welt gibt, das zu kritisieren, zu verbessern, zu verurteilen ist. Und daß die Schöpfungstheologie genau darin ihre eigentliche Aufgabe findet, diese Kritik wahrzunehmen. Was sie aber dazu sagen kann, das ist doch nur dies: Wir, die Menschen müssen etwas ändern, wir müssen uns selbst ändern. Nur wenn wir uns ändern, wenn wir etwas tun, wenn wir nicht so weitermachen wie bisher, dann wird es besser werden. Wenn nicht, dann sieht die Zukunft schlimm aus.

Das sind altbekannte Töne. Und sicher ist etwas Wahres daran. Denn kein vernünftiger Mensch bestreitet, daß es, ganz allgemein gesagt, Böses in der Welt gibt. Aber: Was diese Schöpfungstheologie betreibt, was sie umtreibt, das ist doch, ganz allgemein gesagt, nur »Natur«, nur natürlich. Sie wiederholt und bestätigt lediglich das, was die Natur selbst immer schon will und propagiert, daß nämlich das Gute über das Böse siegen will und soll. Das schreibt sie auf ihre schöpfungstheologische Fahne. Doch das, was sie als ihr eigenstes theologisches Programm erklärt, das tut die Natur, die Welt ohnehin immer schon, auch ohne Schöpfungstheologie. Sonst existierte sie schon längst nicht mehr. Damit ist gar nicht in Abrede gestellt, daß dieser Weltprozeß im einzelnen auch immer wieder Böses, Ungerechtigkeit, Zerstörung hervorgebracht hat. Aber wenn es ums Einzelne geht, hat die Schöpfungstheologie dazu auch keine Patentrezepte.

Ein wenig konkreter: politische Theologie als Kampf gegen Armut, Ungerechtigkeit, Unterdrückung usw. Wer von uns wäre schon dagegen? Aber das ist bereits »Natur«. Keine »Natur« will hungern, dürsten und frieren, jede »Natur« kämpft gegen das, was in ihren Augen ungerecht ist, keine »Natur« will unterdrückt werden. Ökologische Theologie: Auch da läuft Schöpfungstheologie nur der »Natur« hinterher. Ja, sie beruft sich in der Sache (mit Recht) auf die Natur selbst: Nur ein Gleichgewicht der Arten und ein schonender Umgang mit der jeweiligen spezifischen Umwelt sichert das Überleben aller. Wo hingegen diese Regel nicht eingehalten wird, kommt es zur Katastrophe, zum Kollaps des Systems. Überhaupt keine Frage, daß der Mensch/die Menschheit nicht untergehen will; daß er etwas dagegen tun muß. Aber das tut er schon aus ganz natürlichem Eigeninteresse heraus. Dazu braucht er Verstand und Vernunft, die eine ökologische Schöpfungstheologie nicht ersetzen oder gar überflüssig machen kann. Im Gegenteil kann Schöpfungstheologie nur auf dieses natürliche Eigeninteresse verweisen. Das aber wird nicht schon dadurch anders, besser oder schlechter, daß es als dem Schöpfungswillen Gottes entsprechend deklariert wird.

Bloße Schöpfungstheologie wiederholt nur, was ohnehin der Fall ist. Das tut sie auch da, wo sie sich als kritische Instanz gegen das Bestehende gebärdet. Da bestätigt sie eben, daß es in der Welt auch böse zugeht, was indes die Opfer schon selbst wissen. Gesetzt einmal, die Welt wäre befriedet, es wäre also erreicht, was solche Schöpfungstheologie eigentlich wollte, es gäbe also nichts mehr zu kritisieren oder zu verurteilen, so wäre sie eigentlich gegenstandslos, arbeitslos. Oder sollte es dann ihre eigene Sache immer noch sein, die Erinnerung an all diejenigen zu bewahren, die auf dem Wege dorthin nur Opfer waren; »gefährliche Erinnerung« an all das gewesene Böse? Und das sei auch heute schon ihre eigentliche Funktion.

Doch die bloße Erinnerung an das vergangene Böse, an die Opfer, die der Weg zu dieser befriedeten Welt gekostet hat, müßte diese selbst nicht einmal stören. Sie könnte sich sagen: Wir haben doch nur das Beste aus der Welt gemacht, wir haben das Böse überwunden, und das ist doch wohl nur im Sinne des Schöpfergottes. Und wenn es auf dem Weg nach hier, in der Vergangenheit Opfer gab, dann fällt das doch auf den Schöpfer zurück, nicht auf uns. *Er* hat doch die Welt so gemacht, daß wir erst jetzt in Frieden leben. Für die Opfer des Bösen in der Vergangenheit sind wir nicht verantwortlich. Wir haben, wie gesagt, aus seiner Welt nur das Beste gemacht.

Im Grunde ist nur kritische Theologie doch nur die alte der in der Welt zu kurz Gekommenen. Eine Theologie derer, denen das Diesseits, die Welt nicht gut genug ist. Nur, daß sie es nicht mehr wagt (wie man es früher tat), ausdrücklich das Jenseits (und sei es als *Ausgleich* für das erlittene Böse) in der Welt zu proklamieren. Damit käme sie ja sogleich in den Geruch, nicht kritisch genug gegenüber dem Bestehenden, dem Diesseits zu sein. (N.b. Ein Jenseits nur als *Ausgleich* für im Diesseits erlittenes Böses zu denken, so wie es z.b. die Geschichte vom reichen Prasser und armen Lazarus tut, ist allerdings in der Tat wohl mehr als fragwürdig. Als ob Gott ein Buchhalter wäre, in dessen Bilanz sich Soll und Haben am Ende zu Null ausgleichen müßten.) Doch als bloße Erinnerung an das Böse in der Welt bringt sie nur zur Sprache, was ohnehin jeder Vernünftige weiß.

1.3 Diesseits von Schöpfungsmystizismus

Unsere Schöpfungstheologie wird, wie aus dem bisher Gesagten schon hervorgegangen sein dürfte, auch mit so etwas wie schwärmerischer Schöpfungsmystik nichts zu tun haben. Sie ist ein nüchternes Geschäft. Sie hat sozusagen zwei Seiten. Sie ist sowohl *Theologie* der Schöpfung als auch Theologie der *Schöpfung,* d.h. der Natur. Sie ist einerseits *Meta*physik, anderseits »Physik«. Das *Meta*physische/*Theo*logische verlangt ganz abstraktes Denken, geht es doch um den »unsichtbaren«, un-endlichen Gott und sein Schaffen. Das »Physische« ist das »Sichtbare«, eben unsere Welt. Natürlich gehören beide Seiten zusammen. Sonst handelte es sich nicht um Schöpfungstheologie. Aber, und das bringt eigentlich das Schwierige der Schöpfungstheologie mit sich: Dieses »Zusammen«, die Einheit beider Seiten – und dem entspräche eine Einheit, ein Zusammenfallen von abstraktem, metaphysischem Denken und »physischem« Sehen – ist von uns nicht herzustellen. Die Einheit ist in der Schöpfungstheologie selbstverständlich als objektiv gegeben vorausgesetzt; vom Glauben her. Aber sie ist nur zu glauben, nicht zu sehen, zu schauen, zu erfahren. Schöpfungstheologie oszilliert somit gleichsam ständig und ruhelos zwischen dem *Meta*physischen, dem unendlichen Gott, und dem erfahrbaren, endlichen »Physischen«. Mit »Gott«, dem Schöpfer des Endlichen, weiß sie, daß es diese Einheit an sich gibt. Aber sie ist als solche nur zu glauben; eben als *Gottes* schöpferische Einheit mit allem Endlichen. Sie ist nicht wirklich zu erfahren, zu sehen, zu spüren, zu erleben. Ganz offen gesagt: Dergleichen ist für mich Träumerei. Schöpfungstheologie, die dies verkündet, macht sich selbst etwas vor.

Schöpfungstheologie hat, gerade weil sie auch *Theo*logie, *Meta*physik ist, kritisch zu sein gegen das, was ich als Schöpfungsmystik, um nicht zu sagen: -mystizismus bezeichne. Diese verkennt, daß unser geistiges Erkennen sich auf zwei Ebenen bewegt, der unmittelbaren Wahrnehmung und der abstrakteren begrifflichen Reflexion. Ihr schwebt die Einheit vor, die doch zu erfahren sein müsse; sowohl die Einheit der Natur, der Welt, eben der Schöpfung in sich, als auch die Einheit der Schöpfung mit ihrem Schöpfer. Die Diastase von, kurz gesagt, Sinnlichkeit und Verstand, Erfahren und Reflexion, will sie nicht als letztes stehen lassen. Ihr lastet sie sogar alle neuzeitlich-modernen Übel im Verhältnis des Menschen zur Natur/Schöpfung an. Schöpfungstheologie könne und müsse zu deren Überwindung beitragen. Ihr Ziel müsse – um es einmal mit dem alten Bild von den beiden Augen, d.h. dem Sehen mit dem Licht der Vernunft und dem Sehen mit dem Licht des Glaubens, zu illustrieren – ein neues, gründlicheres Sehen der Wirklichkeit, der Natur, der Welt, der Schöpfung sein; was dann selbstverständlich auch eine neue Praxis, Ethik mit sich bringen würde.

Ich halte das, so wohlgemeint es sicher ist, für naiv und schlichtweg unrealistisch. Es wäre nicht Überwindung, sondern Regression. Es ist – ich greife voraus auf die Interpretation von Gen 3, nach der der Mensch ein wirklich *Erkennender* geworden ist – ein Zurückwollen in ein »Paradies«, in dem es noch keine »Erkenntnis von Gut und Böse« gibt, in dem der Mensch noch eins ist mit seiner Welt und auch mit Gott: weil er eben noch kein »Erkennender« ist. Noch kein Erkennender, das heißt: Er unterscheidet noch nicht wirklich, er erkennt noch nicht, daß es in der Welt Gut *und* Böse, also wirkliche Gegensätze, »Widersprüche« gibt. Er ist in gewissem Sinne noch ein Kind, eins mit seiner Welt. Er reflektiert noch nicht wirklich. Und Reflexion bedeutet eben bzw. setzt voraus Geistigkeit, Selbstbewußtsein: Sich selbst erfahren und wissen als auch (nicht nur!) in Distanz stehend zu anderem in der Welt; nicht einfach identisch sein mit und bestimmt werden von der Welt; ihr auch gegenüberstehen. Diese Distanz zur Natur, Welt, Schöpfung zu überwinden, die Einheit von Mensch, Schöpfung und Schöpfer wieder zu gewinnen, zu erfahren, zu erleben, das setzte somit voraus, nicht mehr zu reflektieren, nicht mehr zu erkennen Gut *und* Böse, alles als eine große Einheit, alles in seiner Einheit mit allem wahrzunehmen. Eine Utopie, die das, was der *Jenseits*glaube will, schon für das Diesseits möchte. Die aber in Wirklichkeit jetzt Regression wäre, Rückschritt vom Erwachsensein des Menschen, Abkehr von der conditio humana, die nun einmal besagt, daß der Mensch (nicht nur, aber auch!) seiner Welt gegenüber auch ein anderer ist. Jedenfalls als Erwachsener, als geistiges Wesen, als Reflektierender, der sich seine eigenen Gedanken *über* die Natur, die Welt machen kann; womit er eben nicht mehr einfachhin eins mit ihr ist.

Als utopisch und irrealistisch ist ein solcher Natur- und Schöpfungsmystizismus im übrigen sehr schnell zu erweisen. Schon der Begriff einer

alles umfassenden und verbindenden, allem zugrundeliegenden Einheit –
sei es der horizontalen Einheit der Welt in sich, sei es der vertikalen Einheit der Schöpfung mit ihrem Schöpfer – ist nur ein abstrakter Begriff. Als
solcher umfaßt er zwar alles, hat aber dafür bei allem und jedem Einzelnen von dessen konkreten Konturen abgesehen. Und die Wirklichkeit
selbst? Spätestens wenn die Natur, die Welt, die ja die Schöpfung ist, hart
und grausam mit uns umgeht, also auch als böse erfahren wird, vergeht
uns der schöne Gedanke (bzw. das schöne Gefühl) von einer Einheit aller
mit allem. Er erweist sich den wirklich Betroffenen als das, was er ist, nämlich als ein abstrakter, nur allgemeiner Begriff, der gleichsam über der
Wirklichkeit schwebt, die aber selbst alles andere als nur eine allgemeine
Einheit ist. Und was die Natur, die Welt *als* Schöpfung betrifft, also die vertikale Einheit von Gott und Welt, so hat Schöpfungstheologie allen holi-
stisch-monistischen Tendenzen gegenüber darauf zu bestehen, daß Gott
Gott bleibt und auch als Schöpfer seiner Schöpfung nicht mit ihr identisch
wird; und daß Welt Welt bleibt und auch als Schöpfung nichts anderes
wird.

Die Welt oder irgendetwas in ihr *als* Schöpfung Gottes zu betrachten,
das ist selbstverständlich etwas anderes, als sie nur als Natur zu betrachten. Das ist sozusagen im großen, wie wenn ich im kleinen einen Blumenstrauß betrachte und ihn nicht nur mit den Augen eines Zellbiologen an-
sehe. Beides ist möglich, sinnvoll und notwendig. Ich kann sogar beides,
sowohl den schönen Blumenstrauß als auch das Zellbiologische an ihm,
als Schöpfung betrachten. Aber weder das eine noch das andere ist ein
wirkliches Betrachten im Sinne von Sehen, Schauen ihres Geschaffenseins
durch ihren Schöpfer; somit auch kein Wahrnehmen und Erleben jener
Einheit, die im Begriff Schöpfung gemeint ist; daß nämlich das Geschaffene seinem ganzen Sein nach durch, aus, in und mit Gott wirklich ist. Seinem ganzen Sein nach, d.h. sowohl als zellbiologische Wirklichkeit als
auch als ästhetisch ansprechendes Phänomen. Dieses Betrachten des
Sichtbaren als Schöpfung bleibt vielmehr, um es der Deutlichkeit halber
ganz scharf zu sagen, ein Betrachten-als-ob: Wir sehen das Phänomen,
und da wir *zudem* glauben und davon überzeugt sind, daß die Welt Schöpfung Gottes ist, wird dieses Sehen zu einem Betrachten-als-ob, mit dem
wir aber nicht wirklich mehr sehen, als sichtbar ist. Denn dann müßten
wir eben auch schon den Schöpfer und sein Schaffen sehen und auch die
Einheit der Natur/Welt/Schöpfung mit ihm.

Das ist kein Bestreiten dieser Einheit! Für den Schöpfungsglauben und
die Schöpfungstheologie ist sie ja objektiv wirklich. Gültig bis in die letzten Einzelheiten – so daß der Nichtglaubende sogar sagen wird, es sei

doch absurd, z.B. anzunehmen, daß Gott in jeder Wirklichkeit der Welt unmittelbar im Spiel ist. Aber diese unmittelbare Einheit von Gott und Welt als objektiv wirklich anzunehmen, daß heißt eben noch nicht, *sie* zu sehen, zu betrachten, zu erfahren, zu erleben. Sie ist und bleibt ein streng *meta*physischer Sachverhalt, der nur in ganz abstrakter Begrifflichkeit zu denken bleibt. Das abstrakt Begriffene aber läßt sich nicht wieder in Anschauung, Betrachten umsetzen. Schöpfungstheologie, die dergleichen als möglich insinuiert, ist Sirenengesang, Schwärmerei. Statt die als unheilvoll beklagte Zweiheit von Glauben und Wissen in einer neuen Erfahrung der Welt aufheben und überwinden zu wollen, ist in geradezu heiliger Nüchternheit und nüchterner Heiligkeit dabei zu bleiben, daß Gott Gott ist und Welt Welt ist. Auch dabei, daß Gott und Welt eins sind, daß also die Schöpfung sogar unmittelbare Selbstoffenbarung ihres Schöpfers ist. Aber auch dabei, daß all dies vorläufig, im Diesseits Sache des Glaubens ist, der nicht befugt ist, das Unsichtbare für sich in Sichtbares zu verwandeln. Das Schwierige ist gerade, beides voll zu realisieren. Auch das macht den eigentümlichen Reiz, die Würze der Schöpfungstheologie aus, gleichsam ständig oszillieren zu müssen zwischen dem Unendlichen und dem Endlichen, zwischen Metaphysik und Physik, ohne dabei irgendwo in der Mitte oder an einem Fixpunkt zur Ruhe kommen zu können.

2   Interessen und Standpunkte der Schöpfungstheologie

Bloße Schöpfungstheologie, die nur das Diesseits bedenkt, ist so überflüssig wie für Laplace die »Hypothese Gott«, die er nicht braucht, weil sie nichts wirklich klarer macht. Notwendig ist Schöpfungstheologie dennoch, nämlich um der weiteren Explizierung der Wahrheit des Glaubens an Auferstehung und ewiges Leben willen: Sie ist dessen sozusagen logische Konsequenz und von ihm her gefordert. Denn für ein Jenseits dieser Welt kann nur Gott garantieren. Ein glaubwürdiger Gott kann aber nur der sein, der auch schon der Gott des Diesseits ist; sonst wäre er nur ein auf das Jenseits beschränkter, also ein begrenzter »Gott«. Somit muß schon das Diesseits als seine Welt, als seine Schöpfung gedacht werden: Vom »Ende« her sind auch Gegenwart und Anfang zu bedenken. Wohingegen von bloßer Gegenwart einschließlich ihrer eventuellen Anfänge her gesehen, ein »Ende« unabsehbar bliebe.

Somit geht es auch in der hier vorgelegten Schöpfungstheologie sowohl um Gott als auch um die Welt. Aber weder *nur* um Gott noch *nur* um seine

Schöpfung. Sondern so, wie es vom Glauben an ein Jenseits vorgegeben ist, welches Jenseits kein anderes ist als das (vollendete) Diesseits; so daß dann auch der unendliche Gott des Jenseits kein anderer ist als der Gott des Diesseits. Deshalb gehören auch Gotteslehre (*Theo*logie) und Schöpfungslehre von vornherein und untrennbar zusammen. Der Glaube glaubt nicht zuerst an Gott und dann auch noch an ein Jenseits. Sondern er glaubt an Gott um des Jenseits willen, denn nur wenn es Gott wirklich gibt, kann es auch ein Jenseits geben.

2.1 Wertender Glaube

Glaubenwollen an ein Jenseits ist das eigentliche Stimulans der ganzen Schöpfungstheologie. Weder der Eifer für den allein wahren Gott, noch die bloße Sorge um das bzw. die Kritik am Diesseits. Dazu braucht es – jedenfalls heute – weder Glauben noch Theologie; bzw. nur darauf fixiert, blieben Schöpfungsglaube und Schöpfungstheologie nur dem verhaftet, was ohnehin der Fall ist.

Das heißt nun keineswegs, der vom Jenseits her denkenden Schöpfungstheologie müsse die Welt-an-sich gleichgültig werden. Noch heißt es, für sie sei alles, so wie es jetzt ist, gut, also könne jetzt alles mit Recht bleiben, wie es ist. Wohl aber ist erst mit dem Jenseits für den Glaubenden selbst ein zusätzlicher Standpunkt im Spiel, von dem aus das Diesseits nicht mehr *nur* als Diesseits von Interesse ist. Auch *bloße* Schöpfungstheologie verabsolutierte selbstverständlich nicht die Welt, das Diesseits. Sie betrachtete sie ja als Schöpfung Gottes. Mit »Gott« wäre jede Verabsolutierung und Verendgültigung der Welt ausgeschlossen. Aber das ist auch schon alles und eigentlich selbstverständlich. Ein eigener *positiver* Sinn der Schöpfung selbst, der über ein Um-ihrer-selbst-willen hinausreichte, ist damit noch nicht gegeben; weder damit, daß die Welt Schöpfung *Gottes* ist, noch damit, daß sie *nur* Welt ist. Dieser positive Sinn ist erst ihre jenseitige Vollendung. Sie ist das eigentliche Formalobjekt des Glaubens, und so hat sie auch das eigentliche Formalobjekt der Schöpfungstheologie zu sein (auch wenn das nicht in jedem einzelnen Satz eigens gesagt wird); der Schöpfungstheologie sowohl als »*Theologie* der Schöpfung« als auch Schöpfungstheologie als »Theologie der *Schöpfung*«.

Mit dem Jenseits ist das Diesseits, die Welt noch mehr, nämlich nicht mehr nur in einem kritischen, sondern in einem positiven Sinne relativiert. Sie ist theologisch zu denken nicht nur als Schöpfung ihres Schöpfers, sondern darüber hinaus als *vorläufige* Schöpfung. Die Vorläufigkeit der Welt, des Diesseits ist aber gerade nicht in einem nur negativ-kritischen oder gar abwertenden Sinne gemeint! Im Gegenteil. Sie in diesem Sinne zu betonen dürfte ohnehin ziemlich überflüssig sein, denn daß alles in der Welt nur auf Zeit ist, das weiß wohl jeder Vernünftige. Es dürfte indes doch einen erheblichen Unterschied ausmachen, ob man nur um die Vorläufigkeit der Welt weiß und darüber hinaus alles offen läßt (so eben als *bloße* Schöpfungstheologie), oder ob die Vorläufigkeit der Welt verstanden wird als »Vor-läufigkeit« des Diesseits zum Jenseits.

Wie gesagt ist aus dieser Vor-läufigkeit des Diesseits nicht etwas prinzipiell Defizitäres zu machen. Selbstverständlich ist das Jenseits die Vollendung, aber das heißt nicht, also müsse das Diesseits *in sich selbst* defizitär, schlecht sein. Ebensowenig heißt das, es gebe im Diesseits nur Gutes. Auch schon das Jenseits im Auge zu haben, das ermöglicht vielmehr, das Vorläufige, das Diesseits in aller Freiheit und Nüchternheit so wahrzunehmen, wie es ist, mit seinem Guten und Bösen.

Das Jenseits bleibt ja jenseits, auch wenn es Vollendung des *Diesseits* ist und das Diesseitige insofern mit ihm identisch ist. Das Neu und Anders des Jenseits bedeutet also – gerade wegen der Identität von Jenseits und Diesseits! Es sind diese irdischen Menschen, die nach der Überzeugung des Glaubens »ewig leben werden« – nicht, daß schon das Diesseits selbst nun anders erscheinen müsse, als es, *nur* schöpfungstheologisch gedacht, wahrgenommen wird. Als ob der Glaube an die Wirklichkeit des Jenseits das empirische Diesseits verklären würde, bzw. als ob die von diesem Glauben herkommende Schöpfungstheologie in und an der Welt mehr und anderes wahrnehmen und erkennen könnte als das Auge des Empirikers.

Die traditionelle Theologie spricht zwar vom »Licht« des Glaubens, vom »Sehen« mit den Augen des Glaubens, aber das ist nur metaphorisch zu nehmen. Denn dieselbe traditionelle Theologie sagt auch, daß Glauben nicht eigentlich ein Akt des Sehens und Wahrnehmens ist, sondern etwas Willensmäßiges, eine Bewegung oder Kraft des Wollens, eine existentielle Einstellung also und somit auch ein Werten und Einschätzen, ein Interessiertsein.

Sowenig weder Glaube noch Theologie das Jenseits sehen oder sichtbar machen, sowenig können sie im oder am Diesseits etwas sehen oder sichtbar machen, was das empirische Sehen und Wahrnehmen der Welt, sei es ihrer Natur, sei es ihrer Geschichte, nicht sehen und wahrnehmen könnten. Ihr Eigenes ist nicht, anderes zu sehen, sondern das Sichtbare anders zu bewerten, interessierter zu sehen. Das Diesseitige nicht nur in seiner Diesseitigkeit zu bewerten, sondern auch vom Jenseits her zu werten.

Das heißt keineswegs »*Um*wertung *aller* diesseitigen Einschätzungen und Bewertungen«! So als ob, vom Jenseits her gesehen, das in der Welt Gute nun als schlecht oder gar böse/sündig beurteilt werden müßte und das Schlechte oder Böse als gut! Das wäre nur wieder radikal durchgeführte kritische Theologie; die alte Schelte der im Diesseits zu kurz Gekommenen. Und es wäre faktisch die Verleugnung der prinzipiellen Identität von Jenseits und Diesseits, von der der christliche Glaube an ewiges Leben und Auferstehung doch ausgeht. Ebenso wäre es prinzipiell dann auch die (»markionitische«) Bestreitung der Identität des unendlichen Schöpfergottes des Jenseits und des Schöpfergottes des Diesseits. Also nicht einfach »Umwertung aller diesseitigen Werte.« Das ist zu simpel, zu grobschlächtig. Sondern gerade weil mit dem Jenseits sozusagen ein höherer, endgültiger »Wert« angenommen ist, kann nun auch das Diesseitige noch einmal anders, nämlich interessierter bewertet werden.

Ich sage bewußt: »ein höherer, endgültiger Wert«, nicht: »ein absoluter Wert«. Mit einem »absoluten« Wert läßt sich überhaupt nichts anfangen, ebensowenig mit einem »unendlichen« Wert; wenn »absolut« und »unendlich« streng wörtlich gemeint sein sollen und nicht nur in einem emphatischen Sinne. Gemessen an einem »absoluten« oder »un-endlichen« Wert, wäre von jedem nichtabsoluten, endlichen Wert (gut buddhistisch) nur zu sagen, daß er nichts wert sei. Das heißt im jetzigen Zusammenhang: Wenn Schöpfungstheologie das Diesseits anders wertet, dann eben vom Jenseits her, nicht von Gott her, der »nur« ein absoluter und unendlicher »Wert« sein könnte. Vom Jenseits her, das als das vollendete Diesseits ohne Frage das Bessere ist, aber nicht etwas im strengen Sinne Absolutes oder Un-endliches. Von ihm, dem Besseren her das Diesseitige neu und anders, eben interessierter, zu sehen/zu bewerten, als wenn man *nur* das Diesseitige vor Augen hat, das muß also weder bloße Affirmation diesseitiger Werte sein, noch muß es nur deren radikale Umwertung sein, als wäre das Bessere wirklich der Feind des Guten. Vielmehr ergibt sich so die Möglichkeit, in der Überzeugung vom vollendeten, sozusagen relativ besseren Jenseits das Diesseitige einerseits so wahrzunehmen, wie es als solches erscheint und von uns gewöhnlich bewertet wird, und es anderseits wegen seiner Beziehung zum Jenseits noch interessierter wahrzunehmen.

Das ändert am Diesseitigen in sich selbst nichts, weder im Guten noch im Bösen. Nur die Einstellung des Glaubenden selbst ist eine andere. Spreche ich z.B. von der Welt als von der »Schöpfung«, so schwingt da mehr mit, also wenn ich sie nur als »Natur« bezeichne. Und doch gibt es nur eine und dieselbe Welt, von der beidemale die Rede ist. Das Mehr, das da mitschwingt, wenn ich von der Welt als Schöpfung spreche, das ist eben das Interesse der Glaubensüberzeugung vom Jenseits, welches auch meine Einstellung zum Diesseits intensiviert.

Der Glaube an das Jenseits geht auf das noch nicht Sichtbare; auch wenn er im Diesseits nur das Sichtbare sieht. Das Sichtbare ist ihm aber wert genug, zu schade, als daß es einfach vergehen dürfte. Glauben, daß es ewig lebe, ist also im Grunde ein Akt der Liebe, des interessierten Wertens und des Erkennens i.S.v. schätzendem Anerkennen. Dasselbe Interesse hat dementsprechend auch die theologisch-begriffliche Reflexion und Auslegung dieses Glaubens zu bestimmen, wenngleich das in ihr als begrifflicher Arbeit nicht immer so deutlich zutage treten muß. Anderseits geht es dem Glauben in allem Jenseitsglauben um das Jenseits des *Diesseits*, des Sichtbaren, des Empirischen, des irdischen Menschen dieser Welt. Er macht aus ihm nicht einen anderen, und das sichtbare Diesseits ist auch für ihn das sichtbare, empirische Diesseits. Selbstverständlich ist es für ihn nicht nur Natur, sondern Gottes Schöpfung. Aber die Schöpfung Gottes ist eben diese unsere sichtbare Welt. Ob *ich* sie nun »Natur« oder »Schöpfung« nenne, *sie* ist in sich selbst ein und dieselbe. Denn daß sie Schöpfung Gottes ist, ändert nichts daran, daß sie auch die sichtbare, empirische Natur ist.

2.2 Verteidigung nach außen

Unsere Schöpfungstheologie verfolgt auch ein *apologetisches* Interesse. Es geht darum, den Jenseitsglauben zu verteidigen gegen den Vorwurf, *nur* Jenseitsglaube zu sein. Denn der »Gott des Jenseits« kann nur ein unendlicher sein; somit ist er aber auch schon der Gott des Diesseits. Dann aber ist plausibel zu machen, wie diese These »Gott ist der Gott und Schöpfer des Diesseits« zusammengeht mit der anderen These, daß das Diesseits auch für den Glauben kein anderes ist als das sichtbare, empirische; kein anderes als das, welches der Nichtglaubende eben nicht als »Schöpfung«, sondern nur als »die Natur im ganzen« bezeichnet.

Sagt man, Gott ist der Gott des Jenseits, so mag ja der Nichtglaubende denken: Nun gut, das geht mich nichts an, mit dem Diesseits hat das dann offenbar nichts zu tun. Doch darauf kann sich zumindest der reflektierte Glaube so einfach nicht einlassen, denn dann wäre der Gott des Glaubens nur ein begrenzter Gott. Garant ewigen Lebens kann aber nur ein wirklich unendlicher Gott sein, für den das Diesseits keine Grenze ist, der also auch der Gott des Diesseits sein muß, und zwar ohne jede Einschränkung! Hier beginnt dann die Aufgabe der Theologie der Schöpfung, begrifflich zu klären und verständlich zu machen, wieso beides zutreffen kann: Daß Gott ohne jede Einschränkung der Gott schon des Diesseits, sein *allmächtiger* Schöpfer und Vater ist; also keineswegs der sozusagen harmlose Gott erst des himmlischen Jenseits oder nur der Gott der Zukunft. Und daß das Diesseits kein anderes ist als das sichtbare, empirische Diesseits, eben nur »die Natur«. Wieso das eine das andere nicht ausschließt und das andere dem einen nicht widerspricht. Weiter auch, daß und wie das eine – ich sage kurz: das *Meta*-physische – und das andere – dementsprechend: das Physische – nicht einfach zwei Sachverhalte sind, die nur nebeneinander stehen, sondern zusammengehören; so wie im Begriff »Schöpfer« sogleich »die Schöpfung« enthalten ist und im Begriff »Schöpfung« der Begriff »Schöpfer«; beidemale aber mit »der Schöpfung« keine andere gemeint ist als »die Natur«.

2.3   Rehabilitierung des einfachen Monotheismus

Hand in Hand mit diesem, wie man sagen könnte, apologetischen Interesse *nach außen* geht in der vorliegenden Schöpfungstheologie ein apologetisches Interesse *nach innen*: Verteidigung nämlich des *einfachen* Glaubens an das Jenseits des Diesseits gegenüber einer *Theo*logie, die ihn sozusagen *überexpliziert* hat. Die im Laufe ihrer Geschichte ein eigenes Denken von Gott entwickelt hat, das *sie* zwar auch nur als bloße Explikation der Glaubensimplikationen ansieht, von dem sich aber nachweisen läßt, daß es sozusagen über das Ziel hinausschießt; daß es mehr enthält, als zur Explikation des im Glauben Implizierten notwendig ist; und daß mit diesem Mehr ihrer Annahmen nicht nur kein Problem gelöst wird, sondern nur andere Worte und Begriffe hingesetzt werden, die selbst aber nichts erklären, dafür nur Zusatzprobleme schaffen, die der Glaubende gar nicht hat. Ja, daß eine solche »Lösung« sogar in einen Widerspruch zu dem bringen würde, was in seinem einfachen Glauben enthalten ist. Konkret: Es geht um die Verteidigung des einfachen Glaubens mit seinem »einfach unendlichen Gott« gegenüber den spekulativen Zumutungen einer Trinitäts- und Schöpfungstheologie, die aus dem einen, unendlichen Schöpfer der Welt ein in sich dreifaltiges, dreipersönliches Wesen Gottes als Vater, Sohn und Geist gemacht hat. Die also ein innergöttliches trinitarisches Leben Gottes konstruiert und behauptet, ohne dies, also nur streng monotheistisch gedacht, sei der Schöpfungsglaube denkerisch gar nicht wirklich haltbar: Nur dank der Trinitätstheologie sei die Welt wirklich als Schöpfung denkbar, ohne sie müsse man, denkerisch konsequent, entweder zu einem Monismus/Pantheismus oder zu einem Atheismus/ Deismus kommen. Trinitätstheologie sei also die notwendige Möglichkeitsbedingung einer Schöpfungstheologie, in der sowohl Gott und Welt zusammengedacht werden können als auch beide wirklich als sie selbst gedacht werden können. Nur ein in sich trinitarischer Gott könne wirklich Gott und Schöpfer der Welt sein. Es sei, so dann auch die Klage von Trinitätstheologen, eigentlich unverständlich und geradezu ein Skandal, wie wenig die Trinität dem Glauben des christlichen Volkes etwas bedeutet, obwohl doch *sie* das eigentliche Grundmysterium des Glaubens sei.

Ob es nun heißt »immanente Trinität« (Gott dreifaltig in sich selbst) oder »ökonomische Trinität« (der in sich schon dreifaltige Gott als Schöpfer usw. der Welt), der einfache Glaube kann weder mit dem einen noch mit dem anderen etwas anfangen. Er wird sich allenfalls wundern zu erfahren, daß, wenn er nur an einen unendlichen Gott glaubt, er eigentlich entweder Pantheist oder Atheist sein müßte. In Wirklichkeit ist er keines von beiden. Mit dem Credo der Kirche denkt er bei »Gott« nur an den einen allmächtigen Vater und Schöpfer von allem, bei »Sohn« nur an Jesus Christus und seine Geschichte, bei »Geist« an ein »begriffliches Symbol« dafür, daß Gott nicht nur jenseits seiner Welt ist, sondern irgendwie ihr alles bewegendes und erhaltendes Seins- und Lebensprinzip ist; an seine unsichtbare Kraft, mit der er ihr nahe ist und bleibt. Und dabei kann er es zu Recht belassen.

2.4   Realistische Anthropozentrik

Für den Glauben ist Gott gewiß »zunächst einmal« der Gott ewigen Lebens, des Jenseits. Aber sein Gott wäre nicht wirklich Gott, wenn er nicht auch der Gott des Diesseits wäre, zumal das Jenseits das Jenseits allen Diesseits sein soll. Mit dem Jenseits vollendet Gott das Diesseits. Da das Jenseits dem Glauben das Wichtigste bleibt, kann nun auch das Diesseits so wahrgenommen werden, wie es ist. Und zwar interessiert und nüchtern zugleich. Für den Glauben ist die Welt, das Diesseits ebenso Schöpfung, wie sie Natur ist, und die Natur ist nichts anderes als die Schöpfung. Daß sie geschaffene Natur, eben Schöpfung ist, das ändert nichts daran, daß sie Natur ist. Es besagt nur, daß ihr Natursein durch Gott geschaffen ist, der selbst nicht Natur ist, sondern sie zu ihrem Natursein schafft.

Dementsprechend kann die Theologie der Schöpfung, nüchtern und interessiert zugleich, nun die Welt ins Auge fassen: so, wie sie sich zeigt, so wie sie ist in ihren natürlichen Gegebenheiten. (Wobei klar ist, daß hier »Natur« und »natürlich« nicht in dem schon verkürzten Sinn von Naturwissenschaft gemeint ist, die sich z.B. nur noch auf das Physikalische konzentriert; so daß z.B. bereits die Biologie nicht mehr Naturwissenschaft wäre.) Selbstverständlich kann sie nicht alles im einzelnen und genau betrachten, das kann heute ohnehin niemand. Sie muß auswählen. Als Auswahlkriterium dient für sie der Glaube an das ewige Leben des *Menschen*. Von dorther wird sie auswählen, was für sie am und im Diesseits am interessantesten und wichtigsten ist.

Stimulans der Theologie der Schöpfung ist das Interesse am Jenseits, welches verlangt, auch das Diesseits wahrzunehmen: den Menschen in seiner Welt. Auf der Hand liegt, daß es der Schöpfungstheologie dann in erster Linie um den Menschen selbst geht. Sie wird immer anthropozentrisch sein. Indem sie aber selbst um diese Anthropozentrik weiß, auf die sie der Glaube verpflichtet, weiß sie auch um die Relativität und die möglichen Grenzen solcher Anthropozentrik. Und so muß ihre Anthropozentrik keine blind verabsolutierte Anthropozentrik sein. Auch wenn für sie der Mensch das Wichtigste bleibt, muß das nicht heißen, außer ihm gäbe es nichts; nichts in der Welt außer ihm sei interessant und wert, Thema schöpfungstheologischer Betrachtung zu sein, alles sei *nur* auf ihn hin geschaffen. Im wesentlichen anthropozentrisch, hat sie sich zwischen den beiden Extrempositionen eines bloßen, sogenannten starken Anthropozentrismus und eines Kosmologismus, dem alles in der Welt gleich wichtig, letztlich also »gleich-gültig« ist, zu halten. Jene Extrempositionen sind ohnehin reichlich abstrakt und irrealistisch, sie gehen an der wirklichen Erfahrung vorbei. Gegen bloße Anthropozentrik steht, daß die Natur, der Kosmos sich keineswegs so einfach dem Menschen, seinen Vorstellungen und Interessen fügt und ihn oft genug seine Zähne spüren läßt. Gegen bloßen Kosmologismus, dem alles gleich wichtig wird – was ja wohl nicht gerade ein Zeichen eines sonderlich starken Selbstwertgefühls seiner Protagonisten wäre –, steht, daß dem Menschen, salopp gesagt, im Ernstfall das eigene Hemd doch näher ist als alle Großartigkeit und Schönheit des Mantels der sonstigen Natur: Wenn Schmerzen mich quälen, wird mir das Wunder des Kosmos ganz schnell sehr zweitrangig und gleichgültig. Oder: Was geht es mich heute wirklich an, daß in einigen Milliarden (!) Jahren die Erde wahrscheinlich in der Glut der sich aufblähenden Sonne verbrennen wird?

Schöpfungstheologie wird, wenn sie realistisch bleiben will, weder einem bloßen Anthropozentrismus noch einem bloßen Kosmologismus verfallen. Aber auch ein gleichsam zur Neutralität ausgewogenes, bloßes

Sowohl-als-auch kann ihre Sache nicht sein. Dem Anthropozentrischen kommt nun einmal ein Übergewicht zu, eine Priorität, die freilich selbstkritisch zu mäßigen und vor naiver Übersteigerung zu bewahren ist. Die *Priorität* des Anthropozentrischen ist einfach schon damit gegeben und begründet, daß Schöpfungstheologie *sein*, eben des Menschen Werk und Produkt ist. *Er* ist es, der sich Gedanken über Gott und die Welt macht, und das Ergebnis seines Nachdenkens ist eben *sein* theologisches *Welt*bild, sein *Bild* von der Welt, dessen Maßstäbe, Formen und Farben er selbst vorgibt. Aus diesem seinem Bild von der Welt kann er sich selbst gar nicht ganz heraushalten, eliminieren. Zu jedem Weltbild gehört er selbst hinzu.

Selbst wenn es heißt, der Mensch ist, wie alles andere auch, nur ein Zufallsgeschehen irgendwo am Rande des Kosmos, so enthält dieses Weltbild, das gerade nicht anthropozentrisch, sondern kosmozentrisch sein will, doch noch den Schuß Anthropozentrik, daß nun einmal dieser bloße »Zigeuner am Rande des Universums« (Monod) selbst es ist, der sich mit dem Bild, das er sich vom Universum macht, selbst an den Rand bringt, sich nun selbst da stehen sieht.

Ein *radikal* kosmozentrisches Weltbild, in dem es *nur* den Kosmos gibt, ist gar kein *wirkliches Weltbild*, sondern eine Abstraktion! Denn es zeigt ja nicht mehr die wirkliche Welt, den wirklichen Kosmos, in dem es nun einmal auch den Menschen gibt; sondern nur den Kosmos ohne ihn. Doch auch so bleibt es *sein* »Bild«, denn es ist ja Produkt *seines* Denkens und Sichvorstellenwollens: Wie sieht die Welt, das Universum aus, wenn wir einmal von uns selbst absehen?

Nun bleibt zwar, wie gesagt, auch dieses nur kosmozentrisch seinwollende »Weltbild« insofern abstrakt und unvollständig, als in ihm der menschliche Geist, der sich dieses kosmozentrische Weltbild macht, keine Rolle spielen, keinen Platz haben soll, obwohl er doch auch wirklich ist – und sei es als noch so kurzes, im Ganzen des Kosmos nur einmal aufgetauchtes und wieder vergehendes Augenblicksphänomen, so wie Nietzsche es zu Beginn seiner Abhandlung »Über Wahrheit und Lüge im außermoralischen Sinne« darstellt: Im ungeheuren Großen des Kosmos ein kurzes Blinzeln, Erkennen und Geist genannt, das auch wieder vergeht. Indes hat das nur kosmozentrisch seinsollende Weltbild, bei dem die Blinzler von sich selbst einmal ganz absehen wollen, insofern sein Recht und seine Wahrheit, als sich mit ihm der Sachverhalt sozusagen ins Große und Allgemeine projiziert und verobjektiviert, daß alles menschliche Erkennen und Sich-ein-Weltbild-Machen in der Tat nicht nur in reiner Anthropozentrik des Geistes geschieht. Daß es kein purer Subjektivismus ist, der sich im Erkennen vollzieht. (Im Bild: Erkenntnis ist nicht nur ein in sich und um sich *kreisender* Geistvollzug, sondern ein *elliptischer* Prozeß, in dem subjektiver Geist [der eine »Brennpunkt«] sich mit dem Objekt seines Erkennenwollens [dem anderen »Brennpunkt«] aus-ein-ander-setzt. Als geradezu symbolträchtig für das Ende der antiken und den Beginn einer neuen Kosmologie läßt sich da Johannes Keplers Berechnung der Planetenbahnen deuten: An die Stelle des Kreises, des antiken Symbols der Vollkommenheit, tritt die Ellipse.) Ein nur kosmozentrisches Weltbild, so sehr es an sich eine Abstraktion darstellt, wäre also Gegeninstanz zu einer Anthropozentrik, die sich selbst überschätzt und ihre Subjektivität zum alleinigen Maß für alles machen wollte. Mit ihm macht der Mensch sich selbst(!) bewußt, daß er auch ein »Erdenwesen« ist.

Schöpfungstheologie hat also *beide Perspektiven* zu realisieren, die mehr anthropozentrische ebenso wie die mehr kosmozentrische. Als paradigmatisch dafür könnte man übrigens auch schon die biblische Schöpfungsgeschichte von Genesis 1-3 betrachten: Es handelt sich ja ursprünglich um *zwei* Geschichten, um die ältere jahwistische Geschichte und um die jüngere priesterschriftliche Schöpfungsgeschichte. Die jahwistische Geschichte handelt vom Ursprung und Anfang der Menschheit, nimmt also eher die anthropozentrische Perspektive wahr, während der priesterschriftliche Schöpfungsbericht die Erschaffung der ganzen Welt darstellt – natürlich auch die Erschaffung des Menschen in ihr –, also eher die große kosmozentrische Perspektive (»Himmel und Erde«) wahrnimmt. Auch für unsere Schöpfungstheologie gehören beide Geschichten zusammen. Wir müssen also versuchen, beiden Perspektiven ihr Recht zu belassen.

2.5 Rehabilitierung der biblischen Schöpfungsgeschichten

Die vorliegende Schöpfungstheologie interpretiert den ersten Teil des Credos der Kirche: Gott, den allmächtigen Vater, sein Schaffen, seine Schöpfung, »Himmel und Erde«. Es ist zwar nicht dieselbe *Abfolge*, die sich in der fundamentaltheologischen Einleitung ergab. Dort wurde mit *dem Menschen, seinem* Glauben an »Auferstehung und ewiges Leben« begonnen, während jetzt, in der Schöpfungslehre mit Gott begonnen wird. Dennoch bleibt das in der fundamentaltheologischen Einleitung Erarbeitete gültig: Wenngleich wir mit »Gott« beginnen, beginnen wir nicht sozusagen mit »Gott-an-und-für-sich«, sondern mit dem Schöpfergott. Mit dem Gott also, den der Glaube an »Auferstehung und ewiges Leben« geradezu braucht und als wirklich annehmen muß, wenn nicht sein Glauben an »Auferstehung und ewiges Leben« a priori unmöglich und vergeblich sein soll.

Eine eigene Gotteslehre – traditionellerweise der erste Traktat in der systematischen, dogmatischen Theologie – wird es dagegen nicht geben. Was über das in der fundamentaltheologischen Einleitung Gesagte hinaus zu Gott zu sagen ist, gehört sogleich zur Schöpfungslehre, insofern die Schöpfung nicht ohne ihren Schöpfer und sein Schaffen gedacht werden kann. Schließlich ist Gott nun einmal kein anderer Gott als der Schöpfer seiner Welt, eben der Schöpfung, die er schafft, erhält und vollendet. Und da Gott unendlich ist, zeitlich gesprochen: der *ewige* Gott, ist er von Ewigkeit zu Ewigkeit kein anderer als der Schöpfergott. Schöpfer unserer Welt, seiner Schöpfung zu sein, das und nichts anderes ist sein unendliches, ewiges, göttliches Wesen. Was es zu diesem seinem göttlichen, schöpferischen Sein und Wesen zu sagen gibt, das soll Gegenstand der ersten sieben Kapitel der Schöpfungstheologie, der »*Theologie* der Schöpfung« sein.

Mit dem 8. Kapitel setzt dann die, wie man sagen könnte, spezielle Schöpfungslehre ein: nach der »*Theologie* der Schöpfung« nun die »Theologie der *Schöpfung*«. Nach der Lehre vom Schöpfer und seinem schöpferischen Wirken ist sein Werk zu betrachten. Es ist zu betrachten und zu interpretieren in der Überzeugung des Glaubens, daß die Welt nicht nur *unsere* Welt, sondern auch *seine* Welt, eben seine Schöpfung ist. Für diese spezielle Schöpfungslehre soll aber dann die biblische Schöpfungsgeschichte den Rahmen und Leitfaden der Abfolge abgeben. Überschaut man sie als Ganzes, so lassen sich ohne Schwierigkeit drei Sachbereiche unterscheiden, die nacheinander behandelt werden. Erzählt wird zuerst die Erschaffung des Kosmos und der Welt einschließlich der Erschaffung des Menschen (priesterschriftlicher Schöpfungsbericht: Gen 1-2,4a). Dann wird, mit dem älteren jahwistischen Bericht, die Erschaffung des Menschen nochmals für sich thematisiert (Gen 2,4bff). Gen 3-4,16 berichtet schließlich vom Anfang der menschlichen Geschichte. Wir halten uns an diese Abfolge, so daß sich drei große Themenkreise für die Theologie der Schöpfung ergeben: Kosmologie, Anthropologie, Geschichte.

Unsere *Schöpfungs*theologie hält sich im wesentlichen an die Vorgabe der Bibel. Aber keineswegs, um einem sklavischen Fundamentalismus zu huldigen, nach dem wir uns alles dort Geschilderte wörtlich-anschaulich so vorzustellen hätten. (Das ist fundamentalistischer Unfug, der nicht einmal weiß, daß die biblischen Schriftsteller selbst alles andere als Fundamentalisten sein wollten.) Sich dennoch an die Vorgabe der biblischen Schöpfungsgeschichte bzw. -geschichten zu halten, dafür gibt es gute Gründe.

Erstens ist nun einmal die Bibel *das* Buch *unseres* Glaubens, ja, auch unserer Kultur. Ihre Schöpfungsgeschichten sind uns bekannter als die anderer Kulturen. Die biblischen Bilder, Begriffe und Vorstellungen sind bei uns immer noch in vielen alltäglichen Redeweisen präsent, von liturgischen und katechetischen Texten und Büchern für den Religionsunterricht ganz zu schweigen.

Zweitens sind die biblischen Schöpfungserzählungen, wenn man sie mit solchen aus anderen Kulturen vergleicht, nicht nur die jüngsten, sondern auch die geistig fortschrittlichsten, aufgeklärtesten, für damalige Verhältnisse wissenschaftlich höchststehenden Texte. Sie sind alles andere als kindliche Kindergeschichten. Ihre Schöpfer waren in ihrer Zeit höchst gebildete Männer, die ihre Welt mit den Augen kritischer Vernunft sahen. Wer in der biblischen Urgeschichte nur ein Bilderbuch für Kinder sieht und ihren Autoren die naive Phantasie von Kindern unterstellt, der verrät lediglich sein eigenes Zurückgebliebensein in Sachen religionsgeschichtlichen Wissens. Z.B. ist die Annahme schlichtweg grotesk, der Erzähler der Geschichte von der Erschaffung des Menschen in Gen 2 hätte sich selbst wirklich vorgestellt: Gott nimmt einen Erdklumpen und macht daraus Adam; oder: Gott schafft Eva, indem er wie ein plastischer Chirurg zu Werke geht. Der Jahwist, der dies so schildert, war, wie wir sehen werden, ein viel zu souveräner, theologisch-kritischer Geist, als daß er seine Erzählung als wortwörtlich zu verstehende hätte meinen können.

Drittens: Die biblischen Schöpfungsgeschichten sind – nicht zuletzt mit dem, was sie *nicht* sagen – hochreflektierte Darstellungen, alles andere als naiv. Indem wir *ihnen* folgen, erweisen wir ihren Autoren gewissermaßen unsere Reverenz. Wir bekennen uns geradezu als im Geiste solidarisch mit ihnen. Zumal ja noch gar nicht so sicher ist, daß wir heute in Sachen Schöpfungslehre wirklich so viel klüger sind als sie in ihrer Zeit.

Viertens: Reverenz ist allerdings nicht Hörigkeit, so als hätten wir nur zuzuhören und nachzuerzählen. Unsere Schöpfungslehre wiederholt nicht nur dasselbe mit anderen Worten, sie ist auch nicht nur Textexegese, der es nur darum geht, zu wissen, was der Autor des Textes damals gemeint hat. Auch darum geht es selbstverständlich. Aber wir haben heute ja auch noch weitere Fragen; und in mancher Hinsicht wissen wir wirklich mehr, sind wir wissenschaftlich weiter, als die Menschen damals sein konnten. Somit werden wir jeweils an den passend erscheinenden Stellen auch über solche Probleme und Themen sprechen müssen, die erst uns in Sachen Schöpfung, Welt, Natur, Mensch heute berühren und bewegen. Wir korrelieren gewissermaßen das Alte mit dem Neueren oder sogar Neuesten. Nicht, um das Alte gewaltsam umzuinterpretieren und es auf den neuesten Stand zu bringen; das wäre unehrliche Eis-egese, die keineswegs Respekt vor dem Alten hat. Sondern um zu sehen, ob wir wirklich so viel mehr wissen können und so viel klüger sind als jene; ob das Neue und Mehr an Wissen, über das wir verfügen, uns von dem, was jene wußten und meinten, wirklich so weit trennt.

1. KAPITEL

Über den Gott des Glaubens

Theologie ist Nachdenken, Reflektieren über den Glauben. Ihr »Gegenstand« ist hier das, zu dem der Glaubende sich im kirchlichen Glaubensbekenntnis bekennt: Gott, der allmächtige Vater und Schöpfer von Himmel und Erde. Als Reflexion über den Glauben und selbst gläubige Theologie weiß sie auch um das eigentliche Warum und Wozu des Glaubens, um die Menschlichkeit des Glaubens; darum ging es ja in »Auferstehung und ewiges Leben? Die wirkliche Entstehung des Osterglaubens«, der Einleitung zur systematisch-dogmatischen Theologie. So weiß sie auch, daß es dem Glauben um den Gott des Heils der Welt, des Diesseits geht; kurz gesagt: um *unseren* Gott, nicht um Gott-an-und-für-sich. »Gegenstand« ihres Nachdenkens ist also dieser Gott des Glaubens: Gott so, wie ihn der Glaubende will, ja, braucht, kein anderer.

Theologie ist letztendlich also Wiederholung des Glaubens. Aber nicht *nur* Wiederholung, sondern eben auch nach-denkende, reflektierende und so bewußtere Wiederholung des Glaubens auf der zwar geistig höheren, dafür aber abstrakteren Ebene des genauen begrifflichen Denkens. Der einfache Glaube, so können wir sagen, artikuliert sich mit seinem »Ich glaube an Gott ...«, ohne darüber genauer nachzudenken. Die Theologie tut eben dies, sie will sagen, wie die verschiedenen Worte, Begriffe und Bilder, die der Glaube benutzt, zu verstehen sind, was mit ihnen eigentlich gemeint sein soll bzw. was mit ihnen nicht gemeint ist. Sie erklärt also den Glauben, verteidigt ihn auch gegen Mißverständnisse, ist aber am Ende auch nicht viel schlauer als der einfache Glaubende, der der Theologe ja auch selbst ist – und bleibt: Auch der gelehrte Theologe kann letztlich nur wie jeder einfache Gläubige ganz menschlich glauben, hoffen, wollen, überzeugt sein, es möge »ewiges Leben und Auferstehung« geben, es sei nicht »mit dem Tode alles aus«.

Thomas von Aquin soll der Legende nach auf dem Sterbebett von all seinen theologischen Büchern und Gedanken gesagt haben: »Alles nur Stroh.« Nun mag es ja zutreffen, daß in der Theologie viel Stroh gedroschen wird. Aber doch nicht nur. Wer das Stroh drischt, dem geht es ja nicht um das Stroh, sondern um die Weizenkörner; sie sollen herauskommen. Spreu und Weizen sollen voneinander geschieden werden.

Der Weizen, um den es im folgenden geht, ist der Gott des »einfachen Glaubens an ewiges Leben und Auferstehung«. Wenn das, was dieser

Glaube will, Wirklichkeit sein soll, dann nur, wenn und weil Gott der eine unendliche Schöpfer der Welt, von Himmel und Erde, von allem und allen ist. Es geht somit nicht um ein »ewiges An-und-für-sich-Sein« Gottes ohne seine oder vor seiner Schöpfung. Diesen Gott gibt es gar nicht, jedenfalls nicht für den Glauben.

Ein »Gott an und für sich« ist eine Abstraktion, ein irrealer Gott: Gott nämlich, wie er *wäre*, *wenn er nicht* der unendliche Schöpfer von Himmel und Erde *wäre*. Nun soll aber Gott für den Glauben der Schöpfer von Himmel und Erde *sein*. Also gibt es für ihn keinen anderen Gott. »Gott an und für sich«, das ist nur das Gebilde eines Denkens, welches nicht mehr über den *Glauben* und *seinen* Gott nachdenkt, sondern sich sozusagen nur noch seine eigenen Gedanken macht über Gott. Statt bei dem zu bleiben, was der einfache Glaube will und meint, und darüber nachzudenken – und das ist, wie wir sehen werden, schwer genug –, glaubte jene Theologie, es noch genauer und gründlicher sagen zu können, was und wie Gott sei – womit sie sich aber von der Hauptstraße des Glaubens auf einen Nebenweg begab; auf einen Holzweg, der sich im unwegsamen Dickicht nur noch abstrakter »Was-wäre-wenn-Spekulation« verliert.

Wir bleiben auf dem Hauptweg des Glaubens – nicht ohne auch jenen Abweg ins Auge zu fassen (2. Kapitel) –, und so ist unser Thema der Gott des Glaubens, der »Gott für uns«, der »Gott mit uns«, der allmächtige Vater und Schöpfer von Himmel und Erde. An diesen Gott zu glauben, das heißt einerseits an einen *unendlichen* Gott glauben; unendlich bedeutet soviel wie nicht-endlich, nicht Welt, *über* aller Welt, *transzendent*. Es heißt anderseits, daß dieser un-endliche Gott nicht *nur* un-endlich sei, sondern in aller Überweltlichkeit und Transzendenz, ganz allgemein gesprochen, in wirklicher *Beziehung zur* Welt sei. Um diese, natürlich positive, heilshafte Beziehung Gottes zur Welt geht es dem Glaubenden ja, nicht um Gott an und für sich; ein Gott an und für sich wäre für den Glauben schlichtweg uninteressant. Mit einem anderen Wort: Gott soll nach dem Glauben auch der Welt *immanent* sein. »Immanent« heißt nicht: *identisch* mit der Welt! Gott ist Gott, nicht Welt; und Welt ist Welt, nicht Gott. Gott und Welt zu identifizieren ist Unsinn. »Immanenz« Gottes meint vielmehr dies, daß Gott, ungeachtet seiner transzendenten Göttlichkeit, in Beziehung zur Welt und so *eins mit* ihr ist, welche Einheitsbeziehung wiederum nichts anderes sein kann als sein Schaffen, Erhalten und Vollenden der Welt. Wie dieses Schaffen des näheren zu verstehen ist, darüber soll erst später eigens nachgedacht werden (8. Kapitel). Zunächst soll es um dieses In-Beziehung-Sein Gottes zur Welt gehen, welches der Glaubende ohne Frage behauptet, von dem er im Glauben überzeugt ist.

1.1 Gott und Welt: Beziehungsprobleme

Der Glaube nimmt einfach selbstverständlich an, Gott sei in Beziehung zur Welt – für die darüber nachdenkende Theologie ist damit ein Problem gegeben: Einerseits weiß sie, daß der Gott des wahren Glaubens nur ein wirklich un-endlicher Gott sein kann, anderseits soll dieser un-endliche, transzendente Gott doch in wirklicher Beziehung zur Welt sein; welche Beziehung eben sein Schaffen alles Endlichen, nämlich der Welt ist. Wird aber nicht mit der Annahme einer solchen Beziehung des unendlichen Gottes zu seiner endlichen Schöpfung sogleich so von Gott gesprochen und gedacht, daß er selbst nun doch wieder als ein endlicher Gott erscheinen muß? Als ein Gott nämlich, der, da er ja auch nicht mit seiner Schöpfung identisch ist, *nur in Beziehung* zu ihr steht. Der somit an der Welt seine Grenze hat und so auch schon nicht mehr ein in jeder Hinsicht unendlicher Gott ist, für den es keine Grenze geben kann. Wird mit »Beziehung Gottes zu seiner Welt« Gott nicht sogleich als ein Gott gedacht, der irgendwie und irgendwo, außerhalb, über, jenseits der Welt ist und erst von diesem Jenseits her zu ihr in Beziehung tritt, indem er sie als sein Anderes schafft?

Mit »Beziehung« ist ja eo ipso an Zwei gedacht, zwischen denen es eine Beziehung gibt; ohne sie ist der Begriff »Beziehung« sinnlos. Gott und Welt, Schöpfer und Schöpfung, sie sind ja Zwei. Wird aber an Zwei gedacht, die in Beziehung zueinander sind, dann müssen sie auch in irgendeiner Hinsicht miteinander ähnlich, vergleichbar sein, irgendetwas Gemeinsames haben, aufgrund dessen man sagen kann, daß es eine Beziehung zwischen ihnen gibt. Das ist jedenfalls immer vorausgesetzt und mitgemeint, wenn von einer *wirklichen* Beziehung die Rede ist. Ohne dies würde das Sprechen von einer Beziehung sinnlos.

Nimmt nun der Glaube an, sein Gott sei in Beziehung zur Welt, es gebe also eine Beziehung zwischen ihnen, so ist eben sogleich die Vorstellung da: Gott sei, auch wenn er irgendwie über der Welt und unendlich größer ist als sie, doch so etwas wie die Welt bzw. wie etwas in ihr; er sei also Endlichem ähnlich. Andernfalls sei er eben nicht wirklich ein Anderer, oder er sei eben nur etwas *ganz* anderes und somit ohne wirkliche positive Beziehung zur Welt. (Beides widerspräche aber dem, was der Glaube will und für wahr hält.)

1.2 Eine eigenartige Beziehung. Die Formel des 4. Laterankonzils

Wie gesagt mag das für den einfach Glaubenden kein Problem sein. Für die Theologie ist es das Problem: Wie kann man einerseits, dem Glauben entsprechend, von einer wirklichen Beziehung Gottes zu seiner Welt sprechen, ohne anderseits sogleich von Gott so zu denken, als ob er der Welt, seiner Schöpfung, ähnlich, vergleichbar und somit nicht mehr der wirklich unendliche Gott wäre? Als ob die Beziehung Gott – Welt so wäre, wie sonst eine Beziehung zwischen A und B. Dieses Problem – das, wie hier gleich gesagt werden soll, nicht wirklich lösbar ist! – reflektiert sich in der geradezu genialen Formulierung des 4. Laterankonzils (1215), die gewissermaßen eine Anweisung an das theologische Sprechen und Nachdenken über den Gott des Glaubens enthält: »*Zwischen dem Schöpfer und der Schöpfung läßt sich keine Ähnlichkeit feststellen, ohne daß eine größere Unähnlichkeit zwischen ihnen festzustellen wäre.*« *(DS 806)*

Erstens: Das Schöpfer-Schöpfungsverhältnis ist als wirklich vorausgesetzt. Gott und Welt sind nicht identisch. Gott ist aber auch nicht nur der ganz Andere sogenannter nur negativer Theologie. Mit dem »zwischen« ist »Beziehung zwischen Zweien« gesagt.

Zweitens: Mit Beziehung ergibt sich auch, daß eine Ähnlichkeit (»similitudo«) von Gott und Welt, Schöpfer und Schöpfung ausgesagt werden kann.

Drittens: Nun besagt schon »Ähnlichkeit« ein Doppeltes: Ähnlichkeit *und* Unähnlichkeit. Das Ähnliche ist eben auch *nur* ähnlich, nicht dem anderen gleich oder gar identisch mit ihm. Ähnlich und zugleich unähnlich sind aber alle Geschöpfe untereinander, wenngleich das Maß an Ähnlichkeit bzw. Unähnlichkeit sehr unterschiedlich sein kann. Ein Tier ist einem Menschen ähnlicher, verwandter als ein Stein. Aber auch ein Stein ist dem Menschen in aller Unähnlichkeit und Unvergleichbarkeit insofern doch noch ähnlich und vergleichbar, als auch er etwas Seiendes ist, wirklich existiert, vorhanden ist.

Viertens: Wird nun von Gott, dem Schöpfer angenommen, es bestehe zwischen ihm und seiner Schöpfung Ähnlichkeit, so besteht, auch wenn Ähnlichkeit schon *Nur*-Ähnlichkeit einschließt, die Gefahr, sich die Beziehung zwischen ihm und der Welt so vorzustellen, wie eben die zwischen den einzelnen Seienden in der Welt, die ja alle untereinander ähnlich und unähnlich zugleich sind. Damit würde er dann aber auch, weil seiner Welt ähnlich und unähnlich zugleich, zu einem weltlichen Wesen. Deshalb heißt es, die Unähnlichkeit sei, in aller Ähnlichkeit (die ja an sich schon

Nur-Ähnlichkeit, also auch Unähnlichkeit besagt), »maior«, größer, *noch* größer als die Ähnlichkeit.

Das Schöpfer-Schöpfungsverhältnis ist also nach der Aussage des Lateranense IV nicht im Sinne einer einfachen Analogie zu denken: ähnlich und unähnlich zugleich. Die zwei Schritte »Ja, ähnlich, aber auch unähnlich, anders« genügen nicht. Es muß zur »via positionis« (Ähnlichkeit) und zur »via negationis« (Unähnlichkeit) noch ein dritter Schritt hinzukommen. Traditionellerweise spricht man von der »via eminentiae«. Damit kommt sicher zum Ausdruck, daß Gott und somit seine Beziehung zur Welt nochmals *über* allen innerweltlichen Seienden und ihren Beziehungen zueinander ist und sie überragt: »eminet«. Doch bleibt die Frage, ob mit diesem Über- und Herausragen nicht auch schon die wirkliche Ähnlichkeit dahin ist, ob dann nicht nur noch von Unähnlichkeit und somit von einem *ganz* anderen Gott die Rede ist, der ohne wirkliche Beziehung zur Welt ist. Bzw. es entsteht die Frage, wie dann noch an eine *wirk*liche Beziehung Gottes zur Welt zu denken wäre.

Das Lateranense IV jedenfalls setzt diese wirkliche Beziehung mit dem »zwischen dem Schöpfer und der Schöpfung« voraus; damit auch eine »Ähnlichkeit«. Es sagt dann nicht, »Ähnlichkeit« *und* »Unähnlichkeit« seien nochmals zu überschreiten (»via eminentiae«), sondern es sagt »nur«, die »Unähnlichkeit« sei noch größer als die »Ähnlichkeit« (»*maior* dissimilitudo«). Sein »dritter Schritt« besteht also nicht in einer Aufhebung im Sinne von Hinaufheben und Überwinden des Sowohl-als-auch von Ähnlichkeit und Unähnlichkeit zugunsten eines *ganz* anderen Dritten. Sondern »nur« darin zu sagen, daß in aller Ähnlichkeit die Unähnlichkeit *größer* sei. Einerseits verbietet das Konzil damit, das Schöpfer-Schöpfungsverhältnis einfach analog den Beziehungen der geschaffenen, endlichen Seienden untereinander zu denken. Anderseits bleibt es der Überzeugung des Glaubens verpflichtet, für den Gott nicht nur der allem Geschaffenen unendlich *Über*legene ist, sondern auf seine Weise wirklich mit seiner Schöpfung zu tun hat, in wirklicher Beziehung zu ihr ist.

Normalerweise, *in* der Welt bedeutet »Beziehung«: Gegenseitigkeit, »Dialektik«. A ist relativ zu B, also ist auch B relativ zu A. Allein so, nämlich wie eine gegenseitige, wechselseitige = dialektische Beziehung zwischen Zweien ist die Beziehung Gott – Welt, Schöpfer – Schöpfung dem Konzil zufolge nicht zu denken. Das ist schon dadurch ausgeschlossen, daß hier einerseits vom Schöpfer, anderseits von der Schöpfung die Rede ist. Das heißt einerseits »Aktivität«, eben des Schöpfers, anderseits »Passivität«, eben das Geschaffensein. Somit könnte man vorläufig sagen: Die Beziehung zwischen Gott und Welt ist nicht eine gegenseitige, dialektische, wechselseitige Beziehung, sondern es handelt sich, *erstens*, um die völlig einseitige Beziehung des Schöpfers zu seiner Schöpfung und, *zweitens*, um die ebenso völlig einseitige Beziehung der Schöpfung zu ihrem Schöpfer. Es handelt sich also in der Sache selbst um *eine* Wirklichkeit, nämlich darum, daß der unendliche Gott der Schöpfer der Welt ist. Aber diese *eine* Wirklichkeit von Gottes Weltschaffen, das seine Beziehung zu ihr ist, läßt sich nur so richtig denken und aussagen, daß sie sich gleichsam aus *zwei*, jeweils ganz einseitigen Beziehungen »zusammensetzt«, nämlich der Beziehung Gottes zur Welt (= sein Schaffen) einerseits und der Beziehung der Welt zu Gott (= ihr Geschaffensein) anderseits. Nicht also *eine gegenseitige* Beziehung, sondern sozusagen *zwei gegenläufige* Beziehungen wären zu denken, die zwar je für sich etwas schlechthin Einseitiges beinhalten, die aber beide als *wirkliche* Beziehungen anzunehmen sind, da ja sowohl der Schöpfergott und sein Schaffen als auch die Schöpfung als solche vom Glauben als wirklich angenommen werden.

Was wäre dann über die eine Beziehung *Gottes* zur Welt (erst einmal um sie geht es in der Schöpfungs*theo*logie) weiter noch zu sagen? Von *ihr* also unter Absehung davon, daß mit ihr sogleich an die andere, gleichsam gegenläufige Beziehung des Geschaffenseins der Welt zu denken wäre.

1.3 Eine unendliche Beziehung (»relatio realis – relatio rationis«)

Die mittelalterliche scholastische Theologie hat den Sachverhalt, um den es hier geht, begrifflich so zu erfassen versucht, daß sie sagte: Die Beziehung der Schöpfung zu Gott – also gleichsam von unten nach oben – ist eine *relatio realis*, eine wirkliche Beziehung, denn sie ist eben nichts anderes als das schlechthinnige Geschaffensein und somit Bezogensein und Abhängen der *realen* Schöpfung von ihrem Schöpfer. Hingegen ist die Beziehung Gottes zu seiner Schöpfung – also gleichsam von oben nach unten – *nur* eine von uns gedachte Beziehung, eine *relatio rationis tantum*.

Eine »relatio rationis tantum«, soll das also, im Unterschied zu der wirklichen (Abhängigkeits-) Beziehung der Schöpfung zu ihrem Schöpfer, heißen, daß Gott also *nicht* in Beziehung zu seiner Welt sei? Daß er *nur über* ihr und *nur* der *ganz* Andere sei? Soll »rationis tantum« soviel heißen wie irreal, unwirklich? Doch das widerspräche gerade dem, was der Glaube will, daß nämlich Gott selbst, der gewiß Unendliche, sehr wohl in *wirklicher* Beziehung zur Welt sei – daß das nicht *nur* ein Gedanke sei, den die genauer nachdenkende Theologie verwerfen müsse: *nur* eine *gedankliche*, nicht aber eine wirkliche Beziehung Gottes zur Welt. Wie also ist das »relatio rationis tantum« richtig zu verstehen?

Während wir, gleichsam von unten nach oben denkend, die reale Welt vor uns haben und dementsprechend sagen, so real wie sie ist, so ist eben ihr Geschaffensein und damit ihr ständiges Durch-und-von-Gott-her-Sein real, sehen wir in der gegenläufigen Richtung, von oben nach unten denkend, eben nichts »Reales«. Gott, der Schöpfer, ist eben nicht sichtbar. Er wird nur im Geiste (»ratione tantum«) geglaubt, gedacht, kann und darf aber nicht vorgestellt werden. Dementsprechend können und dürfen wir uns auch seine Beziehung zu seiner Welt nicht *wirklich vorstellen*. Sobald wir es tun, verendlichen wir nämlich Gott, denn dann machen wir aus ihm ein begrenztes Wesen, das zu einem anderen »in Beziehung tritt«. »Relatio rationis tantum«, das heißt also nicht: *keine* Beziehung Gottes zur Welt, sondern es heißt: keine wirklich vorstellbare, sichtbare Beziehung Gottes zur Welt! Die wirkliche Beziehung Gottes zur Welt ist ja die, daß er ihr Schöpfer *ist*. Aber eben diese schöpferische Beziehung ist etwas völlig Unvorstellbares, Unausdenkbares, das auch der Glaube nur als wirklich annehmen, nicht aber sich sozusagen sichtbar vorstellen kann – denn dann müßte er sich den unendlichen Gott selbst vorstellen. So verstanden entspricht die These der scholastischen Theologie, die Beziehung Gottes zur Welt, des Unendlichen zum Endlichen, des Schöpfers zur Schöpfung sei »nur« eine »relatio rationis«, lediglich dem Glauben an den einen *unendlichen* Gott und Schöpfer der Welt. Zudem *verbietet* sie, sich diesen Gott und Schöpfer in seinem Selbst und Sichbeziehen vorzustellen.

1.4   Eine skandalöse Beziehung

Fassen wir nun aber zusammen, daß der Glaube einen wirklich unendlichen Gott will und daß er nicht einen *nur* unendlichen Gott will, sondern den einen unendlichen Gott, der wirklich in (natürlich heilshafter, positiver, gnädiger, rettender usf.) Beziehung zu seiner Welt ist. Dann muß gesagt werden, daß er selbst diese wirkliche Beziehung zu seiner Schöpfung ist, daß er nicht nur der Unendliche ist und in seiner Unendlichkeit existiert, sondern als der Unendliche ek-sistiert. Er selbst mit und in seinem ganzen unendlichen Sein und Wesen ek-sistiert, bezieht sich auf seine Schöpfung. Sein unendliches Sein und Wesen *ist* sein schöpferisches Sichbeziehen auf die Welt. Und da Gottes »relatio ad extra« (das aber für den unendlichen Gott nicht wirklich außerhalb seiner ist) wirklich *er selbst*, *sein* ek-sistierendes und darin schöpferisches Wesen, nicht etwas zu seinem unendlichen Wesen noch Hinzukommendes ist, und da weiter Gott ein personaler Gott ist, ist selbstverständlich diese schaffende »relatio ad extra« seine *personale* Ek-sistenz, sein höchst*persönliches* Ek-sistieren. Gottes »relatio ad extra« ist nicht etwas Unpersönliches, sondern er selbst in Person.

Das heißt schließlich: In seiner ganzen Unendlichkeit hat Gott selbst nichts anderes im Sinn als seine Schöpfung. Das ist jedenfalls theologisch reflektierend zu sagen, denn es ergibt sich, wenn darüber nachgedacht wird, was der einfache Glaube eigentlich will; bzw. was eigentlich angenommen werden muß, wenn das, was der einfache Glaube will und hofft, wirklich möglich und wahr sein soll. Daß Gott selbst in seiner ganzen Unendlichkeit nichts anderes im Sinn hat als seine Schöpfung, daß er selbst sich mit seinem ganzen unendlichen Sein und Wesen auf seine Welt bezieht, das ist ein geradezu ungeheuerlicher »Gedanke«, der schlechterdings unvorstellbar ist. Ein Gedanke (»Mysterium«), der in Wirklichkeit ein *Skandal* des Denkens ist: ein Anstoß und Ärgernis nämlich insofern, als das Denken, welches ihn zu denken versucht, mit ihm gar nicht wirklich zu Rande und zu Ende kommt.

Auch die sozusagen andere Seite dieses Mysteriums sei hier schon genannt: Dann ist auch die Welt, sie *als* Schöpfung genommen, in aller Endlichkeit und Begreifbarkeit zugleich auch unbegreiflich, »mysteriös« in sich selbst, wenn anders sie wirklich *Gottes* Schöpfung, also auch *seine* Welt ist und Gott nicht *nur* »über« ihr ist. Sie ist noch mehr, als für uns empirisch an ihr sichtbar ist.

2. KAPITEL

Ein trinitarischer Gott?

Das Ergebnis unserer theologischen Reflexion über den einfachen Glauben war, daß Gott mit seinem ganzen unendlichen Sein und Wesen seine Beziehung zu seiner Schöpfung ist. Gott selbst ek-sistiert relational zur Welt, er ist diese Relationalität. Und dies ist seine wirkliche, wenngleich unvorstellbare Beziehung zur Welt. Eine *wirkliche* Beziehung! Denn so unvorstellbar sie auch ist, weil jedenfalls Gott unvorstellbar ist, so handelt es sich doch um Zwei, nämlich Gott und die Welt, die beide für den Glauben wirklich sind. Und so ist auch die Beziehung zwischen beiden wirklich, auch wenn wegen Gottes Unendlichkeit wiederum gesagt werden muß: Es ist sein eigenes Sein und Wesen, das diese Beziehung ist, er selbst bezieht sich auf seine Schöpfung; seine schöpferische Beziehung zu ihr ist *realidentisch* mit seinem unendlichen göttlichen Sein und Wesen. Sie ist nicht etwas, das irgendwie zu seinem unendlichen Sein und Wesen erst noch hinzukäme. Nein, sein Sichbeziehen auf seine Welt, das *ist* sein ganzes unendliches Sein und Wesen, so real wie er selbst und seine Schöpfung.

Muß dies theologisch gesagt werden, daß der eine unendliche Gott wirkliche »Ek-sistenz« ist, »ek-sistent« nämlich zur Welt, dann ist damit überholt und aufgehoben die traditionelle Vorstellung und Lehre von einem trinitarischen Sein und Wesen Gottes; sowohl als Lehre von einer ewigen *immanenten* Trinität oder Dreifaltigkeit als auch als Lehre von einer *ökonomischen* Trinität. Zum einen ist zu zeigen, daß die Trinitätstheologie, wenn sie nicht einer ohnehin häretischen Dreigöttervorstellung (Tritheismus) huldigen will, nur einen schlechthin sinnlosen Begriff kultiviert, nämlich den »Begriff« einer Beziehung ohne Bezogene oder Sichbeziehende. Zum anderen: Indem wir diese haltlose Spekulation sich selbst überlassen, die sich gewissermaßen auf einen Abweg begeben hat, verbleiben wir lediglich auf der Hauptstraße des Glaubens, auf der sich die christliche Kirche in ihren ersten etwa hundert Jahren bewegt hat; und zwar, wie die unvoreingenommene Lektüre ihrer als Neues Testament bezeichneten Glaubenszeugnisse zeigt, ohne auch nur im entferntesten an so etwas wie eine *inner*göttliche Trinität oder Dreifaltigkeit oder wie auch immer interpretierte Dreipersönlichkeit zu denken. Mit einem Wort: Der Glaube der Urkirche war streng monotheistisch ohne Aber und Wenn. Genau so streng monotheistisch wie der einfache Glaube an Auferstehung und ewiges Leben nur sein kann. Genau so schlicht monotheistisch, wie der heutige sogenannte Durchschnittschrist mit dem Credo der Kirche bei »Gott« an den einen Vater und Schöpfer denkt, beim »an den Herrn Jesus Christus, seinen Sohn« an den Menschen Jesus und seine Geschichte denkt und beim »heiligen Geist« an das schöpferisch-bleibende und beseelende Wirken Gottes, zumal in der Kirche, denkt. Von einem *inner-göttlichen*, dreipersonalen Sein und Wesen wissen weder der Glaube noch das kirchliche Glaubensbekenntnis etwas zu bekennen.

2.1 Augustinus am Ende eines spekulativen Holzweges

Die ganze Trinitätslehre ist ein Abweg, ein Holzweg in der Geschichte der Kirche. Sie ist ein spekulativer Überbau, dessen Bauleute nicht mehr beim Glauben der Gläubigen blieben, sondern meinten, das könne und müsse man noch gründlicher begreifen. (Die wichtigsten Stationen von der Logosspekulation Justins bis zu Augustinus habe ich skizziert in: Gott in Welt, St. Ottilien 1988, 42-89, 301-322.)

Die Ironie der Theologiegeschichte ist nun: Dieses Spekulieren über Gottes Innenleben beginnt mit den christlichen Apologeten, und es erreicht praktisch sein Ende bereits mit Augustinus' Werk De trinitate. (Alles Weitere ist nur Kommentar dazu.) Das ist der etwa 250 Jahre lange Irrweg. In jedem Irrtum steckt aber bekanntlich ein kleines Goldkörnchen Wahrheit. Und dieses Goldkörnchen blitzt auf in Augustins Trinitätsspekulation. Es heißt »relatio«. Auf Relationalität des einen göttlichen Wesens selbst – das eben ein lebendiger Prozeß ist, nicht etwas Totes, Starres – reduziert Augustinus das ganze Trinitätsdenken von mehreren innergöttlichen Personen. Nimmt man dies einmal beim Wort und fragt man genau nach, was das denn noch wirklich bedeuten kann, wenn es nicht ein bloßes nichtssagendes Wort sein soll, dann hat man auch schon die ganze Trinitäts- oder Dreifaltigkeitsgeschichte hinter sich, und man ist wieder auf der Hauptstraße des Glaubens an den einen, streng monotheistischen, einpersönlichen Schöpfergott. Augustinus befindet sich selbst noch auf dem Nebenweg der Spekulation über Gottes Innenleben, den die Apologeten, Justin vor allem, eröffnet hatten. Und dieser Nebenweg wird ja bis heute, und sicher auch weiterhin, von vielen Theologen begangen. Aber als Irrweg konnte Augustinus selbst ihn nun doch nicht bezeichnen. Doch mit »relatio« stellt er gleichsam ein Verkehrszeichen »Umleitung« auf, das wieder auf die alte Hauptstraße verweist.

Die Hauptstraße, das ist die Glaubensüberzeugung von Gottes Schöpfersein. Gottes Schöpfersein, das ist seine wirkliche, aber für uns unvorstellbare Beziehung zur Welt: relatio rationis tantum. Diese Beziehung ist Gott selbst, höchstpersönlich, mit seinem ganzen unendlichen Wesen. Gottes unendliches Sein und Wesen läßt sich ja nicht aufteilen, so als ob er erst Gott, dann Schöpfer oder zur einen Hälfte Gott-an-und-für-sich und zur anderen Hälfte Schöpfer und so Gott seiner Welt wäre. Ebensowenig gibt es für Gott ein wirkliches Außerhalb, zu dem er erst in Beziehung träte. Selbstverständlich ist die Schöpfung nicht Gott, sondern sozusagen das Andere Gottes. Aber sie ist und lebt in seiner Unendlichkeit, die eben sein schöpferisches Wesen ist und sie sein läßt. Das heißt: Gott selbst *ist* seine Beziehung zur Schöpfung, er selbst *ist* sein Sichbeziehen auf seine Welt. Sein Sein und Wesen, sein Schaffen, sein Sichbeziehen-auf seine Welt, das alles ist in Wirklichkeit ein und dasselbe. Gott ist/existiert nicht nur, er ek-sistiert hin zu seiner Schöpfung.

So hat Augustinus sich das selbstverständlich nicht vorgestellt. Er, wie auch die ganze sonstige Trinitätsspekulation, denkt ja *nur* an eine *inner*göttliche Wirklichkeit. Er fragt sich, wie man sich Gottes Wesen an und für sich zu denken habe, sozusagen Gott ohne seine und vor seiner Schöpfung. Es geht ihm um Gottes *Innen*leben, noch nicht um seine schöpferische Beziehung zu seiner Welt, »ad extra«; die soll erst noch hinzukommen. Es geht ihm um die »immanente Dreifaltigkeit/Trinität«. Dazu hatte sich in der Theologie seit den Apologeten die Vorstellung und Begrifflichkeit in der Kirche festgesetzt, Gott sei nicht einfach nur *ein* unendlicher Gott und Vater, sondern Gott sei zu denken als in sich *drei*persönlich, als Vater, der den Logos/Sohn zeugt und als Hl. Geist, der irgendwie auch hervorgeht in dem einen, unendlichen göttlichen Wesen. Ein Gott also, aber in sich dreipersönlich. Oder auch: Drei Personen, aber eine göttliche Natur. Für Augustinus war es nun keine Frage, daß es nur einen Gott geben kann. Er war an sich von Herzen strenger Monotheist. Was soll man aber mit den drei Personen in dem einen Gott machen, von denen die Kirche seit altersher spricht? Drängt das nicht geradezu zu einer Dreigötterlehre; dazu nämlich, sich so etwas wie ein innergöttliches Gemeinschafts- und Liebesleben vorzustellen! Das war für Augustinus undenkbar! So sagt er nun: Man hat hier nicht an drei Personen wie unter uns zu denken. Vielmehr verhält es sich so: Wie mit dem Begriff »Vater« schon »Sohn« mitgemeint ist und ebenso umgekehrt mit »Sohn« auch an »Vater« gedacht wird, und wie nur noch das Beziehungsverhältnis zwischen beiden bleibt, wenn ansonsten beide in jeder Hinsicht gleich sind, so ist im Hinblick auf Gott nur an dieses Beziehungsverhältnis als solches zu denken: Der Logos/Sohn ist völlig gleichen Wesens wie der Vater. Was ihn vom Vater unterscheidet, ist allein das Hervorgehen, das Gezeugtwerden von ihm als solches; eben der Beziehungsprozeß *im* einen lebendigen Wesen Gottes bzw. *des* Wesens Gottes selbst. Das ist die innergöttliche relatio, an die Augustinus denkt; was freilich, wie er selbst zugibt, mit Person oder Personen ihm gewöhnlichem Sinne des Wortes nicht mehr viel zu tun hat.

Er versucht auch, das Gemeinte so zu veranschaulichen: Gottes Wesen ist Geist. Geist aber ist etwas Lebendiges, ist Erkennen und Wollen/Lieben. So kann man von Gottes Leben auch sagen: Wie wir in unserem Geist ein Wort oder Bild erzeugen, d.h. erkennen, und uns willentlich, nämlich bejahend, liebend zu ihm verhalten, und wie das doch ein Prozeß *in* unserem Geiste ist, so ist auch Gott ein in sich lebendiger Prozeß; eine unendliche Bewegung, in der es ein Woher und ein Hin-zu gibt, eben Relativität, Relationalität, relatio. Das macht das trinitarische Sein und Wesen Gottes selbst aus.

Augustinus hat damit ohne Frage die Gefahr einer Dreigötterlehre gebannt. Aber der Begriff einer innergöttlichen Relationalität, von Relationen, die im lebendigen göttlichen Wesen »entstehen«, ist ein völlig sinnloser Begriff. Eine »Beziehung-an-sich« ist ein bloßes, nichtssagendes Wort. Es darf hier ja nicht mehr an »Personen« gedacht werden, die in Beziehung sind! Die sie selbst sind und mit-ein-ander leben. Das wäre ja gerade der Tritheismus, dem Augustinus für die ganze ihm folgende abendländische Trinitätsspekulation die endgültige Absage erteilt. Nein, was die »Personen« in Gott und ihre Eigenarten ausmachen soll, das ist allein das Bezogensein als solches: Ergebnis dessen, daß der eine Gott ein unendlich *lebendiges* Wesen ist. Letzteres kann natürlich nicht gut bestritten werden, Gott kann kein toter Stein, kein starres Etwas sein. Sagt man aber, daß Gott *unendlich* ist, so kann auch schon nicht mehr von einer in ihm selbst wirklichen Beziehung zu reden sein. Bzw. wenn man es doch tut, verendlicht man Gott in sich selbst. Denn mit Beziehung sind nun einmal Zwei zu denken, zwischen denen es eben den Bezug gibt, wie auch immer diese Zwei und ihr Bezug zueinander sein mögen. Ohne sie wird »Beziehung« zu einem leeren Abstraktum, zu einer relatio ohne relata, zu einer »bezugslosen Bezogenheit« als solcher.

Was aber eine Beziehung ohne Bezogene oder sich Beziehende *wirklich* sein soll, ist schlechterdings schleierhaft. Grob gesagt: Trinitätsspekulation, die vom wirklichen Gott reden und dabei den einen Straßengraben einer tritheistischen Dreigöttervorstellung vermeiden will und deshalb nur noch von innergöttlichen Relationen spricht, befindet sich damit schon in dem anderen Straßengraben völlig abstrakten Redens und Hantierens mit gegenstandslosen, jeden Inhaltes entleerten Worten. Sobald man ihnen aber gegenständlichen Inhalt gibt, hat man sich den unendlichen Gott als ein endliches Wesens vorgestellt – so z.B. Augustinus, dessen psychologische Trinitätsanalogie die Struktur endlicher Geistigkeit reflektiert.

N.b. Man hat versucht, die Trinitätsspekulation und ihr Sprechen von drei Personen, die sich aufeinander beziehen, dadurch zu legitimieren und zu erklären, daß man sagte: Auch das Wesen des Lichtes können wir selbst nicht begreifen, sondern nur mit zwei Modellen, zum einen als Welle, zum anderen als Korpuskel, beschreiben. So verhalte es sich auch beim trinitätstheologischen Sprechen von »Beziehung« und von »Personen«. Dazu ist zu sagen: Das Licht sich vorzustellen und von ihm modellhaft zu sprechen, das ist ohnehin ein Geschehen, das *innerhalb* der endlichen Welt stattfindet. Zum anderen wird überspielt, daß es in der Trinitätsspekulation ja gar nicht mehr um *zwei* Modelle gehen darf (Beziehung = Welle, Person = Korpuskel), sondern daß, seit Augustinus jedenfalls, das Modell »Person« (»Korpuskel«) eliminiert ist und nur noch von Beziehung (relatio, »Welle«) die Rede sein darf, wenn anders »Person«/»Korpuskel« sogleich eine tritheistische Vorstellung beinhaltet.

2.2   Das Körnchen Wahrheit

Nun aber das kleine Körnchen Wahrheit, das darin besteht, daß Augustinus die Vorstellung von innergöttlichen Personen auf Beziehung reduziert. Auf Beziehung, die aber in Wirklichkeit realidentisch sein soll mit dem unendlichen göttlichen Wesen selbst. Auf ein *inner*göttliches Wesen hin gedacht, kann aber an ein Sichbeziehen überhaupt nicht gedacht werden. Denn Gottes Wesen selbst ist überhaupt nicht zu denken. Es ist unendlich. An ein wirkliches Woher oder Wohin von Beziehung in Gott selbst zu denken verendlichte sogleich das Unendliche.

Andererseits will der Glaube aber genau den unendlichen Gott, der selbst in lebendiger Beziehung zu seiner Welt ist, denn nur ein solcher Gott wäre der Gott-mit-ihm, der Gott des Heils der Welt, um dessentwillen er überhaupt glaubt. Diese Beziehung des unendlichen, lebendigen Gottes kann aber keine andere sein als die seines unendlichen schöpferischen (seingebenden, seinerhaltenden und seinvollendenden) Wesens. Also jene »relatio rationis tantum«, als die das Verhältnis des unendlichen Schöpfers zu seiner endlichen Welt bezeichnet wurde und die als realidentisch mit dem einen, unendlichen Wesen Gottes anzunehmen ist.

Hier also hat der Begriff Beziehung, auch als »relatio rationis tantum«, nämlich als nicht wirklich vorstellbare Beziehung, durchaus seinen konkreten Sinn. Er meint nicht *nur* Bezogenheit ohne Bezogene oder sich

Beziehende, sondern eben die Beziehung zwischen Gott und Welt, zwischen dem unendlichen Schöpfer und seiner endlichen Schöpfung. Das heißt aber nichts geringeres, als daß das von der Trinitätsspekulation für ein Innenleben Gottes als solches gedachte Sichbeziehen oder Bezogensein nichts anderes sein kann, als das unendliche Schöpfersein Gottes, sein ewiges Schaffen seiner Welt, seine Einheit mit *ihr*.

Damit kann von einer innergöttlichen, immanenten Trinität aber nicht mehr die Rede sein. Ebensowenig von einer »ökonomischen Trinität«. So oder so handelt es sich dabei nur um die Kopfgeburt theologischen Denkens, das sich seit den Apologeten auf einen Nebenweg begab. (Eine Kopfgeburt, die, das sollte man nicht vergessen, nicht nur zu den gewaltsamsten Umdeutungen der biblischen Glaubenszeugnisse und zu den unsäglichsten Begriffsklopfereien theologischer Spekulation führte, sondern auch Anlaß zu den übelsten Streitereien und Spaltungen, zu Mord und Totschlag in der Kirche wurde.) Mit dieser Kopfgeburt kann der Durchschnittsglaube, jedenfalls heute, aber auch gar nichts anfangen. Wenn er von Gott, dem Vater spricht, so meint er eben den einen Gott. Und mit »Sohn« meint er nicht einen *inner*göttlichen Logos/»Sohn«, sondern den Menschen Jesus Christus, von dem allein das Glaubensbekenntnis spricht. Und mit dem Heiligen Geist verbindet er ebenfalls nicht Gedanken an ein innergöttliches Liebesleben, sondern das ist ihm der Name für Gottes beseelendes und belebendes Wirken in der Welt, in der Schöpfung, in der Kirche; dafür also, daß Gott sozusagen immer noch am Werk ist.

Hierfür auch nur den Begriff »ökonomische *Trinität*« noch einzusetzen – um so das Trinitarische doch noch zu bewahren, zu retten –, das wäre unredlich. Es wäre der Versuch, wenigstens verbal zu retten, was nicht zu retten ist. Denn mit »ökonomische Trinität« soll ja gesagt sein, daß sich die Heilsökonomie, nämlich Schöpfung und Erlösung, entsprechend dem eigenen innergöttlichen, eben immanent trinitarischen Wesen Gottes verwirkliche. Sachlogisch gesehen ist der »ökonomischen Trinität« (= Gottes Wirken »ad extra«) die »immanente Trinität« vorausgesetzt. Auch wenn es dann wegen der Ewigkeit Gottes heißt, daß dies nur eine sachlogische Unterscheidung ist, daß also nicht an ein zeitliches Nacheinander von zuerst »nur immanenter Trinität«, dann »ökonomischer Trinität« zu denken sei, daß vielmehr gesagt werden müsse: Die »immanente Trinität« *ist* die »ökonomische Trinität« (und umgekehrt) (K. Rahner), bleibt es ja bei dem trinitarischen Wesen Gottes selbst: Er soll als ein *in sich selbst*, und nicht erst als »ad extra«, trinitarisch-relational existierendes Wesen geglaubt/gedacht werden. Aber »unendliche Relationalität« ohne Relata, das ist eben nur noch ein inhaltsloses, sinnloses Wort.

Soll »Relationalität«, Beziehung hingegen etwas Wirkliches sein – so wie auch das Wort von der »Lebendigkeit« Gottes –, dann bleibt nur die Beziehung Gottes zu seiner Schöpfung übrig. Traditionell wird sie »ad extra« genannt. Das kann man stehen lassen, denn damit wird ja nur gesagt, daß die Schöpfung nicht selbst Gott und identisch ist mit ihm, sondern sein Anderes. Das ist sie auch, wenn man zudem sagt: In Wirklichkeit ist das »extra« kein wirkliches Außerhalb-Gottes (denn dann wäre auch Gott außerhalb, *nur* jenseits der Welt und somit selbst kein unendlicher, sondern ein begrenzter Gott), sondern das »extra« ist *innerhalb* von Gottes Unendlichkeit. Und so ist auch Gottes Beziehung zu ihm nichts anderes als sein eigenes Schöpfersein, sein schöpferisches Wesen. Sie ist realidentisch mit ihm, sie ist seine »*Welt*immanenz« in seiner unendlichen »Transzendenz«.

Den Begriff »ökonomische Trinität« dennoch beizubehalten, ihn aber in der Sache *nur noch* »ökonomisch« zu interpretieren, ihn also *nur* als Begriff für Gottes schöpferisches Sichbeziehen auf die Welt (»ad extra«) zu nehmen, das wäre m.E. nur noch ein rein »theologiepolitisches« Taktieren und als solches mehr als fragwürdig. Ein scheinhaftes Manöver, mit dessen Hilfe verschleiert werden soll, daß sich die kirchliche Trinitätstheologie im ganzen auf einem Holzweg befindet. Solche Theologiepolitik zur Rettung von etwas, was nicht zu retten ist und gar nicht gerettet werden muß, ist im Grunde unehrlich. Es heißt dann zwar, das Alte werde so nur gründlicher »interpretiert« (man nennt das auch »*lebendige* Tradition«), in Wirklichkeit würde keineswegs nur »lebendig *interpretiert*«, sondern lediglich ein Wort konserviert, während die ursprünglich gemeinte Sache selbst aufgegeben ist.

N.b. Man scheut sich eben, offen zu sagen: Um unseres heutigen Glaubens willen nehmen wir uns, ganz »dogmatisch«, die Freiheit, das vom Glauben Gemeinte selbst zu verantworten und richtiger zu denken, als es unsere hier sich auf dem Holzweg befindende Tradition tat. So wie es im Prinzip auch der einfache Glaube hält, der hier Tradition Tradition sein läßt – ganz zum Kummer von Trinitätstheologen, die über den heutigen Mangel an Trinitätsbewußtsein im Kirchenvolk klagen, statt zu bedenken, daß der »sensus fidelium« der Wahrheit näher sein könnte als ihre abstrakte Spekulation. Die Versicherung hingegen, *nur dasselbe weiter* und tiefer zu »interpretieren«, kaschiert im Grunde nur einen Mangel an dogmatischem Selbstbewußtsein. Der Pikanterie halber sei bemerkt, daß seinerzeit ein Pius IX. davon offenbar eine ganz gehörige Portion besaß: »La tradizione son' Io!« Ebenso Kardinal Manning, der vom »Sieg des Dogmas über die Geschichte« sprach. Ebenso nicht zuletzt das Vatikanum II, insofern es in Lumen gentium faktisch die anderthalb Jahrtausende als *Glaubens*lehre verkündete und praktizierte Erbsündenlehre stillschweigend der Vergangenheit überantwortete; ganz *dogmatisch* also, nämlich im Sinne der Wahrheit und um der Glaubwürdigkeit des *heutigen* Glaubens willen.

2.3   Gott und die Welt im Bild einer Ellipse

Gott selbst ist/ek-sistiert relational zur Welt. Mit trinitarischen Relation*en* hat das nichts mehr zu tun. Trinitarische Relation*en*, das hieße ja: Gott existiert in sich auf sich selbst bezogen; sein Wesen, seine göttliche Natur verwirklicht sich in einem Hervorbringen (»Zeugen«) und zugleich Bei-sich-Bleiben, ein ewiger, unendlicher Lebenskreis. Nur: Ein »unendlicher Kreis«, das ist eine sinnlose, gegenstandslose Wortkombination; ebenso sinn- und gegenstandslos wie »Beziehung ohne Bezogene bzw. sich Beziehende«.

Wollte man zur notdürftigen Veranschaulichung des bisher Ausgeführten ein Bild oder Schema haben, dann dürfte sich am besten das Bild oder Schema einer Ellipse – also gerade nicht das des Kreises, des Vollkommenheitsideals des *griechischen* Denkens! – anbieten: Im Schema der Ellipse stünde dann ihre Fläche für Gottes unendliches Wesen. In Gottes Unendlichkeit lebt seine Schöpfung; für sie stünde der eine Brennpunkt. Mit ihm hätten wir den Bezugspunkt des anderen Brennpunktes der Ellipse, Gott, der aber selbstverständlich nicht ein Punkt *in* der Ellipse, sondern ihre ganze, unendliche Fläche ist, in der die Welt sich befindet.

Übernehmen wir nun einmal die traditionellen biblischen Namen, Titel oder Bezeichnungen (Vater, Geist, Sohn), so müssen wir sagen: Die Ellipse als ganze, das ist der eine, unendliche Gott und Schöpfer; für ihn schreiben wir an der Stelle des einen Brennpunktes den Namen Vater. Mit »Vater« ist natürlich auch die ganze, unendliche »Fläche« seines lebendigen, schöpferischen Wesens gemeint, durch das und in dem seine Schöpfung existiert; sie nun wirklich nur ein kleiner »Punkt«, verglichen mit der Unendlichkeit (»Fläche«) Gottes.

Die Ellipse als ganze steht für den unendlichen Gott, Vater, Schöpfer. Der »Punkt« in ihr steht für die Welt. Wenn auch der andere Brennpunkt, Gott nämlich, nur geglaubt, angenommen und mit Namen bezeichnet, nicht aber begriffen oder festgelegt werden kann, so ist doch mit dem »Punkt« der Weltwirklichkeit ein *wirklicher* Bezugspunkt gegeben. Und so kann man sagen, daß auf ihn sich Gott, sein unendliches Sein und Wesen bezieht; völlig einseitig, so wie es der scholastische Begriff der »relatio rationis tantum« meinte. Dieses Sichbeziehen Gottes auf seine Welt *ist* sein schöpferisches Wesen, die lebendige, unendliche Ellipsenfläche, in der und durch die der »Punkt« Welt ist und lebt.

Für dieses die Schöpfung schaffende, sie sein lassende, sie bewegende und beseelende »Wesen« Gottes lautet der biblische und traditionelle Name »Gottes Geist«. Gottes Geist und schöpferische Kraft, das ist natürlich Gott selbst, nicht ein anderer, zweiter Gott. Es ist Gottes Sichbeziehen auf seine Schöpfung, sein ewiges, unendliches, sie schaffendes und sie bewegendes Ja zu ihr, sein Siewollen.

Gottes »Geist«, das ist also Gott selbst, der Vater, in dessen Unendlichkeit seine Schöpfung lebt (vgl. Apg 17,28), teilhabend an seinem Leben. Wollte man mit »Geist« über dieses schöpferische »Wesen« Gottes hinaus noch etwas zum Ausdruck gebracht sehen, so böte es sich an, den Gottes*geist* als Inbegriff und Bild dafür zu nehmen, daß Gott auch ein *sensibler*, ein mit*fühlender* Schöpfer ist. (So spricht Paulus vom unaussprechlichen *Seufzen* des Geistes: Röm 8,26; Eph 4,30 mahnt, den Geist Gottes nicht zu *betrüben*.) Durchaus also in Analogie zum menschlichen Geist. Menschlicher Geist ist ja nicht nur Erkennen, Wollen und Wissen. Er ist auch Fühlen, Gestimmtsein, Erfahren von Freude und Schmerz. Fühlen, Gefühl begleitet, umspielt, bestimmt auch sein Wollen und sein Wissen, ist aber doch nicht einfachhin damit identisch. Nichts verbietet, dergleichen von Gottes Schöpfersein anzunehmen.

Bleiben wir schließlich beim dritten der traditionellen Namen, Bezeichnungen oder Titel, so ist die Schöpfung – entsprechend dem Namen oder der Bezeichnung Gottes als »Vater« – der Sohn.

Die Welt, die Schöpfung des Schöpfers und Vaters, *sie* ist sein Sohn, sein Geschöpf. Das entspricht insofern durchaus biblischem Sprachgebrauch, als im AT – zwar nicht die Schöpfung im ganzen, aber doch sozusagen repräsentativ für sie – Israel als »Sohn« Gottes bezeichnet wurde (Texte dazu s. u. 6. Kapitel 1). Weiter wurde, nun repräsentativ für das ganze Volk Israel, der messianische König Israels als Sohn Gottes tituliert.

Eben dieser Titel wurde auch für Jesus gebraucht, denn in ihm, dem von Gott Auferweckten, sah man den wahren Gesalbten / Messias / Sohn Gottes, des Vaters. »Sohn«, das war selbstverständlich der Mensch Jesus von Nazareth, Geschöpf aus Fleisch und Blut wie jeder von uns. (Von einem *inner*göttlichen Sohn hingegen kann hinsichtlich des Glaubens und der Theologie der Urkirche schlechterdings keine Rede sein! Das wird im folgenden Band ausführlich belegt werden.) Und so scheut sich der Apostel Paulus auch nicht, von uns, die wir an Gott, den Vater und Schöpfer und sein »Heilswirken« (»Geist«) glauben, als von »Kindern«, Söhnen und Töchtern also, Gottes des Vaters – nicht als von »Kindern Jesu Christi«! – zu sprechen. Der auferweckte Jesus Christus ist für Paulus selbstverständlich der »*Erst*geborene aus den Toten«, er ist der »Herr«, er ist für ihn derjenige, der sich für ihn und alle Menschen hingegeben hat, der so Gottes Zorn besänftigt und die Glaubenden wieder mit Gott versöhnt hat. Er ist somit, wie es dann auch die Deuteropaulinen sehen, geradezu die Mitte, das Haupt der ganzen Schöpfung Gottes, in ihr das vornehmste Geschöpf, *um dessentwillen* (so ist das griechische »dia« z.B. in 1 Kor 8,6 korrekt wiederzugeben, nicht aber mit *»durch* den«) alles andere von Gott geschaffen wurde. (S. auch schon 1 Kor 15,45ff.) Aber all dies ist er in seinem Geschöpfsein, in seinem Menschsein. Und wie er sozusagen der Haupterbe Gottes ist (Hebr 1,2), so sind wir Miterben, Miterben des einen Heiles Gottes, des Vaters und Schöpfers. Und »Heil«, das ist nichts anderes als dies, daß Gott seine Schöpfung, uns also, zum ewigen Sein und Bleiben, zum ewigen Leben durch ihn, in ihm und mit ihm geschaffen hat; daß er der eine, unendliche Vater und Schöpfer seiner Welt ist.

Dies ist es, was der Glaube glaubt und will. Und um dies richtig zu verstehen, auch ein wenig genauer zu sagen, was er meint und was er nicht meint (»intellectus fidei«), dazu bedarf es nicht der Spekulationen über ein *inner*göttliches trinitarisches Wesen Gottes selbst. Das ist ein Abweg, ein Holzweg. Auf der Hauptstraße des Glaubens zu bleiben, das ist im übrigen für das theologische Denken viel anspruchsvoller und schwieriger! Es ist ja keineswegs so, als ob jene trinitarischen Spekulationen das geistig-intellektuell Anspruchsvollere wären! Wohingegen der Glaube »nur« an den einen Gott das Einfachere, Leichtere, um nicht zu sagen: Primitivere für die theologische Reflexion wäre. Das Gegenteil ist der Fall! Die Trinitätstheologie erleichtert sich geradezu das, was der Glaube will, nämlich daß der eine, unendliche Gott und Vater und Schöpfer eins sei mit seiner Welt, ohne daß die Welt eins und identisch sei mit Gott – was für das Nachdenken einen ständigen geistigen Drahtseilakt erfordert. Nämlich die schwebende Mitte zu halten zwischen einem simplen Pantheismus (Gott ist alles; alles ist göttlich) und einem simplen Deismus (Gott ist nur jenseits). Dies erspart sich die Trinitätstheologie mit der Konstruktion: Gott ist erst einmal als in sich selbst Seiender (»immanente Trinität«) und dann erst in seinem »ad extra« (»ökonomische Trinität«) zu denken. Damit ist das eigentlich Ungeheuerliche, das der Glaube enthält, nämlich daß der unendliche (!) Gott mit seinem ganzen unendlichen Sein und Wesen von Ewigkeit zu Ewigkeit nichts anderes im Sinn haben soll als diese seine Welt, uns also, geradezu entschärft und verharmlost: Natürlich hat er auch seine Welt, uns immer schon im Sinn – aber erst einmal hat er sich selbst im Sinn. Wo käme er hin, wenn er nur der Gott und Schöpfer dieser Welt sein wollte? *So* anspruchsvoll darf der Glaube gar nicht sein! – Aber als genau so anspruchsvoll erweist sich nun einmal der Glaube, wenn wir ihn genauer daraufhin befragen, *was* er eigentlich will und wie das, was er als wahr glaubt, möglich sein soll.

2.4 Identität und Differenz, Einheit und Vielheit im Unendlichen?

Als vergeblich erweist sich auch der Versuch, mit Hilfe der eher philosophischen Einheit-Vielheit- bzw. Identität-Differenz-Spekulation die theologische Vorstellung von einer immanenten göttlichen Trinität, Dreieinigkeit, Dreifaltigkeit oder gar Dreipersönlichkeit zu unterbauen und zu legitimieren.

Läßt man sich einmal auf jenes Denken ein, das mit den ganz allgemeinen Begriffen von »Einheit und Vielheit« oder »Identität und Differenz« operiert, so muß man in der Tat sagen: In der Welt ist alles, eben das Sein, von beiden »Prinzipien« bestimmt. Weder gibt es in der Welt *reine* Identität, noch gibt es *reine* Differenz. Beides wären nur verbal hypostasierte Abstraktionen. Also ist auch Gott als Identität und Differenz, als Einheit und Vielheit zu denken. Einverstanden!

Erfahren wird aber in der Welt auch dies, daß die Differenz die Identität in Frage stellen kann: Das Böse gefährdet, bedroht die Identität, das Leben des Seins in Einheit, in Frieden, in Übereinstimmung. Daher der *Glaube* des Menschen an die Dominanz der Einheit, der Identität, an den *einen* Gott: Identität, Einheit soll das Letzte, Höchste, Rettende, Bleibende sein! Man denke an die emphatische Betonung von Einheit, Friede usw. im NT, die sich dafür auf *Gott* beruft, z.B. 1 Kor 8,6; 12,1-27; Eph 4,3-5.

Nun kann die zusätzliche (!) spekulative Reflexion über dieses Wollen von letzter Identität, Gott genannt, zwar im Gegenzug darauf bestehen: Wenn im Endlichen (ganz abgesehen davon, daß hier ja auch die »Einheit«/»Identität« zur bösen Widersacherin von »Vielheit«/»Differenz« werden kann) Identität nicht wirklich denkbar ist ohne Differenz, dann müßte das auch vom Un-endlichen gelten, soll nicht dessen bloße Identität ein Nichts werden. Aber dieses Bestehen darauf, daß der eine geglaubte Gott sowohl Identität als auch Differenz sein müßte, kann nicht wieder rückgängig machen, daß Gott zunächst einmal der *eine Un*endliche sein sollte. Im Glauben dominiert ja, wie gesagt, das Wollen von Identität/Einheit usw. angesichts der Erfahrung von auch böser Differenz. Jedenfalls kann die spekulative theologische Reflexion, die auch diese *unendliche* Identität zu wahren hat, Gott die Differenz nur ebenfalls mit dem Vorbehalt »unendlich« zulegen, ohne dabei beide Momente nochmals in einem Höheren aufheben und vermitteln zu können.

Letzteres wäre wieder Verendlichung des Unendlichen. Im Endlichen, im uns bekannten Sein sind ja Identität und Differenz, hier sind immer beide Momente mit- und auch gegeneinander wirklich. So ist das Leben und Wesen des Seins. *Wie* aber *beide* Momente im Unendlichen wirklich sein sollen (das will ja die spekulative Reflexion, die insoweit konsequenter ist als der »bloße« Glaube), das kann nur noch unbegriffen, unvorstellbar bleiben. Einmal je für sich genommen (»reine« Identität des Un-endlichen, wie der Glaube will; dann aber auch »reine« Differenz für es, wie es die spekulative Reflexion nachträgt), lassen sich beide Grenz-Begriffe (»Prinzipien«) nicht wieder zusammenbringen. Wo die spekulative Reflexion es doch versucht, greift sie schon wieder zu Bildern des Endlichen. Wie wenn sie doch nicht in der Lage wäre, in der dünnen Luft ganz abstrakter spekulativer Reflexion zu leben.

Daß das/der Unendliche letztlich zu denken wäre sowohl als unendliche Identität als auch als unendliche Differenz (positiv: Reichtum, Fülle), das wäre also noch in Ordnung. Nur, wirklich zu denken gibt es da nichts mehr. Dem Unendlichen ist weder mit »Personen« noch mit »Relationen« beizukommen. Sein Sowohl-als-auch von Identität und Differenz kann und muß der *Glaube* ihm selbst überlassen; es ist nur »sein Problem«. Thema der Glaubens*reflexion* ist eben nicht Identität und Differenz *in Gott selbst*, sondern die »Identität«/Einheit und »Differenz«/Zweiheit des Gott-Welt-Verhältnisses (»ad extra«): daß nämlich der eine Gott das Heil der Welt, also seines Anderen sei, kurz: daß er *eins mit ihr* sei.

2.5   Harmlosigkeit der Trinitätstheologie?

Ließe sich aber nicht sagen: Trinitätstheologie versteht ihre eigenen Spekulationen ohnehin *nur* im Sinne von *Analogien*. Daß Gott selbst unvorstellbar bleibt und jede Analogie nur *unser* Bild ist, das weiß sie selbst. Also kann man sie so ruhig hingehen lassen. Ganz so ernst kann sie sich, richtig verstanden, doch selbst nicht nehmen. – Doch so einfach ist die Sache eben nicht. Wo sie betrieben wird, da wird Trinitätstheologie nun doch als *wahre* Theologie betrieben, da ist sogleich der Anspruch da, sie, und nur sie entspreche der Wahrheit des Glaubens, jedenfalls der *vollen* Wahrheit des Glaubens, wohingegen bloßer Monotheismus eben defizitär, nur ein »abstrakter Monotheismus« bleibe, ja, an sich häretisch sei. (Hier einmal ganz abgesehen von der »christologischen« Argumentation, Jesus Christus als Sohn Gottes zu glauben setze als Möglichkeitsbedingung die Annahme einer immanenten Trinität voraus.) Dieser Anspruch, diese Überzeugung ist auch ernst zu nehmen. In Sachen Wahrheit sollte es keine faulen Kompromisse geben. Deshalb genügt es nicht, Trinitätstheologie, weil ohnehin harmlos, einfach sich selbst zu überlassen, sondern ist es notwendig, sie beim Wort zu nehmen und ihre sachliche Verfehltheit und Überflüssigkeit einsichtig zu machen. Nur so wird auch der Anspruch ihrer Vertreter ernst genommen, der Wahrheit des Glaubens dienen zu wollen – ein Anspruch, der übrigens, wie die Geschichte belegt, keineswegs immer nur so »harmlos« blieb.

3. KAPITEL

Personalität des Schöpfergottes

Zur Rechtfertigung der sachlichen Notwendigkeit von Trinitätstheologie wird gerne angeführt: Nur so sei auch denkerisch sichergestellt, daß der Gott des Glaubens wirklich ein *personaler*, persönlicher Gott bleibt, daß er nicht zu einem namenlosen, anonymen, unpersönlichen Es wird. Doch was Gottes Personalität betrifft, so ist im Hinblick auf die spekulative Trinitätstheologie zu sagen, daß sie gerade von »Personalität« in Gott selbst nichts übrig läßt! Bloße innergöttliche Relationalität hat mit drei »Personen« nichts zu tun! Denkt man hingegen wirklich an drei »Personen« in Gott, so ist man häretischer Tritheist. Zudem verendlicht man Gottes unendliches Wesen, indem man ein Woher und Wohin der innergöttlichen Relationalität nennt. So bleibt die Frage: Ist der eine Gott des Glaubens, der »nur« als Schöpfer geglaubt wird, ein personaler, ein persönlicher Gott? Oder kann es sich nur noch um ein unpersönliches Es handeln?

3.1   Wo liegt das Problem?

Zunächst: Der Gott des Glaubens wird ja – jedenfalls in der christlichen Tradition, aber nicht nur hier – als »Vater« bezeichnet, als allmächtiger *väterlicher* Schöpfer von allem. (Dazu s. u. 6. Kapitel.) Das ist schon mehr, als »bloßer Schöpfer«. Doch dazu ließe sich immer noch sagen: Das ist auch nur ein menschliches Bild, das nicht so wörtlich genommen werden darf. Zumal wenn man wieder hinzunimmt: Dieser eine Gott und *Vater* und Schöpfer der Welt müßte ja wirklich *unendlich* sein. Sonst könnte er nicht der Garant des endgültigen, bleibenden Heils und Lebens sein. Unendlichkeit, das bedeutet aber sogleich: Unbegreiflichkeit, Unvorstellbarkeit, Undenkbarkeit. Was aber soll ein unendlicher Vater, eine unendliche Person, ein unendlicher persönlicher Gott sein?

Man könnte sich zwar aus dieser Verlegenheit so retten: Der geglaubte Gott wird ja als Vater und Schöpfer der Welt geglaubt. Somit ist er, wie auch »Unendlichkeit« besagt, auf jeden Fall seiner Schöpfung überlegen. In der Schöpfung gibt es aber endliche Personen. Also muß ihr Schöpfer *zumindest* von der personalen Qualität sein, die seine Geschöpfe, die wir Menschen als Personen besitzen. – Das ist völlig richtig. Aber damit ist über

Gottes eigene Personalität noch nichts gesagt. Und da unser Personsein eben ein endliches, begrenztes ist, bleibt immer noch die Gefahr, daß, wenn wir von Gott als Person sprechen, wir ihn eben auch sogleich verendlichen! Daß wir also seine Unendlichkeit aufheben. Da hilft es dann auch nichts zu sagen, Gott sei *Über*person. Das ist Etikettenschwindel! Damit trägt man zwar der Unendlichkeit Gottes Rechnung, aber mit dem »Über-« ist auch jede Vorstellung von Person/persönlich dahin. So daß man dann ehrlicherweise sagen müßte, Gott ist eben kein im üblichen Sinne des Wortes personales Wesen. Alles »Personale«, das ist nur unser menschliches Vorstellen, das aber an die unendliche Wirklichkeit Gottes selbst nicht heranreicht.

Immerhin: Eben dieses Letzteren ist sich gerade der einfache Glaube durchaus bewußt. Ihm geht es ja gar nicht in erster Linie um Gott selbst! Ihm geht es um das Heil der Welt, *ihr* ewiges Leben – für das er freilich den unendlichen Gott braucht. Somit könnte der Glaubende durchaus sagen: Wichtig und für mich entscheidend ist allein dies, daß Gott der *unendliche Schöpfer ist*. Für mich, der ich Person bin, ist er, dem mein und der Menschen Personsein und »ewiges Leben« so wichtig ist, daß er – wie ich es ja glaube – es schafft und bleiben läßt, somit auch Person. Person jedenfalls in dem Sinne, daß ihm das Dasein der Welt, der Menschen »etwas bedeutet«. Daß das keine bloße, harmlose Spielerei für ihn ist. Es wäre ja dann wohl auch ein, jedenfalls oft, reichlich grausames Spiel – so wie Shakespeare im König Lear den Glocester sagen läßt: »Für die Götter sind wir wie Fliegen für Lausejungen: Sie töten uns zum Spaß.« Aber mit einem Gott, dem die Welt und die Menschen nichts bedeuten, dem sie nichts wert sind, will ich, der Glaubende, gar nichts zu tun haben. Für mich ist Gott kein gleichgültiger, sozusagen nur neutral-sachlicher Gott, sondern ein Gott, dem seine Schöpfung am Herzen liegt; und in diesem Sinne ein personaler Gott. Ob und in welchem Sinne er *in sich selbst* als »Person«/»personal« zu denken ist, das ist für mich eine sekundäre Frage, ein Problem der Theologie, ihrer Sprache, ihrer Begriffe. Wenn sie darauf besteht, von dem einen unendlichen Gott zu sagen, er sei ein persönliches Wesen, dann muß *sie* also auch sagen, was *sie* unter Personsein verstehen will – dann aber so, daß nicht am Ende aus dem unendlichen Gott doch wieder ein endlicher-begrenzter Götze wird, mit dem ich nichts zu tun haben will, der mir nicht helfen kann.

3.2 Was heißt eigentlich »Person«?

Bei »Person« denkt man sogleich an einen Menschen, der einem begegnet. Doch das wollen wir bezeichnen als »Persönlichkeit«. Nun gibt es viele Menschen, die noch nicht oder nicht mehr »Persönlichkeiten« sind; und auch an einer »Persönlichkeit« ist vieles recht sachlich. Und doch sagen wir von jedem Menschen, er sei ein personales Wesen. Dies einmal angenommen, ergibt sich die Frage: Was macht eigentlich das Personsein als solches aus, das offensichtlich nicht einfach dasselbe ist wie das, was mit dem Begriff »Persönlichkeit« gemeint ist? Auch wenn es sich *ver*wirklichen kann zu einer »Persönlichkeit«.

3.2.1 Die Antwort des Thomas von Aquin, dem ich hier folge, lautet: Das Personsein als solches, also das, was das Personale eigentlich ausmacht, das ist das »subsistere«, das Selbstsein. (Was noch nichts mit Selbstbewußtsein zu tun haben muß, sich aber beim Erwachsenen auch als Ich- und Selbstbewußtsein erfahrbar macht.) Was aber ist mit »subsistere«, »Subsistenz« gemeint, das ich mit »wirkliches Selbstsein« wiedergebe?

Ich stehe vor Sokrates und frage mich, wer oder was eigentlich Sokrates ist. Dazu kann ich nun vieles sagen: Sokrates ist stumpfnasig, er besteht aus Fleisch, Blut, Knochen, er ist ein geistbegabtes Wesen, mit dem ich mich unterhalten kann, er hat auch Selbstbewußtsein usf. Aber nach all dem, was ich so feststellen kann und von dem ich sagen kann, das gibt es mehr oder weniger auch bei anderen, das ist eben »Natur«, nach all dem weiß ich immer noch nicht, wer oder was eigentlich Sokrates selbst ist. Und das, obwohl er doch leibhaftig vor mir steht. Wenn es mir um das Eigentliche von Sokrates geht, bin ich am Ende so weit wie zu Beginn. Ich kann eben nur sagen: Das Eigentlichste von Sokrates, das ist eben Sokrates selbst. Das ist das Erste und auch schon das Letzte. Weiter komme ich nicht. (Sokrates selbst übrigens auch nicht!) Das ist gemeint mit dem »Selbstsein«, dem »subsistere«. »Selbstsein«, »subsistere«, das macht nach Thomas das aus, was mit dem Begriff oder richtiger: Namen »persona« bezeichnet wird. Das »subsistere« ist also keine Sache, kein Etwas, kein Ding. Es ist ja das Selbst*sein*, das Subsistieren des Sokrates gemeint, nicht etwas noch hinter ihm.

Es soll nun hier dieses thomasische Verständnis dessen, was mit »persona« eigentlich gemeint sei, nicht weiter diskutiert und in Frage gestellt werden. Wir nehmen es so hin und denken lediglich darüber nach: Was ist in diesem Verständnis, in dieser thomasischen Interpretation von »Person« als Selbstsein noch *mitenthalten*? Was geschieht in dieser Interpretation als solcher?

3.2.2 Wenn ich das Selbstsein mit dem Namen »Person« bezeichne und sage: Das, was das eigentlich Personale ausmacht, das also, was Sokrates Person sein läßt, das ist eben dies, daß er *er selbst ist*, dann liegt darin ein Anerkennen meinerseits, nämlich ein Respektieren dessen, daß ich das Eigentliche, das Selbst von Sokrates gerade nicht erkennen kann im Sinne von sehen, begreifen, wissen, durchschauen. Indem ich sage, er ist eben dieser Sokrates (nur ein Name, kein Begriff!), sage ich, er ist eben er selbst, und dieses Selbstsein heißt Person. Das bedeutet soviel wie, ich respektiere ihn als ein Letztes, das ich nicht mehr weiter hinterfrage. Würde ich sein Selbst hinterfragen, dann würde ich gerade dieses Selbstsein, sein »subsistere« auflösen; z.B. indem ich sagte, Sokrates sei nur ein Abkömmling seiner Eltern, oder, er sei nur eine höchst komplizierte Verbindung von Molekülen.

Person, Selbstsein, subsistere, das ist also kein einfacher Begriff für ein Etwas, sondern sozusagen der Inbegriff des Anerkennens des Anderen in *seinem* Selbstsein; man könnte auch sagen: Personsein, das ist das Ergebnis dieses (selbstverständlich auch wertenden) Erkenntnisprozesses, bei dem ich am Ende wieder da stehe, wo ich angefangen habe, nämlich daß Sokrates wirklich Sokrates sein und bleiben soll; daß er selbst für mich »das Letzte«, nur noch Hinnehmbare, nicht zu Erkennende, sondern Anzuerkennende sein soll.

»Subsistenz«, »subsistere«, ein nicht mehr zu hinterfragendes Selbst zu sein, dafür steht nach Thomas von Aquin das Wort, der Name (Thomas sagt nicht »Begriff«!) Person. Modern gesprochen: Du bist eben Du, dahinter komme ich nicht. Kehren wir nun wieder zur Frage dieses Kapitels zurück: Ist der Gott des Glaubens, der eine unendliche Schöpfer dieser Welt, Person, ein personales Wesen?

3.3 Personsein Gottes ist sein Unbegriffen-bleiben-Sollen

3.3.1 Gott ist selbstverständlich keine bestimmte »Persönlichkeit«, so wie Max Meier eine bestimmte, mir bekannte Persönlichkeit ist. So gedacht wäre der Schöpfer ja selbst wieder ein endliches Wesen. Der Glaubende will aber keinen endlichen Gott, sondern den einen, unendlichen Schöpfer von allem, denn nur ein solcher Gott kann der Garant endgültigen, bleibenden Heils sein.

Was aber heißt »un-endlich«? In »unendlich« ist genau das enthalten, was nach Thomas das eigentliche Wesen von Personsein ausmacht, nämlich: nicht mehr hinterfragbar sein, ein Letztes sein, das nicht mehr begriffen, sondern eben nur hingenommen werden, respektiert, selbst sein gelassen werden kann. Eben dies steckt in dem »ein *un-endlicher* Schöpfergott«. Gottes Schöpfersein ist eben das Erste und Letzte, das der Glaube annimmt. Da noch etwas dahinter sehen zu wollen, das hieße, aus dem unendlichen Gott wieder einen vorletzten, endlichen »Gott« zu machen.

Auf endliche Weise subsistiert auch der geschaffene Mensch, ist er wirklich er selbst und so vom anderen anzuerkennen als ein Letztes, das ich nicht mehr begreifen, durchschauen, geistig auseinandernehmen kann. In diesem Sinne, wirklich *er selbst* zu sein (der Schöpfer soll ja gerade nicht Geschöpf oder auch nur irgendwie ein Teil der Welt sein) und nicht in seinem Selbst begriffen werden zu können, sondern nur angenommen werden zu können, ist für den Glaubenden der unendliche Gott eben auch personal = subsistierend. (Dementsprechend lautet der Gott angemessenste Gottesbegriff bei Thomas »esse subsistens«.) Heißt schon unter uns das Eigentliche des Personseins: Das habe ich nur noch hinzunehmen, das kann ich nicht wirklich begreifen, das ist eben Sokrates selbst, das bist eben Du, dann ist erst recht für den Glauben der eine Schöpfergott so, und das bezeichnet eben der Name Person. Genaugenommen ist das bereits mit »unendlich« gesagt. Denn das heißt ja: Ich kann und will gar nicht weiterfragen. Denn würde ich das Unendliche weiter befragen, es in Frage stellen, dann wäre es eben schon nicht mehr das Unendliche.

3.3.2 Vom Gott des Glaubens zu sagen, selbstverständlich ist er ein »personales Wesen« (daß er nur *einer* sein kann ist ohnehin klar, denn das Unendliche kann man nicht vervielfachen), das hat gerade dann, wenn wir das oben skizzierte thomasische Verständnis von »Person« hinnehmen, Konsequenzen. Ist damit nämlich auch gesagt, daß unter uns der Andere als ein Selbst zu respektieren sei, daß wir ihn in seinem Selbstsein anzuerkennen haben, dann verbietet sich damit geradezu der Versuch, in das Eigentliche und Letzte des Anderen einzudringen. Neugierig sich seines Intimsten zu bemächtigen. Das gilt auch für jeden selbst. Sich restlos offen zu legen – abgesehen davon, daß das ja gar nicht geht; auch das sogenannte »Ich« (ebenso meine »Seele«) ist ja nicht ein *vor*-liegendes, begreifbares, festes Etwas, auf das ich gleichsam mit dem Finger zeigen könnte, sondern genau besehen schon »*Re*-flexionsbegriff« für die Erfahrung, die mit »Selbstbewußtsein« gemeint ist –, das wäre ein schamloses Sichprostituieren; und sei es auch nur für sich selbst. Die thomasische Interpretation von »Person« signalisiert jedenfalls: Letztlich soll der Mensch für den Menschen ein unbegreifliches Mysterium sein und bleiben.

Bezeichnet man all das, was man begreifen, benutzen und sich zu Diensten machen kann, als »Natur«, dann wäre mit »Person« gesagt, daß der Mensch auch *über* all diesem nur Naturhaften, Nützlichen sein solle; daß er sein solle auch um seiner selbst willen; in einem positiven Sinn des Wortes »umsonst«. Dieses Anerkennen und Seinlassen des Menschen um seiner selbst willen ist auch gemeint, wenn von der Würde des Menschen die Rede ist.

Daß jeder von jedem letztlich als sein eigenes undurchschaubares Geheimnis anzuerkennen sei, eben dieses mit »Person« evozierte Verbot schrankenlos-schamloser Intimität unter uns, das gilt dann auch hinsichtlich des »personalen Gottes«. Kurz gesagt: Weder prostituiert Gott sich uns, seiner Schöpfung – auch wenn er ihr als ihr unmittelbarer Schöpfer sozusagen näher ist, als sie sich selbst sein kann; das berühmte »intimior intimo meo« Augustins. Noch entspricht es dem Glauben, mit dem Schöpfergott sozusagen ganz intim und persönlich auf Du und Du zu sein. Er ist, um bei Augustinus zu bleiben, intim*ior* intimo meo. Das heißt, *er* ist mir näher, als ich mir selbst bin und sein kann, nicht aber so nahe, daß *ich* mit ihm intim auf Du und Du sein könnte.

4. KAPITEL

Freiheit des Schöpfergottes

Auch zum Thema Freiheit Gottes behauptet die Trinitätstheologie, erst ein schon in sich trinitarischer Gott sei und bleibe auch in seinem Weltschaffen ein freier Gott. Wenn Gott nicht als ein schon in sich selbst mit sich selbst befaßter Gott gedacht werde, dann komme es unweigerlich zu der Idee, Gott habe seine Schöpfung nötig gehabt, ohne sie bleibe er ein einsamer Gott, die Welt sei somit von ihm aus einer inneren Notwendigkeit heraus geschaffen worden. Gott könne gar nicht anders, als sie zu schaffen. Damit sei er aber kein wirklich unendlicher Gott. Doch nicht erst zusätzliche Trinitätsspekulation, sondern schon eine einfache Überlegung zu dem, was der Glaube an den einen Schöpfergott will, macht klar, daß für ihn Gott selbstverständlich frei ist und frei schafft.

Der Gott des Glaubens kann nur ein *un-endlicher* Gott und Schöpfer sein, sonst wäre er selbst nur ein endliches, begrenztes Wesen, nicht aber der Garant endgültigen, ewigen, bleibenden Heils. »Un-endlich« bedeutet also gerade: Nicht wie die Welt in ihrer Endlichkeit, die eben allerlei inneren und äußeren Zwängen, Gesetzen, Notwendigkeiten unterworfen ist. »Un-endlich« bedeutet, Gott ist *über* der endlichen Schöpfung – was ja keineswegs heißt, ohne Beziehung zu ihr. Er ist ihr unendlich überlegen. Seine Überlegenheit ist seine Freiheit *von* ihr; auch wenn sie zugleich seine Freiheit *zu* ihr ist, nämlich seine Freiheit, ihr (ihr überlegen bleibender) Gott sein zu wollen.

4.1 Was heißt »Freiheit«?

Wie bei der Frage, ob Gott ein »personales« Wesen ist, wäre auch bei der Frage nach seiner Freiheit, zunächst zu klären, was »Freiheit« eigentlich bedeuten soll. Wir sprechen ja auf jeden Fall von unserer menschlichen Freiheit. Nun ist es gewiß eine problematische Sache, *genau* zu bestimmen, ob und in welchem Ausmaß der Mensch frei ist; vor allem im ganz konkreten Einzelfall. (Ausführlich dazu 5. Kapitel 6.) Bekanntlich gibt es dazu zwei Extrempositionen. Die eine geht davon aus, von wirklicher Freiheit könne gar nicht die Rede sein, das sei nur eine Illusion, in Wirklichkeit sei der Mensch immer nur »Sklave der Natur, der Gene«. Die andere, eher existentialistische, behauptet emphatisch die radikale Freiheit des Menschen, die ihn geradezu verurteile, er selbst erst werden zu müssen. Beide Positionen stellen aber bereits Abstraktionen dar. Die Wirklichkeit des »normalen« Menschen und seiner Freiheit liegt zwischen den schon von ihr abstrahierten Extrempositionen, und von ihr muß man ja erst einmal ausgehen. Gleich, wie es sich nun im konkreten Einzelfall verhält – ob mehr oder weniger »Freiheit« oder »Natur« –, Faktum ist jedenfalls, daß von »Freiheit« gesprochen wird, daß es die »Idee« der Freiheit gibt (ob man sie nun für »illusorisch« hält – womit man aber die Frage niederschlägt, wieso es je zu dieser sogenannten Illusion kommen konnte, die doch jedenfalls für diejenigen, die von Freiheit sprechen, keine bloße Illusion war – oder nicht), daß somit zumindest gesagt werden müßte, wofür dieses Wort, diese »Idee« oder dieser Begriff »Freiheit« stehen soll. Sonst wäre »Freiheit« ein schlechthin unverständliches Fremdwort, was aber eben nicht der Fall ist.

Gemeint ist, ganz allgemein gesagt, mit »Freiheit« zunächst einmal dies, daß der Freie *über*legen ist, daß er *über* anderem ist und somit den Zwängen und Notwendigkeiten dieses anderen auch relativ distanziert gegen*über*steht. »Relativ« im doppelten Sinne des Wortes: Einerseits ist Freiheit auf das andere bezogen, andererseits ist sie selbst nicht schlechthin und absolut dem anderen überlegen, sondern eben nur relativ, ein Stück weit überlegen. Als im wörtlichen Sinne ab-solute wäre »Freiheit« überhaupt nichts, von dem wir sinnvoll sprechen könnten.

In »Freiheit« verwirklicht sich ein relatives Über, nämlich Freiheit von Notwendigkeit, Zwang, Müssen. Für letzteres kann man auch sagen »Natur«, »Nur-Natur«. Der Mensch sei frei, das heißt dann nicht, er sei überhaupt nicht Natur, sondern nur, daß er *nicht nur* Natur ist, daß er, zumindest möglicherweise, auch noch *mehr* ist als *Nur*-Natur. Zur »Natur« des Menschen – »Natur« jetzt gemeint als das Ganze seines Wesens mit all seinen Wirklichkeiten und Möglichkeiten – gehört auch die Möglichkeit von Freiheit; die Möglichkeit, seiner eigenen Nur-Natur gegenüber überlegen zu sein.

Gibt es aber solche wirkliche Überlegenheit, und wo verwirklicht sie sich? Läßt sich wirkliche Freiheit als *Phänomen* in unserer Welt auch nachweisen? Als wirkliches Phänomen, nicht nur als abstraktes, fernes Ideal oder Postulat? Die Antwort ergibt sich schon, wenn wir nur auf das Nächstliegende achten.

Freiheit, relative Überlegenheit verwirklicht sich jedenfalls schon da, wo der Mensch zu überlegen, nachzudenken beginnt bzw. wo von mehreren, die *über* irgendetwas diskutieren, die sich *über* irgendetwas unterhalten, *über*legt wird. Schon wenn wir diesen Sachverhalt ins Auge fassen, so widerlegt er das nicht selten zu hörende Schlagwort, so etwas wie Freiheit gebe es in Wirklichkeit gar nicht, in Wirklichkeit sei alles mehr oder weniger Natur. So richtig es bleibt, daß alles *mehr oder weniger* Natur ist und bleibt – »Natur« nämlich i.S.v. »Natur im ganzen« oder Welt –, innerhalb dieses Ganzen gibt es nun doch das Phänomen wirklicher *Über*legenheit, die sich nicht mehr total reduzieren läßt auf Anderes, Früheres, Vorgegebenes, dessen Eigenart es vielmehr ist und bleibt, eben anders zu sein als Nur-Natur, ihr nämlich über-legen; und das heißt eben: ihr gegenüber (»relativ«) frei.

Phänomenal verwirklicht sich Freiheit also schon in dem sinnvollerweise nicht bestreitbaren Faktum, daß z.B. darüber nachgedacht, gesprochen, diskutiert wird, ob der Mensch überhaupt frei ist oder nicht. Für dieses phänomenale Faktum des Reflektierenkönnens setzte ich hier einfach das Wort »Geist« hin. Geist nicht nur als ein einzelner, sondern Geist als das auch soziale Medium des Diskutierens, Fragens, Nachdenkens und Verstehens von Menschen. Geist, oder auch Vernunft, haben die Einzelnen, haben sie als Viele, sonst gäbe es kein Gespräch, keine Diskussion, keine Probleme. Was also, woher, warum und wozu auch immer »Geist« sein mag und wie auch immer man weiter über ihn denken mag, Fakt und Phänomen ist zum Beispiel, daß über Freiheit gestritten wird, und dieses Streiten ist eben etwas »Geistiges«, und »Geist« ist mehr als Nur-Natur, mag auch das Verhältnis von Geist und nicht geistiger Nur-Natur nur dialektisch zu begreifen sein. Die Eigenart des Geistigen und seine Überlegenheit über Nur-Natur zu bestreiten, sie durch begrifflich erklärende Reduktion auf anderes (»ist nichts anderes als«) zum Verschwinden zu bringen, ist dann letztlich noch »geistloser«, als ihrer noch nicht inne geworden zu sein und sie, als wäre sie ganz selbstverständlich, einfach auf sich beruhen zu lassen.

Die geistig, »im Geiste« Streitenden streiten nun nicht einfach nur miteinander und gegeneinander, sondern sie streiten *über eine Sache*. Geistiges Streiten geschieht nicht einfach *dia*logisch, sondern sozusagen *tria*logisch; im Spiel sind nicht nur Zwei, ein Ich und ein Du, sondern Drei: Ich, Du und die Sache, um die es geht. Diese Sache, hier nämlich die, ob es wirkliche Freiheit in der Welt gibt oder nicht, ist ein Problem, eine Frage, und dieses Problem wollen sie lösen, diese »Sachfrage« beantworten. Das aber heißt, daß, gleich wie ihre Antwort aussieht, die Diskutierenden und Nachdenkenden dieser »Sache« *gegenüberstehen, über* sie urteilen wollen und urteilen werden. Sie selbst verwirklichen darin schon Freiheit, nämlich die relative Überlegenheit des Geistes, des Denkens über das Gedachte oder Bedachte. Sie nehmen sich geradezu die Freiheit, nachzudenken *über* es. Wo Geist ist, da ist also auch schon Freiheit: im Menschen als »zoon logicon«, als »animal rationale«, als vernunftbegabtem Wesen.

Man mag sagen, das ist doch *nur* etwas Geistiges, Theoretisches; mit Freiheit ist doch viel Konkreteres, Praktisches, Wichtigeres gemeint als nur »Denk-« und »Gedankenfreiheit«. Das mag ja sein. Doch hier geht es zunächst allein um den empirisch-phänomenalen Nachweis, *daß* Freiheit durchaus etwas *in* der Natur/Welt Wirkliches ist. Ja, daß sie sogar von demjenigen, der sagt, Freiheit gebe es in Wirklichkeit *gar* nicht, selbst schon verwirklicht wird. Mit der Wirklichkeit des Geistes ist eben auch schon Freiheit da, sozusagen der Raum relativer, aber wirklicher Überlegenheit in der Welt/Natur; und dies ganz ungeachtet dessen, was der Mensch des weiteren daraus macht und damit anfängt. Nur um die Widerlegung des Schlagwortes »Freiheit *nur* eine Illusion« geht es also.

Daß Freiheit gerade als »nur *relative* Freiheit« sogleich Fragen aufwirft und Probleme mit sich bringt, steht auf einem anderen Blatt. Ebenso, daß auch diese Freiheit des Geistes, des Nachdenken- und Streitenkönnens nicht irgendwie »vom Himmel fällt«, sondern ihre Genesis in der Natur hat, »natur*geschichtlich*« geworden ist und auch in jedem Einzelnen immer erst je neu werden muß. Ebenso, daß sie keine absolute Freiheit chaotischer Willkür und Beliebigkeit ist; daß sie vielmehr ihre dem Geist selbst immanenten Regeln oder Denkprinzipien (sogenannte »prima principia naturaliter innata«) verwirklichen muß, weil ohne sie »nichts geht«, weder Denken noch Nachdenken. Doch auf diese Fragen, die weniger das Daß, als das Wesen und das Wie von Freiheit betreffen, wird im 6. Abschnitt des 5. Kapitels ausführlich einzugehen sein.

Freiheit, relative Überlegenheit, sie ist also ein schon empirisches Phänomen. Freiheit ist nicht ein Wort für etwas, das erst zu postulieren wäre als etwas jenseits der empirischen Wirklichkeit Gegebenes. Wäre nicht diese relative Überlegenheit des sogenannten Geistigen – die sich ja selbst noch in dem (auch wiederum geistigen!) Versuch zeigt, das sogenannte Geistige wieder zu reduzieren und seine Eigenart zu minimalisieren, sie zu verstecken oder zu übertönen, indem man sagt, auch Geist, Geistiges sei »nur« ein, wiewohl »besonders subtiles« Phänomen des im ganzen sich selbst organisierenden materiellen Universums, es sei also »eigentlich« nichts Neues oder Besonderes –, wäre sie also nicht schon ein wirklich erfahrbares, empirisches Phänomen eigener Art in/innerhalb der Welt/Natur als ganzer, so hätte es gar nicht zu dem transzendental-philosophischen Unternehmen (Kant) kommen können, zumindest die Freiheit des (sittlichen) Wollens als *über*empirisches Postulat zu proklamieren. (Womit indes nicht mehr geschieht, als daß die vorhandene *Wirklich-*

keit nochmals *eigens* auch als *möglich* »erklärt« und »begründet« wird. Was aber in Wirklichkeit keine Begründung ist, sondern nur verbal-begriffliche, abstrakte Verdoppelung im Medium zusätzlicher geistiger Reflexion. Sie wird als »begründet« erklärt / deklariert, obwohl gar kein begründendes Anderes als sie selbst begriffen wird! Freiheit selbst bleibt, pointiert gesagt, ein nicht weiter begründetes, bloßes [was nicht heißen soll: sinnloses!] Faktum, das, wenn es der Fall ist, als es selbst in sich selbst »gründet«.)

So aber dürfte es wichtiger sein, bei diesem Phänomen zu bleiben, daß es zumindest da, wo Geist / »Vernunft« geworden ist, was sich eben im Nachdenken, Diskutieren, Verstehen-, Begreifenwollen verwirklicht, wirkliche *Über*legenheit gibt: die Grundstruktur dessen, was mit »Freiheit« gemeint ist. Daß sie immer nur eine »relative« Überlegenheit ist – kommend aus und geworden aus »der Natur« und ausgerichtet bleibend auf »die Natur« –, das ändert nichts an der Überlegenheit als solcher. Ihre Wirklichkeit widerlegt die These, so etwas wie Freiheit gebe es in unserer Welt nicht, könne es gar nicht geben. Wer dergleichen behauptet, der handelt wie der Baron Münchhausen, nur, daß er sich diesmal nicht mit Hilfe des eigenen Zopfes nach oben, nämlich aus dem Sumpf der Natur in das Reich absoluter Freiheit herausziehen, sondern nach unten, nämlich tiefer in den Sumpf von »Nur-Natur« hineinziehen will.

Sagen wir also, sozusagen der Kern der Idee von Freiheit sei Überlegenheit, sei Mehrsein und Anderskönnen als das Unterlegene, so wird genau dies von demjenigen, der um des Heiles der Welt willen an Gott glaubt, auch von diesem Gott des Heiles angenommen; gleich, ob er dafür schon den Begriff »unendlich« verwendet oder nicht. Der Glaubende sieht und weiß ja: In der Welt, in der Natur, zu der auch er selbst einschließlich seiner Freiheit und relativen Überlegenheit gegenüber vielem anderen gehört, hier ist alles sterblich, hinfällig, vergänglich. Soll es aber »Auferstehung und ewiges Leben« geben, so nur, wenn ein Gott ist, der all diesem Vergehen über-legen ist; der selbst frei ist von dieser Natur und ihren Notwendigkeiten, der eben ein »über-natürlicher« Gott ist. In einem richtig verstandenen Sinne kann man auch sagen, der Gott des Glaubens soll ein *absoluter* Gott sein. »Absolut« nicht in dem Sinne, daß er mit der Welt nichts zu tun hätte; im Gegenteil. »Absolut« vielmehr in dem Sinne, daß er in all seinem Sichbeziehen auf sie, in dem er sie schafft, ihr gegenüber der Überlegene, der Andere, der Freie ist und bleibt; biblisch gesprochen, »der *Herr* seiner Welt« auch noch in seinem schöpferischen »Sich-mit-ihr-Identifizieren«, das sie auch *seine* Welt sein läßt.

4.2 Gottes absolute Freiheit

4.2.1 Mit »Freiheit« ist nicht nur der Gedanke der *Überlegenheit*, der »Freiheit-von« einem anderen gegeben, sondern mit »Freiheit« verbindet sich auch der Gedanke der *Spontaneität*, der *inneren* Freiheit, der wirklichen Freiwilligkeit eines Handelns, das nicht aus einem Müssen (»Trieb«/»Bedürfnis«/»Natur«) hervorgeht und insofern restlos begriffen werden könnte.

Ob und in welchem Maße es »*reine Spontaneität*« *in* der Welt gibt, ist hier nicht die Frage. Genau sie ist aber von Gott auszusagen, wenn anders er der Un-endliche sein soll. Seine unendliche Überlegenheit = Freiheit von der Welt ist somit ineins seine absolute Spontaneität, nämlich seine nicht *weiter begründbare* Freiheit, sie zu schaffen.

»Un-endlichkeit« bedeutet weiter, daß Gottes »Wesen« schlechthin unbegreifbar ist. Ein begriffener Gott wäre nicht wirklich Gott. Damit ist es aber auch von vornherein ausgeschlossen, von irgendeiner *äußeren* Notwendigkeit zu sprechen, der Gottes Weltschaffen unterworfen wäre. Was wir von ihm sagen können, hat sich allein an das zu halten, was wir an seiner Schöpfung wahrnehmen. Denn er ist nun einmal ihr Schöpfer, und seine Schöpfung ist gleichsam sein einziges Wort, mit dem er alles gesagt hat und sagt, was er überhaupt im Sinn hat. Jedes Fragen nach einem noch *weiteren* Warum und Wozu, ist unsinnig. Es widerspricht dem Glauben, der gerade den unendlichen und so unbegreiflichen Schöpfergott als Erstes und Letztes glaubt.

4.2.2 Mit dieser »absoluten Freiheit Gottes« ist indes keineswegs gemeint, der unendliche und unbegreifliche Schöpfergott, um den es dem Glauben um des Heils der Welt willen geht, könne oder müsse gar als ein *Willkürgott*, als ein *Chaot* gedacht werden; seine Freiheit sei als absolute Beliebigkeit und pures Durcheinander zu denken; für ihn sei Ja ebensogut und dasselbe wie Nein.

Einmal etwas locker gesagt: Der Gott des Glaubens kann zwar, ja, er soll sogar für den Glaubenden auch schon einmal fünf grade sein lassen, aber er wird nicht als ein Gott des Chaos, der Beliebigkeit und Willkür geglaubt, für den Ja und Nein letztlich dasselbe wären. So »frei« soll Gott wiederum auch nicht sein. Geglaubt wird Gott ja als der Schöpfer der Welt. Als ihr Schöpfer ist er *über* ihr, *frei von* ihr. Aber das heißt nicht, seine Unbegreiflichkeit und unendliche Freiheit seien Willkür. Wäre Gottes Wesen reine Willkür, so müßte auch sein Werk ein pures Chaos der Willkür sein, was aber offensichtlich nicht der Fall ist. Wie nämlich ist denn sein Werk, seine

Schöpfung? Die Welt also, von der wir sagten, daß sie *das* Wort, *die* Offenbarung, *die* Selbstauslegung ihres unendlichen Schöpfers sei; somit auch endlicher Ausdruck seiner unendlichen Freiheit.

Dazu ist nun zu sagen: Die Schöpfung ist, sowohl im ganzen wie auch in jedem Einzelnen, immer ein Zugleich und Sowohl-als-auch von Freiheit und Notwendigkeit, von Gesetz und Zufall, von Ordnung und Unordnung, von Regel und Abweichung. Es gibt in ihr weder eine reine, absolute Notwendigkeit noch eine reine, absolute Freiheit, weder eine reine, absolute Gesetzmäßigkeit noch einen reinen, absoluten Zufall. Das sind alles schon nur abstrakte Reflexions- und Grenzbegriffe. In der Wirklichkeit selbst ist immer beides im Spiel. Natürlich so, daß in dem einen Bereich mehr das Gesetzmäßige, Regelmäßige, Notwendige überwiegt, während in anderen Bereichen das Moment des Zufälligen, des Nichtdeterminierten, der Freiheit eine größere Rolle spielt.

Wenn nun Gott als der Schöpfer dieser Welt geglaubt wird, in der und an deren Wesen eben auf endliche Weise sich sein schöpferisches Wesen offenbart, dann kann man nur sagen: Auf seine unendliche Weise ist auch der Schöpfer beides zugleich, sowohl »Notwendigkeit« als auch Freiheit. Natürlich ist mit dem »auf seine unendliche Weise beides zugleich« auch nichts begriffen! Nur sollen damit die sicher falschen, unreflektiert-naiven Behauptungen zurückgewiesen sein, Gott sei *nur reine* Notwendigkeit, Gesetzmäßigkeit, Ordnung, und, Gott sei *nur reine* Freiheit im Sinne von Willkür, Zufall und Beliebigkeit. Nochmals etwas salopp gesagt: Der Glaube ist überzeugt, daß Gott ein ordentlicher Gott ist; aber auch, daß Gott zur Not auch einmal fünf grade sein lassen kann.

4.2.3 Gottes Freiheit, das ist also letztendlich nur ein anderes Wort für seine unendliche *Über*legenheit über allem Nichtgöttlichen, Endlichen. Sie ist somit auch nicht mehr wirklich zu vergleichen mit unserer Freiheit, mit unserem menschlichen Freiheitsgeschehen, also mit der *Art und Weise*, wie wir Freiheit in der Welt verwirklichen; indem wir nämlich uns willentlich zwischen uns bekannten, gewußten Möglichkeiten entscheiden. So daß man, so vergleichend, sagen könnte: Unsere Freiheit ist begrenzt, eben durch unsere begrenzten Möglichkeiten, Gottes Freiheit ist unbegrenzt, er hat unbegrenzt viele Möglichkeiten. Das ist zwar wohlgemeint, es bleibt aber strenggenommen ein bloßer Anthropomorphismus, der an Gottes Unendlichkeit scheitert, ja, ihr widerspricht: Indem Gottes Freiheit nicht nur als seine unendliche Überlegenheit hingenommen wird, sondern nun auch gedacht werden soll als seine (Wahl-)Freiheit angesichts unbegrenzt bzw. unendlich vieler Möglichkeiten, macht man, ob man es nun merkt oder nicht, aus dem unendlichen Gott ein endliches Wesen. Ein zeitliches Wesen wie wir, das *erst* Möglichkeiten vor sich sieht und weiß, *dann* unter ihnen eine auswählt und will. Ein Wesen also, in dem, wie bei uns, Wissen und Wollen *real verschieden* sein müßten. Damit soll zwar der anderen, noch unmöglicheren Idee widersprochen werden, Gott sei und handle/schaffe gar nicht schlechthin frei, sondern irgendwie aus einer »inneren Notwendigkeit« heraus. Insoweit ist jener Anthropomorphismus gewiß wohlgemeint. Doch er bleibt ein bloßer Anthropomorphismus, der in der strengen theologischen, metaphysischen Reflexion kein Recht hat, weil er unvereinbar ist mit Gottes Unendlichkeit, mit der »Einfachheit« seines unendlichen Wesens. Gottes Freiheit und Überlegenheit über allem bedarf solcher spekulativer Hilfestellung nicht. – Das wußten im Grunde schon die Weisen der Antike, wenn sie sagten: »Götter philosophieren nicht.« Das heißt: Götter denken nicht erst nach, sie müssen nicht, wie wir, überlegen und reflektieren. (Weiter dazu s.u. 5. Kapitel 6.3.)

4.3 Schaffen des Endlichen ist die einzig denkbare Möglichkeit der Freiheit Gottes

Der Gott des Glaubens kann, wenn dieser Glaube wahr sein soll, nur ein *unendlicher* Gott sein. Unendlichkeit besagt einerseits mehr etwas *Negatives*: Gott ist nicht so wie die Welt, er ist nicht ein begrenztes, meßbares Wesen. Die Welt, wie groß auch immer sie gedacht wird, könnte immer noch größer gedacht werden; auch die dann noch größere wäre nur wieder Welt wie die unsere, nicht etwas wesentlich anderes. Ein unendlicher Gott, das ist nicht ein Gott, der nur etwas größer wäre als die Welt, der, in der Schematik einer horizontalen Zeitlinie gedacht, etwas früher wäre und an deren Anfang stünde. Sondern mit Un-endlichkeit wird sozusagen in eine andere Richtung, in die Vertikale gedacht: Gott *soll* anders als und *über* allem Mehr oder Weniger, Früher oder Später sein; es alles begründend und umfassend, nicht von ihm her bestimmt und begründet. Damit hat »Unendlichkeit« aber andererseits auch eine *positive* Bedeutung. Jedenfalls für den Glaubenden. Sein Gott soll ja nicht *nur* anders als die Welt, Nicht-Welt sein; nur so gedacht wäre Gott uninteressant. Er soll der Gott des Heils, des Bleibens, des ewigen Lebens sein; des »Jenseits des Diesseits«. Ist Gott aber der, der das Bleiben des »Diesseits« im Jenseits gibt, so ist er auch schon der, der das Diesseits gibt. Dann ist sein Wesen auch schon jetzt gebend. D.h. seine Unendlichkeit ist auch un-endliche Fülle und Reichtum, die sich selbst weder vermindert oder vermehrt, noch durch anderes zunehmen oder abnehmen kann.

Würde man sagen, Gott gewinnt etwas dadurch, daß er die Welt schafft, so hieße das, ohne die Welt wäre er ärmer, weniger. Das aber liefe darauf hinaus, aus ihm ein endliches, begrenztes, bedürftiges Wesen zu machen. Daher muß man zunächst einmal sagen: Ein Gewinn im Sinne von Behebung eines Mangels ist Gottes Schaffen und Seinlassen der Welt nicht. Richtig verstanden ist das Sein der Welt, die er will, etwas Überflüssiges, sozusagen ein Luxus, den er jedenfalls nicht braucht. Damit ist nicht gesagt, dieses für ihn »Überflüssige«, dieser »Luxus« sei sinnlos, sei für ihn nur nebensächlich, bedeute ihm gar nichts. Nur die Idee eines Nötighabens, eines Brauchens ist abzuweisen, weil damit Gott wieder verendlicht würde. Deshalb muß »Unendlichkeit« eben auch dies implizieren, daß Gott schlechthinnige Fülle, Reichtum ist, die, wie wir sagen könnten, *quantitativ* gar nicht vermehrt werden könnte.

Mit Unendlichkeit Gottes ist Gottes Sein und Wesen aber auch in einer ganz anderen Dimension angesiedelt als das Sein und Wesen der Welt. Geht man nun davon aus, daß Gott der Schöpfer der Welt ist, weiter davon, daß er selbst – nun einmal um der Verdeutlichung willen etwas zeitlich gesprochen – immer schon unendliche, unvermehrbare und unverminderbare Seinsfülle ist, und fragt man einmal ganz naiv-menschlich: Was sollte, was könnte ein solcher unendlicher Gott eigentlich noch können, dann bleibt zur Antwort nur eins übrig: Auch Endliches, Nichtgöttliches sein zu machen/lassen; also die Welt zu schaffen, deren Sein, da es sich ja sozusagen in einer anderen Dimension befindet als Gott, sein unendliches Sein in keiner Weise beeinträchtigt oder einschränkt.

Wenn Gott selbst schon unendlich, der Unendliche ist, dann hat er – weiter ganz menschlich gesprochen –, wenn er sich nicht nur mit sich selbst beschäftigen will (was aber soll das sein?!), nur eine Möglichkeit, nämlich die, Nichtgöttliches, Endliches, kurz: die Welt zu schaffen. Und diese *einzige* Möglichkeit des Unendlichen – wohlgemerkt: von »Notwendigkeit«, von »Schaffen*müssen*« kann nicht im entferntesten die Rede sein! –, sie ist dann auch die sozusagen *höchste* Möglichkeit; wiederum ganz menschlich gesprochen: Gottes äußerste, letzte Möglichkeit, »etwas zu tun«, was nicht allein mit ihm selbst zu tun hätte. (Aber was letzteres sein sollte, das ist überhaupt nichts Denkbares und ist für den Glauben uninteressant. Ebenso für die Glaubensreflexion/Theologie, die daran zu einer Theologie des Irrealen würde, nämlich zu einer Theologie des »Wie wäre, was täte Gott, wenn er *nicht* die Welt geschaffen hätte?«)

Nun kann man natürlich sagen: Diese These ist eigentlich (nicht falsch, aber) trivial. Sie setzt das Faktum: ein unendlicher Gott – die endliche, nichtgöttliche Welt, voraus und sagt nur: Etwas anderes als diese Zwei und somit Gottes Schaffen sei gar nicht denkbar. Eine zusätzliche Erkenntnis oder Einsicht in die Sache enthält sie aber nicht, denn weder über Gott noch über sein Schaffen noch über die Welt sagt sie mehr, als in den Begriffen Unendlichkeit und Endliches schon enthalten ist. Nur eins behauptet die These darüber hinaus: Gottes Schaffen von Endlichem ist nicht nur *eine* Möglichkeit von vielen, es ist Gottes *einzige* Möglichkeit über sich hinaus. Das kann aber nicht so gemeint sein, als ob wir sozusagen auf einem Standpunkt jenseits und nochmals über Gott und Welt stünden und von diesem Standpunkt her sehen und entscheiden könnten: Wenn Gott noch etwas will, dann kann er nur noch Nichtgöttliches sein machen oder sein lassen. Sondern diese These soll nur so gemeint sein: *Wir* können uns – vorausgesetzt, daß Gott wirklich der Unendliche im auch positiven Sinne des Wortes ist – in der Tat keine andere Möglichkeit denken als Gottes Schaffen, das ja auch wirklich ist. Nur, aber auch genau darauf zielt diese These eigentlich ab; und sie greift damit auch schon, über die Schöpfungstheologie im engeren Sinne hinaus, auf weitere theologische Themen vor.

Das Gott-Welt-Verhältnis wird ja in der Theologie mit allen möglichen Worten, Begriffen, Bildern artikuliert. Diese Artikulationen variieren, und mit diesem Variieren soll zum Ausdruck gebracht werden, daß Gott sich zur Welt eben nicht *nur* als ihr Schöpfer verhält; daß er nicht immer *nur* als ihr Schöpfer zu denken sei; daß das Verhalten Gottes zur Welt auch noch ein anderes sei. Zum Beispiel, daß er sich »selbst offenbart«, das sei mehr und anders und somit als etwas ganz anderes zu denken als sein »bloßes Schaffen«. Gegen diese unreflektiert bleibende Annahme richtet sich unsere These.

Zu ihrer Begründung und Rechtfertigung ist erst noch einmal klarzustellen, was Gottes »Schaffen« bedeutet. Dann sind die anderen Begriffe, Worte, Vorstellungen usw. daraufhin zu prüfen, ob sie wirklich an ein Mehr oder anderes über Gottes Schaffen hinaus denken lassen, oder ob das nur begrifflicher bzw. verbaler Schein ist. Im *ersten* Schritt wird also das angebliche »*bloße* Schaffen« bedacht. Im *zweiten* Schritt wird gezeigt, daß die anderen Begriffe – sollen sie nicht bloße Schlagworte bleiben – allesamt auf das göttliche Schaffen zu reduzieren sind. *Drittens* und zusätzlich soll dies dann auch schon einmal christologisch durchdacht werden.

So könnte als These dieses Abschnittes formuliert werden: *Schöpfungstheologie* ist die Grundlage (nicht des Glaubens an sich, in dem sie selbst gründet, wohl aber:) aller weiteren Theologie. *Sie* bildet das Grundraster der ganzen systematischen Dogmatik.

4.3.1 *Alles* Endliche ist unmittelbar Ausdruck, Offenbarung, Bild, Wort, Gleichnis seines Schöpfers

Wir gehen davon aus, daß alles Endliche von dem einen unendlichen Gott geschaffen ist, daß es sich seinem ganzen Sein nach Gott verdankt. Alles Endliche, das ist sowohl die Welt im ganzen als auch jedes Einzelne, jede einzelne Wirklichkeit in diesem Ganzen. Wir bedenken dabei zunächst das Allgemeine, das sowohl vom Ganzen als auch von jedem Einzelnen gilt, dann die einzelnen Wirklichkeiten.

4.3.1.1 Von allem endlichen Geschaffenen ist zu sagen, daß es *unmittelbar* von Gott geschaffen ist. Zwischen dem Geschaffenen, der Welt, und dem Schöpfer, Gott, gibt es nichts Drittes, Mittleres, Vermittelndes. Die Disjunktion: entweder endlich/geschaffen/Welt oder unendlich/ungeschaffen/Gott läßt ein Drittes, ein Mittleres oder Vermittelndes nicht zu. Zwischen Gott und Welt gibt es sozusagen keinen Zwischenraum. Der unendliche, »transzendente« Gott ist zugleich der »immanente«. Das heißt nicht nur, daß *er in* allem Endlichen ist, sondern ebenso, daß alles Endliche, Geschaffene *in ihm* ist. Selbstverständlich nicht identisch mit Gott. Sondern so, daß es unmittelbar und direkt aus Gott und in ihm existiert; als »das Andere Gottes«, als *Gottes* endliche *Welt*, als *seine* Schöpfung.

Geschaffensein besagt also, von seiten des Geschaffenen gesehen, daß es sozusagen mit jeder Faser seines Seins unmittelbar durch Gott ist, existiert und in ihm gründet: »pan*en*theistisch« und »pan*ek*theistisch« zugleich. Und es besagt, von seiten Gottes gesehen, daß Gott jedem Endlichen unmittelbar nahe ist, es sein machend/lassend. Die unmittelbare »Nähe« oder Gegenwart Gottes zu jedem und allem von ihm Geschaffenen kann auch Gott selbst nicht überbieten, zu sozusagen noch größerer Nähe machen, noch unmittelbarer oder noch direkter machen. Denn das hieße, die unmittelbare »Nähe« aufheben. So daß Gott und Welt identisch würden.

Somit kann man zunächst einmal von allem und von jeder einzelnen gottgeschaffenen Wirklichkeit sagen, daß sie, auf ihre endliche, begrenzte Weise, Ausdruck des unendlichen Seins und Wesens Gottes ist: Indem Gott etwas sein macht und sein läßt, bringt er »etwas von sich selbst« in sein Werk. Das ist jedenfalls eine ganz traditionelle Redeweise, die auch sinnvoll und legitim ist, solange zugleich bedacht bleibt, daß das Geschaffene »nur ein Ausdruck *von etwas von* Gott« sein kann. Das heißt, daß es nicht »Gott selbst« ausdrücken kann. Weiter, daß auch Gott nicht »sich *selbst* ausdrücken« kann; dazu müßte er ja einen zweiten unendlichen

Gott machen. Sagen wir also: *Indem* Gott das Endliche schafft, drückt er auch »etwas von sich« aus, so heißt das, daß Gottes Schaffen ein Sich*aus*-drücken Gottes selbst ist; und das »*etwas* von sich« signalisiert, daß das Geschaffene nicht Gott selbst sein kann.

Ausdruck Gottes zu sein, das trifft also auf alles und jedes Geschaffene zu, und zwar immer direkt und ganz unmittelbar. Noch direkter, noch unmittelbarer, noch näher geht es gar nicht. *Insofern* sind alle geschaffenen Wirklichkeiten prinzipiell gleich. Keine geschaffene Wirklichkeit kann Gott »noch näher« sein, denn dann wäre sie auch schon mit ihm identisch. Schon angesichts dieser Unmöglichkeit ergibt sich: Wenn, dann kann der unendliche Gott »sich« nur so »ausdrücken«, daß er es durch sein geschaffenes Endliches tut, also eben schaffend. Und das Schaffen kann er selbst nicht mehr überbieten.

4.3.1.2 Endliches zu schaffen, es in unüberbietbarer Nähe, Einheit mit sich sein zu lassen, das ist das, was dem unendlichen Gott möglich ist; es ist ja wirklich so. Kann er nichts noch unmittelbarer und noch »näher« zu sich »machen«, also sein Schaffen als solches nicht überbieten, so geht dies, wie man sagen könnte, »nur« *mittelbar*. So nämlich, daß er mehr oder weniger schafft; wobei »mehr oder weniger« hier nicht so sehr ein rein quantitatives »mehr oder weniger« meint, als ein qualitatives »mehr oder weniger«.

Gott selbst ist unendlich. Unendlich ist auch sein Schaffen, denn sein Schaffen, das ist er selbst. Und so ist er ja jedem Geschaffenen *ganz* zugegen; ganz, denn er kann sich ja nicht teilen und nur sozusagen halb anwesend sein; so wie wir es von uns sagen können, wenn wir »nicht so ganz bei der Sache sind«. Ein »mehr oder weniger« gibt es aber unter den von ihm geschaffenen Dingen und Wirklichkeiten. Und diese Unterschiede sind selbstverständlich von Gott so geschaffen. Somit können wir sagen, daß Gott *verschieden intensiv* schafft – dementsprechend daß wir von den geschaffenen Dingen sagen, daß sie ihr Sein verschieden intensiv verwirklichen. Verschieden intensiv, das soll heißen: Ein Lebewesen existiert eben intensiver, komplexer als ein Stein. In ihm verwirklicht sich sein Geschaffensein lebhafter, als in einem Stein. Aber auch sein Lebendigsein, also sein Sichbewegen und Tun, kurz: das Sich*ver*wirklichen ist ein geschaffenes und in jedem Moment nur deshalb wirklich, weil es vom unendlichen Gott erwirkt wird.

4.3.1.3 Nehmen wir nun *beide Aspekte zusammen*: Alles und jedes außer Gott selbst ist geschaffene, irdische, endliche Wirklichkeit, und: Die geschaffenen Wirklichkeiten sind offensichtlich untereinander, miteinander verglichen, zugleich sehr verschieden, so muß beides auch zugleich von Gott ausgesagt werden: Gott schafft Verschiedenes. Das heißt aber nicht, sein Schaffen als solches sei bei dem einen etwas ganz anderes als bei dem anderen. Was ein »ganz anderes Schaffen« sein sollte, das bleibt unerfindlich; das müßte dann auch einen ganz anderen Gott ergeben. Ist aber nur ein Gott und gibt es innerhalb der Welt Verschiedenes, so läßt sich das hinsichtlich des göttlichen Schaffens nur so einigermaßen ausdrücken, daß man sagt: Gott schafft mit je verschiedener Intensität. Denn sonst müßte man ja sagen: Gott schafft alles und jedes, somit eben Verschiedenes; aber für ihn sind diese Unterschiede bedeutungslos, für ihn ist alles dasselbe und gleich gut, also gleichgültig. Dahin käme man, wenn man *nur* die eine Seite, nämlich daß alles Endliche von ihm geschaffen ist, artikulierte; also *nur* das Prinzipielle, Metaphysische. Andererseits geht es nicht an, *nur* die andere Seite der Wirklichkeit, der »Physis« zu sehen, also nur die Verschiedenheiten des Seins, und zu unterschlagen, daß alles noch so Verschiedene und Unterschiedliche, vom Niedrigsten und Primitivsten bis zum Höchsten und Wunderbarsten etwas Geschaffenes, Endliches, Irdisches ist; daß insofern jedes Seiende gleichsam verwandt ist mit jedem anderen, ihm in aller Verschiedenheit und Unähnlichkeit doch ähnlich bleibend, mehr oder weniger vergleichbar.

4.3.2 Konsequenzen

Nun wieder zur eigentlichen These dieses Abschnittes und ihrer Zielrichtung: Wenn Gott selbst »schon« unendlich ist, dann kann er »nur noch« eins, nämlich das Endliche, Nichtgöttliche, Geschaffene durch, in, mit, neben sich seinmachen, seinlassen. Und jedes Geschaffene ist mit seiner jeweiligen ganzen Wirklichkeit ein endliches Bild, Gleichnis, Ausdruck (»Wort«, »Sprechen«) von Gottes unendlicher Wirklichkeit. Schaffen ist das höchste, äußerste von Gott Denkbare. Bekanntlich wird aber nun in der religiösen und theologischen Sprache das Verhältnis Gottes zur Welt und von Irdischem zu ihm auch mit anderen Begriffen bezeichnet und mit anderen Vorstellungen zu charakterisieren versucht: Gott offenbart; Gott offenbart sich selbst; Gott teilt sich selbst mit; Gott liebt uns usw. – und das sei mehr und etwas anderes als sein »bloßes Schaffen«. Zugleich ist mit solchen Aussagen so gut wie immer ein besonderer religiöser Anspruch verbunden: Das, was *wir* damit meinen und wie *wir* es verstehen, das ist *die* »Offenbarung«; also so etwas wie ein Exklusivitäts- und Absolutheitsanspruch. Am offensichtlichsten dürfte dies wohl in unserer christlichen Dogmatik der Fall sein: Jesus Christus, *die* Offenbarung, *die*

Selbstmitteilung, *die* Selbstoffenbarung als Liebe Gottes. Sollen das nicht nur religiöse Schlagworte sein, so hat die Theologie zu fragen, *was* mit solchen Worten oder Begriffen eigentlich gemeint sein *kann*. Dann ergibt sich bei genauem theologischen Nachdenken und Weiterdenken, daß auch sie alle nur das Schöpfer-Schöpfungs-Verhältnis enthalten, es gleichsam nur paraphrasieren; also das göttliche Schaffen – auch wenn sie den Anschein provozieren wollen, es handle sich noch um mehr als »bloßes Schaffen«. Die pompöse Wortwahl soll den Eindruck erwecken, hier handle es sich um mehr, um etwas *ganz anderes* als um Gottes Schaffen, das doch immer und überall anzunehmen sei.

Streng theologisch durchdacht erweist sich das als (sit venia verbo!) verbale Schaumschlägerei, als ein Sichberauschen an unreflektierten Worten. Und wer, geradezu abschätzig und abwertend, von »bloßem Schaffen« redet, um diese Schaumschlägerei zu rechtfertigen und das mit ihr Gemeinte als das »eigentlich und erst Interessante« erscheinen zu lassen, der hat noch nicht genug über das Unbegreifliche des Schaffens Gottes selbst nachgedacht.

Wohlgemerkt: Es geht nicht um eine Reduzierung im Sinne von Gleichmacherei, so als ob alles ein und dasselbe und in jeder Hinsicht gleich sei! Ein Stein ist kein Mensch. Gott schafft sehr wohl Verschiedenes. Aber alles Verschiedene ist eben darin gleich, daß es »nur« etwas Geschaffenes ist. Darin, also »prinzipiell«, von Gott her gedacht (»theologisch«), ist alles gleichsam miteinander verwandt. Es gibt eben nur zwei Möglichkeiten: Etwas ist entweder endlich oder unendlich, entweder geschaffen oder ungeschaffen, entweder Welt oder Gott. Tertium non datur. Gehen wir also die genannten Begriffe oder Schlagworte durch:

4.3.2.1 »Offenbarung«

Zu Offenbarung können wir auch den ganz traditionellen Begriff »Schöpfungsoffenbarung« beiziehen. Er besagte: Indem der unendliche Gott die Welt schafft, erscheint sie als ein und ist sie ein »unendlich kleines«, aber doch wirkliches Bild und Gleichnis ihres Schöpfers. Auf ihre begrenzte, endliche Weise ist die Schöpfung – sei es die Schöpfung als ganze, sei es jede einzelne Wirklichkeit – Ausdruck, Zeugnis ihres Schöpfers; ein Stein in seiner »steinernen Weise«, ein Tier in seiner »tierischen Weise«, das Universum in seiner »universalen Weise«. Das ist so, gleich ob *wir* damit schon viel anfangen können oder wollen oder nicht. Jede geschöpfliche Wirklichkeit, jedes Seiende ist eine »Offenbarung«, es »offenbart« (für wen auch immer) etwas vom Wesen seines Schöpfers: so etwa, daß er wirklich *ist*, oder daß er ein *lebendiger* Gott ist.

4.3.2.2 »Selbstoffenbarung«

Wenn alles Geschaffene auf seine jeweilige, endlich-begrenzte Weise Ausdruck und Offenbarung seines Schöpfers ist, so ist es selbstverständlich auch *Selbst*offenbarung Gottes. Wessen auch sonst? *Selbst*offenbarung, damit ist lediglich der Sachverhalt, daß der *Stein* von Gott geschaffen ist, von der anderen Seite her gesehen, so nämlich, daß *Gott selbst* der Schöpfer des Steines ist und, indem er ihn schafft, etwas *von sich selbst* zum Ausdruck bringt. »Etwas von sich selbst« – aber was denn? Jedenfalls zumindest dies, daß er *ist*, daß er *selbst* wirklich ist – denn auf seine geschaffene steinerne Weise *ist* auch der Stein wirklich selbst.

Hier ist sogleich der Einwand zu erwarten: Mit *Selbst*offenbarung sei gerade *mehr* gemeint, nämlich »wirklich *er* selbst«, »*ganz* er selbst«, »alles von ihm«. Doch das geht gar nicht! Denn *ganz* kann Gott sich gar nicht durch ein anderes ausdrücken und offenbaren. Dann müßte er ein zweites Unendliches schaffen.

4.3.2.3 »Selbstmitteilung«

Von *Selbstmitteilung* Gottes ist heute in unserer Theologie allenthalben die Rede. Das klingt in der Tat nach mehr als nach »bloßem« Schaffen und Seinlassen. Fragen wir also: Was könnte damit gemeint sein, und wie soll das möglich sein?

Zunächst: Können *wir uns* wirklich *selbst* mitteilen? Schon das geht gar nicht, wenn wir »Selbstmitteilung« beim Wort nehmen. Mitteilen können wir immer nur »etwas von uns«. Sich selbst mitteilen hieße sich weggeben, also sich vernichten.

Wie soll erst recht der *unendliche* Gott *sich* im wörtlichen Sinne *selbst* mitteilen? Das kann er gar nicht. Wem auch und wohin auch? Gott kann auch, ganz strenggenommen, nichts von sich mitteilen! Das hieße ja, er müßte sich teilen, um »etwas von sich« wegzugeben und einem anderen mitzuteilen. Das geht nur unter uns. So etwa, wenn ich einem anderen einen Gedanken mitteile, den ich mir ausgedacht habe.

Nur das, was eben faktisch der Fall ist – für den Glaubenden jedenfalls –, ist denkbar: Daß Gott, der Unendliche, Endliches sein läßt = schafft. Endliches, das seine unendliche Wirklichkeit weder mehrt noch mindert, weil »endlich« und »unendlich« gar nicht vergleichbar, addierbar sind. Genau dies will und meint der Glaube ja von vornherein: Die Welt soll bleiben/sein/leben durch *ihren* Gott. Sie soll auf *ihre* endliche, begrenzte Weise »teilhaben« am ewigen, unendlichen Sein und Leben Gottes. »Teilhaben«, das heißt weder ganz noch zum Teil (ein Teil von) Gott sein. Sondern heißt: selbst wirklich sein durch Gott. Und von seiten Gottes gedacht – was aber sogleich bedeutet: gar nicht wirklich denkbar und vorstellbar! –, heißt das, daß Gott das Wirklichsein, die ganze Wirklichkeit der Welt schafft, sein macht, sein läßt. Wiederum: Da gibt es nichts wirklich zu begreifen, einzusehen; auch »Teilhabe« und »Teilgeben« ist nur ein Wort für dies Unbegreifliche. Sonst müßte ja Gott selbst zu begreifen sein. Alles, was dazu zu sagen ist, dient nur zur negativen Abgrenzung; will sagen, was nicht gemeint ist; was gerade dem zuwiderlaufen würde, was der Glaube eigentlich will.

Den Begriff von »Gottes Selbstmitteilung« hat vor allem K. Rahner populär gemacht. Er ist heute geradezu ein theologisches Schibboleth geworden; so als ob »Selbstmitteilung« des Rätsels Lösung wäre. Dabei scheint K. Rahner selbst einmal – da freilich nur eher beiläufig – der Sache nach zuzugeben, daß »Gottes Selbstmitteilung« nichts anderes sein kann als Gottes Schaffen: »Wenn Gott wirklich Gott ist, absolute Wirklichkeit in personaler Geistigkeit, dann muß doch Seinsmitteilung und Selbstmitteilung dasselbe sein« (SchrTh XII, 323).

»*Selbst*mitteilung« ist also »*Seins*mitteilung«, d.h. das Mitteilen oder Zuteilen von »Sein«, nämlich dessen, daß und als was ein Seiendes wirklich existiert. Und das ist eben nichts anderes als das alte Schaffen, dank dessen alles und jedes Endliche überhaupt ist und so ist, wie es ist. Gottes »Sich-selbst-Mitteilen« geschieht sowohl durch das Wirklichsein eines Steines als auch durch das Wirklichsein eines menschlichen Lebens. *Wir* können und müssen nur sagen (wenn und weil wir auch den Unterschieden gerecht werden wollen), daß er in einem menschlichen Leben *mehr* von sich selbst mitteilt, als in einem Stein; anders ausgedrückt: Daß er hier sozusagen intensiver schafft, daß er, wenn wir einmal ganz menschlich sprechen dürfen, hier noch mehr, noch bewußter »bei der Sache« ist.

4.3.2.4 »Liebe«

Eng verbunden mit »Selbstmitteilung« ist die Redeweise von Gottes *Liebe*; ebenso die, daß er sich als der Liebende geoffenbart hat, daß er die Liebe ist usf. Auch da wäre es Sache der Theologie, genauer nachzudenken, statt bei einem Schlagwort stehen zu bleiben. Tut sie dies, dann kommt sie auch hier zu dem Ergebnis, daß die Sache selbst, die mit dem Sprechen von Gottes Liebe anvisiert ist, keine andere, nicht mehr, aber auch nicht weniger sein kann als Gottes Schaffen, sein ewiges Schöpfertum, durch das die Welt und alles in ihr wirklich ist.

Zunächst mache man sich bewußt, daß »die Liebe« bereits eine sprachliche Substantivierung ist. Sicher gibt es bei uns nicht nur den einzelnen Akt des Liebens. Aber erst recht nicht »die Liebe« als etwas An-sich ohne jedes Lieben. Immerhin kann man sagen: Aus Liebe, als Liebender tue ich das und das. Oder etwa: A liebt B.

Jedenfalls bedeutet »lieben« immer eine Beziehung-zwischen Liebendem und Geliebtem. Was eine Liebe ohne dergleichen sein soll, bleibt schlechterdings unerfindlich; so unerfindlich und nur noch ein allen Inhaltes entleerter »Begriff«, wie der einer Beziehung ohne Bezogene bzw. Sichbeziehende. (Will man dennoch dabei bleiben, so gelangt man zu dem geradezu »perversen« Konstrukt, »die« Liebe an sich – und das soll Gott sein – sei das unendliche Ja Gottes zu sich, zu seinem unendlichen Sein und Wesen; also Gottes Selbstliebe. Da dies aber eigentlich eine »Perversion« dessen ist, was man sich gewöhnlich unter Liebe denkt, nämlich Egoismus, holt man schnell die Trinitätstheologie zu Hilfe – und macht wieder, gut tritheistisch, aus den bloßen »relationes« ein innergöttliches, personales Liebesleben von mehreren innergöttlichen Personen.) Die Beziehung Gottes zur Welt heißt nun auch Liebe/lieben. Ohne Frage sind ja mit Gott und Welt Zwei gemeint. Was kann aber diese Beziehung zwischen Gott und Welt sein? Wie wäre sie zu denken?

Sie kann auf keinen Fall so gedacht werden, wie es die übliche Redeweise »Gott liebt die Welt« erst einmal nahelegt: Da ist Gott, hier ist die Welt, und dann liebt Gott auch noch diese schon vorhandene Welt; eine Welt, die er geschaffen hätte, um sie *auch noch* zu lieben. Man braucht sich nur zu fragen, was Gottes »auch noch Lieben der Welt« denn eigentlich sein soll. Ist Gott ein Kuschelgott, der der Welt aus Liebe noch etwas näher rückt? Als ob er ohne dies erst einmal fern von ihr wäre?

Gottes Lieben ist nichts anderes als sein Schaffen der Welt; ihr das Sein zu geben, damit sie eben selbst wirklich sei. Das ist geradezu die Selbstlosigkeit = Liebe in Person: Gott schafft sie nicht um seiner selbst willen, als ob *er* sie bräuchte oder *er* etwas hinzugewänne. Er schafft sie um ihrer selbst willen, damit *sie* sei und sein wolle. Das *ist* sein göttliches Lieben = »Wohlwollen«. Hier muß gleich hinzugenommen werden, daß Gott ja Schöpfer der *ganzen* Wirklichkeit ist, und das heißt: auch ihrer vollendeten, himmlischen, ewigen Wirklichkeit, die *ihm* ja immer schon präsent ist!

Wer ein wenig darüber nachgedacht hat, was »lieben«/»Liebe« unter uns Menschen meint, dem wird »Gottes schöpferisches Lieben«, so wie hier dargelegt, durchaus etwas sagen können. Lieben heißt doch wohl: den anderen um seiner selbst willen mögen, und das wiederum heißt: ihn als anderen, in seiner Andersheit und Eigenheit mögen. Heißt: wollen, daß »es *ihm* gut gehe«. Heißt nicht in erster Linie, daß es mir gut gehen soll. Gottes Lieben ist dies in totaler, radikaler Weise, nämlich als sein

Schaffen, sein Seinmachen und Seinlassen seiner Schöpfung, auf daß sie wirklich sei und auch geradezu *gerne* wirklich sei. Und so kann man, wiederum ganz menschlich von Gottes Schaffen sprechend (für das ja auch die »zukünftige, himmlische Vollendung« immer schon gegenwärtig ist!), sagen, daß sein selbstloses Schaffen der *gerne* seienden Welt auch von ihm her »liebend gerne« geschieht, ihm Freude macht – auch wenn noch anderes hinzukommt, worüber noch eigens zu sprechen sein wird.

Ergebnis des genaueren Nachfragens und Durchdenkens der genannten Begriffe ist also: Soll nicht aus dem unendlichen Gott doch wieder unter der Hand ein endliches, begrenztes Wesen werden, so kann die mit den Titeln »Offenbarung«, »Selbstoffenbarung«, »Selbstmitteilung«, »Liebe« bezeichnete »Sache« nur als Gottes Schaffen gedacht werden. Wobei klar ist, daß, *erstens*, Gottes Schaffen in sich selbst unbegreiflich ist, es ist ja sein unendliches schöpferisches Wesen.

Zweitens, daß sein Schaffen in dem radikalen und umfassenden Sinne gemeint ist, daß alles und jedes Geschaffene seiner ganzen Wirklichkeit nach jederzeit nur wirklich ist durch Gott, in Gott und mit Gott, ihm also immer so »nahe«, wie es näher gar nicht gedacht werden kann.

Drittens, daß *Gottes* Schaffen nicht nur ein Schaffen des für uns Gegenwärtigen ist, sondern immer schon alles, also auch schon die für uns zukünftige, »unsichtbare« Vollendung »vor Augen« hat.

Viertens schließlich, daß das *eine* Schaffen Gottes *alle untereinander* verschiedenen und doch untereinander nicht *schlechthin* verschiedenen Wirklichkeiten schafft.

4.3.3 Zur Christologisierung der Schöpfung im Neuen Testament

Die Konsequenzen der vorangegangenen Überlegungen für die Christologie liegen auf der Hand. Für den Christen ist Jesus Christus *die* Offenbarung, *die* Selbstoffenbarung, *die* Selbstmitteilung, *die* erschienene Liebe Gottes. Das alles ist gar nicht in Frage zu stellen. In Frage zu stellen bleibt indes eine *Theologie* bzw. *Christologie*, die *diese Begriffe* unreflektiert als Letztes stehen läßt, als ob zu ihnen nichts mehr zu sagen wäre. Dahinter steht die Angst vor dem: Dann ist Jesus Christus, unser Herr ja auch *nur* ein Mensch, *nur* ein Geschöpf, *nur* ein Fall unter Fällen; kurz: nichts Besonderes, nicht mehr etwas *ganz* Besonderes, *ganz* Anderes, Einzigartiges, Unvergleichliches. (Ja, letztlich wohl auch noch die Angst: Dann sind *wir*, wir als Christen, auch nichts ganz Besonderes mehr!)

4.3.3.1 Nun ist gar keine Frage, daß Jesus Christus ein wahrer Mensch und also Geschöpf Gottes ist. Das ist er in der neutestamentlichen Christologie ebenso wie nach dem kirchlichen Dogma (Chalcedon, 451). So führt kein Weg daran vorbei zu sagen: Er ist ein bloßer Mensch. Was sollte er auch anderes sein?

Aber »ein *bloßer* Mensch«, ein »*bloßes* Geschöpf«, das ist eben auch schon nur eine sozusagen halbe Wahrheit; ein (zum Zwecke der Polemik und Verketzerung gebildetes) Abstraktum. In der Wirklichkeit gibt es überhaupt keinen »bloßen Menschen«, sowenig Gott einen »bloßen Menschen« schafft. In Wirklichkeit gibt es nur »besondere«, individuelle Menschen, die freilich zumindest alle darin gleich und »verwandt« sind, daß sie alle ihrem ganzen Sein nach von Gott geschaffen sind. So, wie oben dargelegt wurde, daß alles Geschaffene unmittelbar aus und durch, mit und in Gott ist; und daß dasselbe göttliche Schaffen ebenso unmittelbar Verschiedenes schafft. Beides ist wirklich, und beides kann gar nicht voneinander getrennt werden – es sei denn in rein begrifflicher Abstraktion.

4.3.3.2 Ebenfalls eine rein begriffliche Abstraktion liegt vor, wenn man von einem wirklichen Geschöpf nur eine Teilwirklichkeit artikuliert – um allein sie als das Ganze zusetzen, zumal um es dann isoliert zu betrachten und aus ihm etwas Einzigartiges zu machen. Die Wirklichkeit ist aber – das gilt sowohl schöpfungstheologisch, als auch rein empirisch gesehen – (ganz prinzipiell gesagt) immer sowohl allgemein als auch besonders/individuell. Alles Endliche, sei es ein einzelnes Seiendes, sei es das Ganze der Welt, bildet dabei gewissermaßen ein Kontinuum, das vom »Allgemeinsten« bis zum Individuellsten, vom Niedrigsten bis zum Höchsten reicht. Es gibt also sehr wohl innerhalb dieses »Kontinuums« Unterschiede, ganz erhebliche und eindeutige sogar. Man mag sogar sagen: Kein »Fall« oder »Moment« innerhalb dieses »Kontinuums« ist mit einem anderen schlechthin gleich. Es gilt aber auch: Kein »Fall« oder »Moment« existiert außerhalb dieses »Kontinuums«, auch der Höchstfall ist »Fall unter Fällen«. Und das, was das »Höchste« und »Äußerste« an diesem »Höchstfall« ausmacht, ist auch nur ein »Moment« innerhalb *seines* Ganzen; es könnte nicht ohne all das andere, das zu diesem Ganzen gehört, wirklich sein. Im »Höchstfall« kommt das Ganze des Kontinuums zu *seinem* Höchstfall.

Der Höchstfall ist also kein Punkt, der sich außerhalb und über dem ganzen »Kontinuum« befindet. So aber redet die Christologie weithin von Jesus Christus. Zunächst versichert sie, daß der *ganze Mensch* Jesus Christus aus Fleisch und Blut Gottes Offenbarung, Selbstoffenbarung, Selbstmitteilung ist. Dazu gibt sie an, Jesu *ganzes* Leben und Wirken sei Liebe, nämlich Hingabe an Gott und die Menschen gewesen. Am Ende aber kommt sie zu dem Ergebnis, in ihm war *seine* Liebe *die* Liebe Gottes zur Welt, d.h. er war als Mensch zugleich Gott, die menschgewordene Liebe *Gottes*, wie es das Zeugnis Jesu selbst und des Neuen Testamentes belege. Somit gehöre er, anders als wir, ganz auf die Seite Gottes.

Was ist da passiert? Erstens wird ein »Teilmoment« eines geschichtlichen Ganzen, das aber ein Kontinuum ist, schon als das Ganze genommen. Zweitens wird dieses abstrahierte Teilmoment zu etwas Exklusivem gemacht, um dann dessen Identität/Einheit mit Gott zu behaupten, der ja »die Liebe« sei. Aber »das Ganze«, nämlich der Mensch Jesus Christus ist, schlicht gesagt, nicht nur »Liebe«. Das ist ein begriffliches Abstraktum. »Das Ganze«, eben der wirkliche Mensch Jesus Christus, ist auch »Natur«, »Fleisch und Blut«, schlafend, essend und trinkend. Daß er *auch* der Liebende ist, steht gar nicht in Frage. Aber nur dies allein zu sehen heißt nur noch an einem abstrakten Begriff hängen – der ebenso abstrakt ist, wie der Begriff »bloßes Geschöpf«. Und ein Abstraktum mit Gott zu »identifizieren« ist selbst nur ein abstraktes Behaupten.

4.3.3.3 Nehmen wir diese Abstraktionen zurück und denken wir an den wirklichen Jesus Christus, so ist klar, daß, wenn wir von ihm sagen, er ist *die* Offenbarung Gottes usw., das dann von ihm als einem *Ganzen* gilt. Und das heißt wiederum: nicht nur vom »Höchsten«, sondern auch vom Gewöhnlichsten, »Allgemeinsten« – kurz, vom ganzen Kontinuum seiner menschlichen Natur; nicht nur von einem innersten persönlichen »Kern«, sondern auch von seinen Haarspitzen.

Mit seiner »*ganzen* Natur«, seinem ganzen, also auch seinem *leiblich-materiellen* Sein ist Jesus Christus die Offenbarung Gottes. Und dieses Ganze ist nicht aufteilbar; so daß man sagen könnte: Leiblich-körperlich nur ein Mensch, geistig-seelisch mehr als nur ein Mensch. Die »ganze Natur«, das wahre Menschsein ist ja ein »Kontinuum«. Sozusagen ein kleines »Kontinuum« innerhalb des Kontinuums der großen Welt. Und wenn man, richtig!, sagt, Jesus Christus ist die Offenbarung Gottes, dann ist, weil er eben ein Teil der »Natur« ist, der Sache nach auch schon mitgesagt, daß auch die Welt Gottes Offenbarung ist. Offenbarung *Gottes* ist sie aber – sei es sie als ganze, seien es ihre einzelnen Wirklichkeiten –, weil und indem sie Gottes Schöpfung ist.

4.3.3.4 Als selbst »Natur« ist Jesus Christus ebenso Gottes Offenbarung, Selbstoffenbarung, Selbstmitteilung wie alles andere Geschaffene; abstrakt gesprochen: Fall unter Fällen. Mit dem Abstrakten, Allgemeinen ist das Besondere in keiner Weise bestritten; dies also, daß er sein eigenes, besonderes Profil hat. Dazu gehört nun auch, daß bei ihm »die Liebe« eine wichtige, für ihn maßgebende Rolle spielte. Was er praktizierte und verkündete – und worin er das Herrschen Gottes sah – das war somit etwas ganz Menschliches! Genau darum ging es ihm ja: daß Menschen menschlich miteinander umgehen sollen. Das war zwar für viele etwas Besonderes, Außergewöhnliches, für etliche sogar etwas Anstößiges, Ärgerliches. Aber es war nicht etwas im eigentlichen Wortsinne »Übermenschliches«.

»Menschlichkeit«, das heißt aber wieder »geschöpflich«, »geschaffen«, nicht selbst »göttlich«. Geschaffen, das heißt: Auch durch Jesu menschliches Lieben offenbart sich Gott selbst. Nicht nur, aber auch. Sagt man nun, zu lieben sei das Höchste, das Äußerste, was überhaupt in der Welt möglich und denkbar ist, und sieht man es in Jesus Christus verwirklicht, dann kann und muß man auch sagen, daß darin auch das Höchste und Äußerste von Gottes Offenbaren wirklich geworden ist; ohne daß man aus der *menschlichen* Liebe Jesu Christi etwas anderes, im wörtlichen Sinne *Über-menschliches*, und das könnte nur Gott selbst sein, machen muß. Und ohne daß man sagen müßte, *nur* hier offenbarte Gott sich selbst. Er offenbart sich selbst durch alles und jedes Geschaffene – am intensivsten und nachdrücklichsten durch sein Schaffen der Wirklichkeit, die wir »lieben« nennen; und die die kirchliche Christologie am eindeutigsten in Jesus Christus verwirklicht sehen will.

Das Problem der Christologie als theologischer Reflexion über Jesus Christus läßt sich somit auch so formulieren: Das »Positive«, also das Gegebene der geschichtlichen Wirklichkeit Jesu Christi ist weder im ganzen noch im einzelnen zu einem »Exklusivum« zu machen! Eben dies ist aber die Gefahr der abstrakten, begrifflichen Reflexion. Womit sie aber zur unreflektierten, nämlich ihrer eigenen Abstraktheit nicht mehr bewußten, Ideologie wird, die lediglich wiederholt und bekräftigt – nicht aber wirklich bedenkt –, was ein selbst »*ganz* einfacher«, *unreflektierter* Glaube immerhin meinen mag. Der »*ganz* einfache« Glaube mag ja dahin tendieren, aus einem So ein *Nur*-So, aus einem Dieser ein *Nur*-Dieser, aus einem Hier ein *Nur*-Hier zu machen. (Warum das »in praxi« so ist, ist eine weitere Frage. Es ließe sich wohl verstehen als ein geistiges Besitzergreifen und so Beherrschenwollen; analog dem Sichaneignen von Materiellem zum Privateigentum, das andere vom Besitzen ausschließen soll.) Theologie, die dies nur (mit anderen Worten) wiederholt, realisiert nicht, daß *sie* als geistige, abstrakte Verstandesreflexion nun auch einen weiteren Horizont vor sich hat, als der »*ganz* einfache« Glaube. Einen weiteren Horizont, in dem die exklusive Fixierung auf nur *ein* Moment des konkreten Ganzen als solche zu überwinden ist. Somit bleibt sie eine im Grunde (sit venia verbo)

»geist-lose«, nur »ganz einfache« Theologie, wenn sie sich nur mit dem »ganz Einfachen« begnügt, statt das Anspruchsvollere und Schwierigere zu tun: *zu affirmieren, ohne zu exkludieren.*

4.3.3.5 Warum, so könnte eine *Zwischenfrage* lauten, soll aber gerade »die Liebe« das Höchste in der Welt sein? Wie soll dies sachlich zu begründen sein? Antwort: Zu lieben ist in der Natur »relativ über-natürlich«. »Natur« ist und verwirklicht sich so, daß sie teleologisch »agiert«, »um-zu«: nützlich, zweckmäßig. So kann sie betrachtet, gedacht werden. Auch lieben *kann* so betrachtet werden. Aber an und in ihr ist noch etwas wirklich, das genau das Moment des Nützlichen und Zweckmäßigen transzendiert, das, mit jenem verglichen, als *überflüssig* erscheint, als *relativ überflüssig*, also *relativ übernatürlich* in der Natur, der Welt als ganzer: Der Liebende liebt, wie man sagt, »nur aus Liebe«, also nur »um der Liebe, um des Liebens selbst willen«, ganz *umsonst.* »Umsonst« heißt nicht »gegenstandslos«. Liebe gilt dem Anderen; ist wirklich um des Anderen willen. Aber was den Liebenden betrifft, so ist sie »selbstlos umsonst«, hat sie *keinen anderen Grund,* als sich selbst, ist sie insofern »grundlos« und wird genau so vom Liebenden erfahren.

In der Natur, selbst also durchaus natürlich, geschichtlich, menschlich!, ist Liebe auch schon über das nur Natürliche, »Notwendig-Nützliche« hinaus. Nicht absolut frei von »Natur«, irgendwie über ihr schwebend; der Liebende ist ja auch »Natur«, und sein Lieben ist wirklich *in ihr.* So kann die Liebe auch mehr oder weniger intensiv sein. Ihr ganz Eigenartiges, das sie an sich hat, das freilich nur vom Liebenden selbst erfahren wird, ist aber dies: Im Ernstfall, wenn es heißt: Warum eigentlich noch? weiß auch der Liebende nur zu sagen: Weil ich ihn/sie eben liebe. Mit dieser Eigenart weigert sie sich geradezu, sich auf das Maß des Natürlichen, Zweckmäßigen, Nützlichen, Notwendigen, Rationalen reduzieren zu lassen; weiß sie sich all dem überlegen; ist sie *in* der Welt das Höchstmögliche, *in* der »Natur« das »*Über*natürliche«.

4.3.3.6 Betrachtet man also Jesus Christus, seine irdische Person und seine Geschichte als Offenbarung, Selbstoffenbarung, Selbstmitteilung Gottes, so ist das richtig, solange dabei nicht vergessen wird oder gar unterschlagen und bestritten werden soll, daß auch die Begriffe »Offenbarung«, »Selbstoffenbarung«, »Selbstmitteilung« sozusagen nur Konkretisierungen des einen, allgemeinen Sachverhaltes sein können, daß Gott der Schöpfer von allem und jedem Endlichen ist; also auch jeder menschlichen Liebe. Streng theologisch, und das heißt: metaphysisch gedacht, ist alles Geschaffene unmittelbar Ausdruck, Offenbarung Gottes – jedes selbstverständlich auf seine, aber eben geschöpfliche, von Gott geschaffene, ihm gegebene Weise. Denn ein anderes Sichoffenbaren Gottes als durch sein Schaffen, durch seine Schöpfung (»gratia creata« sagten die alten Scholastiker) ist gar nicht denkbar. Das ist keine Gleichmacherei; Gottes Sichoffenbaren durch sein Schaffen von allem und jedem hat sozusagen viele Gestalten und Gesichter.

Nach der kirchlichen Christologie ist die anziehendste, eindeutigste Gestalt, durch die Gott sich geoffenbart hat, Jesus Christus, Jesus von Nazareth. Wie oben gesagt ist ihr seine Person, sind ihr sein Leben und Wirken sozusagen der lebendige Inbegriff des Höchsten und Schönsten, was überhaupt in der Welt möglich ist, nämlich der Liebe. Die Christologie des irdischen Jesus, nach der sein Leben, Wirken und auch sein Sterben am Kreuz Verwirklichung der Liebe und somit deren Offenbarwerden war, Offenbarung also des Höchsten und somit die höchstmögliche, äußerste Offenbarung, sie hat auch durchaus ihr historisches Recht. Denn das Neue und Besondere, das Jesu Auftreten, seine Verkündigung und sein Wirken auszeichnete, war in der Tat dies, daß für ihn kurz gesagt die Nächstenliebe, durch die sich »Gottes Herrschaft« ver*wirklicht, der* eigentliche Maßstab war. (Das kann hier nicht im einzelnen ausgeführt werden, muß dem folgenden Band »Jesus Christus, wahrer Mensch und unser Herr. Christologie« vorbehalten bleiben.)

So sehr es daher richtig bleibt, in Jesus Christus, in der menschlichen Gestalt und im irdischen Leben Jesu von Nazareth die höchste Selbstoffenbarung Gottes zu sehen, so ist doch auch festzuhalten, daß *diese kirchliche Christologie* nicht einmal die ursprünglichste, historisch früheste war. Die »eigentliche Offenbarung« war und blieb Jesu Auferweckung. Selbstverständlich die Auferweckung Jesu von Nazareth durch Gott; also die Auferweckung des historischen Jesus. Aber diese Auferweckung Jesu wurde doch *nicht sogleich* zum Anlaß und Grund, nun das *vor*österliche Leben und Wirken Jesu als *die* oder gar *die eigentliche* Offenbarung Gottes zu betrachten. Das wurde erst in weiterer Reflexion so gesehen und herausgearbeitet. Zeugnisse für diese Sicht sind dann insbesondere die Evangelien. (Die paulinische Christologie hingegen ist bekanntlich weniger am irdischen, vorösterlichen Jesus interessiert; ihr genügt es, daß Jesus sich für uns hingegeben, geopfert hat. Womit aber auch von ihr der irdische Jesus als der äußerste Liebende vor Augen gestellt wird.)

Für die kirchliche Christologie, wie sie im Neuen Testament greifbar wird, war also Jesu Auferweckung und sein jetziges im Himmel und bei Gott Weilen der eine und ohne Frage entscheidende Schwerpunkt. Klar war aber auch, daß der Auferweckte kein anderer war, als der irdische Jesus von Nazareth, dessen Leben kein glorreiches Ende genommen hatte. Wenn nun die Auferweckung Jesu und seine Erhöhung zur jetzigen herrscherlichen Stellung im Himmel den eigentlichen Schwerpunkt des Glaubens bildete, dann ergab sich für die christologische Reflexion die Aufgabe, diese »eigentliche göttliche Offenbarung« zu vermitteln mit dem irdischen Leben und Wirken und Kreuzestod Jesu. So also: Wenn Jesus Christus, der Herr im Himmel, »etwas Besonderes« ist, dann muß er auch »schon vorher bzw. immer schon« etwas Besonderes gewesen sein; bzw. muß Gott mit ihm immer schon etwas Besonderes im Sinn gehabt haben. (»Etwas Besonderes«, das konnte für die neutestamentliche Christologie selbstverständlich nicht heißen, Jesus Christus sei selbst Gott gewesen. Der neutestamentliche Glaube ist streng monotheistisch, auch da, wo an eine vorirdische, himmlische Präexistenz Jesu Christi gedacht wird [Paulus, Johannes]: Der präexistente Jesus Christus lebte zwar irgendwie schon vor seiner Menschwerdung im Himmel, bei Gott in seiner Herrlichkeit, er war aber auch da selbst nicht Gott; also »nur« Geschöpf.)

Sieht man nun von Einzelheiten und Modifikationen ab, so zeichnen sich im Neuen Testament drei Möglichkeiten ab, die Besonderheit Jesu nicht nur titular zu betonen und zu bekennen, sondern auch irgendwie anschaulich zu plausibilisieren. (Das ist natürlich systematisch gesehen, kein Bild der neutestamentlichen Christologiegeschichte. Es ist auch nicht so zu verstehen, als ob die eine Option die andere ausschließen würde. Es geht nur darum, daß sich schon im Neuen Testament drei durch ihren Schwerpunkt sich unterscheidende Sichten herauskristallisieren lassen.)

Erstens: Jesus wird verkündet als »Erstgeborener aus den Toten«. Mit »Ostern« und erst seit »Ostern« gibt es wirkliche Auferstehung, und schon diese seine geschichtliche Priorität macht Jesus eben zu einem Besonderen.

Zweitens: Die Evangelien könnte man als das Unterfangen betrachten, diese Besonderheit Jesu doch wieder konkreter zu machen, dem Besonderen auch schon irdisch-sichtbares Profil zu geben bzw. den Osterglauben zu bewahren vor einer Verdünnung ins Konturenlose, Unwirkliche, nur Schematische, ins unverbindliche Allgemeine.

Drittens: Am weitesten greift die »kosmologische Christologie« aus. Sie sieht das Besondere und den Vorrang Jesu Christi *schöpfungstheo*logisch begründet: Gott ist der Schöpfer von allem und allen, auch Jesu. Jesus aber ist geschaffen als Haupt und Mitte der ganzen Schöpfung. Die ganze »übrige Schöpfung« ist geschaffen um seinetwillen, auf ihn hin. (S. 1 Kor 8,6; Kol 1,16; Joh 1,3.10; Hebr 1,2.) Er ist also gleichsam der seit Ewigkeit erste, zentrale und maßgebende Gedanke Gottes in dessen Schöpfer-der-Welt-Sein.

Drei verschiedene christologische Sichten also, die einander nicht ausschließen (die sich auch nicht gegeneinander ausspielen lassen), die aber ihre je eigene Perspektive haben und so versuchen, das Besondere Jesu Christi und somit auch des Glaubens gerade an ihn als die höchste Offenbarung Gottes des Schöpfers einleuchtend zu machen.

5. KAPITEL

Über Gottes Allmacht

5.1 Notwendigkeit und Eigenart der Allmachtstheologie

Sobald von Gottes Allmacht die Rede ist, sträuben sich selbst bei vielen Christen die Haare: Lassen wir das lieber! Wo ist er denn, der allmächtige Gott? Nichts ist mit seiner Allmacht, wenn wir verzweifelt um Hilfe schreien! So erging es nach Mk 15,34 schon Jesus am Kreuz. Wenn, dann müßte man eher von einem ohnmächtigen, als von einem allmächtigen Gott sprechen. Ein ohnmächtiger Gott ist aber nun einmal kein wirklicher Gott. Besser also, zu schweigen und das Thema Allmacht auf sich beruhen zu lassen. Ganz so wörtlich muß man das »*Alles* ist in Gottes Hand« und das »... der alles so herrlich *regieret*« nicht nehmen. Mag er noch *Herrscher* sein, um die wirkliche *Regierung* der Welt kümmert er sich offensichtlich nicht.

So einfach kann es sich die *Theologie* nicht machen, das Thema Allmacht nur auf sich beruhen zu lassen. Dann wäre sie selbst *nur* Glauben, nicht aber dessen Auslegung und Explikation, d.h. genauere begriffliche Erfassung dessen, was der Glaube will und meint, *und* dessen, was, wenn der Glaube wahr sein soll, auch noch wahr sein muß; Explikation also des im Glauben implizit Enthaltenen, von ihm wie selbstverständlich Vorausgesetzten. Explikation, begrifflich reflektierendes Auslegen des Glaubens ist daher einerseits mehr als nur dessen Wiederholung. Anderseits kann dieses Mehr (»intellectus fidei«) nicht derart sein, daß damit der Glaube und das von ihm Gemeinte überholt, aufgehoben oder auch nur in Frage gestellt werden dürfte. In aller Reflexion bleibt für sie maßgeblich, was der Glaube will, wovon er überzeugt ist und was für ihn selbstverständlich ist. Damit auch, daß man »es« nur glauben kann. Was aber nicht heißt, daß es innerhalb des ganzen Glaubens nichts zu denken gebe, daß Theologie zum beliebig wilden »Spekulieren« werden dürfe.

5.1.1 Auferstehung und ewiges Leben, Heil, Jenseits, Erlösung, Himmel – dafür »braucht es« den einen, *unendlichen* Gott. Seine Wirklichkeit ist für den Glauben selbstverständlich, impliziert, mitgemeint, vorausgesetzt. Dem Glauben geht es also zwar primär um das Jenseits, somit ist »sein Gott« zunächst einmal geglaubt als der Garant dieses Jenseits: Sein Gott ist mächtig genug für ewig bleibendes Leben; von dessen Wirklichkeit ist der Glaube ja überzeugt. Das Jenseits ist aber nicht gemeint als etwas *ganz* anderes, *ganz* Neues; als eine ferne, unbekannte, »absolute« Zukunft. Zukünftig ist das geglaubte Jenseits zwar für den Glaubenden persönlich. Insofern ist auch *etwas* Richtiges an der Rede von der Zukunftsorientiertheit des Glaubens; ganz entsprechend dem Sachverhalt, daß Leben, Lebendiges – und auch Geist/Glauben ist Leben – »nach vorwärts« ausgreift, sich »teleologisch« verwirklicht, weiter-leben will. Aber es geht dem Glaubenden ja nicht in erster Linie oder gar nur um sich selbst, um *sein* ewiges Leben, um *seine* Zukunft, sondern um das Jenseits der anderen, der bereits Verstorbenen! Insofern also auch um ein *schon gegenwärtiges Jenseits!* Und so meint er mit dem Jenseits das Jenseits des jetzigen Diesseits, die Vollendung des Diesseits, *sein* Bleiben, erlöst freilich von allem Bösen. Das Jenseits und das Diesseits sind insoweit ein und dasselbe, eben »die identische Welt«. Dann ist aber Gott und seine Allmacht für das Jenseits, welches das mit ihm identische Diesseits ist, auch der allmächtige Gott für das Diesseits; auch wenn das Diesseits für uns noch nicht vollendet ist.

Die Behauptung von Gottes uneingeschränkter Allmacht »schon im und für das Diesseits«, also für diese unsere jetzige Welt, ist jedenfalls eine These theologischer Reflexion, die notwendig ist um der Wahrheit des Glaubens an das Jenseits willen. Der Jenseitsglaube selbst mag ja einfach so aussehen: Ich glaube an ewiges Leben, somit auch an den Gott dieses ewigen Lebens, wie auch immer es jetzt mit seiner Macht bestellt sein mag. Würde man dies aber beim Wort nehmen, so könnte ein anderer sagen: Dieser Gott des Glaubens, der nur für das Jenseits zuständig ist, ist eben nur ein halber Gott, einer der vielen Götter, die wir aus der Religionsgeschichte kennen. Doch sowenig wie sie kann man den Glauben an einen Gott heute noch ernstnehmen, dem es nur um das Jenseits geht. Dieser Gott ist so hinfällig wie ein ohnmächtiger oder zurückgezogener Gott, der heute von nicht wenigen Theologen angesichts einer Welt proklamiert wird, in der es nicht gerade immer göttlich zugeht. Mit seinem halben Gott, der zwar mächtig sein soll für das Jenseits, nicht aber im Diesseits, disqualifiziert sich der Glaube selbst.

Diese Argumentation dürfte völlig einleuchtend sein. Sie ist nicht mit Halbheiten auszuhebeln, sondern nur so: Der Jenseitsgott des christlichen Glaubens, den der einfache Glaube sozusagen als selbstverständlich voraussetzt, weil er weiß, daß Jenseits und ewiges Leben nur wirklich sein können, wenn es einen Gott gibt, dieser Jenseitsgott kann nur ein un-end-licher Gott sein; ein Gott also, der mächtiger ist als alle endliche Wirklich-keit, der eben *all*mächtig ist, über allem ist, dessen Macht durch nichts anderes eingeschränkt ist, durch nichts begrenzt ist. Wäre sie beschränkt und eingegrenzt, so wäre dieser Gott eben ein begrenztes, endliches Wesen. Ein solches könnte aber nicht der Garant dessen sein, was der Glaube will. Deshalb muß zumindest die *theologische Reflexion über* den Jenseitsglauben sagen: Auch wenn es dem Glauben selbst »nur« und in erster Linie um das Jenseits und den Jenseitsgott geht und er mit einer jetzt im Diesseits schon wirksamen Allmacht auch Schwierigkeiten haben mag, prinzipiell muß an Gottes Allmacht auch im Hinblick auf das Diesseits festgehalten werden, und zwar ohne Wenn und Aber und ohne jede Einschränkung. Denn die geringste Einschränkung bedeutet, daß der unendliche, allmächtige Gott in Wirklichkeit nicht mehr der unendliche und allmächtige Gott ist.

5.1.2 Man muß sich also darüber im klaren sein, daß diese These von der wirklichen Allmacht Gottes eine These der *theologischen Reflexion über* den Glauben ist. Theologie und Glaube sind nicht einfachhin dasselbe! Als, wie man sagen könnte, transzendentale Reflexion (»transzendental« im Sinne von Kant) bringt Theologie die objektiven Möglichkeitsbedingungen der Wahrheit des Glaubensinhaltes auf den Begriff: Was muß angenommen werden, wenn nicht der Glaube letztlich gegenstandslos und in sich hinfällig werden soll? Das heißt hier: Allmacht Gottes ohne jede Einschränkung.

Weiter muß man sich darüber im klaren sein, daß dies eine ganz abstrakte, »spekulative« These ist. Ihr Inhalt ist ja der *un-endliche* Gott, *seine* Allmacht. Um *sie* geht es, also um im strengen Sinne *Meta*-physisches. Selbstverständlich nicht um eine unendliche göttliche Allmacht nur an und für sich, sondern um seine Allmacht über das Endliche. Aber das erste Thema der theologischen Allmachtsthese ist nun – anders als beim Glauben, dem das Erste »nur« das Jenseits ist – Gottes uneingeschränktes allmächtiges Wirken. Das aber ist ein streng *meta*-physischer, »unsichtbarer« Sachverhalt. Er ist nicht zu identifizieren mit seiner »sichtbaren«, »physischen« Wirkung; sowenig Gott und Welt, Unendliches und Endliches zu identifizieren sind. Es ist somit auch schlichtweg verfehlt, sozusagen die beiden Ebenen, die der abstrakt-*meta*physischen Reflexion und die der konkret-*physischen* Empirie, wieder zusammenbringen zu wollen. Dergleichen Versuche führen unausweichlich dahin, daß entweder das Metaphysische auf das Physische oder das Physische auf das Metaphysische reduziert wird.

Gewöhnlich geschieht dies um des wohlgemeinten Anliegens willen, dem Glauben, der mit der traditionellen Allmachtsthese Probleme habe, zu helfen. Dazu wird dann aber erst einmal diese These in einer Weise charakterisiert, daß man nur den Kopf schütteln kann: Gott in seiner Allmacht wie ein Diktator, ein Determinator usf., womit freilich kein normaler Glaubender etwas zu tun haben will. Wer so von Gottes Allmacht spricht, merkt gar nicht, daß er selbst schon die Ebene der metaphysischen Reflexion verlassen hat und sich auf der Ebene einer Vulgärtheologie bewegt, mit der aber der Glaube nichts zu tun hat. Diesen törichten Vorstellungen gegenüber wird dann versucht, eine anziehendere, welt- und menschenfreundlichere und vor allem plausiblere, einsichtigere Vorstellung von Gottes Allmacht zu geben. Läßt man sich aber nicht blenden von dem dazu betriebenen verbalen Aufwand mit tausend Distinktionen und begrifflichen Subtilitäten, so springt an irgendeiner Ecke doch heraus, daß der Begriff einer wirklich uneingeschränkten Allmacht Gottes ohne Wenn und Aber nicht mehr gelten soll. Entweder, weil die schnöden oder gar bösen Tatsachen gegen sie sprechen. Oder, weil diese gar nicht so böse sind und deshalb Gottes Allmacht und die Welt getrost übereinkommen können, es somit keine wirklichen Probleme gibt.

So ist z.B. der launige Versuch Goethes, die Allmachtsthese, nach der Gott alles und jedes unmittelbar schafft und bewegt, kurzerhand so ad absurdum zu führen, leicht zu kritisieren. Er sagt: Gott schafft ebenso den Christen wie den Türken, beide schlagen sich aufs Haupt; also schlägt Gott sich selbst aufs Haupt. Hier wird schlicht verkannt: Gott in seiner Allmacht heißt nicht, Gott sei selbst das endliche, handelnde Subjekt, er sei an dessen Stelle zu denken. Damit würde er, der *Meta*-physische, zu einem »physischen« Gott. Sein allmächtiges »Bewegen« von allem und jedem gehört vielmehr in die Dimension des Un-endlichen. – Richtig ergibt sich aus jener Argumentation Goethes freilich: Wenn das *Ergebnis* dieser metaphysischen, schöpferischen göttlichen Allmacht – die nicht einzuschränken ist! – so »verrückt« ist, wie es das obige Beispiel vor Augen stellt – das ebenfalls ernst zu nehmen ist –, dann ist von *ihr* in der Tat auch »verrückt« zu denken (wenn man es nicht bei einem bloßen Weiterbehaupten ihres Daß belassen will). Das heißt: Auf seine uns nicht vorstellbare Weise ist der allmächtige Gott in der Tat »verrückt«, wäre seine Allmacht als eine »verrückte« zu denken. Was aber, wohl gemerkt, eine *meta*-physische, also nicht vorstellbare Sache bleibt! Die Frage kann dann nur noch und muß allerdings sein: Worin besteht, was ist genau die »Verrücktheit« im Endlichen, in der Welt, für die auf ihre unvorstellbare Weise auch Gottes Allmacht, der allmächtige Gott »verrückterweise« verantwortlich ist und sein will?

5.1.3 Die Allmachtsthese ist eine *meta*physische These. Sie ist ein *All*satz, ihr Inhalt ist in dem Sinne ein *all*gemeiner, als es um *Gottes* Macht über *alles* geht. Alles Endliche, alle Einzelheiten sind dabei zwar mitgemeint, eingeschlossen, aber diese konkreten, empirischen Einzelheiten sind nicht *ihr* formelles Thema. Somit stehen die Allmachtsthese und alle empirischen Tatsachen zunächst einmal nur nebeneinander.

Natürlich muß es in der *objektiven* Wirklichkeit eine »Synthese« geben. Das ist auch in der *All*machtsthese enthalten, die ja wirklich alles Endliche, Nichtgöttliche, Empirische einschließt. Gottes Allmacht und somit auch die »Synthese« von seiner unendlichen Macht und der gar nicht in Frage stehenden Macht des Endlichen annehmen, das heißt aber noch nicht, wir könnten diese objektive »Synthese« begreifen, einsehen, einsichtig und plausibel machen. Das ist im Gegenteil sogar ausgeschlossen. Denn klar ist ja: Gottes unendliche Allmacht ist nicht kleiner, sondern größer als alle endliche Macht. Damit ist ebenfalls klar: Die »Synthese« von unendlicher Allmacht und endlicher Macht, also sozusagen das »und« in dieser Synthese, das ist ganz *seine* Sache. Das Wie des »Zusammens«, des Sowohl-als-auch seines allmächtigen Wirkens und des Selbstwirkens der Welt ist Sache *seiner All*macht, seiner unendlichen Macht und daher von uns von vornherein nicht zu begreifen, weil sie eben un-endlich ist.

Es gibt also die objektive »Synthese«, auch wenn sie von keiner Theologie (oder auch Philosophie; Hegel) zu begreifen ist. Wenn es nun »Probleme gibt« – um sie weiß auch die Theologie – und somit auch die »objektive Synthese« uns problematisch erscheint, dann kann die Theologie dennoch weder die These von Gottes Allmacht aufgeben, noch kann sie das Problem so interpretieren, daß es keines mehr ist. Bleibt das Problem, so kann sie nur die Allmachtsthese so zu formulieren versuchen, daß sie sowohl uneingeschränkt gültig bleibt als auch kompatibel wird mit dem Sachverhalt, der die Synthese problematisch erscheinen läßt. Durchaus also mit der Folge, daß die ohnehin unbegreifliche »objektive Synthese« von unendlicher göttlicher Allmacht und endlicher Macht (klar, daß es insbesondere um das Problem des Bösen geht) *noch unbegreiflicher* wird. Aber die, wie man sagen könnte, apriorische Dominanz der göttlichen Allmacht, die die theologische Metaphysik um der Wahrheit und des Bestehenkönnens des Glaubens willen annimmt und von der als *göttlicher, unendlicher* Allmacht klar ist, daß sie von vornherein unbegreiflich und unvorstellbar ist, sie verträgt dieses Noch-mehr an Unbegreiflichkeit sehr wohl. (Vgl. die »*maior* dissimilitudo« des Lateranense IV; s.o. 1. Kapitel 2.) Wohingegen die Theologie mit jeder Einschränkung oder Rücknahme der göttlichen Allmacht dem Glauben gleichsam in den Rücken fällt.

Als zusätzliche, abstrakte Reflexion *über* den Glauben hat sie *Meta*physik zu sein, dabei selbst um die Eigenart und Grenzen von Metaphysik zu wissen. Sonst hat sie ihren Beruf verfehlt: Sie will etwas einsichtig machen, von dem der Glaube selbst schon weiß, daß es unbegreiflich ist, ja, unbegreiflich bleiben muß, denn ein begriffener Gott wäre kein »glaubwürdiger« Gott mehr.

5.2 Gottes »Jenseitsmacht«

Für das Jenseits braucht der Glaube Gott, und dieser Gott kann nur ein unendlicher und allmächtiger sein, mächtig genug jedenfalls, daß das Jenseits wirklich ist und ewig bleibt. Von *dieser* »Jenseitsmacht« Gottes her, die der Glaube für das Jenseits voraussetzt, ist dann auch Gottes Allmacht für das Diesseits zu bestimmen, das ja wie gesagt keine andere Wirklichkeit ist als das noch nicht vollendete Jenseits. Die Macht Gottes für das Jenseits »macht« aber nun genau dies, daß die Welt selbst »ewig lebt«, bleibt, in vollendeter himmlischer Weise existiert. *Sie* ist vollendet, mit *ihr* soll ja nach dem Glauben nicht alles mit dem Tode aus sein. Wie dies des näheren möglich ist und aussieht, tut hier nichts zur Sache, entscheidend ist jetzt nur dies, daß *die Welt* vollendet ist, eben bleibt. Selbstverständlich dank der Macht Gottes. Aber diese Macht Gottes »macht« eben, daß *die Welt* bleibt. Das jenseitige Bleiben ist *ihr* Sein, Leben und Bleiben, so daß man sogar sagen kann und muß, daß sie sich – natürlich dank Gottes Macht – selbst vollendet. Das Jenseits ist ja *ihr* Sein, *ihr* Bleiben, *ihre* Seligkeit. (Dazu hat Gott sie schließlich geschaffen.) »Jenseits« heißt nicht, nicht mehr Welt/Schöpfung/Mensch sein, selbst zu Gott werden oder auch nur ins All-Eine mit ihm zerfließen! Auch das Jenseits bleibt Welt, es wird bessere, eben vollendete Welt sein, aber keine andere als die diesseitige Welt.

Die vom Glauben vorausgesetzte Jenseitsmacht Gottes ist also genau die Macht, die das *Jenseits selbst* sein und leben, ja, sogar in vollendeter, intensivster Weise leben läßt und macht. Weder ist das Jenseits mit Gott identisch, noch ist Gott identisch mit der vollendeten Welt. Weder das eine noch das andere meint und will der Glaube. Auch »im Jenseits« ist Gott Gott und die (vollendete) Welt Welt. Daß das nur wirklich werden bzw. sein kann, wenn und weil Gott ein mächtiger und kein ohnmächtiger Gott ist, ein Gott, der das Heil der Welt, die Erlösung vom Bösen will und schafft, das ist für ihn, wie gesagt, eigentlich selbstverständlich. Und so wird er auch im Jenseits Gott danken und preisen ob dieser Macht, die die Welt »im Jenseits« vollendet leben macht/läßt.

Das vollendete Jenseits ist, lebt und bleibt als es selbst durch Gottes Macht. Es ist nicht Gott, nicht identisch mit ihm, aber es ist unmittelbar eins mit Gott. Es ist licht, ganz durchlichtet von Gott, aber nicht selbst das Licht, das Gott ist. Sich selbst als ganz durchlichtet zu erleben, sich selbst zu erleben als unmittelbar durch, aus, in und mit Gott lebend, das heißt auch dann nicht, dieses »Gott *und* Welt« *begreifen*! Dazu müßte man ja nochmals jenseits dieses Jenseits stehen. Es kann nur heißen, nun auch das »Gott *und* Welt« als das Unbegreifliche wirklich zu erleben, zu erfahren, zu »schauen«, wie die Tradition sagt. (Schauen, das ist etwas anderes als Begreifen, als Reflektieren in geistiger, abstrakter Verstandesarbeit.) Wobei sowohl Gott als auch das Selbst der Welt unbegreiflich ist, das ja nun als ganz durchlichtet erlebt, erfahren wird, d.h. als in jeder Faser, im Kleinsten wie im Größten unmittelbar von Gott als *seine* Welt gewollt. »Im Jenseits« erlebt sich die Welt schauend selbst als unbegreifliches Wunder, da sie eben beides ist: ganz sie selbst und ganz Gottes Welt. Sie erlebt sich nicht *nur* als Welt – was sie aber auch ist –, sondern ihr nur Weltsein als auch Seines. Sie erlebt, erfährt, sieht, was im Diesseits so eben nicht wirklich zu sehen ist, sondern nur »abstrakt«, im allgemeinen angenommen werden kann: daß alles unmittelbar durch, aus und in Gott ist, daß Gott unmittelbar mit, in und zu allem ist und alles sowohl es selbst als auch Sein ist.

5.3   Gottes »Diesseitsmacht«

Keineswegs meint also der Glaube mit dem Jenseits ein Identischsein oder -werden von Gott und Welt. Identisch sind hingegen für ihn Jenseits und Diesseits, sie nämlich insofern, als nach ihm das Jenseits »nur« die Vollendung des Diesseits ist, nicht aber eine im eigentlichen Sinne andere Welt. So ist nun theologisch zu sagen: Wenn »im Jenseits« Gottes »Jenseitsmacht« so ist, daß sie gerade das *Selbst*sein, *Selbst*leben und *Selbst*bleiben der Welt »macht«, gibt, begründet, dies aber eben »Ergebnis« *seiner* Macht ist, und wenn das Diesseits nichts anderes ist als das (noch nicht vollendete) Jenseits, dann ist Gottes Diesseitsmacht so zu denken, wie seine Jenseitsmacht. So wie Gott die Welt »im Jenseits« *sie selbst* sein, leben und bleiben »macht«, so dann auch schon ihr Diesseits. So wie »im Jenseits« alles durch ihn und dank *seiner* Macht es *selbst* ist und bleibt, so auch schon jetzt. So nämlich, daß *seine* Macht *seine* göttliche ist und bleibt und daß das von ihm begründete Selbstsein, Selbstleben und Selbstbleiben der Welt wirklich *ihr eigenes* ist. Seine göttliche Macht – die nun als auch auf das Diesseits bezogene *All*macht heißt – ist es, die alles Sein der Welt und damit all ihre Macht begründet, macht, sein läßt; dies aber so, daß es wirklich ihr *eigenes* Sein, ihr *eigenes* Leben ist, nicht nur das Sein und Leben Gottes. Gottes Allmacht *er*wirkt alles Endliche, nicht ersetzt sie es.

5.3.1 Während also der Glaube zunächst einmal und vor allem für das Jenseits alles der Macht Gottes zutraut, ohne dabei Gott und Welt zu identifizieren, geht die theologische Reflexion hin und sagt: Was nach dem Glauben »im Jenseits« der Fall ist, das muß dann auch schon »im Diesseits« so sein, wenn anders »Jenseits« und »Diesseits« ein und dieselbe Welt meinen. Und wie der Glaube für das Jenseits eine un-endliche Macht Gottes zumindest stillschweigend voraussetzt – wobei un-endlich heißt, daß sie das Sein und Leben des Endlichen selbst will und macht –, so muß es dann auch schon für alles Diesseitige angenommen werden; und auch für hier schon so, daß Gott alles »macht«: Alles und jedes Selbstsein und Selbstleben der Welt ist ihres und als das ihrige von Gott »gemacht«. Der Unterschied zwischen »Jenseits« und »Diesseits« ist »nur« der: Im Jenseits wird das Sein und Bleiben der Welt unmittelbar durch, aus, in und mit dem unendlichen Gott, also ihr totales Durchlichtetsein erlebt/erfahren; im Diesseits wird es nicht erlebt/erfahren. Daß es aber schon im Diesseits »unsichtbarerweise« so ist, daß nämlich *alles* nur wirklich ist, weil es unmittelbar durch, aus, in und mit Gott ist, das ist nur eine notwendige Konsequenz der theologischen Reflexion: Würde sie das nicht annehmen oder gar bestreiten, dann würde sie sowohl Gottes unendliche *All*macht bestreiten als auch die wirkliche Identität der diesseitigen und jenseitigen Welt. Sie höbe die impliziten Grundannahmen des Glaubens wieder auf, die sie doch als erstes expliziert hat, daß nämlich ein wahrer Gott nur ein wirklich unendlicher Schöpfer von allem Endlichen sein kann und daß sein schöpferisches Wesen *sein wirkliches*, wenngleich unvorstellbares Sichbeziehen auf alles Geschöpfliche ist. Auf *alles* Geschöpfliche so, wie es wirklich ist; also nicht nur auf ein bloßes Dasein (was bereits eine begriffliche Abstraktion ist), sondern auch auf das konkrete Sichverwirklichen jedes Seienden, also auf jedes Sosein und Sowerden.

5.3.2 Hier wird nun Einspruch erhoben, dergleichen sei paradox, unvorstellbar, absurd. Wie soll einerseits Gott alles wirken, tun, »machen« – und das heißt nicht nur »alles im allgemeinen«, sondern auch »alles im einzelnen«! –, andererseits die Welt doch selbst alles tun und wirken? Wie soll menschliche Freiheit wirklich sein, wenn Gott alles »macht«? Doch dieser Einspruch ist ebenso überflüssig wie alle (vergeblichen) Versuche, dazu eine *einsichtige Erklärung* oder auch nur wirklich zutreffende Vergleiche zu finden. Es wird vergessen, daß der erste Schritt zur These von Gottes Allmacht die Annahme des Glaubens war, es gebe das Jenseits. Diese Annahme kann aber – wie der Glaube selbst schon weiß und spürt, wie es jedenfalls ein Nachdenken über ihn ergibt – nur zutreffen, wenn es einen unendlichen Gott gibt. Alle weiteren Reflexionen enthalten, wie schon der Glaube selbst, damit aber schon diesen Faktor »unendlicher Gott«; und »unendlicher Gott« bedeutet nun einmal, daß es da nichts mehr vorzustellen, zu vergleichen und zu begreifen gibt. Dieser Faktor betrifft erst recht die weitere begriffliche Explikation dessen, was der Glaube meint. Sie sagt nur bewußter, begrifflich schärfer, was der Glaube meint und auch, was nicht. Damit bringt sie aber nicht Licht in das Dunkel des Glaubens, der einfach sagt: »Gott und Welt«, sondern macht im Gegenteil das darin liegende Unbegreifliche nur noch schärfer bewußt.

Theologie hat den Glauben nicht zu vergessen, hinter sich zu lassen, sondern ihn seiner eigenen »Logik« entsprechend auszulegen; ihn in Begriffe zu bringen, ihn zu »konzeptualisieren«, nicht aber ihn zu unterlaufen. Im Bekenntnis der Allmacht Gottes eine Negierung seiner eigenen Freiheit und Verantwortung zu sehen (so schon das sogenannte faule Argument gegenüber der »pronoia-Lehre« der Stoiker), das kommt dem normalen Gläubigen schwerlich in den Sinn. Allenfalls einem Psychopathen, der sich zu sehr in theologische Bücher vertieft und dabei *Meta*physik nicht mehr von »Physik« zu unterscheiden vermag – wie der arme Gottschalk von Orbais (+ 868).

Für den Glauben ist das »Gottes Allmacht *und* Welt« zwar unbegreiflich, aber nicht in sich widersprüchlich. Er sagt sich sowohl: »Alles ist in Gottes Hand, er regiert alles« als auch: »Hilf dir selbst, so hilft dir Gott«. *Wie* beides sich zusammenreimen soll, weiß er nicht, *daß* beides zutrifft, ist ihm normalerweise kein Problem: »Es wird schon irgendwie stimmen.« Eben dies hat auch in der theologischen, begrifflichen Auslegung des Glaubens gültig und maßgeblich zu bleiben: das Sowohl-als-auch von unendlichem, allmächtigem Gott *und* Welt in ihrem Selbst und Eigen; und das »Irgendwie stimmt beides zusammen«, auch wenn es im einzelnen nicht einsichtig wird. Jedenfalls ist ihr vom Glauben her verboten, aus dem Uneinsichtigen, Unbegreiflichen etwas in sich Widersprüchliches oder dem Glauben Widersprechendes zu konstruieren. Dem Glauben widerspräche es aber auch, entweder Gottes Allmacht irgendwie einzuschränken – heute allenthalben, meistens mit Verweis auf »Auschwitz«, zu lesen (z.B. H. Jonas). Das klingt zwar modern, seit Voltaire, in Wirklichkeit ist es aber uralt, nur daß die Uralten da konsequenter waren: Sie warfen die alten, ohnmächtigen Götter einfach weg und suchten sich neue – oder das wirkliche Selbst und Eigen der Welt zu negieren oder einzuschränken. Darauf laufen alle Konzepte hinaus, die meinen, das Unbegreifliche einsichtig machen zu müssen, oder gar, es einsichtig machen zu können.

5.4 *Exkurs:* Ganzheitliche Schöpfungserfahrung?

Der Satz von Gottes Allmacht ist ein streng *metaphysischer* Satz. Dabei gilt das »meta« (= jenseits, über) von Gott, während das »physisch« die Welt meint, so wie sie ist und wie sie von uns erfahren wird. Beide, Gott und Welt, sind eins, ohne identisch zu sein. Gott bleibt Gott, und Welt bleibt Welt. Dies auch in beider Einheit, die dadurch gegeben ist, daß die Welt eben in jeder Hinsicht Geschöpf des allmächtigen Gottes ist und bleibt. So daß das *Meta*physische, eben Gott, die Welt selbst auch zu einer im gewissen Sinne »metaphysischen« macht. Nämlich in dem Sinne, daß *ihr* Weltsein unsichtbarerweise auch *Gottes* Welt, *seine* Schöpfung ist. Doch das ändert nichts daran, daß sie, so wie sie *jetzt von uns erfahren* wird, nur in ihrer »Physis« erfahren wird.

Der Satz von Gottes Allmacht besagt also, daß *alles* Geschaffene, die Welt also nicht nur im ganzen und allgemeinen, sondern auch in jeder Einzelheit, total von Gott abhängt, daß sie schlechthin und total *heteronom* ist. Alles in ihr ist und »funktioniert« so, wie es der Fall ist, durch Gottes allmächtigen, wirksamen (!) Willen. Derselbe Satz von Gottes Allmacht enthält aber auch dies: Die Welt sowohl im ganzen als auch im einzelnen ist schlechthin *autonom.* Denn genau dazu, sie *selbst* zu sein und *sich* zu verwirklichen, selbst zu »funktionieren«, ist sie ja durch Gottes Allmacht geschaffen. (Wobei Allmacht sowohl Gottes Schaffen als auch sein Erhalten als auch sein Vollenden einbegreift.) *Beide* Sätze sind wahr, sowohl der von der totalen Heteronomie als auch der von der totalen Autonomie der Welt. Der erste Satz ist wahr als streng *meta*physischer Satz. Der zweite Satz ist wahr als ein Satz, der der »physischen« Wirklichkeit bzw. ihrer Erfahrung durch uns entspricht. Weil aber der erste Satz ein schlechthin *meta*physischer Satz ist, dessen Inhalt, nämlich Gottes unendliche Allmacht, ex definitione unbegreiflich ist und bleibt, deshalb ist nun eine weitere *begrifflich einsichtige, erklärende* Synthese beider Sätze (also gewissermaßen eine Einsicht in das »und« von »Gott *und* Welt«) ausgeschlossen. Das heißt: *Wie* diese beiden wahren Sätze bzw. die mit ihnen artikulierten objektiven Sachverhalte miteinander kompatibel sind, das ist und bleibt unbegreiflich. Da gibt es nichts im hegelschen Sinne geistig hin-aufzuheben. *Daß* sie kompatibel sind und bleiben, das ist für den Glauben keine Frage, wenn anders an Gottes Allmacht zu glauben für ihn nicht bedeutet, die Wirklichkeit der Welt und ihre Autonomie zu bestreiten. Spätestens die ganz handfeste Erfahrung des Bösen könnte ihn zur Besinnung bringen und davon überzeugen, wie *wirk*lich und mächtig und autonom die Welt selbst ist.

Der *meta*physische Satz bestreitet also nicht, sondern enthält bereits diese Wahrheit des anderen, »physischen Satzes«. Er sagt ja Gottes Allmacht *über* alles Geschaffene aus, das wirklich ist und sich verwirklicht als es selbst. Die als geschaffene *heteronome* Welt ist *autonom*, zu ihrer Autonomie/Selbstverwirklichung geschaffen. Ihre Heteronomie verwirklicht sich in ihrer und als ihre Autonomie. Beides zusammen, ihr »ganz durch Gott« und ihr »ganz sie selbst«, ergibt dann weiter: Die Welt ist sowohl begreiflich als auch unbegreiflich, undurchschaubar, unerklärlich. Sie ist und bleibt in allem Begriffenwerden durch uns, das keineswegs bloßer Schein ist, ein Rätsel, selbst »mysteriös«. Sie ist immer noch mehr und anders, als wir von ihr wahrnehmen und begreifen. Und dies in *all* ihrem Sein und Sichverwirklichen; nicht nur im ganzen und im allgemeinen. Das streng *Meta*physische, Gottes unendliche, schöpferische *All*macht, affiziert gewissermaßen alles und jedes Physische. Sie ist ja ebensowenig außerhalb und nur jenseits der Welt anzusiedeln, wie die Welt außerhalb von Gottes Unendlichkeit ist. Die Rätselhaftigkeit und Unbegreiflichkeit der Welt artikuliert sich z.B. in der reflexen Einsicht: Was Sein, Existieren eigentlich ist, das können wir gar nicht weiter sagen. Oder: Warum und wieso eigentlich die Welt nicht nur da ist, sondern sich *ver*wirklicht, *sich* bewegt, *sich* entwickelt, das kann gar nicht weiter begriffen werden. Nicht als ob das Daß in Frage stünde. Aber wir kommen nicht mehr *dahinter.* Wir beschreiben nur im Nachhinein, daß es der Fall ist und was sich ersichtlicherweise daraus ergibt.

Nicht als ob es mit Gottes Allmacht zu *erklären* wäre! Wird sie aber angenommen, und damit auch die Rätselhaftigkeit der Welt selbst in ihrem Geschaffensein, dann hält dies auch dazu an, da kritisch zu werden und genauer zuzuschauen, wo das Sehen und Begreifen der Welt meint, sie wirklich schon ganz begriffen zu haben, als ob sie selbst nicht »wunderbar« und erstaunlich wäre, es an ihr selbst nichts Unerklärliches gebe. Das heißt wiederum nicht, die Welt sei selbst im eigentlichen Sinne göttlich. Wenn aber Gottes Allmacht *wirk*lich und immer und überall wirksam ist, dann ist auch eine *radikale* Entzauberung der Welt ausgeschlossen, als sei sie an sich durchsichtig wie Glas. Da war die antike Sicht und Überzeugung von der »Göttlichkeit« der Welt, des »Kosmos«, der Wahrheit näher.

Indes kann die antike Sicht von der »Göttlichkeit« des Kosmos heute nun doch nicht mehr so einfach hingenommen werden. Dies soll hier insbesondere klargestellt werden gegenüber solchen Schöpfungstheologien, die, im modernen Vokabular, diese Sicht der Welt wieder erneuern möchten: Die Welt, der Kosmos, die Natur, alles ist unmittelbar durch Gott; seine Welt, seine Schöpfung ist eins mit ihm. Sie zu erleben ist Erleben der Einheit mit Gott. Vor allem muß sich dann auch ein anderer Umgang mit der Natur ergeben. Nicht nur der Mensch ist Gottes Geschöpf, ebenso ist alles andere geschaffen. Alle sind Mit-geschöpfe eigenen Rechtes, denen ebenso mit Ehrfurcht zu begegnen sei wie dem Mitmenschen, die wie er ihre eigene Würde haben. Albert Schweitzers Prinzip der Ehrfurcht vor dem Leben wird neu entdeckt, vom Lob einer heilen, auch für den Menschen vorbildlichen Natur ganz zu schweigen.

Von den ganz praktischen und legitimen Anliegen und Interessen solcher Schöpfungstheologie ist hier nicht weiter zu reden. Somit auch nicht von der »Verantwortung« des Menschen für seine Welt, in der, mit der und von der er nun einmal leben muß. Hier soll nur der Versuch ins Auge gefaßt werden, diese Anliegen und Interessen auch noch eigens schöpfungstheologisch zu legitimieren, um nicht zu sagen, zu ideologisieren.

5.4.1 Der entscheidende Fehler dieser Ideologie, nach der alles eine umfassende Einheit (»Holismus«) ist, in der alles miteinander zusammenhängt und so erst richtig zu er-leben, zu er-fahren ist – »Ganzheitlichkeit« wird zum Schibboleth –, liegt kurz gesagt wiederum darin, daß »Meta-physik« und »Physik« nicht unterschieden werden; daß *»Theologie* der Schöpfung« und »Theologie der *Schöpfung*« ineins gesehen werden sollen: Die Welt, die Natur soll dementsprechend *erfahren* werden *als Schöpfung.* Als Schöpfung, das bedeutet, als unmittelbar und in jeder Hinsicht durch, aus, mit und in Gott, ihrem Schöpfer existierend und lebend. Schöpfung bedeutet ja, daß die Welt unmittelbarer Ausdruck, ja, Offenbarung Gottes, seines schöpferischen Wesens ist. Schöpfung bedeutet unmittelbare Einheit mit Gott – etwas Vermittelndes, Drittes zwischen dem Schöpfer und dem Geschöpf kann es ja nicht geben –, alles und jedes existiert und lebt in unmittelbarer Bezogenheit auf Gott, so daß umgekehrt dann auch gesagt werden kann, daß Gott zu allem und jedem in unmittelbarer Beziehung zu denken ist. Von all dem ist kein Jota wegzunehmen. Aber: Das sind *streng metaphysische* Aussagen! Alle Aussagen enthalten den Faktor »Gott«. »Gott« aber ist unendlich und somit nicht Gegenstand unserer immer nur endlichen und auf Endliches angewiesenen Erfahrung. Auch der Satz, da die Welt doch wirklich

Gottes Schöpfung ist, muß sie doch *als* Schöpfung *erfahrbar* sein, ist streng genommen falsch. Denn in dem »als Schöpfung« steckt bereits »der Schöpfer« – und der Schöpfergott ist nun einmal nicht Gegenstand unserer Erfahrung.

Richtig ist vielmehr: Das Erfahren und Erleben der Welt als Schöpfung ist kein unmittelbares Erfahren ihres wirklichen Schöpfungseins, also ihres Nicht-nur-unsere-sondern-auch-Gottes-Welt-Seins, sondern nur ein *mittelbares*: vermittelt nämlich über die metaphysische These der Reflexion, daß der selbst unendliche, »unsichtbare« Gott der Schöpfer alles »Sichtbaren« sei.

5.4.2 In alten und ältesten Zeiten mochte die Welt, die Natur, der Kosmos im ganzen noch so erfahren worden sein: Alles ist göttlich, heilig, eins usw. Die christliche Schöpfungstheologie und Metaphysik hat dies nicht einfach negiert, aber doch einen scharfen Schnitt gezogen: Daß alles Gottes Schöpfung ist, bleibt wahr, aber das ist eben *Meta*-physik, ein streng theologisch-metaphysischer Satz bzw. Sachverhalt. Gegenstand unserer »physischen Erkenntnis« und somit unseres wirklichen Erfahrens hingegen ist die Welt, die Natur, das »Physische«. (Auch in der weiteren abstrakten, transzendentalen begrifflichen Reflexion *über* dieses »physische Erkennen« wird das Metaphysische selbst nicht erfahren, erlebt, sondern nur unser eigenes »physisches«, begriffliches Denken an es.) In aller Kürze und vereinfacht heißt das: Gott und das Seine ist oben, »unsichtbar«, unsere Welt ist hier unten.

Nun ist dieser Schnitt nicht als eine Trennung von Gott und Welt, als Auflösung ihrer Einheit zu verstehen. Daß die Welt Gottes Schöpfung *ist*, bleibt ja wahr! Der scharfe Schnitt gilt vielmehr *unserem Erkennen*. Er besagt, daß unser »physisches« Wahrnehmen, Sehen und Wissen und unser Umgehen mit unserer Welt einerseits und unsere »metaphysische« Überzeugung davon, daß alles Schöpfung Gottes ist, andererseits sich gewissermaßen auf zwei Ebenen abspielen und ergeben; vereinfacht gesagt, auf der Ebene des Wissens und auf der Ebene des Glaubens. Beide Ebenen und Bereiche sind auch in uns nicht einfachhin ohne jede Beziehung zueinander. Es ist ja zumindest ein und derselbe Geist, der die Natur erfährt und der von derselben Natur überzeugt ist, daß sie Gottes Schöpfung ist. Beide Sachverhalte aber nicht mehr zu unterscheiden und in dem einen schon das andere haben zu wollen, das heißt eben »physisches« und metaphysisches Erkennen zu identifizieren – und das soll dann dahin führen, die »physische« Praxis zu einer »metaphysischen«, nämlich dem Schöpfungsglauben konformen Praxis werden zu lassen.

Schöpfungsglaube ist auch mehr als ein bloßes Fühlen. Daß alles Endliche Gottes Schöpfung ist, das ist eine den Glauben an »Auferstehung und ewiges Leben« explizierende Glaubens*wahrheit*; ein für den Glaubenden objektiv wahrer Satz, ganz formal gesehen dem Satz gleich, daß die Erde rund ist. Mit Schöpfungsgefühl hingegen soll etwas anderes gemeint sein, eben das Fühlen, daß alles durch, in und mit Gott ist. Beim Wort genommen hieße das aber, daß der dies Fühlende Gott selbst fühlen müßte. Ich erlaube mir, das schlichtweg als Einbildung anzusehen, mag es noch so gut und fromm gemeint sein. Nichts gegen Gefühle! Aber unsere Gefühle sind eben unsere, im landläufigen Sinne ganz »subjektiv«. Und wie steht es denn mit dem schönen, erhebenden Schöpfungsgefühl, also dem Gefühl der Einheit von Gott und seiner Welt, wenn wir (oder andere) nur noch Schmerzen, *das* Böse also, fühlen?

5.4.3 Spätestens hier zeigt sich aber nun: Auch für die wirkliche Praxis trägt eine solche Schöpfungstheologie – außer allgemeinen Wahrheiten und Appellen – gar nichts aus. Völlig richtig bleibt: Alles und jedes ist Schöpfung Gottes, jeder Mensch, jede Mücke, der gesamte Kosmos nicht weniger als jedes Atom. Es ist aber wohl keine Frage, daß die Existenz dieser Schöpfung (oder Natur) und das Leben in ihr auch ganz konkrete Probleme mit sich bringen. Sie ist ja eine lebendige, bewegte Welt, nicht nur statisch da. Alles bewegt sich, und alles will leben. Und auch das Lebendigsein der Welt ist geschaffen. Ebenso selbstverständlich ist, daß alles mit allem in Beziehung steht, alles irgendwie auf anderes angewiesen und abhängig ist. Daß die Welt ein großes Netzwerk ist. Sobald es aber Probleme gibt – und sie ergeben sich eben daraus, daß die Welt eine ist und vielförmig zugleich; eine lebendige Vieleinheit also –, hilft das Wissen oder Glauben, daß sie Gottes Schöpfung ist, keinen Schritt weiter. Sowohl der Wolf als auch das Lamm sind Gottes Geschöpfe. Erst recht jeder Mensch. Aber auch die Mücke, die mein Blut braucht und mich dabei infiziert. Mit Franz von Assisi kann man Bruder Sonne preisen, weil sie Licht spendet und wärmt. Wenn ich in der Wüste in ihrer Hitze verdurste, werden mir solche Anwandlungen schnell vergehen. Am sicheren Ufer sitzend mag ich im Rauschen des Meeres kosmisch-göttliche Klänge und Rhythmen vernehmen. Der vom nassen Tod Bedrohte hat für dergleichen Luxus keine Zeit. Kurz: Gottes Schöpfung zu sein, das ist eine allgemeine Wahrheit, auch und gerade indem sie von allem und jedem gilt. Aber wenn in ihr die konkreten Interessen aufeinandertreffen, dann läßt sich mit dieser Wahrheit allein nicht viel anfangen. Einmal ganz makaber gesagt: Die Welt bleibt auch dann noch Gottes Schöpfung, wenn der Mensch sie zur Wüste macht und dabei zuletzt selbst untergeht. Vernünftigerweise will er das natürlich nicht. Die Probleme des Lebens und Überlebens sind aber immer konkrete Einzelprobleme, auch im globalen Maßstab. Um mit ihnen fertig zu werden, genügt es nicht, eine gute Schöpfungsgesinnung zu haben.

Nochmals: Nicht als ob sie falsch wäre. Es ist sicher auch wichtig, daß der Mensch sich darin einer besonderen Verantwortung für die Welt bewußt werden kann. Nur: *Wie* er dieser Verantwortung *im einzelnen* gerecht werden kann, hic et nunc, das sagt die Schöpfungstheologie ihm nicht. Dazu muß er sich mit den Einzelheiten in ihrer Einzelheit befassen, denn auch jedes Einzelne ist Gottes Geschöpf.

5.5 Die Welt in Gottes Allmacht

Von Gottes Allmacht »an sich« kann gar nichts gesagt und gedacht werden. »Macht-an-sich« ist ja ohnehin ein genaugenommen sinnloser Begriff. Ebenso sinn- und gegenstandslos wie »Beziehung-an-sich«, nämlich ohne ein Woraufhin. Alle Definitionen von Gottes Allmacht-an-sich lassen sich als leere Tautologien destruieren. Dem Glauben geht es aber nicht um eine Allmacht Gottes an sich, sondern um Gottes Allmacht über *die Welt*. Somit wird die Aufgabe der Theologie sinnvollerweise darin bestehen, eben die durch Gottes Allmacht begründete und in ihr gründende Wirkung, eben die Wirklichkeit der Welt reflex bewußt zu machen; der Welt nun in ihrem Diesseits, in ihrer »Vorläufigkeit«. In ihrer »Vorläufigkeit«, nämlich zu ihrer »jenseitigen Vollendung«.

5.5.1 Vorläufigkeit?

Die Welt in ihrer Vorläufigkeit, das bedeutet dann gerade nicht, daß »die Welt« bzw. unser Erkennen und Umgehen mit ihr nun mit einem negativen, abwertenden Vorzeichen zu versehen wäre, im Sinne von *nur* vorläufig, *un*vollendet usw. Das stimmt zwar auch. Aber zunächst hat das »vorläufig« eine positive Note zu sein, da es für den Glauben ihr *Hin zur Vollendung* ist und diese ohne Frage als eine positive, gute, ja, himmlischselige gewollt ist; als vom Bösen erlöstes ewiges Bleiben der Welt, nicht als ihr Vernichtetwerden.

Das Licht des geglaubten Jenseits hat auch schon das vorläufige Diesseits zu beleuchten. So jedenfalls prinzipiell. Was wiederum nicht heißt, es gebe für uns im Diesseits nicht auch schwarze Löcher, die alles Licht verschlingen und die auch das Licht eines vollendeten Jenseits nicht hell ma-

chen kann; die nicht zuletzt dazu nötigen, dann auch über Gottes Allmacht noch einmal eigens nachzudenken. (Dazu s. u. 5. Kapitel 7 zum
Theodizeeproblem.) Vollendung der Welt wird aber geglaubt als das jenseitige *Sein* und *Bleiben* ihrer selbst. Also ist von daher auch das vorläufige
Diesseits theologisch wahrzunehmen als ihr wirkliches Selbstsein, und
dieses ihr Selbstsein ist theologisch zu qualifizieren als ein *sicheres, solides, ungefährdetes* Sein. Anders gesagt: Von der Vollendung her gedacht,
ist es prinzipiell verfehlt, die Welt (augustinisierend) vor allem als nichtig,
als in ihrem Sein und Bestehen *ständig* gefährdet, als ohnmächtig und
»vom Nichts bedroht« zu bestimmen.

5.5.2 Gefühl unendlicher Abhängigkeit?

Ebenso ist es dann verfehlt und widerspricht es auch der wirklichen
Lebenserfahrung, den Glauben als Gefühl unendlicher Abhängigkeit
(Schleiermacher) zu bestimmen. Natürlich sind wir in der Welt in vieler
Hinsicht abhängig, bedingt. Als begrenzte Wesen sind wir auf andere und
anderes angewiesen, eben abhängig von anderem Endlichen. Aber was
soll »*unendliche* Abhängigkeit« bedeuten? Da wird schon wieder ein
abstrakter Reflexionsbegriff hinzugedacht und aufgrund einer gewissen
Stimmung, die uns ohne Frage überfallen kann, als der allein wahre,
»glaubwürdige« angesetzt. Aber diese Stimmung, die als solche durchaus
Gründe für sich geltend machen kann – das Vorläufige ist ja in der Tat
nicht das Vollendete –, entspricht gar nicht dem, was der Glaube zunächst
einmal meint und was ihm entsprechend auch in der theologischen Reflexion gelten muß: Der Glaube ist Überzeugung vom Bleiben des Lebens,
des Seins; daß dies nur möglich ist durch einen unendlichen Gott, ist ihm
selbstverständlich. Und so wird das Leben, das bleiben soll, jetzt auch
nicht gelebt und erfahren *als* »unendlich abhängig«, sondern in seiner
einfachen Faktizität, ja, in seiner alltäglichen Selbstverständlichkeit. Es
wäre ja auch eine mehr als fragwürdige Allmacht Gottes, wäre ihr Ergebnis
das des ständigen Gefühls unendlicher Abhängigkeit. Das müßte den
Glaubenden zum Neurotiker machen.

5.5.3 Die unbegreifliche Mächtigkeit der Welt

Für die Theologie, die von der geglaubten »Jenseitsmacht« her denkt und
die Allmacht Gottes schon für alles Vorläufige annimmt, muß Allmacht
somit zuerst einmal heißen: Gott »macht«, daß das Sein der Welt selbst
mächtig ist. Selbstverständlich in ihren Grenzen, die Welt ist ja nicht
unendlich, erst recht kein einzelnes Seiendes in ihr. Aber in ihren Grenzen
ist sie eben nicht schlaff und ohnmächtig, sondern wirklich mächtig. Und

zwar nicht nur als bloßes Dasein, sondern in *allem*, in allem Sichverwirklichen. Das soll sie; darin verwirklicht sich seine göttliche Macht, daß sie sich selbst verwirklicht. Das ist das unbegreifliche Wunder seiner Allmacht, daß sie (gleichsam selbstlos, nämlich ohne auf sich selbst bedacht zu sein) alles und jedes Sein sein und sich selbstverwirklichen »macht«. Jedes Sein, so wie es ist, ist und verwirklicht sich selbst und zwar so, daß es in seinem eigenen Sein und Tun, eben in seiner Weltlichkeit nichts mit Gott zu tun hat. Gott macht alles, aber *sein* »Machen« befindet sich in und kommt aus einer ganz anderen Dimension, es ist eben er selbst, der Unendliche. Deshalb ist nun auch die Welt und ihr Sichverwirklichen theologisch so hinzunehmen, wie sie selbst ist und sich verwirklicht, denn ob die Theologie nun Gottes Allmacht hinzunimmt oder nicht, an der Welt selbst ändert das nichts. Alles, was sie ist und wie sie werden kann, das ist, auch theologisch gedacht, durchaus *ihre* Sache: »Ergebnis« von Gottes *wirk*licher Allmacht. Der Stein, der mich trifft, ist für mich nicht weniger hart, als für denjenigen, dem »Gottes Allmacht« nur Schall und Rauch ist.

Daß alles in und an der Welt ganz ihre eigene Sache ist, das heißt ja nicht, es müsse somit alles an und in ihr für uns begreifbar (und dann auch beherrschbar) sein! Begreifbar im Sinne von *restlos* einsichtig und als vernünftig zu verstehen und zu erklären! Keineswegs. *Ganz* ihre Sache, das heißt vielmehr: Was an und in ihr erklärbar ist und vernünftig erscheint, das ist ebenso ihre Sache wie das, was an ihr unvernünftig oder widervernünftig erscheint und unerklärbar bleibt. Auch dann ist theologisch an Gottes Allmacht festzuhalten, ohne daß sie etwas in der Welt erklären würde; als ob nun sie das Unerklärliche erklärlich »machte«. Ich erläutere das Gemeinte anhand eines Problems, das uns später, im 8. und im 9. Kapitel noch ausführlicher beschäftigen wird.

5.5.3.1 Gesetzt einmal, es würde aus einem Weniger wirklich ein Mehr, aus einem Kleinen ein Großes, aus dem Nichts entstünde ein Etwas, im Nichts wäre plötzlich etwas da. Das bliebe für uns unerklärlich, obwohl empirisch wahrnehmbar, ein Phänomen. Aber auch Gottes unendliche Allmacht erklärte daran nicht das Geringste! Wenn aus weniger mehr wird, nimmt Gott ja nicht etwas von sich oder aus sich selbst, um es dem Weniger hinzuzufügen und es so mehr/größer zu machen. Wir hätten also, auch theologisch gesehen, einfach zu sagen, was der Fall wäre, nämlich daß aus weniger mehr werden könnte; daß die Welt sich selbst, ihr Sein vermehren könnte. So, wie wir es wahrnähmen, daß da plötzlich, wo vorher Nichts war, etwas ist oder daß da ein Weniger zu einem Mehr geworden ist. So hätten wir es zu *beschreiben*, ohne es wirklich *begreifen* zu können. Wir würden uns gewiß wundern, zumal wenn es sich um ein einmaliges Ereignis handelte: Wie kann das sein, wie ist das möglich, daß aus weniger mehr, aus nichts etwas werden kann? Wir würden uns wahrscheinlich nicht mehr wundern, wenn es alltäglich geschähe, sondern wir würden es dann als selbstverständlich und allbekannt hinnehmen: So ist es eben. Zwar würden wir, »gut abendländisch« im Denken geschult, wohl immer wieder versuchen, das Weniger als ein das Mehr doch schon irgendwie, nämlich »potentiell« in sich enthaltendes Weniger bzw. das Nichts als ein doch nicht ganz leeres Nichts zu denken. Womit aber das hier angenommene Phänomen selbst (um des Erklären- und Begreifenwollens willen) nicht mehr gewahrt wäre, denn an die Stelle des Nichts wäre eben schon wieder eine »Potentialität« des Nichts gesetzt.

5.5.3.2 Bleiben wir hingegen bei dem hier einmal angenommenen Phänomen – das bewußt im Gegensatz zum klassisch-antiken Axiom gesetzt ist, nach dem aus nichts nichts werden kann; ebenso bewußt im Gegensatz zum modernen Axiom (etwas anderes ist es nicht!) der Energieerhaltung, nach dem die Masse oder Energie des Kosmos sich weder vermehrt noch vermindert –, so wird *es* keineswegs klarer, einsichtiger, begreiflicher, wenn ich nun sage: Es ist möglich und wirklich durch Gottes Allmacht, durch sein allmächtiges Wirken, Seingeben, Teilgeben an seinem unendlichen Sein. So theologisch richtig und vom Glauben her sinnvoll diese Annahme ist, das endliche Phänomen bleibt dasselbe, und *es* wird auch so weder begreiflich noch für uns klar, denn die hinzugenommene »hinter ihm stehende« »göttliche Allmacht« ist ja selbst sozusagen ex definitione unbegreiflich. So daß nun lediglich gesagt ist: Auf ihre ex definitione unbegreifliche Weise »macht« Gottes Allmacht das für uns Unbegreifliche, daß nämlich aus weniger mehr oder aus nichts etwas wird. (N.b. Damit soll hier nicht gesagt sein, daß die Welt wirklich »aus dem Nichts geschaffen« sei, also vorher nicht existierte. Mit dieser *theo*logisch problematischen Vorstellung werden wir uns wie gesagt noch eigens befassen müssen.) Womit sich umgekehrt auch dies ergibt, daß die Annahme Gottes und seiner Allmacht keineswegs *notwendig* ist, als ob erst mit ihr das Faktum von Mehrwerden oder Evolution oder Entstehung aus nichts zu erklären sei; zu erklären im Sinne von in sich einsichtiger, heller, intellektuell verständlicher machen und seine Unbegreiflichkeit auflösen. Mit einer solchen, heute beliebten These: Erst (oder gar) mit der Annahme unendlicher göttlicher Allmacht sei das empirische Phänomen von Evolution, Selbstüberbietung usw. zu erklären, macht man den Glauben nur lächerlich. (Vgl. Thomas v. Aquin, S.th. 1,46,2c.)

5.5.3.3 Auch das Phänomen der Evolution beschreiben wir nur, ohne es wirklich begreifen und einsehen zu können. Das heißt: Wir nehmen das Phänomen der Höherentwicklung oder Evolution wahr, aber so viele dabei mitwirkende Ursachen wir dazu auch begreifen, *warum eigentlich* unsere Welt eine Werdewelt ist, darauf gibt es keine einsichtige Antwort. Auch das Begreifen der Ursachen, die bei der Evolution im Spiel sind, bleibt ein nachträgliches, aposteriorisches Beschreiben. Und auch solche Begriffe, wie z.b. Selbstorganisation, Emergieren, Selbstüberbietung, sie beschreiben nur nachträglich, was der Fall ist, ohne das Phänomen, das ja bereits vorausgesetzt ist, in sich *weiter* zu erklären und so als *begründet einsichtig* zu machen.

Natürlich enthalten jene Begriffe wie z.B. Selbstorganisation und Selbstüberbietung auch ein Erklärungspotential, sonst wären sie ja sinnlos und schon an sich unverständlich. Ihr Erklärungspotential haben sie aber von daher und deshalb, weil wir mit ihnen *erst einmal uns selbst* begreifen! Aber auch hier wieder: nicht wirklich restlos begreifen und durchschauen, sondern auch uns wieder nur beschreiben! Wir selbst sind uns erst einmal das Phänomen des Werdens, des Sichorganisierens bzw. Sich-immer-schon-Organisierthabens, des Sichselbstüberbietens. Wir selbst *sind* sozusagen »die Evolution«, und geistbegabt, nämlich sie reflektierend betrachten könnend, beschreiben wir sie: daß wir z.B. als Erwachsene »mehr« geworden sind, als wir als Kinder waren. »*Selbst*überbietung« also, da es sich bei uns um identische und sie selbst bleibende Wesen handelt. Doch das Phänomen, daß aus kleinen Kindern Erwachsene werden, daß sie mehr werden, wird mit »Sichselbstüberbieten« nur abstrakter etikettiert. Daß aus weniger mehr wird, das bleibt, um es einmal provozierend zu formulieren, ein unbegreifliches Wunder; Eltern kennen es. Daran ändert weder die Tatsache etwas, daß ich alle Faktoren kennen und beschreiben kann, die bei ihm mitspielen, noch die Tatsache, daß dieses Wunder sich ständig ereignet – und insofern natürlich kein Wunder ist. Nur, und allein darauf kommt es hier an, zu meinen, mit so pompösen Begriffen wie Selbstüberbietung, Selbstorganisation, Emergenz, Komplexibilisierung, Systembildung u.a.m. das Wunder selbst erklärt und durchschaubar gemacht zu haben, ist schlichtweg naiv und lebt selbst nur von der Macht der Gewohnheit, die es auch im Bereich des Geistigen gibt. (Es muß etwas nur oft genug gesagt werden, dann gilt es auch bald als selbstverständlich und nicht mehr in Frage zu stellen. S. Goethe, Faust I, vierte Szene, gegen Ende.) Wer meint, mit jenen Begriffen das Phänomen/Wunder nicht nur (durchaus richtig!) beschrieben, sondern wirklich begriffen und einsichtig gemacht zu haben, übersieht erstens, daß diese Begriffe, so abstrakt sie sich auch geben, in Wirklichkeit alles Anthropomorphismen sind (wäre nicht unser eigenes Menschsein ein »evolutives«, ein Werden, ein lebendiges Sichüberbieten, so wäre der Begriff »Evolution« ein unverständliches Fremdwort). Und er übersieht zweitens, daß wir einen wirklichen Grund für unser »evolutives Leben« auch nicht wissen und begreifen.

Daran ändert auch die Annahme der schöpferischen Allmacht Gottes nichts. Zumal diese Annahme des Glaubens ja zunächst einmal gar nicht gemacht wird, um sozusagen rückwärtsblickend den Ursprung, den Grund, das Woraus und Warum der Welt und ihres Werdens zu erklären, sondern erst einmal um des zukünftigen Bleibens und ewigen Lebens willens. »Teleologisch« also, d.h. um eines Zieles willen. Wohingegen die Evolutionswissenschaftler gerade die Annahme und Vorstellung einer Teleologie zu meiden suchen wie der Teufel das Weihwasser.

5.5.4 Zusammenfassung und Vorblick auf das Theodizeeproblem

5.5.4.1 Die These von Gottes Allmacht ist eine notwendige *theologische* Konsequenz, die sich aus dem Glauben an seine Jenseitsmacht ergibt. Anderseits zeigt sich – das sollten die zuletzt durchgespielten Extremfälle bewußt machen –, daß mit Gottes schon für das Diesseits anzunehmender *All*macht nichts an und in der Welt anders und klarer, begreiflicher wird, als es ohnehin ist oder auch nicht ist. Streng theologisch gedacht ist es ebenso Unfug zu meinen, der Rekurs auf Gottes Allmacht könnte irgendetwas in und an der Welt einsichtiger machen, wie es überflüssig ist, gegen ihre Annahme im Namen der Welt und um ihrer Eigengesetzlichkeit, Autonomie, Freiheit und Selbständigkeit willen zu protestieren. All das soll ja der theologischen Allmachtsthese zufolge gerade durch Gottes Allmacht ermöglicht und begründet sein – so freilich, daß es selbst unbegreiflich bleibt. »Allmacht Gottes« ist kein theologischer Dietrich, mit dessen Hilfe die Rätsel des Seins der Welt aufzuschließen wären, sondern ein Schlüssel, der ihre Unbegreiflichkeit gerade sichern soll. Dies wiederum nicht, um einem Obskurantismus Vorschub zu leisten oder purem Fatalismus, sondern um des nüchternen Wahrnehmens willen, wie die Welt ist und was in ihr wirklich und möglich ist.

Gott ist und bleibt Gott, die Welt ist und bleibt sie selbst. *Wie* das näherhin möglich sei, bleibt unbegreiflich. Es zu begreifen – Ströme von Tinte wurden (und werden immer noch) vergeblich darüber vergossen –, das erforderte, auf einem Standpunkt zu stehen, der nochmals über »Gott und Welt« wäre. So daß von ihm aus nun Gott und Welt zu zwei miteinander verrechenbaren Größen würden. Diesen Standpunkt gibt es nicht, auch nicht für die theologische Reflexion. Sie verdeutlicht, expliziert das im Glauben Implizierte. Damit ist sie auch kritisch gegenüber einer solchen Glaubensvorstellung und Glaubensinterpretation, die aus Gottes Allmacht ein unmittelbares selbst Dazwischenfahren, ein sogenanntes Eingreifen macht. Sie ist aber auch kritisch gegenüber einer Verabsolutierung der Welt – »Verabsolutierung« streng wörtlich genommen, als habe weder Gott mit der Welt noch die Welt mit Gott zu tun. Kritisch gegenüber solcher Verabsolutierung der Welt – ob »Verabsolutierung« wirklich so gemeint wird, stehe hier dahin – ist ja schon der Glaube. Die theologische Reflexion verschärft diese Kritik, indem sie das schlichte »Alles ist in Gottes Hand« verdeutlicht zu: wirklich *alles*, nicht nur im allgemeinen und überhaupt, sondern bis in jede nur denkbare Einzelheit ist alles in und an der Welt, so wie es ist, durch Gottes allmächtiges Wollen so, wie es wirklich ist.

Man kann auch zu dieser These immer noch sagen: Sie ist nur eine allgemeine, abstrakte These, zumal sie ja das Wie des Sowohl-als-auch von Gottes allmächtigem, unendlichen Sein und Wirken und des unstrittigen Selbstseins und Selbstwirkens der Welt nicht weiter erklärt, sondern eben nur beider Daß behauptet. Doch geht sie mit dem »*jede* nur denkbare Einzelheit« über ein nur beim Allgemeinen Bleiben hinaus. Aus dem »Alles ist in Gottes Hand« des Glaubens macht sie ein »In seiner *All*macht ist Gott auch für alles *Einzelne*« voll verantwortlich. D.h. als theologische Reflexion, die mit ihrer begrifflichen Explizierung das im Glauben nur implizit Enthaltene bewußt macht und seine inhaltlichen Konsequenzen durchdenkt, lädt sie sich damit selbst nun doch das sogenannte Theodizeeproblem auf den Hals: Wenn Gott »alles macht«, somit für alles in jeder Hinsicht voll verantwortlich ist, wie verhält es sich dann mit dem Bösen, was ist von Gottes Allmacht zu sagen, wenn es doch das Böse in seiner (!) Welt gibt? Ist die theologische Reflexion nicht spätestens hier gezwungen, ihre Allmachtsthese zurückzunehmen; sich somit wieder zu bescheiden mit dem bloßen Glauben »Irgendwie ist alles in Gottes Hand«? Oder nötigt die nun einmal aufgestellte Allmachtsthese dazu, theologisch noch mehr zu sagen?

5.5.4.2 Gott und »das Böse« in der Welt, das ist ja ein Problem, zumindest läßt es sich zu einem Problem machen, an dem die Theologie nicht einfach nur wortlos vorübergehen kann. Selbst wenn sie am Ende nur sagen kann: Das ist eben *Gottes* »Problem« – denn sowenig Macht *in* der Welt ein reines Vergnügen ist (das meinen nur die beschränkten kleinen Alberiche), so wenig wohl auch Gottes Allmacht über alles –, so muß sie doch dieses ihr Endergebnis rechtfertigen, nämlich als plausibel begründen. D.h. sie hat zu zeigen – und damit ihre eigene Rationalität unter Beweis zu stellen –, daß sie die mit dem Titel »Theodizeeproblem« anvisierte Sachproblematik voll begreift, also ernst nimmt und nicht herunterspielt; und wieso sie mit dem »das ist auch Gottes Problem« eine »Lösung« gibt, die einerseits konsistent und somit rational ist, andererseits genau der Sachproblematik des Bösen in der Welt entspricht. Man könnte es auch so sagen: Das Böse in der Welt ist ein Rätsel. Die theologische Theodizee löst das Rätsel nicht auf, sie bringt es nicht zum Verschwinden, sie kann den Knoten nicht aufdröseln, das Dunkel nicht in Licht verwandeln; sie hat es aber *präzise* auf den Begriff zu bringen und so zu »wahren«.

Theologie kann nicht einmal ihren allmächtigen Gott und Schöpfer sagen lassen, das Böse, Rätselhafte sei gar nicht so böse. Für ihn sei es gar kein Problem. Denn damit sagte sie ja auch, mit dem für uns Bösen habe Gott nichts zu tun; *theo*logisch gedacht, also für Gott und von seinem Standpunkt her gesehen, existiere das Böse nicht als ein Problem. Das hieße soviel wie: Gott ist der *ganz* andere, der *nur über* der Welt ist, dem die Welt und somit auch das Böse in ihr nichts bedeutet, den die Welt nichts angeht. So hätte die Theologie sich von dem eigenen Gott des Glaubens verabschiedet, von dem sie um des Glaubens willen dargelegt hatte, daß er ein unendlicher Gott sein müsse und seine unendliche, wiewohl unvorstellbare Beziehung als ein *Sich*beziehen auf *alles* Endliche, so wie es ist, zu denken sei. Nun ist aber das Böse etwas Wirkliches in der endlichen, empirischen Schöpfung. (Wäre es das nicht, so bräuchte die Theologie nicht einmal zu sagen, mit Gott habe es nichts zu tun.) Also machte sich Theologie selbst unglaubwürdig und würde inkonsistent, wenn sie nun angesichts des Bösen in der Welt die Pferde wechselte: Vom Schöpfer dieser, seiner empirischen Welt auf einen Gott umstiege, für den die Welt unproblematisch ist, für den das Böse in der Welt kein Problem ist. (Wäre dem so, dann dürfte das Böse auch in der Welt eigentlich überhaupt kein Problem darstellen.)

Um ihrer eigenen Glaubwürdigkeit willen muß die Theologie Theodizee werden, mit dem Ergebnis, daß das Böse auch für Gott ein »Problem« ist. Was damit gesagt sein soll und wie sie zu diesem Ergebnis kommt, das muß sie aber plausibel machen, begründen. Das ist sie ihrer eigenen Rationalität schuldig. Sie ist es geradezu dem Bösen selbst in der Welt schuldig, es nicht einfach auf sich beruhen zu lassen. Mit dem »auch für Gott ein Problem« wahrt sie einerseits die wirkliche Rätselhaftigkeit des Bösen; genaugenommen macht sie es zu einem noch größeren Rätsel, als wenn sie es dabei beließe, es sei nur unser Problem. Andererseits wahrt sie nur so ihre eigene »Glaubwürdigkeit« als Theologie, nämlich eine in sich konsistente, widerspruchsfreie Theorie des Glaubens zu sein, daß Gott der allmächtige Schöpfer dieser Welt sei, obwohl es in ihr auch das Böse gibt. Das für sie als Theologie Entscheidende ist die Konsistenz, die nachvollziehbare, vernünftige Logik ihres gedachten Ganzen. Die einzelnen Faktoren dieser Theorie mögen in sich selbst unbegreiflich sein und bleiben. Aber das Ganze darf sich nicht in sich selbst widersprechen.

Lautet nun das Ergebnis so: »Das Böse in der Welt ist und bleibt auch Gottes Problem«, dann ist *das* natürlich nicht gerade befriedigend und erhellend oder gar tröstend angesichts des Bösen; geschweige denn eine Rechtfertigung des Bösen in der Welt. Es ist auch keine *in sich einsichtige* Rechtfertigung Gottes. Theologie kann Gott nicht einsichtig machen. Ein einsichtig gemachter, begriffener Gott wäre nicht Gott. Theologie, als Theodizee, verteidigt und rechtfertigt genaugenommen gar nicht Gott selbst, sondern nur den Glauben an Gott bzw. noch genauer: ihre eigene Reflexion über diesen Glauben, eben deren innere Konsistenz.

Das ist also ihr »Problem«: Würde sie das Böse in der Welt wirklich ernst nehmen, müßte sie dann nicht ihre Theorie von der (selbstverständlich guten) Allmacht Gottes aufgeben? Müßte sie nicht ihr Geschäft als Theologie schließen? Nun ist aber das Böse wirklich, und für sie als Theologie ist ein nicht oder noch nicht allmächtiger Gott witzlos. Also hat sie den Vorwurf, angesichts des Bösen sei an einen allmächtigen Gott nicht mehr zu denken, als Aufforderung zu verstehen zu sagen, *wie* von Gottes Allmacht angesichts des Bösen richtig zu denken und zu sprechen sei. *Das* hat ihr Problem zu sein. Nicht, *ob* dann noch an Gottes Allmacht zu denken sei! Ein nicht allmächtiger Gott, das hieße ja sogleich: Ein Problem gibt es gar nicht, weil ein nicht allmächtiger Gott gar kein Gott ist.

Pointiert gesagt: Das sogenannte Theodizeeproblem ist zunächst einmal eine reine Denkaufgabe der Theologie, die nicht mit ihrem Schweigen angesichts des Bösen dem Glauben stillschweigend in den Rücken fallen will, indem sie das Thema Allmacht Gottes jetzt einfach wie eine heiße Kartoffel fallen läßt. Die Theologie ersetzt natürlich nicht den Glauben, sie gibt ihm sozusagen nur zusätzliche Rückendeckung. Der Glaube glaubt trotz des Bösen, sie hingegen hat darüber hinaus zu sagen, *wie* Allmacht Gottes und Böses als kompatibel zu denken sind. Zu denken, das heißt *begrifflich* so zu beschreiben, daß in den Begriffen die *jeweilige* Wirklichkeit gewahrt und nicht zum Verschwinden gebracht wird.

5.5.4.3 Zwei Realitäten in der Welt werden nun gegenüber der theologischen Allmachtsthese aufgeboten, um sie als unmöglich zu erweisen: Das »physisch Böse« und das »sittlich Böse«. Das »physisch Böse«, das ist der

Inbegriff aller Übel, aller Leiden und Schmerzen in unserer Welt. Das »sittlich Böse«, das ist das Sündigen, die Sünde des Menschen, der Mißbrauch seiner menschlichen Freiheit. Beide Wirklichkeiten seien unvereinbar mit dem, was Gottes Allmacht – die selbstverständlich als gute gemeint ist – bedeutet. Wäre sie wirklich nur gut, so könnte sie nicht das/die Übel in der Welt zulassen, noch könnte sie das sittlich Böse, den menschlichen Mißbrauch von Freiheit zulassen. Das sind die zwei in sich verschiedenen Realitäten in der Welt, die eine offensichtliche Herausforderung an die Allmachtstheologie darstellen.

1) Nun ist klar, daß eine vernünftige, rational nachvollziehbare Auseinandersetzung mit beiden Problemen »unten« ansetzen muß, also bei dem Bösen in der Welt. Von *ihm* her gesehen, erscheint ja die Behauptung von Gottes Allmacht als problematisch. Und das hat auch für die Theologie kein bloßes Scheinproblem zu sein. Sowenig sie ihre Allmachtsthese einfach aufgeben wird, um so genauer wird sie sich mit dem »Unten« befassen, dessen Realität ja gegen die Annahme von Gottes Allmacht ins Feld geführt wird. Sie wird ihrerseits das gegen ihre Allmachtsthese angerufene Böse in der Welt problematisieren: Wie real ist das Böse? Was ist eigentlich das Böse?

Wie gesagt wird das »physisch Böse«, unverschuldetes Leiden in der Welt, ebenso angeführt wie das »sittlich Böse«: der böse, bösartige Mißbrauch menschlicher Freiheit. Auch wenn beides oft zusammenhängt, leuchtet ein, daß das eine nicht auf das andere reduziert werden kann. Es gibt übelstes Leiden, das mit einem bösen Mißbrauch menschlicher Freiheit nichts zu tun hat. Als sittlich böse gilt oft auch schon der Gedanke, die Absicht, der freie Wille, Böses zu tun, die egoistische Gesinnung. Von diesen beiden Themenkreisen befassen wir uns zunächst mit dem des »sittlich Bösen«, theologisch gesprochen: mit der Sünde, dem sündigen Mißbrauch menschlicher Freiheit. Der böse Mißbrauch menschlicher Freiheit wird ja, zumal angesichts seiner bösen Folgen, als Argument gegen Gottes gute Allmacht angeführt: Ihn dürfte Gott nicht zulassen. Erst recht sei es »undenkbar«, »unmöglich« anzunehmen, daß Gott selbst unmittelbar diesen freien Willen des Menschen »bewege«, wie es die Allmachtsthese konsequenterweise behaupten muß.

2) Die Thematik »das sittlich Böse« bringt die Theologie *heute* in eine gewissermaßen paradoxe Situation, fast möchte man sagen: in die Situation eines Zweifrontenkrieges. *Einerseits* muß sie die menschliche Freiheit verteidigen. Gäbe sie sie preis, so hätte sie sich zwar diesen Teil des Theodizeeproblems vom Halse geschafft, müßte sich aber auch vorwerfen lassen, den bequemsten Weg gegangen zu sein. Mit »Freiheit« als bloßem

Schein, wäre für sie auch das Problem Gottes gute Allmacht – menschliche böse Freiheit nur ein Scheinproblem. (Aber es bliebe immer noch das Problem für sie, wie es zumindest für »die anderen« je zu einem wirklichen Problem werden konnte, wenn es doch keine wirkliche Freiheit gibt.) Sollte aber die Annahme, es gebe menschliche Freiheit, wirklich *nur* einer Illusion nachhängen? Schon angesichts des Gewichtes der ganzen Tradition abendländischer Philosophie und Theologie, die sich der Problematik von »Freiheit« durchaus bewußt waren, aber doch nicht einfach von ihr lassen wollten, wird sie es sich ebenfalls nicht so leicht machen dürfen zu sagen, sie habe damit kein Problem, weil es wirkliche Freiheit, Willens- und Handlungsfreiheit gar nicht gebe.

Andererseits kann sie gegenüber der Negierung von Freiheit seitens deterministischer Positionen nicht einfach nur das Daß von Freiheit behaupten, zumal mit dem bloßen Daß von Freiheit sich auch der Vorwurf liiert hat, eine uneingeschränkte Allmacht Gottes anzunehmen, das sei zumindest angesichts dessen, als wie böse sich menschliche Freiheit oft erweist, absurd. Zudem verbietet sich ein bloßes Bestehen auf dem Daß von Freiheit, weil Freiheit nun doch wirklich ein umstrittenes Thema ist. Gerade wenn und weil es um den empirischen, konkreten, leibhaftigen Menschen geht, der gleichsam zwischen den zwei Fronten steht: Der Mensch ist ein ganz »bestimmtes« Wesen = Determinismus, und: Der Mensch ist ein »unbestimmtes« Wesen, das erst sich selbst bestimmen muß, um Mensch zu sein = Indeterminismus.

Sowenig die Theologie der deterministischen Negierung von wirklicher Freiheit beipflichten kann, sowenig einem bloßen Indeterminismus. Da aber ihre Allmachtsthese Gottes gute Allmacht über die *empirische* Welt meint, somit auch über den *empirischen* Menschen und *dessen* Freiheit, kann sie nicht umhin, *hier* nach der Wirklichkeit menschlicher Freiheit zu fragen und eine plausible Antwort zu geben, die sich zwischen den Extrempositionen bloßer Determinismus – bloßer Indeterminismus hält und zugleich kompatibel erscheint mit der Annahme einer uneingeschränkten, guten Allmacht Gottes, die jedes freie Wollen des Menschen »bewegt« – und gut macht.

3) Dementsprechend daß, wie oben gesagt, Theodizee beim »Unten« einsetzen muß, wird sie hier, wo es um die Freiheit des Menschen geht und sie sich sowohl mit dem deterministischen als auch mit dem indeterministischen Konzept vom Menschen konfrontiert sieht, die beide für sie ruinös wären, um ihrer Plausiblität und Verantwortbarkeit vor dem Forum der Vernunft willen besonders sorgfältig vorgehen müssen. Steht doch mit dem Thema »Freiheit« das Bild vom Menschen überhaupt auf dem Spiel.

So sehr »Freiheit« weithin zum heute selbstverständlichen Vokabular theologischer und politischer correctness gehört, so unselbstverständlich und problematisch erscheint sie in der Welt der Wissenschaften, die sich mit dem Menschen, mit seiner »Natur« befassen. Da es also beim Thema »Freiheit« nicht nur um Theologie, sondern zugleich um ein zentrales Stück Anthropologie geht, ist eine gewisse »Umständlichkeit« und Ausführlichkeit des folgenden Abschnittes 5.6 nicht zu vermeiden.

»Umständlichkeit« insofern, als auch offengelegt werden muß, nach welchen Regularien überhaupt ein verantwortliches, rationales Votum zum Problem »Freiheit« abgegeben werden kann; Regularien nämlich, die in *jedem* wissenschaftlichen Vorgehen maßgeblich sind. Über das Problem der Freiheit bewußt kritisch zu reflektieren verlangt auch Selbstkritik (»Metareflexion«) der reflektierenden Vernunft und ihrer Rationalität, das heißt: selbstkritische Hermeneutik.

Mit dem Problem des »physisch« Bösen, des Übels in der Welt, befaßt sich dann der letzte Abschnitt dieses Kapitels (5.7). Dort geht es dann nicht nur um das Problem des *Gut*seins sowohl der menschlichen Freiheit als auch der Allmacht Gottes trotz der Wirklichkeit des sittlich Bösen, sondern darüber hinaus und schärfer noch um das Problem der *Güte* Gottes angesichts der Wirklichkeit des »nur« physisch Bösen.

5.6 Gottes Allmacht – menschliche Freiheit und Sünde

5.6.1 Freiheit in der Diskussion zwischen Determinismus und Indeterminismus

Thema dieses Abschnittes ist das sogenannte »malum morale«, das »sittlich böse« Handeln des Menschen, religiös gesprochen: die Sünde, das Sündigen des Menschen. Somit auch die Freiheit des Menschen. »Freiheit« impliziert, daß der Mensch ein vernunftbegabtes Wesen ist. Also geht es auch um das Wesen der Vernunft. Was ist, wie funktioniert »vernünftige Freiheit«?

»Freiheit« ist der *Titel* für die wissend-wollende Selbstverwirklichung des Menschen als eines handelnden Vernunftwesens. Ziel dieses Abschnittes ist es aber zu zeigen, daß diese Selbstverwirklichung als solche und in sich nur gut sein kann. So daß ein Widerspruch zwischen menschlicher Freiheit und göttlicher Allmacht nicht besteht. Gottes Allmacht bewegt alles, also jedes menschliche Wollen. Als von ihr erwirktes, bewegtes kann es nicht in sich schlecht/böse sein; sonst müßte man sagen, Gottes allmächtiges Wesen sei schlecht/böse.

111

*Theo*logisch gesehen geht es in diesem Abschnitt also um die *Heiligkeit* Gottes. Gottes allmächtiger Wille ist für den Glauben ohne Frage ein heiliger, sittlich oder moralisch guter Wille. Wie soll es damit ohne Einschränkung vereinbar sein, daß es in seiner Welt demselben Glauben zufolge das sittlich Böse, das böse Wollen des Menschen, die Sünde geben soll? Aufgabe der theologischen Reflexion ist es also zu klären, *wie* beide Annahmen miteinander kompatibel sind. Zugänglich ist ihr aber nur das »Unten«, das »sittlich Böse«. Also muß sie das menschliche freie Handeln genauer bedenken.

Mit der Hinwendung zum »Unten« wird Theologie zur »empirischen *Natur*wissenschaft«. Die Freiheit, die sie zu bedenken hat, ist ja die des empirischen Menschen in der Welt, in der Natur als ganzer, zu der der Mensch nun einmal gehört. Somit steht die theologische Reflexion zur menschlichen Freiheit von vornherein nicht über den oder jenseits der sonstigen Naturwissenschaften, sondern neben ihnen. Mit Naturwissenschaften sind hier *alle* Wissenschaften, nicht nur die Naturwissenschaften im engeren Sinne (z.B. Physik oder Chemie), sondern auch die sogenannten Geistes- und Geschichtswissenschaften gemeint. Alle Voten und Ergebnisse, sofern sie zum Thema menschliche Freiheit relevant sind, hat die theologische Reflexion mitzubedenken und ernst zu nehmen. Prinzipiell hat ihre Reflexion also auch ein Dialog mit den anderen empirischen Wissenschaften zu sein, denen es wie ihr um den empirischen Menschen geht.

Aus dem Bereich der anderen Wissenschaften kommt aber heute auch die These, von wirklicher Freiheit des Menschen könne nicht ernsthaft die Rede sein. In Wirklichkeit sei menschliches Handeln immer schon determiniert durch »naturgesetzliche« Vorgegebenheiten, angefangen von den Gesetzmäßigkeiten der physikalischen und der biologischen Natur über die Zwänge des Unbewußten bis hin zu den Notwendigkeiten und Gewohnheiten der sozialen Natur des Menschen. Wissenschaftlich gesehen schrumpfe »Freiheit« zu einer mehr oder weniger praktischen Illusion.

Was die anderen Wissenschaften zur Begründung dieser These vorbringen, kann die theologische Reflexion nicht wirklich beurteilen. Der Theologe ist ja kein Fachmann z.B. für Neurophysiologie. Sowenig er da wissenschaftlich mitreden kann, so kann und muß er aber in einem *noch wissenschaftlicher, noch kritischer* sein als die anderen Wissenschaftler. Darin nämlich, daß er auch noch und zunächst einmal die unstrittige Tatsache bewußt macht und *über sie* nachdenkt, *daß* über Freiheit nachgedacht wird, daß über sie kontrovers diskutiert wird, da ihr Ob und Wie offensichtlich nicht *so* evident ist, daß es um sie keine Probleme geben könnte. Sie muß Philosophie, Erkenntnis- und Wissenschaftskritik, hermeneutische Reflexion betreiben.

Daß über die Situation des Streitens selbst nochmals nachgedacht werden *kann*, das dürfte unstrittig sein. Das tut jedenfalls der Theologe. Indem er dies tut – wofür der Neurophysiologe sozusagen gar keine Zeit hat –, stellt er sich gewissermaßen auf einen weiteren Standpunkt und sagt gleichsam zum Neurophysiologen: Dir und mir geht es um das Problem »menschliche Freiheit«, an dem wir uns abarbeiten. Machen wir uns aber doch zuvor oder nebenbei auch einmal bewußt, was *wir* da tun. Sowohl *daß* wir das tun, als auch, *was* wir hier tun können, *wie wir* hier vorgehen können. Sehen wir einmal von der Sache selbst für einen Moment ab und fassen wir erst einmal *nur den* Sachverhalt ins Auge, *daß wir* uns mit ihr wissenschaftlich beschäftigen.

Das mag dem Neurophysiologen nur trivial erscheinen, nur selbstverständlich und nicht weiter bedenkenswert zu sein. Ist es aber nicht! So trivial und selbstverständlich diese Tatsache an sich sein mag, so gehört es doch zur Höhe des wissenschaftlichen Geistes, sich auch ihrer bewußt zu sein und zu bleiben. Faßt man sie dann auch noch genauer ins Auge, so ergibt sich auch für die wissenschaftliche Sachreflexion als solche Unselbstverständliches, nicht ganz so Triviales.

Zusammen mit den anderen Wissenschaften denkt auch die Theologie über das Problem menschlicher Freiheit nach, sie reflektiert über es. Darüber hinaus auch über dieses »allgemeine« Nachdenken nachzudenken, das ist keine Flucht in ein absolutes, reines Denken, noch hat es mit Solipsismus zu tun. Es ist Metareflexion, wie es etwas hochgestochen heißt. Aber die Metareflexion ist im Grunde etwas sehr Einfaches, indes doch Wichtiges. Sie vollzieht sich weder in einem reinen Innenraum purer Subjektivität, noch in einem absoluten Jenseits aller irdischen, menschlichen Kommunikation. Sie ist sozusagen nur ein zusätzliches Gespräch über die Tatsache, daß diese menschliche Diskussion über irgendwelche Probleme stattfindet, und nennt die dabei mitspielenden Faktoren. Sie verabschiedet sich keineswegs vom Gespräch zwischen der Theologie und den anderen Wissenschaften über das Problem Freiheit, sondern nennt ein paar »Selbstverständlichkeiten«, die im Gespräch oder Streit zwischen ihnen leicht übersehen werden, obwohl sie doch in jedem Diskurs so maß- und richtungsgebend bleiben, daß ohne sie »nichts geht«.

Zu dieser Metareflexion kann natürlich niemand gezwungen werden. Der Neurophysiologe mag sagen, das sei überflüssig, er habe für dergleichen keine Zeit. Andere riechen hier schon wieder Metaphysik und hören

Hegels Weltgeist und absolute Vernunft an die Türe klopfen. Es geht aber um viel Bekannteres, Alltägliches, im Grunde auch um recht Einfaches, Menschliches. Und wenn der Neurophysiologe dafür keine Zeit hat, kann der Theologe ihn gewissermaßen im Geiste ersetzen. Die Metareflexion handelt ja noch nicht über das sachliche Problem als solches, sondern nur darüber, warum und wie der Diskurs über es überhaupt möglich ist. Sie greift dazu auch keineswegs in andere, jenseitige Sphären, sondern beschreibt eigentlich nur, zeichnet nur nach und benennt mit etwas abstrakteren Begriffen, wie das Reflektieren näherhin geht, wie menschliche Rationalität, Vernunft, Geist und Wissenschaft funktionieren.

5.6.2 Metareflexion, oder: selbstkritische Hermeneutik

Metareflexion ist Neben- oder Vorüberlegung zur Auseinandersetzung, die zwischen den verschiedenen Wissenschaften über das Problem menschlicher Freiheit stattfindet. So daß wir mit ihr nun gleichsam drei Ebenen haben: Die eigentliche *Sach*ebene, nämlich der handelnde Mensch in seiner Welt; die Ebene der *Reflexion*, des Diskurses und Streitens darüber, ob und wie vom handelnden Menschen gesagt werden kann, er handle in Freiheit; und die Ebene der *Meta*reflexion, auf der es darum geht, wie das Reflektieren auf der mittleren Ebene eigentlich vor sich geht; auf der Ebene also, wo die einen sagen, der Mensch handle in Freiheit, wohingegen die anderen sagen, von Freiheit könne gar nicht die Rede sein. Diesen Streit zur Sache kann die Metareflexion selbstverständlich nicht selbst entscheiden. Dennoch ist sie keine überflüssige, schöngeistige Spielerei, die mit dem Streiten über menschliche Freiheit und somit auch mit der Sache selbst nichts zu tun hätte. *Zum einen* dient sie dazu, denen, die sich mit dem Sachproblem auseinandersetzen und über es reflektieren, bewußt zu machen, was es mit diesem, ihrem eigenen Reflektieren auf sich hat: Schon indem sie das Wie, die Reichweite und die Grenzen von Reflexion überhaupt plausibel beschreibt – die natürlich auch schon die der Metareflexion eigenen sind –, vermag sie möglicherweise zur Entschärfung des Streites über die Sache beizutragen.

Zum anderen trägt sie zur Entschärfung des Streites schon mit ihrer eigenen Wirklichkeit als *Meta*reflexion so bei (vgl. o. 4. Kapitel 1): Auf der mittleren Ebene der Reflexion stehen sich die Extrempositionen gegenüber: Es gibt wirklich freies menschliches Handeln, wirklich freies menschliches Handeln gibt es nicht. Ein Diskurs zwischen beiden Positionen setzt aber voraus, daß beide Seiten mit »Freiheit« zumindest einigermaßen dasselbe meinen. Es bedarf also, wenn nicht einfach aneinander vorbeigeredet werden soll, eines gewissen *gemeinsamen Vorbegriffs* von

Freiheit. Dieser kann aber nicht einfach an der Sache des menschlichen Handelns abgelesen werden; es ist ja gerade strittig und problematisch. Nicht strittig sind aber die Möglichkeit und das Faktum der Metareflexion. Ebensowenig kann strittig sein, daß Meta-reflexion *über* der Sach-Reflexion ist, *über* sie nachdenkt, und ebenso schon, daß Reflexion-*über*-etwas diesem Etwas gegenüber überlegen ist. Selbstverständlich nur *relativ* überlegen. Keine Reflexion ist absolut im wörtlichen Sinne, denn dann hätte sie nichts zu reflektieren. Und jedes Reflektieren ist nur ein Faktum, ein geschichtliches Faktum; keine Reflexion *muß* im strengen Sinne des Wortes sein. Somit bietet Metareflexion mit ihrer eigenen reflektierten Faktizität schon einen Vorbegriff von Freiheit an, der noch nicht die eigentlich in Frage stehende Freiheit des menschlichen Handelns meint. Freiheit eben als relative Überlegenheit des aktiven Reflektierens über sein Objekt, des Nachdenkens über sein Bedachtes, des Denkens des Gedachten, des Subjektes gegenüber seinem Objekt. Wie auch immer die Vermittlung zwischen beiden Polen gedacht wird, die ja auch wirklich ist, die Möglichkeit solcher Freiheit als Überlegenheit, die in der Metareflexion – und, worauf die Metareflexion eben als erstes hinweisen wird, schon in der Reflexion der Diskursteilnehmer – verwirklicht wird, zu bestreiten wäre absurd. Mit Reflexion und erst recht mit Metareflexion gibt es eben schon relative Überlegenheit, Distanziertheit und Freiheit vom Zwang des Objektes. Man mag sagen, das ist doch nur etwas Subjektives, eben nur Geistiges. Aber wer auch sonst als geistbegabte, vernünftige »Subjekte« sollte auch reflektieren und nachdenken und auch über das Reflektierenkönnen nachdenken können? Und faktisch wird es eben getan – sonst gäbe es z.B. dieses Buch nicht. Somit *ist* hier die meinethalben »subjektive« Freiheit des Geistes ein objektives Faktum, eine geschichtliche Tatsache.

Auch wenn wir noch nicht auf die näheren Einzelheiten dieser faktischen Freiheit eingehen, die sich in der und als die Metareflexion *über* die Reflexion zur Sache bezeugt, liegt also mit ihr ein objektiver Vorbegriff von Freiheit vor, der den Streit zur Sache der Handlungsfreiheit insofern entschärfen kann, als sich damit die ganz allgemeine, apodiktische These »So etwas wie Freiheit gibt es in Wirklichkeit überhaupt nicht« schon erledigt hat. Wo Geist, Ratio, Vernunft wirklich ist, da ist auch schon Überlegenheit, relative Freiheit. Wird nun nachgeschoben, nicht um sie, sondern um die Freiheit des sittlichen Handelns geht es, so ist das richtig. Doch ebenso richtig bleibt: Im Streit über es ist seine Freiheit oder Unfreiheit an ihm selbst nicht einfach abzulesen. Wir gebrauchen aber den Begriff Freiheit schon, wir fragen ja nach ihr. Somit bietet es sich an, unter »Freiheit«

zunächst einmal jene relative Überlegenheit zu verstehen, die sich schon im Faktum geistiger Reflexion und Metareflexion verwirklicht.

Das Reflektieren und Diskutieren über ein Sachproblem ist selbst schon etwas Geistiges, Vernünftiges, Rationales. Also ist erst recht Metareflexion ein geistiges Begreifen des »Wesens« des Geistes, der Vernunft, der Rationalität. Mit diesem »Wesen« ist hier aber nicht »das Ganze« des Geistes gemeint! Sondern nur um jenes aktivische »Wesen« von Vernunft geht es hier, welches Reflektieren-über-etwas heißt. »Geist«, »Vernunft« ist sicher mehr, z.B. auch Fühlen, Gefühl, Stimmung, Gestimmtheit, Schauen, Intuition. Unsere Metareflexion macht sich nicht anheischig, dieses Ganze von Vernunft zu begreifen. Wie könnte sie auch sich selbst, ihre eigene Vernunft, das ganze Wesen des Geistigen restlos und total einholen und vor sich bringen? Aber dies kann sie jedenfalls, nämlich die wesentliche Struktur *dieses* geistigen Prozesses, des rationalen Vorgehens, eben des »aktivischen Wesens« der *reflektierenden* Vernunft auf den Begriff bringen. Daß bei diesem »aktivischen Wesen« der Vernunft auch jene anderen »Dinge« (Gefühle usw.) mitspielen und *ihr* Gewicht haben, das bleibt unbestritten. Wie aber des näheren, das ist hier nicht das Thema. Hier geht es allein um das Faktum des Reflektierenkönnens als solchen, das es eben gibt und das ohne Frage rational, vernünftig ist bzw. so sein will.

5.6.2.1 Geschichtlichkeit *jeden* reflektierenden Denkens über Freiheit

Vielschichtig baut Geist sich auf. Eine je abstraktere Schicht legt sich über die andere. Über der Wahrnehmung der Welt liegt die Schicht der Begriffe, über diesen die Schicht der noch allgemeineren, noch abstrakteren Begriffe; auch über Metareflexion ließe sich wieder reflektieren. Das läßt sich treiben bis in infinitum, wo am Ende nur noch die *Worte* »unendlich« und »nichts« auftauchen.

»Schichten«, damit ist aber nur für den Augenblick davon abgesehen, daß Geist nicht ein statisches Gebäude mit Stockwerken ist, in denen die Luft immer dünner wird. In Wirklichkeit ist das »Haus des Geistes« ja etwas durch und durch Lebendiges. Mit »Schichten« soll nur bildhaft verdeutlicht werden, daß es im »Geist«, wenn er nun einmal so lebendig geworden ist, in der Tat ein Über und Unter gibt. Aber das Über ist nicht nur einfach über dem Unter, sondern mit dem Über bezieht sich Geist auf das Unter, er selbst »re-flektiert über es«; so daß mit jeder Schichtung im Geist selbst sich die Beziehung von Subjektivität zu Objektivität verwirklicht. Denkender, reflektierender Geist, »Subjektivität«, ist, wenn er wirklich denkt, nie *reine, bloße* Subjektivität, sondern immer schon subjektobjekthaft *strukturierte, intentional* lebendige Subjektivität.

Auch *Meta*reflexion reflektiert, nämlich über Reflexion, die so ihr Objekt ist. Gewiß um den Preis größerer Abstraktheit. Aber ihr abstrakteres Begreifen der Reflexion gilt der konkreteren, wirklichen Reflexion, um die sie ja auch selbst weiß, wenn anders der Metareflektierende ja nicht eine irgendwie abstrakte, hypostasierte »absolute Vernunft« ist, sondern ein Mensch, der selbst auch schon über Sachprobleme nachgedacht und darüber mit anderen gesprochen hat; und der sich jetzt auch noch die Zeit und die Freiheit nimmt, eben darüber nochmals nachzudenken. Schauen wir (uns) genauer zu:

1) Vielschichtig sich bauend verwirklicht Geist also sein reflektierendes Wesen, und mit jeder weiteren Schicht, die er bildet, macht er die je frühere zu deren Objekt, zu seinem Objekt. Von jeder höheren, abstrakteren her bezieht er sich auf die niedrigere, frühere – er bestimmt sie und ist von ihr bestimmt. Gleich, wie groß das »Gebäude« oder »Haus« des Geistes werden mag, wesentlich und unhintergehbar haftet ihm in seinem Reflexionswesen die (vielen so verpönte) *Subjekt-Objekt-Struktur* an. Sie ist von Anfang bis Ende die dialektische Form *dieses* »Wesens«, dieser geistigen Selbstverwirklichung: seiner je relativen *Über*legenheit, seiner relativen, relationalen Freiheit.

2) Rationalität ist Vermittlung von Zweien, von Subjekt und Objekt in *Wissen und Wollen*. Die Gegenseitigkeit von Subjekt und Objekt bleibt. In ihr ist weder das Subjekt reine Aktivität noch das Objekt reine Passivität. Wäre es so, so wäre keine Vermittlung da, sondern nur unvermitteltes, starres Gegenüber, Getrenntsein. Vermittlung geschieht aber. Indes wird in ihr das Objekt nun doch zum mehr oder weniger Statischen und Passiven seines Subjektes, welches in aller Bestimmtheit durch sein Objekt als das aktivere, dynamischere wirksam ist. Der Pol des Subjektiven in der Reflexion-über zeichnet sich aus durch sein mehr Wollen, während das Objekt sein Gewolltes, sein Gewußtes wird. Wollen und gewolltes Gewußtes sind zwar im einen, reflektierenden Geist vermittelt, aber diese lebendige Vermittlungsbeziehung ist eben und bleibt auch Differenz und Nichtidentität; es bleibt, statisch-substantivierend gesprochen, das Gegenüber von Wollen und Wissen, von wissenwollendem Subjekt und gewußtem Objekt im Geiste selbst.

Dieses Gegenüber ist wesentlich! Damit ist zwar nicht das »Ganze« des Geistes begriffen. Fühlen, Sympathie, Antipathie, Stimmungen usw. sind ebenfalls wirklich. Aber sie sind eben *nur subjektiv*. Sie beeinflussen zwar auch, ob wir uns dessen bewußt sind oder nicht, die je konkrete, individuelle Verwirklichung dieser reflektierenden Differenzvermittlung. Aber eben diese Vermittlung der Differenz als solcher, wie auch immer sie mehr oder weniger gelingt oder auch nicht gelingt. Nur um diese geistimmanente Struktur der Differenz von Wollen und Wissen geht es hier, die, jedenfalls für die *reflektierende* Vernunft, irreduzibel bleibt und so maßgeblich ist auch für ein Verstehen und Begreifen dessen, was menschliche, vernünftige (oder auch »unvernünftige«, »böse«) »Freiheit« heißt.

3) Reflektierende Vernunft verwirklicht sich *trialogisch*. Menschen, mindestens zwei, diskutieren über etwas, über ein Problem, also ein Drittes. Trialogisch ist auch noch meine innere Reflexion, nur daß hier der Dialog äußeren Sprechens mit einem anderen über etwas schrumpft zum »Sprechen« mit mir selbst als einem potentiellen anderen, der der Adressat meiner Überlegung zur Sache wäre. Früher als der trialogische Diskurs von Vernünftigen über etwas ist zwar ohne Frage der einfache *Dialog* miteinander, bei dem es nur um das gegenseitige Verstehen von Ich und Du geht. Man denke an das Erlernen von Sprache. Das ist sicher auch schon ein geistiger, ein Vernunftprozeß. Und so ist es auch in unserem weiteren Leben so, daß vieles »einfach dialogisch«, also nicht als Reflexion, vor sich geht und »funktioniert«. (Wie *dieses* Verstehen zwischen Zweien selbst eigentlich möglich ist, *wie* also geistiges Kommunizieren als solches möglich ist – und es handelt sich ja schon beim einfachen Dialog um einen geistigen Prozeß –, das bleibt in sich absolut unerklärlich.) Doch um dieses »nur Dialogische« geht es hier nicht, sondern um das »trialogische Wesen« der Vernunft, dessen Dokumentation das miteinander Sprechen und Streiten über etwas ist.

4) Trialogisches Reflektieren fällt nicht einfach vom Himmel. Es ist *geschichtlich geworden*. Das ist zunächst einfach so zu verstehen: Jetzt diskutiert man sachlich über ein Problem. Das war nicht immer so. Früher hat man nur zueinander gesprochen, auch miteinander gestritten. Irgendwann aber ist man vernünftiger geworden. Wieso und warum eigentlich, das ist eine weitere Frage. Irgendwie ist jedenfalls einmal das Licht aufgegangen: Es geht auch so, daß man erst einmal über die Sache nachdenkt, daß man so weiterkommt und besser fährt; daß man erst einmal *über*legt.

Dieses Überlegen und miteinander Reflektieren und Diskutieren über etwas, Reflexionsfreiheit also, ist mithin etwas Neues, Späteres, verglichen mit einem nur *dia*logischen, eher unmittelbaren Mit-, Zu- und Gegeneinander. Letzteres ist natürlich immer auch noch wirklich. Und das Neue ist ohne es gar nicht denkbar. Es ist aus dem Vorherigen geworden, was an seiner Neuheit und »Eigenart« aber nichts ändert. Man kann also, wenn man will, beides: einfach dialogisch miteinander sprechen und gemeinsam, trialogisch, über etwas nachdenken und darüber miteinander sprechen.

118

5) Das Reflektieren-über-etwas stellt gegenüber dem nur erst Dialogischen etwas Neues, »Eigenartiges« dar. Vernunft wird erst trialogisch. Das Dialogische bleibt auch. Dennoch ergibt sich aus beiden Möglichkeiten keine Schizophrenie. Die sachlich über etwas Diskutierenden sind keine anderen, neuen Subjekte. Reflektieren und Reflexionsfreiheit verwirklichen heißt auch nicht vom Boden abheben und sich in ein Reich absoluter, reiner Vernunft begeben. Sowenig die trialogische Reflexion-über-etwas sich auf bloße Dialogik reduzieren läßt, sowenig ist die reflektierende Vernunft etwas anderes als die menschliche Vernunft bestimmter, je *individueller* Menschen, jeweiliger *Subjekte*. Daß sie eine Vernunft aller Reflektierenden ist, ist auch klar; sonst gäbe es überhaupt kein gegenseitiges, dialogisches Verstehen der Reflektierenden. Ebenso aber, daß meine Vernunft die meinige ist und deine Vernunft die deinige; sonst bräuchten wir gar nicht miteinander zu diskutieren, könnte es beim Reflektieren der Vernunft gar keine Kontroversen geben.

Das Gegenteil ist oft genug der Fall; das Dialogische hält sich auch in der trialogischen Reflexion durch. Der eine denkt sich die Sache so, der andere anders. Im Diskurs miteinander, der natürlich auch ein, wiewohl jetzt mehr sachorientierter Streit ist, also im »Das ist meine Sicht der Sache, das ist deine Sicht der Sache« bezeugt sich die Unaufhebbarkeit der Individualität und Subjektivität des Geistes, der Vernunft. Sie verschwindet auch nicht und hebt sich auch nicht auf in einer anderen, »höheren Vernunft«, wenn ich und du nach dem Diskurs über die Sache derselben Ansicht sind. Auch dann ist es immer noch so, daß nicht ein »*wir*« dieser Ansicht *ist*, sondern so, daß ich und du, also *zwei* vernünftige Menschen, derselben Ansicht zur Sache *sind*.

6) Das Reflektieren und seine Freiheit fällt nicht vom Himmel, sondern es wird in der Welt; *geschichtlich* wie im Großen, so auch *im Kleinen*, d.h. in jedem einzelnen Menschen. Wie im einzelnen, das kann hier auf sich beruhen. Wichtig ist hier nur dies: Das Gewordensein und immer erst Werdenmüssen der Vernunft bestimmt dann auch weiter und von Grund auf und ständig ihr Wesen; gerade ihr »Wesen« als aktive Reflexion.

Was »Geist im Ganzen« ist, bleibe auch hier dahingestellt. In seinem Reflektieren jedenfalls hält sich das *Prozeßhafte* seines Werdens bzw. Gewordenseins durch, Reflektieren ist eben nicht ein statisches, ruhiges Anschauen – das mag es auch geben, ist aber nicht unser jetziges Thema –, Reflektieren ist ein Prozeß, ein Vorgehen, ein Tun, ein Arbeiten der Vernunft. Reflektierend ist Vernunft somit selbst geschichtlich, verwirklicht sie ihre eigene, individuelle, subjektive Geschichte. Erst indem sie über eine Sache zu reflektieren beginnt, wird sie (relativ) frei von ihr. Es reflektiert aber nicht irgendeine freischwebende, abstrakte, absolute Vernunft, sondern es reflektieren immer einzelne, individuelle Subjekte, die sie auch in gemeinsamer Reflexion sind und bleiben.

Mit einem anderen Wort: Das Denken ist selbst immer ein geschichtlicher, zeitlicher Prozeß, und damit wird auch sein Gedachtes prozeßhaft, geschichtlich, zeitlich. Weitere Abstraktion macht zwar (auch sprachlich) aus dem Gedachten wieder etwas an sich Festes, Unbewegtes, Zeitloses. Doch im Gedachtwerden ist jedes Gedachte in Bewegung. Selbst von Grund auf geworden, geschichtlich, kontingent, vergeschichtlicht die Vernunft alles, dessen sie reflektierend habhaft wird, alles, worüber sie nachdenkt. Etwas nur anschauen und ganz unbewegt nur da sein lassen, das kann sie als denkende, reflektierende Vernunft nur, indem sie das Denken einstellt.

Daß Reflexion nichts statisch, unbewegt läßt, heißt nicht, alles in ihr sei nur Bewegung. Bewegen kann sie mehr oder weniger. Nur, *ganz* in Ruhe lassen kann sie nichts. Denn sie kann ihre geschichtliche Herkunft, selbst erst *geworden* zu sein, nicht von sich abschneiden und hinter sich lassen, um so eine übergeschichtlich-zeitlose, »meta-physische« Vernunft zu sein.

Ich verdeutliche das Gemeinte mit einem extremen Beispiel: Das Identitätsprinzip lautet: A ist A, als Widerspruchsprinzip heißt es: A ist A und ist nicht Nicht-A. Man sagt nun, das sei schon *in sich* absolut einsichtig und plausibel. Das bestreite ich. Mit »A ist A« wird überhaupt nichts eingesehen, nichts verstanden, nichts gedacht. »A ist A« ist eine sozusagen ganz statische Feststellung, die in sich unbegriffen, ungedacht bleibt. Plausibilität, Verstehen, Einsehen stellt sich erst ein, wenn ich in das »A ist A« Bewegung hineinbringe, mit ihm zu arbeiten beginne, es konkret verwirkliche. Was aber wird dann eingesehen, verstanden? Nicht das »A ist A« rein als solches! Nein, im konkreten Vorgang des Denkens, der Reflexion über etwas, komme ich in der Sache bzw. in der Erkenntnis einer Sache (eben »A«) nur weiter, wenn ich die Sache (»A«) wirklich sie selbst sein lasse und aus »A« nicht unter der Hand etwas anderes, nämlich »Nicht-A« mache. Andersherum gesagt: Wenn im Denken über etwas das Gedachte ebensogut »A« wie »Nicht-A« ist, »geht« *das Denken* nicht, stockt das Denken. Dieses Stocken und Nicht-mehr-Weiterkönnen, diese Irritation im Reflexionsprozeß, der doch weitergehen will, führt dann zu der Über-legung: Im Denken über etwas darf ich, wenn es weitergehen soll, aus »A« nicht »Nicht-A« machen oder werden lassen. Das ist also eine Denk*regel*, die ich metareflexiv verstehe, »einsehe«, dank der negativen Erfahrung, daß nichts mehr geht, wenn ich nicht so verfahre im Vorgehen des Denkens, des Reflektierens über etwas (»A«). Hingegen wird mit dem Satz »A ist A« aus diesem konkreten Prozeß des Reflektierens über etwas, des Arbeitens mit »A«, des Sichabarbeitens des Geistes an »A«, das »A« herausgenommen und nur noch tautologisch gesagt: »A ist A« – womit aber eben noch nichts weiter verstanden und wirklich gedacht ist.

Denken, Reflektieren ist Vor*gehen*, ein Sichbewegen des Geistes, das kein Gedachtes (»A«) ganz unbewegt läßt. Andererseits heißt das nicht, daß es sein Gedachtes (»A«) *restlos* in sein eigenes Sichbewegen hinein auflösen könnte. Sein Denken kann auch an der Eigenart seines Etwas vergeblich werden. Was dann, in abstrakter Weise, signalisiert wäre mit dem »A ist eben A«, oder richtiger »A bleibt A«.

7) Metareflexiv bewußt zu machen, daß die reflektierende Vernunft von Grund auf nur geschichtlich geworden ist, daß ihr »Wesen« von »geschichtlicher«, nämlich vor-gehender, prozeßhaft-zeitlicher Art ist, und daß sie – in aller Gleichartigkeit der Reflektierenden – je individuelle, subjektive Vernunft individueller Subjekte ist, das ist von ganz entscheidender Bedeutung im Hinblick auf das Nebeneinander (das ja auch ein Streiten gegeneinander ist) der verschiedenen Reflexionen zum Problem der menschlichen Handlungsfreiheit, die ja ohne Frage alle beanspruchen, »vernünftig« zu sein. Darüber hinaus, daß die Metareflexion sie mit diesem Anspruch behaftet: Euer Reflektieren ist schon selbst ein Stück Freiheit, kann sie ihnen nun vorhalten: Von Grund auf seid ihr alle gleich, ob ihr euch philosophische, theologische, naturwissenschaftliche oder geisteswissenschaftliche Reflexion oder sonstwie nennt. Euer Gegenstand/Objekt ist der handelnde Mensch. Dar*über* reflektierend verwirklicht ihr ein Stück Freiheit. Ihr werdet, macht euch frei. Ihr *seid* nicht einfach frei, sondern eure Freiheit geschieht mit diesem Prozeß des Nachdenkens-über die Sache. Sie ist der Vorgang dieses geistigen »Prozessierens mit« der Sache. Eure »Freiheit«, das ist also nicht etwas an sich, etwas Unbestimmtes, Leeres, sondern der Titel für diesen bestimmten Prozeß, den ihr selbst mit der Sache betreibt, die ihr begreifen, erkennen, bestimmen wollt; und die ihrerseits auch euch bestimmt. Euer Reflektieren ist so auch eure *eigene werdende Geschichte*.

»Freiheit« ist also zwar *Über*legenheit, aber nicht die schlechthinnige Leere vor allem Möglichen, die erst aus ihrer eigenen Leere und Unbestimmtheit käme. Sie ist und verwirklicht sich als strukturierte, strukturiert nämlich immer durch Bezogenheit auf ihr Objekt. Das Objekt kann alles Mögliche, Beliebige sein. Nicht beliebig ist, wenn nun gedacht, reflektiert wird, die Struktur der Objektivität, nämlich daß im Geist *etwas* gedacht *wird*.

Das Denken von etwas, das Reflektieren über etwas ist der Prozeß der Verwirklichung geistiger Freiheit. Ein Prozeß, d.h. geschichtlich. Denkend, reflektierend verwirklicht die Vernunft ihre eigene Geschichtlichkeit, erzählt sie gleichsam ihre eigene, je individuelle Geschichte – und mit dieser Geschichte des Subjektes die Geschichte ihres Objektes. Von dieser Geschichtlichkeit kann sich keine Vernunft, kein Erkennenwollen, keine Wissenschaft freimachen, wie sie sich auch nennen mag. Alle Reflexion, jede Wissenschaft geschieht von Grund auf und bleibt bis zum Ende geschichtlich, produziert, erzählt gleichsam ihre Geschichte.

Auch alle Naturwissenschaft ist durch und durch »Erzählen« einer jeweiligen Geschichte, bzw. »Erzählen« zweier Geschichten, die mit der reflektierenden Vernunft entstehen. Sie denkt sich die Natur, ihr Objekt. Ihr Denken ist Vorgang, Bewegung, zeitlicher Prozeß, und das affiziert alles Gedachte, von ihr Gewußte, von Anfang bis Ende. Was sie will, ist das Naturgesetz, das an sich und absolut, unabhängig von ihrem Denken gültige Gesetz ihres Objektes, eben der Natur. Aber was sie in Wirklichkeit produziert, das ist eben nur die eine zweiseitige Doppelgeschichte, ihre eigene und die der Natur.

Die Geschichte der Natur kann sie zwar abstrahierend und verallgemeinernd als Gesetz formulieren und zu Papier bringen. Da steht sie dann schwarz auf weiß, z.B. $e = mc^2$. Das ist aber nicht die Natur selbst, um die es gehen soll. Was da in scheinbarer reiner Objektivität und Absolutheit vor der Vernunft steht, das ist erst einmal ein totes Papier mit Strichen darauf. Lebendig wird es erst, wenn es von der Vernunft verstanden wird, wenn *sie* gleichsam den Zeichen *ihr* der Vernunft eigenes Leben einhaucht. Dann beginnen sie selbst, der Vernunft eine verständliche Geschichte zu erzählen. Eine Geschichte, das heißt einen Vorgang, einen Prozeß. Die erzählende Formel und die verstehende Vernunft werden dabei *beide* lebendig. Daß die Vernunft der Formel Leben einhaucht, sie lebendig macht, das heißt: Sie verbindet die einzelnen, allein für sich und an sich nichtssagenden und so toten Zeichen miteinander. Ein Zeichen allein für sich könnte sie sozusagen nur anstarren. Indem sie von einem zum anderen geht, sie eben »synthetisiert«, die einzelnen Zeichen aus ihrem bloßen Dasein befreit und zusammenbringt, erzählen sie der Vernunft ihre Geschichte. Das ist aber nicht die Natur selbst. Die Natur selbst befindet sich nicht in meinem Geist, sie ist draußen und betreibt dort ihre eigene Geschichte. Es ist vielmehr die oder eine Geschichte *von* der und *über* die Natur. Sie wird vom Geist produziert und von ihm verstanden. Und sein Verstehen ist selbst ein aktiver, ja, lebendiger, dynamischer Prozeß: mikrogeschichtlich, wie man sagen könnte.

8) Das gilt in jeder Schicht des Geistes, in der einfachsten wie in der abstraktesten. Ganz einfach: Zahlen. Die einzelne Zahl, etwa die 7, allein, für sich ist sie nichts, sie sagt nichts, sie zählt nicht, sie ist gleichsam tot. Zu wirklichen Zahlen werden Zahlen erst im Gezähltwerden, in einem Prozeß des Geistes, in seinem Vorgehen, in dem eben ihre Geschichte entsteht, die auch die Geschichte dieses individuellen, subjektiven, zählenden Geistes ist. Das kann er nur erlernen. »Schichtig gebaut« kann Geist schließlich Erlerntes, das er im sogenannten Gedächtnis, dem gleichsam zeitlos gewordenen, sedimentierten Depositum seines Lernens bewahrt, zusammenfassen zu Kurzformeln, Exzerpten von größeren Geschichten, und mit ihnen weiterarbeiten. Sowohl sein Arbeiten mit ihnen in ihrer abstrakten Formelhaftigkeit als auch das oft notwendige Erklären der eigentlichen Bedeutung der Formeln und ihrer einzelnen Zeichen, das sind aber alles wieder Prozesse, Vorgänge, mit denen der jeweilige Geist an seiner – rein äußerlich kaum wahrnehmbaren – weiteren Geschichte strickt.

»Geist«, »Vernunft« ist gewaltig und unscheinbar zugleich, geradezu unheimlich, doch die Struktur, das Wie seines »Wesens« ist an jedem Denken wiederzuerkennen. So daß jede noch so rein objektiv und zeitlos sein wollende Wissenschaft, sei sie Geistes- oder Naturwissenschaft, sei sie reine Logik oder Mathematik, »nur« das »Erzählen« einer jeweiligen Geschichte ist. Der Geschichte nämlich von der Erfahrung, die die Vernunft im verständig seinwollenden Umgang mit der jeweiligen Sache, mit ihrem jeweiligen Objekt gemacht hat.

Selbstverständlich bleibt es richtig, daß Naturwissenschaften und Geisteswissenschaften sich unterscheiden: von ihrem Gegenstand und von ihren Zugangsweisen, Wegen = Methoden her, auf denen sie sich ihrem Objekt nähern. Metareflexiv bedacht – *noch* wissenschaftlicher also, weil auch das unhintergehbare Wie *jedes* rational reflektierenden Vorgehens (auch der nur relativ abstrakteren Metareflexion = »Hermeneutik« selbst!) bedacht wird – tun alle Wissenschaften das gleiche: Wie auch immer sie selbst dann des weiteren mit ihnen umgehen und was auch immer sie oder andere aus ihnen machen, zunächst und prinzipiell erzählen sie alle nur Geschichten.

5.6.2.2 »Freiheit«, eine wahrscheinliche Geschichte

Jede Wissenschaft erzählt ihre Geschichte von der und über die Sache, so, wie sie sie sich denkt. Keine hat die Sache selbst für sich im Kopf. Die »Sache«, das »Objekt«, das sind hier die handelnden Menschen »draußen«. Im Diskurs tauschen die Wissenschaften ihre Geschichten untereinander aus; *dia*logisch gewiß, aber nicht um des bloßen *Dia*logs willen, sondern um der wahren Erkenntnis der *Sache* willen, also *trialogisch. Deshalb* gibt es ja auch den Streit zwischen ihnen, z.B. zwischen dem Theologen und dem Neurophysiologen.

Die Geschichte des Theologen und die Geschichte des Neurophysiologen meinen beide den empirischen Menschen »draußen«, *sein* Handeln. Beide Geschichten können nur mehr oder weniger wahrscheinlich gemacht werden. Ob sie wahr sind – wovon natürlich der jeweilige Erzähler überzeugt ist, sonst würde er sie nicht in den Diskurs einbringen –, das bleibt wegen der Differenz von erzählter und verstandener Geschichte einerseits und der Sache selbst, eben dem handelnden Menschen andererseits, prinzipiell offen, d.h. eben: nur mehr oder weniger wahrscheinlich. Auch wenn alle Wissenschaftler sich auf eine Geschichte einigten, wäre die Sache selbst nicht evident; ihr Problem bleibt.

Das Problem ist hier das der Handlungsfreiheit des Menschen. Gesucht wird dazu von der reflektierenden Vernunft eine möglichst wahrscheinliche Geschichte (»Theorie«) über sie. Eine Theorie also, von der die Metareflexion den Theoretikern gesagt hat, daß sie »nur« eine mehr oder weniger wahrscheinlich sein könnende Theorie-über, nur eine Geschichte-von der Handlungsfreiheit des Menschen sein kann. Damit sind metareflexiv zwei »Theorien« ausgeschlossen: Die eine Theorie, die apodiktisch behauptet, Handlungsfreiheit gibt es nicht; sie behauptet damit die Identität ihrer selbst mit der Sache, obwohl doch die Sache, eben die handelnden Menschen »draußen« sind. Aber auch die andere Theorie, die apodiktisch behauptet zu wissen, daß die handelnden Menschen »draußen« frei sind, und die tut, als ob sie in ihr Objekt hineingeschaut und dort deren Freiheit gesehen hätte.

Sind diese beiden »Theorien« ausgeschlossen, weil sie den vergeblichen Versuch darstellen, der eigenen Geschichtlichkeit apodiktisch zu entkommen, so bleibt nur übrig, nach einem *möglichen Wie* von Handlungsfreiheit zu fragen; also eine Geschichte von ihr zu machen, in der die Möglichkeit von Handlungsfreiheit prinzipiell als möglich enthalten ist, auch wenn diese Möglichkeit, zumal im konkreten Einzelfall, immer nur mehr oder weniger wahrscheinlich bleibt. Damit aber diese Geschichte / Theorie überhaupt gemacht werden kann, bedarf es jenes Vorbegriffs von »Freiheit«, der noch nicht der des Handelns selbst ist, sondern der in und mit der Tatsache schon verwirklicht ist, *daß* die reflektierende Vernunft selbst *über* etwas nachdenkt und darin relativ frei ist. So daß die Frage nun lautet: Ist es als wahrscheinlich anzunehmen, daß die menschlichen Handlungen prinzipiell so »funktionieren«, wie schon die reflektierende, theoretische Vernunft selbst in ihrer metareflexiv begriffenen »relativen Freiheit«? So nämlich, daß auch das Handeln prinzipiell als ein Vermittlungsprozeß von Subjekt und Objekt, von Wollen und Wissen, von Wille und Gewußtem/Gewolltem zu erzählen ist?

Prinzipiell, damit soll gesagt sein: Das Entscheidende ist diese *Struktur* von sich erst zeitlich-prozeßhaft herstellender Vermittlung der Differenz von Subjekt und Objekt, Wollen und Wissen, Wille und Gewußtem/ Gewolltem. Ist diese Struktur als die der Handlung anzunehmen? Läßt sie sich wahrscheinlich machen? Jedenfalls als prinzipiell mögliche, ohne daß deshalb *jedes Verhalten* des Menschen als eine solche »relativ freie« Handlung anzunehmen wäre.

Ohne Frage gibt es ja auch menschliche Verhaltensweisen, die ohne eigenes Wissen *rein* willensmäßig (nur »triebhaft«, nur »Gewohnheit«) vonstatten gehen. Die allermeisten Verhaltensweisen mögen sogar so funktionieren. Um sie geht es hier nicht. Erst recht nicht um ein offensichtlich äußerlich erzwungenes Verhalten. Möglich ist auch genau das andere Extrem: Das Wissen ist so eindeutig und dominant, daß es eines eigenen zeitlich-prozeßhaften Wollensaktes, aufgrund dessen man von einem »Handeln« sprechen könnte, gar nicht bedarf. Auch darum geht es hier nicht. In beiden Fällen spielt die Differenz von Wollen und Wissen, Subjekt und Objekt praktisch keine Rolle. Jedenfalls nicht in dem Maße, daß von »freiem Handeln« die Rede sein könnte. Wenn, dann kann es nur um eine Möglichkeit gehen, die sich zwischen diesen beiden, wie wir sagen könnten, extremen Möglichkeiten bewegt: Wie wäre hier Freiheit, Handlungsfreiheit zu denken? Wie ist sie möglich? Und zwar so, daß auch gleichsam fließende Übergänge zu den beiden soeben genannten extremen Möglichkeiten (Dominanz des »Wollens«, Dominanz des »Wissens«) unfreien Verhaltens als möglich erscheinen.

So anzunehmen und zu denken ist Handlungsfreiheit nur, indem die Reflexion genau die Struktur ihrer eigenen »relativen Freiheit«, nämlich der zu leistenden Vermittlung von Subjekt und Objekt, in den Handelnden hineindenkt. Hieß Freiheit des Geistes und im Geiste, daß der Reflektierende *über* ein geistiges Problem nachdenkt, es zu bearbeiten und zu lösen sucht, so wäre mit Handlungsfreiheit der Vorgang gemeint, in dem ein Handelnder sich mit einem äußeren Etwas auseinandersetzt, sich an ihm abarbeitet. Dieser Vorgang als ganzer ist aber nur verständlich und *als Vorgang* zu erzählen, wenn auch von ihm angenommen wird, daß *in ihm* in der Tat Wollen und Wissen, Subjektivität des Handelnden und Objektivität, nicht einfachhin identisch und dasselbe sind, sondern in ihm etwas irreduzibel Eigenes sind, in Differenz einander gegenüberstehen und erst in der Handlung jeweils miteinander vermittelt werden.

Diese Differenz von Wollen und Wissen, die der Subjekt-Objekt-Struktur jeder Reflexion entspricht, ist im Handelnden selbst anzunehmen, also in seinem Inneren. Sie ist nicht nur die äußere Differenz, die offensichtlich ist zwischen dem handelnden Subjekt und dem äußeren »Gegenstand« seines Handelns. Warum ist aber diese *Verdoppelung* der Differenz notwendig, mit der auch im Inneren des Handelnden das Gegenüber von Wollen und Wissen angenommen wird, so daß das äußere Verhalten des Subjektes gegenüber seinem Objekt »nur« als das äußere Ergebnis und die Folge der inneren Vermittlungsarbeit erscheint?

Die Notwendigkeit, im Inneren des Handelnden die – in aller Dialektik irreduzible – Differenz von Wollen und Wissen anzunehmen, ergibt sich, *erstens*, aus der Absurdität dessen, was sich ergäbe, wenn man sie nicht annähme. Denn dann müßte man doch wieder sagen, der Handelnde bzw. der Mensch sei immer *nur* »Wollender«, oder, der Handelnde bzw. der Mensch sei immer *nur* »Wissender«. Beides ist aber, wie zuvor klargestellt, mit »menschlichem *Handeln*« nicht gemeint.

Die Annahme, daß es außer jenen beiden genannten Möglichkeiten auch die Möglichkeit gibt, daß im Menschen Wollen und Wissen auseinandertreten und erst eigens vermittelt werden müssen, ist aber, *zweitens*, auch empirisch notwendig. Wäre der Mensch *nur* Wollender oder *nur* Wissender, dann wäre nämlich *das empirische Phänomen des Wählens überhaupt nicht möglich. Jegliches* Wählen wäre ausgeschlossen, weil von jenen Annahmen prinzipiell ausgeschlossen. Das Phänomen des Wählens und Geschichten davon gibt es aber. Jedenfalls in ganz alltäglichen Dingen. Man wird zwar mit Recht sagen, es ist doch eigentlich völlig unbedeutend, ob ich mir diese oder eine andere Krawatte umbinde. Das ist unbestritten. Aber es geht ums Prinzipielle. Und das heißt hier: Solch eine alltägliche Situation bzw. die Geschichte von ihr ist überhaupt nur möglich, weil, bzw. sie wird nur verständlich, wenn man im Menschen die Differenz von Wollen und Wissen annimmt. Selbstverständlich, wie gesagt, nicht für alle Situationen und für jedes Verhalten. Wohl aber für das, was wir als menschliches Handeln bezeichnen und über dessen mögliche Freiheit wir reflektieren. Zum menschlichen Handeln gehören aber auch so triviale Dinge, wie das Auswählen einer Krawatte.

Das triviale Krawattenbeispiel, seine »Geschichte«, enthält nun in all seiner Trivialität genau die Momente der Verwirklichung »relativer Freiheit«, die schon das »Wesen« der Freiheit des reflektierenden Geistes kennzeichnen. Es ist von derselben Struktur: Ein Mensch (Subjekt) sieht sich seinen vielen Krawatten (Objekt) gegenüber und durchlebt die »Qual der Wahl«, bis er sich schließlich für eine bestimmte entscheidet. (N.b. die

Situation kann natürlich auch anders verlaufen, aber diese anderen Fälle sind nicht unser Fall; und daß dieser Fall nicht wirklich möglich sei, wird man wohl nicht behaupten.) Das ist eine ganz alltägliche, kleine Geschichte. Aber sie ist wichtig. Zum einen ist mit ihr gesagt: Wenn es diese, gewiß unbedeutende Freiheit der Krawattenwahl gibt, dann ist nicht auszuschließen, daß es Handlungs- und Entscheidungsfreiheit auch in anderen, bedeutsameren Situationen gibt. Zum anderen führt sie verständlich vor Augen, *wie* Freiheit des näheren zu begreifen wäre, wenn sie denn im Einzelfall angenommen werden soll.

Daß mit dem Begriff Handlungs*freiheit* nicht auf den äußeren, physischen Vorgang des Ergreifens einer bestimmten Krawatte abgezielt ist, dürfte keine Frage sein. Gemeint ist das Subjekt, sein Inneres in seinem Überlegen, das ihn schließlich im Ergebnis dahin führt, eine bestimmte Krawatte zu ergreifen. Wir *bleiben* bei *diesem* Fallbeispiel, ohne uns von anderen, ebenfalls möglichen Varianten beirren zu lassen. Um sie wissen wir sehr wohl. Sie mögen so sein, daß bei *ihnen* schwerlich von wirklicher Handlungsfreiheit die Rede sein kann. Wer z.B. bei der Krawattenwahl nicht zu Ende kommt und nur noch verzweifelt – so wie Buridans Esel schließlich verhungern müßte –, den schicken wir zum Psychiater. Aber *seine* Neurose widerlegt nicht die normale Erfahrung. Sie macht nicht die Tatsache zu einer nur scheinhaften, illusionären, daß wir auch auswählen und entscheiden *können*. Deshalb nehmen wir ja bewußt dieses ganz harmlose Beispiel der Krawattenwahl, um an ihm, unbelastet vom Gewicht der Sache, das strukturelle Wesen von Handlungsfreiheit überhaupt zu erkennen und auf den Begriff zu bringen.

»Freiheit« allein ist dabei gewissermaßen nur Titel, Arbeitstitel und Vorbegriff der Reflexion. Zugleich die Aufforderung, die Geschichte dieser Krawattenwahl zu erzählen und zu sagen, was da alles mitspielt und wie es mitspielt, kurz: *wie* »Freiheit« in praxi »funktioniert«, wenn sie »funktioniert«.

Thema dieser Geschichte ist, wie gesagt, das »Innere« des Krawattenwählers bis hin zu seiner Entscheidung: diese bunte. Alles weitere bleibt hier außer Betracht. Zum Beispiel, daß seine Frau dann sagt: »Die ist ja ganz unmöglich, sie paßt überhaupt nicht zu deinem Anzug.« Das sind erst die Folgen seiner Freiheit. Hier geht es nur um das Wie der Freiheit als solcher und das Verhältnis von Gottes Allmacht zu *ihr*. Wie also wird Freiheit wirklich?

1) Freiheit verwirklicht sich nicht an einem und von einem leeren Nullpunkt aus. Sie ist immer schon geschichtlich mitbestimmt von der Welt, der Natur, der Situation, den konkreten Umständen und Befindlichkeiten.

Sie ist keine absolute Willkürfreiheit. Schon konkret bestimmt, steht sie vor bestimmtem Konkreten. (Die Subjekt-Objekt-Struktur)

2) Freiheit verwirklicht sich zeitlich, prozesshaft, geschichtlich. Sie ist ein zeitlicher Vorgang, ein Vorgehen, das, mehr oder weniger schnell, mit der Entscheidung zu seinem, jedenfalls vorläufigen Ende gelangt; im ganzen der zeitlichen Lebensstrecke des Menschen ein besonders intensiv gelebtes Teilstück.

3) Freiheit verwirklicht sich wissend und wollend. Eins ist nicht ohne das andere. Das eine läßt sich nicht auf das andere reduzieren; so daß sich an sich über ihr dialektisches Verhältnis zueinander so endlos streiten läßt wie über Henne und Ei. In konkreto muß aber dem Wollen eine relative Dominanz zukommen, sonst könnte nicht von Entscheidung gesprochen werden, somit erst recht nicht von Freiheit. (Man wäre wieder bei einer der beiden oben skizzierten »extremen« Möglichkeiten: nur Wollen oder nur schon fertiges Wissen.)

4) Die Dominanz des Wollens zeigt sich insbesondere an der Entscheidung: wenn diese bzw. solange diese *nicht* gelingt und das Wollen geradezu zum verzweifelten Wollen und Sich-nicht-entscheiden-können wird. (Konkret praktisch: wenn es konfrontiert ist mit dem Wehtun, dem Bösen, das es gerade nicht wollen kann, das es nicht mit sich selbst vermitteln kann, mit dem es selbst nicht wirklich einverstanden sein kann. Konkret theoretisch: Wenn es ein theoretisches Problem, das es lösen will, z.B. die Quadratur des Kreises, nicht zu lösen vermag.)

5) Freiheit verwirklicht sich, indem das Wollen eine von gewußten Möglichkeiten bestimmt, sich mit ihr »identifiziert« und damit auch sich selbst bestimmt. Das Wollen wird dabei so bestimmt, daß es nachträglich, rückblickend nicht heißt: »Mein Wollen hat so gewollt«, sondern: »Mein Wille, ich habe so gewollt.«

Noch in dieser nachträglichen, erinnernden Reflexion (»Ich habe es gewollt, ich hätte auch anders können«, oder gar: »Hätte ich nur anders gehandelt!«) meldet sich Freiheit an: insofern auch sie das Sowohl-als-auch von Wollen und Wissen weder nach der einen noch nach der anderen Seite hin auflöst, sondern beides anerkennt und nur weiß: Damit darf oder muß ich (je nach dem) weiter leben.

5.6.3 *Exkurs:* Geist als das »unbegrenzte Reich der Möglichkeiten«

Wie auch immer es zur Differenz von Wollen und Wissen kommt, vor dem Akt der Wahl, in dem das Wollen sich mit einer Möglichkeit »identifiziert«, hat alles Wissen nur erst den Charakter des Möglichen. Freiheit verwirklicht sich, indem dem Wollen das »Reich der Möglichkeiten« erscheint.

Das »Reich der Möglichkeiten« ist *in konkreto* stets begrenzt. Von den vielen Krawatten in meinem Schrank kommen heute ohnehin nur ein paar überhaupt in Frage. Die Kapazität jedes individuellen Geistes ist ohne Frage begrenzt. *Prinzipiell* gesehen ist aber das »Reich der Möglichkeiten« unbegrenzt. Es reicht so weit wie das reflektierende Denken überhaupt. Seine einzigen Grenzen sind »das Nichts« und »das Unendliche«. Sowohl das Nichts als auch das Unendliche »denken« heißt nur noch: nicht mehr denken. Innerhalb dieser Grenzen scheidet aus dem »Reich der Möglichkeiten« nur das in sich Unmögliche, weil in sich Widersprüchliche aus. Z.B. der viereckige Kreis. Ansonsten »umfaßt« das »Reich der Möglichkeiten« eben alles Mögliche, *alle mögliche Welten*, alle möglichen Situationen und Konstellationen in allen und von allen möglichen Welten. Ob das als möglich Denkbare auch wirklich ist, das steht auf einem anderen Blatt. Darum soll es in diesem Exkurs nicht gehen, sondern nur darum, daß der menschliche, subjektive Geist sich Möglichkeiten vorstellen kann. Und wenn einmal zwei Möglichkeiten, dann prinzipiell unbegrenzt viele.

Dies ist geradezu die prinzipielle Macht des Geistes, seiner Phantasie, Möglichkeiten zu entwerfen. Eine Macht freilich, die in konkreto zugleich seine Last werden kann, wenn er nämlich aus den bloßen Möglichkeiten – diese oder die andere Krawatte? – eine zur Wirklichkeit machen soll und will.

Nur angesichts des »Reiches der Möglichkeiten«, also angesichts seines Wissens, seines *als nur erst möglich* Gewußten kann Freiheit sich verwirklichen. Bzw. das mit dem Titel »Freiheit« Gemeinte ist der Prozeß der Überführung einer der vielen (in konkreto mindestens zwei) Möglichkeiten in Wirklichkeit. Womit das Wollen zum sich selbst bestimmt habenden Willen wird.

Diese Verwirklichung von Handlungsfreiheit, deren strukturellen Elemente im vorangegangenen zwar je für sich artikuliert wurden, die aber alle zusammengehören, ist geradezu ein *Privileg* des Menschen vor Gott! Wirkliche Handlungsfreiheit, deren Geschichte wir gerade beschrieben und zu der das »Reich der Möglichkeiten« konstitutiv gehört, hat nur der Mensch; sie ist das Privileg, zugleich auch die Last, seiner endlichen Vernunft.

Die menschliche Vernunft – sowohl als »theoretische« als auch als »praktische« und hier natürlich jeweils begrenzte Vernunft – produziert das »Reich der Möglichkeiten«. Gewiß sind es für sie zunächst alles *nur* Möglichkeiten im Geiste, aber immerhin. Für dieses an sich unbegrenzte »Reich der Möglichkeiten« setze ich den Begriff »scientia media«. Luis de

Molina († 1600) nahm von Gott eine »scientia media« an: Gott wisse alle endlichen Möglichkeiten und handle dementsprechend mit ihnen. Das ist ein schlichter Anthropomorphismus. (Dazu s. o. 4. Kapitel 2.2.) Von einer scientia media kann und darf strenggenommen *nur* im Hinblick auf den Menschen gesprochen werden, nicht im Hinblick auf Gott. Sie umfaßt ja alle Möglichkeiten, auch die irrigen, falschen, schlechten, bösen. Zur scientia media gehört z.b. auch die Vorstellung, daß sich die Sonne möglicherweise doch um die Erde bewegt, ebenso die Vorstellung, daß ich dich umbringen könnte.

Diese meine Vorstellungen, seien sie wahr oder irrig, gut oder böse, auch Gott zuzusprechen, weil er der alles unmittelbar schaffende und erwirkende, eben *all*mächtige Schöpfer ist, das führte ins Absurde. *Ich* kann z.B. die Möglichkeit erwägen oder gar davon überzeugt sein, daß sich die Sonne um die Erde bewegt. Das kann Gott hingegen nicht. Er weiß nur, daß sich die Erde um die Sonne bewegt, weil er dies schafft/will und sein Wollen und sein Wissen realidentisch sind. Er kann gar nicht wie ich überzeugt sein, die Sonne bewege sich um die Erde. Somit gibt es für ihn auch nicht die Möglichkeit zu diesem Irrtum. Dieser Irrtum ist allein eine Möglichkeit meines endlichen Geistes. »Irren ist menschlich.« Das heißt andererseits nicht, Gottes schöpferische Allmacht sei hier, wenn ich irre oder bei meinen sonstigen Vorstellungen, eben dem »Reich der Möglichkeiten«, nicht unmittelbar mit im Spiel, sie sei also doch eine begrenzte Allmacht und Allwirksamkeit. Bei jedem faktischen Irren und bei jedem Sich-etwas-Vorstellen ist ja auch mein Wollen im Spiel. Und mein Wollen will nicht irren, und wenn ich mir etwas vorstelle, dann um der Erkenntnis der Wahrheit willen oder um des richtigen Tuns willen. Von diesem meinem Wollen, das eben nicht realidentisch ist mit dem jeweils von mir Gewußten, kann ich durchaus sagen, daß es unmittelbar von Gott bewegt wird. Aber eine eigene scientia media Gott zuzusprechen, das hieße aus Gott einen selbst irrenkönnenden Gott machen; oder einen Gott, der selbst die Möglichkeit vor sich hätte, Schlechtes oder gar Böses zu tun. Gott ist aber kein Gott, der vor Möglichkeiten steht. Das ist sozusagen *seit Ewigkeit,* also *immer schon* vorbei. Gott weiß und will in seiner unendlichen Ewigkeit »nur noch«, was wirklich ist. Mit dem, was er wirklich will und weiß – und das ist die Wirklichkeit unserer Welt – ,sind alle »anderen Möglichkeiten« seit aller und in alle Ewigkeit für ihn gegenstandslos. Etwas salopp gesagt: Für solche Gedankenspielereien »mögliche andere Welten« hat Gott gar keine Zeit und Lust, er hat nur diese eine Welt im Sinn.

Gott ist unendlich, natürlich will und weiß er *auf seine unendliche Weise* alles. Aber *was* weiß er? Alles *Wirkliche,* denn alles *Wirkliche* ist ja unmittelbar von ihm gewollt, geschaffen und so gewußt. Somit will Gott selbstverständlich auch *unsere* scientia media und weiß *um* sie, aber *um sie als unsere*, in einem gewissen Sinne also nur mittelbar; nicht so, daß sie sein Wissen wäre und somit auch er vor bloßen Möglichkeiten als solchen stünde wie wir, die wir uns erst noch für eine von ihnen entscheiden müssen.

Gerade letzteres kann eben strenggenommen von Gott überhaupt »nicht mehr« gesagt werden! Gott ist unendlich, ewig. Somit ist er »seit« *aller* unendlichen Ewigkeit »nur« der »Entschiedene«, nämlich der Schöpfer dieser Welt. Für ihn ist alles schon immer wirklich. Eine göttliche scientia media – andere mögliche Welten – ist damit ebenfalls »seit aller Ewigkeit überholt«.

Gott braucht sie selbst auch nicht! Er hat sie gewissermaßen nur mittelbar, nämlich indem *wir* sie haben. Damit sind *in* seiner Schöpfung, nämlich in *unserer* menschlichen scientia media prinzipiell auch alle möglichen nichtwirklichen Welten enthalten! Wieso? »Alle möglichen Welten« sind Objekte *unserer* scientia media. Diese umfaßt ja – wenngleich nur erst auf ihre geistig abstrakte, sich vom »nur Realen« (relativ) frei machende Weise – prinzipiell alles denkbare Endliche, bis hin zum Unsinnigen, Sinnlosen. Somit auch schon jede mögliche andere (oder auch wirkliche) Welt. Jede andere Welt, ob nur möglich oder wirklich, kann ja nur eine dieser, unserer Welt verwandte Welt sein, ihr ähnlich und unähnlich zugleich, denn jede andere mögliche Welt wäre auch nur als eine endliche Welt wirklich denkbar. Jede andere Welt wäre nur eine Variante unserer wirklichen Welt. So daß diese unsere Welt potentiell jede andere mögliche Welt in sich enthält; potentiell, nämlich in unserer geistigen Phantasie, die eben das »Reich der Möglichkeiten« ist! Sie produziert ebenso heute Science-fiction-Welten, wie früher die Welten der Wesen am Tympanon von Vezelay oder die der Engel im Himmel.

5.6.4 Gottes Allmacht und menschliche Freiheit

Mit dem »Reich der Möglichkeiten«, das unsere Vernunft selbst (natürlich nicht *nur* aus sich selbst) in sich vor sich hinstellt, eröffnet sich die Möglichkeit der Wahl, der Entscheidung, die ohne Frage ein willenshafter Prozeß ist. Wäre hier nicht das Wollen das Dominierende, so gäbe es gar kein Problem. Und daß das Wissen allein als solches immer schon entscheide, stimmt eben nicht. Es ist das Wollen, welches eine von gewußten Möglichkeiten *ver*wirklicht, sie damit als bloße Möglichkeit, die sie bislang war, »verwirkt« und zum handelnden Willen wird, geworden ist. Mag das dialektische Ineinander von Wissen und Wollen dabei noch so unauflösbar bleiben, von Freiheit kann nur und gerade dann die Rede sein, weil in diesem Prozeß der Handelnde selbst *mehr* geworden ist. Indem er das nur erst Mögliche in Wirklichkeit verwandelt hat, ist er selbst gleichsam ein Stück größer geworden. Gewiß wissentlich, aber das eigentlich Treibende dazu ist das, was Wollen, Wille heißt.

»Mehr«, »größer«, das ist selbstverständlich eine Redeweise, die an äußerliche Quantität erinnert. So äußerlich ist sie natürlich nicht gemeint. Aber ganz sachfremd und das »Wesen« des Geistigen verfremdend ist sie nun doch auch wieder nicht. Zum einen ist das »Geistige«, so innerlich und unquantifizierbar es ist, doch nicht schlechthin »reiner« Geist, sondern »verleiblichter« Geist, sich selbst quantifizierend. Zum anderen nimmt das Geistige nun doch wirklich auch selbst zu, wird es mehr, »größer«, sonst gäbe es z.B. nicht das Zunehmen an Wissen und an als solchen bewußten Erinnerungen.

5.6.4.1 Zum Wollen ist nun noch zu fragen: Wie und warum eigentlich bewegt sich der Wille dazu, das Mögliche zu verwirklichen? Natürlich, um sich selbst zu verwirklichen, selbst »größer«/»mehr« zu werden. Nimmt man dies hin und nimmt man hinzu, daß das Wollen ja nicht einfach *nur sich selbst* will, sondern sich vermittelt mit seinem *Objekt*, so muß man sagen: Um des ihm »Guten« willen, das ihm als möglich erscheint, will er wirklich. Und: Sein Sichbewegen ist für ihn gut, erscheint ihm gut für ihn, eben für den Handelnden selbst. Jedenfalls erscheint es ihm weder als schlecht noch als böse, denn dann würde er es nicht wollen, er würde sich nicht mit dem für ihn selbst Schlechten oder Bösen »identifizieren«. Das wäre ja gerade seinem *Sich*verwirklichenwollen zuwider.

Das Sichverwirklichenwollen ist/will selbst immer gut, das ist auch bei an sich Gleichgültigem so: Indem ich diese Krawatte statt jener wähle, gebe ich ihr faktisch den Vorrang, selbst wenn ich weiß, die andere würde ebensogut passen. Auf jeden Fall erscheint mir die gewählte nicht als schlecht oder als schlechter als die anderen. Denn dann hätte ich nicht sie, sondern eben eine andere gewählt.

Das Wollen, der Wille will immer gut, das ihm gut Erscheinende. Das ist streng »subjektiv« gemeint. Nur um das handelnde Subjekt, seine Handlungsfreiheit, sein »Inneres« geht es hier ja! Und dabei wiederum nur um das Wollen als solches, den Akt, die Bewegung *seines* Sichverwirklichens, um dessen »Freiheit« es ja geht. Also auch nicht um sein Objekt, das Wissen bzw. Gewußte. Im Subjekt ist das Wissen bzw. das Gewußte und Gewollte ja noch nicht etwas ganz objektiv Wirkliches. Es ist *nur* etwas Geistiges; entweder ohnehin nur erst zum »Reich der Möglichkeiten«

gehörend oder eine zwar im Geist schon gewählte, aber eben noch nicht durch äußeres Handeln *voll ver*wirklichte Möglichkeit. Das Wollen indes ist *wirklich*. *So* wirklich wie das Wollen ist das geistige Wissen, auch als gewolltes, nun einmal nicht.

Eben diese Bewegung, dieser Willensakt als solcher, der im Geiste sehr wohl etwas objektiv Wirkliches ist, nämlich das Sichentschließen, wohingegen sein Objekt damit noch nicht etwas objektiv Wirkliches geworden ist, kurz: diese Freiheit kann sich also nur gut oder, bei gleichgültigen Dingen, gleichgültig verwirklichen, sie kann jedenfalls nicht schlecht/böse wollen, für sich selbst Schlechtes/Böses wollen. In den Augen anderer, die sie, zumal angesichts des dann weiteren wirklichen Handelns und seiner objektiven Folgen, beurteilen, mag das oft anders aussehen. Aber in deren Sicht und Urteil spielen eben diese »Freiheits*folgen*« schon mit. (Dazu mehr in 5.6.5.) Hier aber geht es nur um die Freiheit im Inneren des Handelnden, um *ihre* Geschichte. Denn schon von *ihr* heißt es ja, sie sei inkompatibel mit der Idee einer unendlichen, guten Allmacht Gottes, denn sie sei auch böses Wollen.

Letzteres ist aber nicht der Fall. Böse oder schlecht ist allenfalls das Wissen, das »Reich der Möglichkeiten«, insofern zu ihm eben alles, Gutes und Böses, Wahres und Falsches gehört. Und selbstverständlich wird der vernünftig handeln Wollende die vor ihm stehenden Möglichkeiten prüfen, durchkalkulieren. Aber wenn er sich entscheidet und wirklich wählt – und nur dann kann überhaupt von *Freiheit* und nicht nur von natürlichem *Verhalten* die Rede sein –, dann kann er geradezu nur eine *ihm* gut erscheinende Möglichkeit wählen. (Gleich, ob man nun des näheren sagt: Um seiner selbst willen, oder: Um des objektiv Guten willen, oder: Beides spielt mit.) Kurz, das Wollen, der freie Wille kann in sich nur gut, zumindest neutral, jedenfalls nicht schlecht oder böse sein/wollen. Dies ebensowenig, wie die menschliche Vernunft als theoretische Vernunft, als Erkennenwollen von etwas, selbst irren wollen kann. Man kann irren, aber kein Mensch kann irren wollen. Man kann sich schaden, aber man kann nicht sich selbst schaden wollen.

5.6.4.2 Es ist also die (schon empirisch notwendige) Unterscheidung von Wollen und Wissen (»Subjekt« und »Objekt«) *in* der Vernunft, die die theologische These ermöglicht, daß Gottes unendliche, gute Allmacht und die Freiheit des Menschen sehr wohl rational als kompatibel zu denken sind: Gottes Allmacht bewegt/will alles endliche *Sich*bewegen, somit auch das *Sich*bewegen der Vernunft, ihr Wollen, ihre Handlungsfreiheit, die sich eben verwirklicht als geschichtlicher Vermittlungsprozeß von

Subjekt und Objekt, von Wollen und Wissen, in dem der Wille das eigentliche »movens« ist. Da dieser immer nur gut sein/wollen kann, gibt es *hier* insoweit kein Problem.

5.6.4.3 Zu einem Problem wird die Sache allerdings, wenn sie nun so gesehen wird: Gott »bewegt« jedes menschliche freie Wollen, so daß dessen Sichverwirklichen, seine Freiheit in sich gut ist. Nun ist aber das Ergebnis dieses Sichverwirklichens für andere oft genug schlecht/»böse«. Warum »bewegt« Gott hier das menschliche freie Wollen nicht »mehr«/»intensiver«, so daß es sozusagen nicht nur ein »gerade noch in sich gutes«, sondern ein »besseres«/»gütiges« Wollen ist? (Das Problem also, das in den theologischen Streitereien um die Begriffe »hinreichende Gnade« [»gratia sufficiens«] und »wirksame Gnade« [»gratia efficax«] den Spottvers entstehen ließ: »a gratia sufficiente libera nos Domine!«)

Mit dieser Frage wird freilich die Fragerichtung gewechselt, es wird jetzt sozusagen nicht mehr von unten nach oben hin gedacht, sondern es wird verlangt, von Gott her zu denken: Er könnte doch den Mangel an »besserem«/»gütigem« Wollen beheben, warum tut er es nicht?

Man kann der schon in dieser Frage angelegten Argumentation (»also kann er nicht und ist ohnmächtig, oder er will nicht und ist selbst böse«) gegenüber natürlich entgegnen, daß es, erstens, unsinnig ist, Gottes Allmacht zu *hinter*fragen; zumal wenn es sich, zweitens, »nur« um ein »*Weniger*« an gutem Wollen« handelt; für ein »Weniger« braucht es keinen eigenen Grund. Doch so einfach läßt sich die Sache nicht erledigen, daß man praktisch sagt: Gott in seiner Allmacht ist nur für das In-sich-gut-Sein des freien menschlichen Wollens als solchen zuständig und verantwortlich, nicht aber für dessen »böse« Folgen. Damit wäre der Begriff der Allmacht Gottes auch schon wieder verkürzt: Sie wäre (wie Schopenhauers Weltwille) blind; ohne Wissen der wirklichen Folgen unseres Wollens. Kann dies aber theologisch nicht hingenommen werden, ist vielmehr zu sagen, daß der *all*mächtige Gott für *alles* verantwortlich ist, so steht eben damit das eigentliche Theodizeeproblem auf dem Programm der Theologie.

5.6.5 *Exkurs:* **Zum Verurteilen menschlichen Handelns als sittlich böse**
Die vorangegangenen Überlegungen klärten, daß – wie es für den einfachen Glauben wohl selbstverständlich ist – die Annahme von menschlicher Freiheit und von göttlicher, uneingeschränkter, guter Allmacht nicht zu einem irrationalen, begrifflichen Selbstwiderspruch der Theologie führt. Der entscheidende Punkt war, daß das Wollen des Menschen im Vollzug seiner Freiheit als solches nur gut wollen kann, daß es nur wollen

kann, was *ihm gut* erscheint. Damit gerät nun aber auch die Rede vom »sittlich Bösen«, religiös gesprochen: von der Sünde des Menschen in ein gewisses Zwielicht. Einerseits kann das Bestehen auf der wirklichen Möglichkeit von Freiheit gerade der Rede vom sittlich Bösen gleichsam den Rücken stärken. Andererseits scheint die genauere Reflexion über das Wie von Freiheit eben einem solchen Verurteilen jegliches Recht zu bestreiten. Somit ergibt sich die Notwendigkeit, über das Recht oder Unrecht eines solchen Verurteilens eigens nachzudenken.

5.6.5.1 Zunächst ist, gerade theologisch, festzuhalten und bewußt zu machen, daß »sittlich böse« ein *menschliches* Urteilen und Verurteilenwollen ist und bleibt. Auch dort noch, wo sich die so Urteilenden auf Gott oder seine Offenbarung berufen und ihr Urteil mit dem Urteil Gottes identifizieren. Genaugenommen urteilt Gott nicht über ein bestimmtes Wollen und Handeln, sondern er hat immer schon »geurteilt«, indem er es schafft/»bewegt«. Die Schöpfung *ist* sein »Urteil«. – So daß sich das menschliche Verurteilen, das ja ebenfalls zur Schöpfung gehört, sogar mit einem gewissen Recht auf Gott beruft und ihr Urteil mit seinem »Urteil« »identifiziert«! Mit Recht freilich nur dann und solange, als es sich dessen bewußt bleibt, nicht *wirklich identisch* mit Gottes »Urteilen« zu sein, sondern eben nur ein menschliches Urteilen, das seinen Ort in der Welt als ganzer hat und nicht von einem Standpunkt außerhalb der Welt her erfolgt.

5.6.5.2 Theologisch gesehen ist nun ausgeschlossen, überhaupt irgendein Wollen als in sich böse zu beurteilen, gleich, ob es sich um nur natürlich triebhaftes oder um menschliches = freies Wollen handelt. Ausgeschlossen ist es mit der Allmachtsthese, denn sonst müßte man sagen: Gott, dessen gute Allmacht alles Wollen und Leben und Sichbewegen »bewegt« = schafft, wollte (und wäre somit) selbst böse.

Doch macht die Allmachtsthese das Urteil »sittlich böse« nicht schlechthin gegenstandslos. Sie entzieht ihm gewissermaßen nur das Innerste, eben das Sichverwirklichenwollen als solches, das dem Urteilenden ohnehin nicht unmittelbar zugänglich ist; von dem er ohnehin nur eine »wahrscheinliche Geschichte« erzählen kann. (Biblisch heißt das: Nur Gott kennt das Herz des Menschen. Kirchlich-dogmatisch ist daran zu erinnern: Keinen Menschen hat die Kirche offiziell-lehramtlich endgültig als böse verurteilt. Sie spricht zwar auch von »in sich schlechten/bösen Akten«. Aber das ist schon nur eine [als Faustregel sinnvolle] Abstraktion: In der Wirklichkeit gibt es keinen »Akt an sich«.)

5.6.5.3 Weiter ist klarzustellen: »Sittlich böse«, das ist ja selbst ein schon distanziertes Reflexionsurteil des menschlichen Geistes. *Als solches* ist es, eben das Urteilen, hier auf sein Recht oder Unrecht hin zu bedenken. Das Beurteilen einer bestimmten Handlung als »sittlich böse« ist also genau zu unterscheiden von dem Handlungsgeschehen selbst. Natürlich sagt auch ein Bestohlener, daß der Dieb böse sei. Unsere Frage ist aber: Mit welchem Recht oder Unrecht läßt sich menschliches Handeln überhaupt als sittlich (gut oder) böse beurteilen bzw. verurteilen? Wobei dieses geistige Urteil offenbar nicht nur ein Widerhall dessen sein soll, was in der Wirklichkeit passiert. In der Wirklichkeit ist es nämlich keineswegs so, daß auch der Dieb sich und sein Tun als böse bezeichnet. Kurz: Schon in der Wirklichkeit unserer Welt ist gut bzw. böse Handeln ein Problem. Wer nun bestimmtes Handeln eigens und bewußt als gut bzw. böse beurteilt, der meldet damit den Anspruch an, er *wisse*, was in Wahrheit gut bzw. böse ist. Um das Recht bzw. die Grenzen *dieses* Anspruches geht es hier.

Das Beurteilen und Verurteilen »sittlich bösen« Handelns ist selbstverständlich auch ein *wertendes* Urteilen. Doch das soll im jetzigen Zusammenhang nicht das Entscheidende sein, sondern nur die Tatsache, daß dieses Urteilen einen bestimmten, objektiven Sachverhalt im Auge hat, eben ein menschliches Handeln. So sehr es dieses Handeln bewertet, so will es doch auch *wahr* sein.

Gegenstand des Urteils »sittlich böse« ist mit der Handlung als ganzer vornehmlich der Handelnde, der Täter. Jedenfalls in unserem jetzigen Zusammenhang, bei dem es um das Verhältnis von göttlicher Allmacht und menschlicher Freiheit geht. Also das menschliche Individuum in seiner Selbstverwirklichung und Selbstbestimmung. Daß es nur »ein Teil« des als »sittlich böse« beurteilten Handelns ist, ist klar. Aber die jetzige Frage soll ja sein, ob bzw. wieso das Urteil »sittlich böse« gerade von menschlicher Handlungsfreiheit als solcher gelten kann. Womit die weitere Frage entsteht: Wenn nicht sie, also der frei Handelnde, das Subjekt, was soll dann eigentlich »das Böse« sein, nämlich dasjenige, was von dem Urteil »sittlich böse« mit eigentlichem und vollem Recht verurteilt werden soll. Aber mit dieser Frage werden wir uns eigens befassen müssen. (Die kirchliche Moraltheologie spricht dazu wie gesagt vom »in sich sittlich schlechten/bösen *Akt*«, also nicht einfach vom »in sich bösen/schlechten *Subjekt* dieses Aktes.)

5.6.5.4 Eine Zwischenüberlegung: Wenn wir uns hier zunächst auf die Freiheit des Individuums konzentrieren, wird damit nicht das Problem des »sittlich Bösen« a priori methodisch verkürzt, eben individualisiert?

Ist es heute noch sachgemäß und verantwortbar, das Problem des »sittlich Bösen« als ein Problem des *einzelnen* Menschen und seiner *individuellen* Selbstbestimmung zu sehen? Wird damit nicht von vornherein ausgeblendet, daß das »sittlich Böse« auch von politischer Relevanz ist, daß es die soziale Dimension des Menschen betrifft, daß das »sittlich Böse« das gesellschaftlich und institutionell Böse ist? Doch diese Dimensionen sind keineswegs einfach ausgeblendet, aber sie haben ihre eigenen Probleme. Wer indes meint, das Problem des Urteils »sittlich böse« habe nicht mehr das des Urteilens über individuelles Handeln zu sein, der macht es sich zu leicht, oder er verschiebt das Problem nur. Zu leicht macht er es sich, wenn damit stillschweigend angenommen wird, Freiheit des Einzelnen sei gar kein Problem. Womit zugleich angenommen wird, der Mensch sei eben *nur* »Natur«. Dann ist ohnehin der Sinn des Urteils »sittlich böse« verkürzt. Es ist in der Sache lediglich eine Wiedergabe dessen, daß in der Natur die Gesellschaft der Adler der Gesellschaft der Lämmer als böse erscheint. »Sittlich böse« hat dann nur noch den Sinn einer Feststellung: daß es nämlich verschiedene Sitten gibt und jede Gesellschaft und Institution ihre Sitten für richtig/»gut« und andere Sitten für falsch/»böse« hält.

Zugleich ist das Problem, ob und wieso das Urteil »sittlich böse« vom Individuum und *seiner* Selbstverwirklichung und Selbstbestimmung gelten kann, nun doch nur verschoben; jedenfalls für die kritische Reflexion, die danach fragt, wieso eigentlich bestimmte Sitten als »böse« bezeichnet und damit nicht nur neutral zur Kenntnis genommen, sondern *ver*urteilt werden können: als »böse« und nicht nur als anders. Mit welchem Recht läßt sich eine institutionalisierte Sitte und somit eine Institution als »böse« verurteilen? »Sittlich böse« besagt ja: So sollte es nicht sein. So sollte man, der Mensch, nicht handeln! Er könnte auch anders handeln! All dies macht aber nur Sinn unter der Voraussetzung von Freiheit.

Ist es aber sinnvoll, einerseits das Problem des »sittlich Bösen« nicht mehr hinsichtlich des Individuums und seines Handelns bedenken zu wollen, anderseits doch noch vom »sittlich Bösen« zu sprechen, nun aber hinsichtlich von »Subjekten«, die doch gewiß nicht so frei sind, wie ein Einzelner sein kann, sondern nur ganz »natürlich« funktionieren? Macht es vernünftigen Sinn, eine Gesellschaft, ein Volk, eine Institution als »böse« zu verurteilen? Sie gehören doch wohl zur »Natur« des Menschen.

5.6.5.5 Das Urteilen und Verurteilen menschlichen Handelns als »böse« setzt Freiheit voraus, wenn anders »böse« eben meint: noch böser als die »Natur«, die uns oft genug übel/schädlich mitspielt. Freiheit wiederum setzt die Differenz von Wollen und Wissen voraus, und daß das Wissen kein so evidentes und eindeutiges Wissen ist, daß von Wählen- und Sichentscheidenkönnen gar nicht die Rede sein kann. Das »Problem«, menschliches freies Handeln als »sittlich böse« zu beurteilen, besteht nun schlicht darin, daß wegen der Allmachtsthese eine Verurteilung des Subjektes als solchen theologisch verboten ist. Ein theologisch reflektiertes Urteil kann nur so weit gehen zu sagen, daß der Handelnde sich falsch entschieden hat, die falsche Möglichkeit gewählt hat; daß er »geirrt« hat. (Selbstverständlich nicht einmal irren wollend!) – Zugegeben ist damit auch, daß die richtige, gute oder andere, bessere Möglichkeit jedenfalls für den Handelnden nicht als gut oder besser vor ihm stand. Sonst hätte er sich ja für sie und nicht für die andere Möglichkeit entschieden, die als »sittlich böse« beurteilt wird.

Für dieses reflektierende Urteilen kommt nun aber ein weiteres Problem hinzu, wenn es mit dem »sittlich böse« doch mehr sagen will als nur, daß es, kurz gesagt, eben verschiedene Interessen und »Sitten« in der Welt gibt, die einander widerstreiten, so daß für die einen das »gut« ist, was für die anderen »böse« ist. Wenn das nicht nur ein blindes Parteiergreifen für die eine oder die andere Seite sein soll, sondern ein besseres Wissen und Urteilen um ein objektives »Gut und Böse«, so muß es selbst seine Parteinahme eigens begründen und objektiv sachlich rechtfertigen. Es müßte sagen, was denn *objektiv*, in Wahrheit, nämlich an sich unabhängig vom Wollen des »irrig« Handelnden und seiner Freiheit, das Böse ist. So »*objektiv* begründet« könnte das Verurteilen freien Handelns als sittlich böse sich einerseits einer totalen Verurteilung des handelnden Subjektes bzw. seiner Freiheit als in sich sittlich böse enthalten, ohne daß anderseits dieses Urteil sozusagen gegenstandslos und überflüssig würde, was das »sittlich *böse*« betrifft.

Diese Begründung des »sittlich *böse*« läuft also nicht auf eine Verurteilung menschlichen Handelns als eines (nicht nur für andere schädlichen, sondern) wirklich *in sich* bösen Sichverwirklichens hinaus. Das ist, jedenfalls schöpfungstheologisch gesehen, durch die These von der *guten Allmacht* Gottes ausgeschlossen. Doch macht nun genau dieses theologische Verbot, das Sichselbstbestimmenwollen *irgendwelcher* Menschen (oder auch, wenn man unbedingt will, von Institutionen, Gesellschaften, Völker, Staaten) als in sich böse zu verurteilen, die Allmachtsthese selbst wieder zu einem ganz eigenen Problem. Jenes Verbot verlangt ja, hinter all den unzähligen Leiden, welche die menschliche Freiheitsgeschichte enthält, nicht bösen Willen, sondern »nur« menschliches Irren zu sehen. Es verbietet, selbst den Hass, den Menschen gegeneinander hegen, als ein in sich böses, böswilliges Wollen zu bestimmen. Es verlangt das menschlichpsychologisch fast widersinnig Erscheinende, nämlich anzunehmen, daß für den Haßerfüllten das Objekt seines Hassens gerade das ihm besonders böse und eben deshalb hassenswert Erscheinende ist!

Andererseits verlangt dieses theologische Verbot nun doch nicht, von all den unzähligen Leiden, die menschliches Sichverwirklichenwollen mit sich gebracht hat, zu sagen, sie seien gut; oder auch nur, sie seien um der Freiheit willen als unausweichlich hinzunehmen, zu bejahen, oder gar, sie seien als unbedeutend einzuschätzen. Wenn sie auch »Freiheit« nicht böse machen, so sind sie doch Folgen der irrenden Freiheit.

Nun kann von Gottes guter Allmacht sicher nicht angenommen werden, so wie sie Freiheit wolle und »bewege«, so wolle sie auch das Irren oder sei selbst im Irrtum befangen; ebensowenig, Gott wolle, selbst sozusagen aktiv und unmittelbar wirkend, leidenmachend, das Leiden seiner Geschöpfe. Andererseits: Gerade wenn für Gott die Differenz von Wollen und Wissen, die für geschöpflichen Geist und seine Freiheit konstitutiv ist, nicht angenommen werden kann, von ihm also gesagt werden muß: Wie er alles Endliche will, schafft, erhält und bewegt, so weiß er auf seine Weise auch *alles* und um alles, dann kann die Theologie der göttlichen Allmacht es nicht damit bewenden lassen, nur die Kompatibilität von Allmacht und Willensfreiheit darzulegen – mit der bloßen Konsequenz, daß ein an sich und in sich böses sittliches Wollen zu denken, theologisch verboten ist –, um all die üblen Folgen auf sich beruhen zu lassen. Gerade sie sind es ja, die Freiheit in der Welt auch als »problematisch« erscheinen lassen.

Daß Gott jede Freiheit bewegt und somit von jeder Freiheit gesagt werden muß, daß sie gut ist, das ist vielmehr nur erst die eine Hälfte der Wahrheit. Die andere ist, *erstens*, die, daß »die Freiheiten« in dieser Welt faktisch auch gegeneinander streiten; und *zweitens* die, daß der Streit der Freiheiten faktisch böse/üble Folgen mit sich bringt, um die Gott jedenfalls auch weiß. Das Problem verschärft sich nur noch, wenn man sagt: Freiheit bleibt als solche immer gut, die üblen Folgen – welche auch sie nicht eigentlich will, sondern nur um ihrer selbst willen in Kauf nimmt, allenfalls als Mittel zu diesem Zweck betrachtet –, sie sind eben nur »Natur«. »Natur« heißt nämlich theologisch: Schöpfung, geschaffen von Gott. Und so ist seine gute Allmacht wie für die gute Freiheit auch verantwortlich für das »natürliche Böse« (»malum physicum«) in der Welt, gleich ob es Folge menschlicher Freiheit ist oder eben »nur natürlich«.

5.7 Gottes Allmacht auf dem Prüfstand der Theodizee

Was das »sittlich Böse« (bzw. Sünde, Freiheit im Mißbrauch) angeht, so läßt sich sagen, daß von ihm her die Allmachtsthese noch nicht problematisch wird. Als *theologisch* problematisch erweist sich vielmehr umgekehrt die unreflektierte, unkritische Verurteilung von Freiheit als böse. »Sittlich böse«, das kann als reflektiertes Vernunfturteil nur ein »Verurteilen unter Vorbehalt« sein: Nicht der Handelnde, das Subjekt selbst, sondern »seine Sitten«, seine Handlungsweisen erscheinen mir »als böse«. Was zugleich mir an sich die Last aufbürdet, ihr Bösesein (und nicht nur ihr Schädlichsein für andere) eigens nachzuweisen.

Problematisch erscheint Gottes Allmacht allenfalls schon angesichts des Faktums, daß es in seiner Welt ja nicht einfach die eine Freiheit gibt, sondern die vielen Freiheiten in ihrer je eigenen Geschichtlichkeit – und somit auch ihr Streiten miteinander, ihre Konkurrenz untereinander. Jede will »wahre« Freiheit« sein, besser als andere. So wäre auch Gottes gute Allmacht, die ja jede Freiheit bewegt, schon nicht so einfach zu denken. Müßte man nicht sagen, daß Gott irgendwie mit sich selbst im Streit liegt?

Wirklich problematisch wird es freilich nun angesichts der Streit*folgen* – womit nun auch das eigentliche Theodizeeproblem auf dem Plan ist. Schon Freiheit wird ja unreflektiert als böse bezeichnet angesichts und wegen ihrer objektiv »bösen«, üblen Folgen in der Welt. Übel gibt es aber auch schon in der Natur, in der Schöpfung Gottes. Wenn nicht menschliche Freiheit, so sprechen doch schon die natürlichen Übel in der Welt dagegen, von Gottes uneingeschränkt guter Allmacht zu sprechen. Theodizee ist dagegen der Versuch, eben diese These zu verteidigen.

In einem ersten Abschnitt wird dazu an das Verhältnis von Glaube und Theologie erinnert. Die Abschnitte 5.7.2 und 3 befassen sich dann mit traditionellen Versuchen von Theodizee: mit dem Versuch, Gott zu rechtfertigen über den Weg der Kosmodizee, und mit dem Versuch, das Böse zu begreifen mit Hilfe einer streng dualistischen Metaphysik. Thema des vierten Abschnittes ist das Problem, wie von Gottes Allmacht schon angesichts des bösen Übels in seiner Welt zu denken ist. Abschnitt 5.7.5 enthält die eigentliche Theodizee. Er bedenkt nicht nur das Übel, sondern macht auch wieder »Freiheit« zum Thema, freilich nicht nur »gute Freiheit an sich«, sondern die konkrete, »wahre« Freiheit des Liebens in der Welt. Da auch *sie* in der Welt wirklich ist, läßt sich mit ihr Ivan Karamasovs »negative Theodizee« (bzw. Kosmodizee) zurückweisen und zugleich die These von Gottes guter Allmacht präzisieren.

5.7.1 Glauben und theologische Theodizee

5.7.1.1 Für den »einfachen Glauben« als solchen ist das sogenannte Theodizeeproblem kein wirkliches Problem. Der Glaubende ist davon überzeugt, daß es ein Jenseits, den Himmel, die Vollendung des Diesseits gibt, daß Gott die Welt so geschaffen hat. Und da die Vollendung gut, ja, sehr gut ist, ist Gott gut. Das bedeutet für den Glaubenden keineswegs, daß somit schon im Diesseits *alles* gut wäre! »Einfacher« Glaube heißt nicht blinder Glaube. Er weiß, und er erfährt auch am eigenen Leibe, daß es in der Welt das Böse gibt. Das kann auch ihn anfechten. Erlischt der Glaube unter dieser Anfechtung, so gibt es für ihn das Theodizeeproblem ohnehin nicht mehr. Das Theodizeeproblem ist also nur ein Problem im Raum der theologischen Reflexion, ihrer Theorie; ganz salopp gesagt: ein rein akademisches Problem.

5.7.1.2 Der einfache, auch der angefochtene Glaube überantwortet das sogenannte Theodizeeproblem einfach Gott. Er weiß, daß er es nicht lösen kann, er spürt auch, daß z.B. das Ausgleichsdenken, das Jenseits allein als Ausgleich für das Böse und Ungerechte im Diesseits, zu einfach, zu schematisch ist, so sehr es sich immer wieder aufdrängen mag. Wie soll auch wirklich unschuldig erlittenes Leiden ausgeglichen, wiedergutgemacht werden? Alles Rechnen, Begründen- und Einsichtigmachen – wie es auch die Theorien der theologischen Soteriologie versuchen –, liefe letztlich darauf hinaus, aus dem Bösen, dem in sich Sinnlosen und Sinnwidrigen doch etwas Gutes, etwas Sinnvolles zu machen.
Die traditionelle christologische Soteriologie tut übrigens genau dies: Jesus läßt sich freiwillig kreuzigen, er *will* seine Passion – und Gott *will* sie auch –, weil damit die Welt erlöst wird. Triumphalistisch präsentiert Theologie so eine Gleichung als gelöst, von der doch jeder Vernünftige sagt, daß sie *zwei* nicht miteinander verrechenbare Größen, eben Gut und Böse, Lieben und Leiden, enthält. Alle noch so ausgeklügelte, mit begrifflichen Subtilitäten hantierende Soteriologie scheitert letztlich an dem einfachbrutalen Faktum der unschuldigen und vom Betroffenen *nicht* gewollten, nur noch erduldeten Leiden, das zu rationalisieren pervers wäre. Mochte christologische Soteriologie aus Jesus selbst – oder gar aus Gott – noch so sehr einen Masochisten machen, er sei einverstanden mit *seinem* Schmerz, so fällt damit doch in keinster Weise ein erhellendes, versöhnendes Licht auf die andere nackte Tatsache, daß in der Welt Kinder gefoltert werden. Auch ihr ewiges Leben versöhnt nicht damit. Es macht das vergangene Böse nicht ungeschehen. Es ist anderes, neues Leben, befreit von

allem Bösen, Sinnlosen, Widersinnigen, aber nicht so, daß das im Diesseits Sinnwidrige nun im Jenseits oder vom Jenseits her gesehen als sinnvoll, gut, notwendig oder sonstwie gerechtfertigt erschiene.

Solchen Spekulationen verweigert sich der Glaube mit dem ehrlichen: »Ich weiß es nicht. Das Problem kann ich eben nicht lösen. Und ein Problem, das ich nicht lösen kann, muß ich auch nicht lösen; somit ist es für mich kein wirkliches Problem. Schließlich habe nicht ich die Welt mit ihrem Kreuz und ihren unübersehbar vielen, großen und kleinen Kreuzen so gemacht, wie sie ist, sondern Gott. Und was er sich dabei gedacht hat, weiß ich nicht, kann ich nicht wissen, bleibt sein Problem oder Geheimnis. Das Wichtigste ist jedenfalls, daß nicht alles umsonst ist, daß es das Jenseits, den Himmel gibt, daß am Ende nur das Gute bleibt.«

5.7.1.3 Diese Antwort des *Glaubens* (Kant nannte sie »*authentische* Theodizee«) ist völlig legitim: Mag »Gott und das Böse« *an sich* ein Problem sein, der Glaubende kann es nur auf sich beruhen lassen. So einfach kann *Theologie* es sich aber nicht machen. Für sie muß das Thema »Gott und das Böse« durchaus ein Problem sein, nachdem sie nun einmal, und zwar expliziter als der einfache Glaube, schon von Gottes Allmacht, von seiner Unendlichkeit, von seinem unmittelbaren Schaffen von allem und jedem gehandelt hat. Das alles stand zwar immer unter dem Vorzeichen, nicht wirklich vorstellbar zu sein, und dieses Vorzeichen gilt auch weiterhin. Aber das Böse in der Schöpfung ist nun sehr wohl vorstellbar, und so stellt es nun doch eine ganz besondere Herausforderung für das theologische Denken dar. Insofern nämlich, als die Wirklichkeit des Bösen eben die theologischen Thesen zur uneingeschränkten *All*macht Gottes usw. zu widerlegen scheint, so daß die Theologie sozusagen an dieser Stelle zum Rückzug, ja, zur Kapitulation gezwungen scheint: Hat sie hier nicht mehr zu sagen als der einfache Glaube, nämlich: »Ich weiß nicht, Gott weiß es«, dann war auch alles bisher von ihr Explizierte nichts anderes, als für den einfachen Glauben ohnehin selbstverständlich ist; nämlich daß Gott Gott und die Welt Welt ist und die Welt so ist, wie sie ist. Das ist so richtig wie trivial; und jede Theologie, die es im Ergebnis unterläuft und aufhebt, steht im Widerspruch zum Glauben. Theologie sagt aber nicht nur: Gott ist Gott, und: Welt ist Welt, und: Die Welt ist so, wie sie ist. Sondern sie expliziert: Gott ist allmächtig, und: Die Welt ist (auch) böse/übel. Also hat sie auch diese ihre Explikation weiter zu erklären. Und zwar ohne sie unterlaufen oder sie faktisch wieder aufgeben zu dürfen.

Das aber ist der Fall, wenn die weitere Erklärung so aussieht, daß in ihr entweder Gottes Allmacht eingeschränkt wird oder das Böse in der Welt minimalisiert wird. Dann gibt es aber in der Tat das Theodizeeproblem für die *Theologie* gar nicht mehr! Es wäre ja auf diese Weise gelöst! Doch damit stünde sie wiederum im Gegensatz zum Glauben, für den das Sowohl-als-auch von Gottes Allmacht und wirklich Bösem in der Welt zwar kein echtes, existentielles Problem ist, von dem er aber doch weiß, daß es an sich sehr wohl ein Problem, sprich: Gottes Geheimnis ist. Ein Geheimnis freilich, das die Theologie nicht zu lüften, aber ganz präzise zu benennen und gleichsam exakt zu lokalisieren hat.

5.7.2 Irreduzibilität des Bösen im Kosmos

Die traditionellen theologischen Versuche zur Theodizee schon als *Kosmo*dizee scheitern an der Wirklichkeit und Eigenart des Bösen.

Theodizee als Kosmodizee setzt die Überzeugung des Glaubens vom Jenseits, also der Erlösung und Befreiung von allem Bösen/Übel voraus. Sie sieht nicht nur das Diesseits, sondern auch das vollendete Jenseits, also das Ganze der Schöpfung, des Kosmos. Von der Vollendung her gesehen soll auch alles Vorläufige im Diesseits als »in Ordnung« erscheinen. Zugleich würde damit die Annahme Gottes als des immer allmächtigen Schöpfers des Ganzen unproblematisch sein. Solche theologische Kosmodizee »gelingt« aber nur, weil sie das Böse/Übel im Diesseits entweder minimalisiert/verharmlost oder es gar verfunktionalisiert und somit ebenfalls minimalisiert, um nicht zu sagen: pervertiert.

5.7.2.1 *Minimalisierung:* Wirklich *in sich* Böses, also eigentlich Wider-göttliches, das auch Gott immer und nur verurteilen könnte, kann es gar nicht geben. Das Böse/Übel ist nur Mangel/Fehlen/Noch-nicht des Guten. – Träfe dies zu, so wäre freilich die Frage, wieso überhaupt je das Böse zum Problem werden konnte, und sei es auch nur zu einem (angeblichen) Scheinproblem.

5.7.2.2 *Verfunktionalisierung:* Das Böse dient zum Guten. Aus dem Bösen wird Gutes, denn Gottes Allmacht lenkt alles zum Guten, zur Vollendung. Letzteres sei unstrittig, aber wörtlich genommen stellt die Verfunktionalisierung des Bösen auch seine Pervertierung dar: Es wird selbst sinnvoll, zweckmäßig, notwendig. Mittel zum guten Zweck. Zugleich wäre von Gottes Allmacht entweder zu sagen, daß für sie der gute Endzweck, die Vollendung das Böse, das Mittel heilige. Oder aber wieder, das Böse sei in Wirklichkeit, nämlich für Gott, gar nicht böse, es sei nur ein Scheinproblem für uns. Sagt man schließlich, das Böse sei von Gott *nur zugelassen* – er aber bewirke das Ganze, das eben aus Gutem und Bösem bestehe –, so bleibt zum einen das Problem der Kosmodizee, zum anderen haben wir nun das eigentliche *Theo*dizeeproblem: Was soll »Gottes *bloßes Zulassen*« sein, wenn das Böse doch wirklich ist?

5.7.2.3 Theologische Kosmodizee wird nicht einsichtig, sie behauptet lediglich, einsichtig zu sein. Wäre sie es, so müßte das Böse im Diesseits jedenfalls im Nachhinein als *in sich selbst* gut zu begreifen sein. Scheitert Theodizee als Kosmodizee, dann bleibt sie erst recht defizitär als *Theo*logie. Deren Problem: Was hat Gott mit dem Bösen zu tun? wollte sie ja so erledigen, daß sie zeigte: Angesichts des »ordentlichen«, sinnvollen Ganzen der Schöpfung von Diesseits und Jenseits ist Gottes allmächtiges Schöpfersein gar kein Problem. Läßt sich aber das Böse nicht verharmlosen und nicht zum im Ganzen und um des guten Ganzen willen Sinnvollen pervertieren – was ja hieße, daß Gott das Böse (weil eben nicht wirklich in sich böse) selbst in der Welt wirklich wollte, schüfe, täte –, so bleibt das Problem der Theodizee im engeren, eigentlichen Sinne, wie nämlich Gottes allmächtiges Schaffen von allem und das in sich Böse miteinander zu *denken* seien. Und zwar widerspruchslos. Das heißt: ohne daß entweder der Begriff von Gottes allmächtigem Schaffen oder der Begriff des in sich Bösen aufgegeben würde, vielmehr so, daß beides – wie es ja im Diesseits der Fall ist – als begrifflich miteinander kompatibel erscheint. (N.b. Letzteres heißt ja nicht, dieses Begreifen als kompatibel sei ein Begreifen im Sinne von wirklichem Einsehen. Nur um die korrekte Konzeptualisierung von »Gott« und »böse« geht es; daß beides, Gott und das Böse, real *ist*, das ist vorausgesetzt. Ebenso, daß »Gott« nicht begrifflich *einsichtig* ist.)

5.7.3 Der Abweg des Manichäismus

5.7.3.1 So gut wie einhellig wird die sogenannte manichäistische Lehre von allen christlichen Theologen verworfen. Im manichäistischen Dualismus wird das Böse nur hochstilisiert zum Begriff eines Gegengottes, womit Gottes Allmacht prinzipiell aufgegeben ist. Ein theologischer oder metaphysischer Dualismus, guter Gott des Lichtes – böser Gegengott der Finsternis, ist in der Tat nicht sinnvoll denkbar. Wenn Gott, dann nur *ein* unendlicher Gott.

Von diesem einen, unendlichen Gott aber anzunehmen, daß er das Böse wolle, böse wirke und somit selbst böse sei, das widerspräche dem Glauben. Für ihn ist Gott gut, denn Gott ist der Gott der Vollendung, des Heils, der Erlösung vom Bösen in der Welt. Somit ist für ihn auch Gott gegen das Böse und mächtiger als das Böse. So wirklich es in der Welt ist, so kann er es doch nicht wirklich wollen, dann wäre er ein sadistischer Teufel, nicht Gott.

Ein allmächtiger guter Gott kann aber auch nicht einen »Gegengott«/»Teufel« schaffen oder auch nur sein lassen, der ihm aktiv widerspräche! Das widerspräche seiner eigenen Unendlichkeit, die gut und allmächtig ist. Durch sein Geschaffenes »widerspräche« Gott sich selbst. Der »Teufel« ist, wie der »Fürst der Finsternis« der Manichäer, nur eine begrifflich-bildhafte Hypostasierung des Bösen, eine Abstraktion, in der zusammengefaßt wird, daß es wirklich Böses gibt und das Böse nicht von Gott gewollt wird. Aber mit der Annahme des »Gegengottes«/»Teufels« wird das Problem »Gott und das Böse« nicht gelöst, sondern nur aufgelöst, auseinandergenommen, verselbständigt – und so nur verschoben.

5.7.3.2 Der Dualismus der »manichäistischen *Lehre*« – die »christliche Lehre« vom Teufel ist nur dasselbe in leichter Modifizierung – läßt sich unschwer als unhaltbar dartun. Ob aber das eigentliche Anliegen und die eigentliche Intuition von Manis *Mythos* – und um einen solchen handelte es sich zunächst einmal – damit schon gegenstandslos und widerlegt ist, ja, überhaupt verstanden ist, das ist eine weitere Frage. (Dazu s. Verf., Schmerz und Menschenwürde. Das Böse in der abendländischen Philosophie, Würzburg 2001, 140-144.) Jedenfalls ist eine auch nur partiell und zeitlich aufgehobene oder eingeschränkte *All*macht Gottes überhaupt keine mehr. Da helfen alle begrifflichen Subtilitäten nichts. Immer wird Gott selbst zu einem endlichen Gott, zu einem Noch-nicht-Gott, zu einem beschränkten Gott, zu einem Werdegott.

Solche Redeweisen sind im übrigen insofern nicht ganz falsch, als sie immerhin die Faktizität des *irdischen* jetzigen Bösen reflektieren. Gott greift eben nicht ein, um das Böse zu verhindern, er läßt es zu. Aber das bestreitet ohnehin niemand ernsthaft! Die Frage kann nur sein: Wie kann er das eigentlich zulassen? Was heißt Zulassen für ihn? *Theo*logie, die dazu nur mit anderen Worten umschreibt, was in der Welt ohnehin der Fall ist, hat von Gott selbst noch nichts ernsthaft Neues, Eigenes gesagt. Macht sie indes aus Gott einen *wirklich* beschränkten, sich zurückhaltenden, ohnmächtigen Gott, so macht sie aus Gott eben einen hilflosen Götzen; jedenfalls dann, wenn sie diese Begriffe wörtlich und nicht nur als bloße, theologisch auch noch zu präzisierende Metaphern meint.

5.7.3.3 Als eine bloße Modifikation des manichäistischen Dualismus ist die vulgär-christliche Lehre von der Freiheit des Geschöpfes und seiner eigenen Möglichkeit zur Hölle zu beurteilen. Auch sie ist der Versuch einer

Theodizee als Kosmodizee: In der Welt gibt es Gut und Böse, nämlich Freiheit, die zwar an sich von Gott gut geschaffen ist, sich selbst aber entweder gut oder böse verwirklicht. Im Jenseits (»Endgericht«) wird das Problem gelöst, denn die Guten kommen in den Himmel, die Bösen in die Hölle. So ist die Schöpfung wieder in Ordnung (Kosmodizee), und da dies gerecht ist, ist Theodizee im engeren Sinne ohnehin kein Problem; denn Gott ist der gute Schöpfer der Freiheit und nur gerecht, wenn er die mit eigenem Willen mißbrauchte, böse gewordene Freiheit in der Hölle enden läßt = bestraft.

Daß dieses System absurd und streng theologisch gedacht widersinnig ist, liegt auf der Hand. (Ganz abgesehen davon, daß es das Problem des *unschuldig* erlittenen Leidens gar nicht erfaßt.) Der Gott dieses Systems ist kein allmächtiger Gott, der *immer alles* Wirkliche erwirkt. Er schafft geschöpfliche Freiheit, die dann nicht mehr in seiner Hand ist, sondern absolut und böse wird/ist; ja, die sich sogar gegen ihn stellen können soll. Hier wird von Gott gedacht, wie von einem endlichen Wesen, einem Menschen etwa, der da sagt: Ich habe dir alles gegeben, was du brauchst. Was du damit machst, das ist allein deine Sache. Als ob Gott auf seine Allmacht verzichten könnte! Noch schlimmer (da ja dieses System Gottes Vorherwissen von allem nicht bestreiten will): Gott schafft Freiheit, obwohl er schon weiß, daß die von ihm geschaffene Freiheit sich damit selbst die Hölle bereitet. Gott schafft Freiheit, die er selbst – gezwungen von seiner Gerechtigkeit – mit der Hölle strafen muß.

5.7.4 Das »substantielle« Wesen des Bösen und Gottes Allmacht

Das in sich Böse ist der Schmerz. Angesichts des Bösen, des Übels ist Gottes schöpferische Allmacht theologisch-begrifflich zu bestimmen nicht nur als actio (actus purus), sondern auch als wirkliche passio.

Indem Gott diese Welt schafft, schafft er sich selbst Leid. Jedes Leiden in der Welt macht ihn leiden, setzt ihm böse zu. Es läßt ihn, der allem und jedem endlich Wirklichen unmittelbar zugegen ist und dem alles und jedes endlich Wirkliche unmittelbar gegenwärtig ist und bleibt, leiden am in sich Bösen der Welt; wenn anders er sonst entweder als ein un- oder untermenschlich gefühlloser Gott zu denken wäre oder als ein Gott, der gar nicht unmittelbar mit und bei seiner Schöpfung, also *jeder* Wirklichkeit unserer Welt unmittelbar präsent, sondern wirklich anderswo wäre.

5.7.4.1 Die zuvor skizzierten Versuche, das Verhältnis »Gott und das Böse« begrifflich korrekt zu fassen, müssen allesamt als verfehlt oder theologisch defizitär beurteilt werden. Entweder ist in ihnen Gott nicht mehr der wirklich unendliche, allmächtige Gott, beim Bösen spielt er nicht mit. Oder das Böse ist nicht wirklich in seiner wirklichen Bosheit und Widrigkeit ernst genommen, sondern verharmlost. Eben diese Wirklichkeit des einzelnen *in sich* Bösen setzt aber das Theodizeeproblem voraus. Also muß auch seine »Lösung« dabei bleiben, daß »es das Böse gibt«. Was aber genau das Böse in der Welt ist, muß zu dieser »Lösung« erst noch genau bestimmt werden.

1) Das (mehr oder weniger) in sich selbst Böse ist Schmerz. Schmerzen, Wehtun ist das »Wesen« des Bösen, sein essentieller Kern. (Ausführlich dazu s. Verf., Woher kommt das Böse?, Graz 1999; ders., Schmerz und Menschenwürde. Das Böse in der abendländischen Philosophie, a.a.O., 8. Kapitel.) Ob groß oder klein, erträglich oder unerträglich, in vielem sogar noch nützlich – das Wehtun als solches wird von jedem Betroffenen spontan (sprachlich ausgedrückt) als böse *ver*urteilt. Gegen jeden erfahrenen Schmerz wird sofort »protestiert«: Er soll/sollte nicht sein.

Schmerz, Wehtun ist gewiß ein allgemeines Phänomen in der Welt, in vieler Hinsicht auch nützlich. Das soll gar nicht bestritten werden. Das ändert aber nichts an seinem ebenso allgemeinen »bösen«, »bösartigen«, »widrigen« Wesen, das in Wirklichkeit immer auch ganz konkret individuell ist. Eben diese Wirklichkeit – aktivisch formulierend könnte man sagen, das eigentliche Wesen des Bösen sei sein Widersprechen, sein Nein im und gegen das lebendige Sein der Welt – schafft keine Erklärung aus der Welt. Die Wirklichkeit nämlich, daß in konkreto Schmerzen in der Welt erlitten werden, die nur noch böse und durch nichts mehr zu rechtfertigen, d.h. als doch sinnvoll oder gar notwendig einzusehen und somit zu bejahen sind.

2) Damit, daß man auf die wesensmäßige Endlichkeit und Begrenztheit der Welt und aller Seienden verweist (Leibniz' »malum metaphysicum«), hat man lediglich die *Möglichkeitsbedingung* des Bösen, des Schmerzes genannt. So richtig das ist, so ändert das nichts an der konkreten einzelnen Wirklichkeit des Bösen, seines Wehtuns, *seiner* Sinn*widrigkeit.* Daß alles in der Welt begrenzt ist und es in ihr zu Streit und bösem Schmerz kommen kann, das Böse also *möglich* ist, macht die *Wirklichkeit* des Bösen nicht besser oder anders als sie ist. Im wirklichen Ernstfall ist jenes Wissen weder Trost noch gar Rechtfertigung des Leidens.

3) Die Bosheit, das In-sich-böse-Sein des »malum physicum«, des Schmerzes ist geradezu evident. Das eigene Wesen des Schmerzes *ist* böse. Denn was heißt »böse«? Welche Bedeutung hat dieses Wort? Vieles wird als böse bezeichnet, sei es zu Recht oder eher unbedacht; wenn z.B. eine Mutter ihr Kind schimpft: »*Du bist* böse!« Fragt man deshalb nach

dem, was in all den vielfältigen Redeweisen, also (um mit Wittgenstein zu sprechen) im *Gebrauch* des Wortes »böse« sozusagen der allgemeine »Kern« ist, so muß man sagen: Gemeint ist mit »böse« immer dies, daß etwas nicht sein soll, nicht sein sollte, nicht sein dürfte. Der Gebrauch von »böse« stellt immer einen mehr oder weniger intensiven Protest dar; es wird immer etwas *ver*urteilt. Natürlich wird vieles in der Welt verurteilt. Fragt man aber nun weiter: *Was* wird *immer* und *von jedem*, der es kennt und insofern von ihm (zumindest potentiell) betroffen ist, verurteilt?, so lautet die allein zutreffende Antwort: der Schmerz, das Wehtun. Schmerz ist somit das eigentlich Böse in der Welt. Schmerz ist sowohl psychisch als auch »physisch« gemeint, nämlich als immer »leibseelisches« Phänomen. (In *diesem* Sinne, also keineswegs rein äußerlich-»physikalisch«, ist auch der Begriff »malum *physicum*«, »physisches Übel« hier zu verstehen.)

Weiter zeigt sich, wenn wir nun sein eigenes »Wesen« bedenken, also das, was in allen verschiedenen Formen und Intensitäten gleich bleibt, Schmerz/Leiden als etwas Unbegreifliches, als etwas in sich selbst Irrationales, Dunkles, Mysteriöses und in diesem Sinne »Substantielles«, nämlich als ein »Letztes«, das nur noch als Faktum anerkannt werden kann. Natürlich begreifen wir den Schmerz auch, insofern wir seine äußeren *Ur*sachen kennen. Aber die Sache des Schmerzes selbst können wir nur erfahren und benennen. So nämlich: »Es tut mir weh!« Damit beschreiben wir seine wirkliche zeitliche Aktivität (»tut«), wir beschreiben sein »ob-jektives«, feindliches, widriges Wesen (»weh«), wir beschreiben seine »Sub-jektivität« und Individualität (»mir«), wir beschreiben seine »Anonymität« (»es«). Alles zusammen ergibt: wirkliches Leiden, Passivität.

Mysteriös ist wie gesagt letztlich vieles oder gar alles, jedenfalls theologisch gesehen. Wirklich anderes begreifen, etwas anderes bis ins Letzte durchschauen (radikales »intueri«), das können wir nie. (Allenfalls ließe sich das von unseren eigenen, geistigen Abstraktionen sagen, die wir im Geiste bilden.) Das Bekannteste und Selbstverständliche wird alsbald rätselhaft, wenn wir es näher erfassen wollen. Das gilt auch von der Wirklichkeit des Schmerzes. Hinzu kommt aber: Er wird immer als widrig, negativ, feindlich erfahren. Er macht sofort Protestieren. Er läßt nicht neutral. Gleich welcher Art und Intensität er sein mag und welches seine *Ur*sachen sein mögen, mit ihm ist sogleich unser Nein, unser mehr oder weniger intensiver Protest gegen ihn, unser (moralisch gesprochen) *Ver*urteilen als böse da.

4) Daß es das Böse in der Welt gibt, ist wohl keine Frage. Sonst gäbe es kein Theodizeeproblem. *Was* das wirklich Böse ist, war aber sehr wohl erst einmal zu fragen. Die Einsicht, daß das eigentlich und immer *in sich* Böse

der Schmerz ist, ergibt sich freilich erst, wenn wir, wieder einmal, das beachten, wozu Platon (allerdings in einem etwas anderen Zusammenhang; dort geht es um die Frage nach dem Wesen der Gerechtigkeit) rät: Nicht suchend mit den Augen in die Ferne schweifen, sondern die Augen (und *Ohren*, wäre hinzuzufügen!) aufmachen für das Nächstliegende. Er schreibt:»Schon lange liegt es uns von Anfang an vor den Füßen, und wir haben es nur nicht gesehen, sondern waren ganz lächerlich wie bisweilen Leute, die etwas in der Hand haben, dasselbe suchend, was sie haben. So haben auch wir nicht genau vor uns hingesehen, sondern irgendwohin ins Weite ...« (Pol 432) Will sagen: Seine wirkliche Brisanz und Schärfe bezieht das Theodizeeproblem nicht aus einem unbekannten, nebulösen »irgendwie« Bösen überhaupt, sondern aus konkreter Erfahrung von Wehtun und Leiden.

5.7.4.2 Schon die Wirklichkeit des in sich Bösen in der Welt verlangt eine Präzisierung des theologischen Begriffs von Gottes Allmacht. Ausgeschlossen ist, daß Gott selbst wehtut, direkt Schmerzen verursacht. Von einem bösen direkten Wirken, Erwirken und Wollen des konkreten Wehtuns seitens Gottes kann nicht die Rede sein. (Das ist nicht einmal unter uns so! Ich sage zwar: »*Du* tust mir weh.« Korrekterweise müßte ich aber sagen: »Du tust, daß *es mir* weh tut.«) Das Wesen des Wehtuns, des Schmerzens ist ja gerade das passive Leiden, das Erlitten-werden.

Anderseits impliziert Gottes Unendlichkeit und Allmacht, daß er jeder endlichen Wirklichkeit *unmittelbar* zugegen ist. Was überhaupt ist, ist durch ihn, von ihm gewollt. Aber so gewollt, *wie es* ist. Daß es es selbst ist und wie es selbst ist. Dem Sein des Endlichen entspricht genau Gottes Wesen und ebenso umgekehrt. Das Sein des Endlichen ist aber sowohl positiver Akt als auch (oft genug jedenfalls) negative Passion, Passivität, Leiden, das zwar kein solches Sein und Wirken ist wie alles andere, das Gott schöpferisch aktiv erwirkt, das aber doch wirklich ist; wirklicher als ein bloßes Fehlen von etwas anderem.

Heißt Unendlichkeit und Allmacht Gottes, daß alles und jede endliche Wirklichkeit, so wie sie ist, unmittelbar durch ihn, in ihm und mit ihm ist, kann ich aber nicht annehmen, daß *er* mich quält, so bleibt nur übrig anzunehmen, daß er genauso wie ich selbst gegen die Qualen ist, die mich quälen; d.h. auf seine Weise von ihnen betroffen ist und gegen sie protestiert; kurz gesagt: an meinen Qualen unmittelbar mitleidet. So wie die Welt, seine Schöpfung, in agere und pati existiert, so ist, wenn von Gott als ihrem Schöpfer gesprochen wird und dies konsequent durchdacht und durchgehalten wird, von ihm zu sagen, daß sein allmächtiges, gutes

Wesen nicht nur unendlicher »actus purus« sondern auch unendliche »passio pura« ist.

5.7.4.3 Man mag einwenden, daß sei widersprüchlich, absurd, weil unvorstellbar. Indes ist das kein durchschlagender Einwand, denn Gott haben wir uns, erstens, überhaupt nicht vorzustellen. Und was die Widersprüchlichkeit und Absurdität betrifft, so bleibt, zweitens, lakonisch zu replizieren: Die Welt ist nun einmal so, daß sie, nicht nur, aber auch, absurd und widersprüchlich ist – eben »das Böse« in ihr. Dann kann es aber auch um ihren unmittelbaren Schöpfer nicht so einfach bestellt sein, daß das Böse ihn nichts angeht!

Ein weiterer Einwand: Damit wird nur das endliche Böse verdoppelt. Doch dieser Einwand vergißt, daß die, wenn man so will, Verdoppelung schon damit gegeben ist, daß überhaupt von einem unendlichen Schöpfergott die Rede ist: Gott *er*wirkt alles, was das geschaffene endliche Seiende *selbst* (!) ist und tut. Dann auch die Realität endlichen Leidens zu »verdoppeln« ist nur konsequent.

Ein dritter Einwand: Damit wird nichts weiter erklärt. In der Tat! Einsichtig gemacht und in diesem Sinne erklärt wird gar nichts. Weder ist das Böse erklärt noch Gott, noch ist »mit Gott« etwas zu er*klären*. Es wäre ja auch merkwürdig, wenn Theologie das er*klären* würde, wovon der Glaube sagt: Das kann ich nur Gott überlassen. Theologie hat den Glauben nicht hinter sich zu lassen, sondern sie hat ihn zu explizieren, d.h. das schon ihm Unerklärliche und Unbegreifliche als solches genauer zu konzeptualisieren, es reflex bewußter zu machen.

Immerhin ist damit nun doch schon ein gewisses Mehr an Erkenntnis und Klärung erreicht: Wenn Gott wirklich Gott ist und das Böse wirklich in sich böse ist, dann ist das Böse nicht nur ein Problem *in* der Welt, sondern auch ein »Problem Gottes«, »sein Problem«. So daß theologisch-begrifflich von Gott korrekt zu sprechen, nicht mehr so einfach ist, wie man sich das früher wohl dachte.

5.7.5 Theodizee, oder: Die »Rücksichtslosigkeit« des Liebenwollens

Theodizee heißt »Rechtfertigung Gottes«. Theodizee hätte zu zeigen, wieso Gott recht hatte, diese Welt zu schaffen, in der es auch das Böse gibt. Sie hätte dies plausibel zu machen, nicht nur einfach zu behaupten wie der »einfache Glaube«, der die Sache Gott selbst anheimstellt. Sagte sie als Theologie nur, Gott selbst wird sich rechtfertigen, so wäre das ihre Selbstaufgabe, ihre Kapitulation als Theologie überhaupt. Gott selbst, so wäre dagegenzuhalten, rechtfertigt sich überhaupt nicht! Entweder er hat recht, oder er ist nicht Gott. Hat er aber recht, so *ist* eben seine Schöpfung selbst seine Rechtfertigung. Theodizee hat dementsprechend nun doch »*Kosmo*dizee« zu sein; »Kosmos« im Sinne von »diese unsere Welt«, einschließlich des Menschen, verstanden. Das heißt, Theodizee, die *nur Gott* zu verteidigen versucht, ist witzlos und überflüssig. Natürlich geht es auch um Gott, aber nicht um »Gott an sich«, sondern um Gott als allmächtigen, guten Schöpfer dieser Welt. Diese Welt bzw. das Böse in ihr wird ja zum Argument geschmiedet: So wie die Welt ist, ist an einen guten, allmächtigen Gott nicht zu denken.

Bei diesem Argument ist genau zuzusehen. Es richtet sich nicht eigentlich gegen Gott überhaupt! Als einfaches (»atheistisches«) Bestreiten von Gott und seinem Schöpfersein genommen, wird es überflüssig. Wirkliches Argument ist es aber gegenüber dem Glauben an Gott *als Schöpfer dieser Welt*. Näherhin, da sich der »einfache Glaube« von diesem Argument ohnehin nicht beeindrucken läßt, er die Sache bewußt Gott überläßt, sagt es gegenüber der *Theologie*, die das vom Glauben Gemeinte begrifflich-systematisch explizierte: Angesichts des Bösen in der Welt ist es unmöglich, an einen allmächtig-guten Schöpfergott zu denken. Jeder sagt: Das Böse sollte nicht sein. Wie soll da noch vernünftigerweise von einer nur guten Allmacht Gottes als des Schöpfers der Welt die Rede sein, da doch das Böse durch nichts wirklich zu rechtfertigen ist? Gesetzt, Gott wäre der Schöpfer unserer Welt – und wenn er es nicht ist, gibt es gar kein Problem! –, so müßte man sagen, daß er kein Recht hatte, diese Welt, so wie sie ist, zu schaffen; daß es besser gewesen wäre, sie nicht zu schaffen. Auch das Jenseits ist ja keine Rechtfertigung des Bösen im Diesseits. Die Welt ist zu böse, als daß man sie als bezahlbares Eintrittsbillet zum Jenseits akzeptieren könnte. Diesen Preis ist das Jenseits nicht wert. Man müßte das Eintrittsbillet als zu teuer zurückgeben.

Mit dieser bekannten Geschichte aus Dostojewskis Roman »Die Brüder Karamasov« erhält das Theodizeeproblem als Argument gegen die Annahme eines sowohl allmächtigen als auch guten Schöpfergottes seine schärfste Zuspitzung. Ivan Karamasov sagt nicht nur, wie z.B. schon Kant in seiner Abhandlung »Über das Mißlingen aller philosophischen Versuche in der Theodizee« und viele nach ihm, daß eine *positive* Rechtfertigung Gottes als Schöpfer der Welt nicht möglich sei. Er sagt, viel schärfer und aggressiver, darüber hinaus: So schlecht/böse wie die Welt ist, dürfte sie eigentlich überhaupt nicht sein, sie ist gleichsam ein ungeheuerlicher Mißgriff Gottes. Ivan stellt eine »negative Kosmodizee« auf. Die theologische Seite dieser »negativen Kosmodizee« sähe dementsprechend so aus:

Ein wirklicher Schöpfer dieser Welt wäre nicht als allmächtig gut, sondern als verantwortungsloses Ungeheuer zu denken.

Ivans »negative Kosmodizee« wird indes erst von Bedeutung für die Theologie, wenn man sie als Kritik an der Allmachts*theologie* nimmt, sie also als selbst theologische Reflexion versteht und ernst nimmt. Ansonsten wäre, was Ivan vorträgt, nichts Neues. Denn daß das Böse in der Welt wirklich ist bis zum Ungeheuerlichen und daß es mit nichts zu rechtfertigen ist, das ist ja nichts Neues. Neu ist aber, was Ivan nun zumindest implizit von Gott behauptet: Er hätte diese Welt nicht schaffen dürfen, denn sie ist es nicht wert zu sein. Darin besteht seine eigentliche Herausforderung an die *Theologie*, an *ihre* Theodizee. Was kann *sie* gegen Ivans These (die also, wie zu beachten bleibt, auch nur eine in literarischer Form vorgetragene Theorie ist, nicht einfach identisch mit der unstrittigen Wirklichkeit des Bösen, auf die sie sich beruft!) setzen, so wie die Welt ist, könne sie nur ein Mißgriff eines »allmächtig-guten« Schöpfers sein?

5.7.5.1 Methodischer Rückblick angesichts von Ivan Karamasovs »negativer Theodizee«

1) Ein nur richtiger *Begriff* von Gottes Allmacht hülfe der Theologie nicht, wenn er *nur ihre* Erfindung, *bloße Theorie* wäre. Natürlich ist er immer auch *ihr* Begriff. Aber um glaubwürdig zu sein, muß er an der Welt »abgelesen« werden können. Um die Welt geht es ja, und um die »*Welt*macht« ihres Gottes. Nur wenn und weil die Welt selbst *nachweislich*, »sichtbar« besser ist, als Ivan behauptet, kann Theodizee der Kritik entgehen, *bloße* Theorie zu sein, nur eine ad hoc erfundene, rein begriffliche Konstruktion zu sein, erfunden zum Zwecke der Immunisierung ihres Begriffs von Gottes Allmacht. Wie Ivans Rede für eine *realistische* »negative Kosmodizee« stehen will: »Das Böse in der Welt ist so übermächtig und durch nichts zu rechtfertigen, daß diese Welt nicht hätte geschaffen werden dürfen!«, so *realistisch* muß auch Theodizee sein, wenn sie glaubwürdig sein soll.

Daß beide Positionen auch *wertend* sind und somit »subjektiv« (dazu s.o. Einleitung 2.1), das verschlägt dabei nicht. Schließlich enthält jedes Aufstellen einer Theorie zu einer Sache ein Bewerten derselben. Entscheidend ist vielmehr: Wie Ivan seine Sicht mit dem objektiv Bösen empirisch begründet und gerechtfertigt sieht, so muß auch Theodizee empirisch verifizierbar sein, soll sie nicht als zu leicht befunden werden. Ihre »positive Kosmodizee« muß mit der Welt übereinstimmen.

In der Theodizee geht es um die Güte der Allmacht Gottes. Also um mehr als um sein sozusagen rein physisches »Machen«/Seinlassen der Welt. Das ist vorausgesetzt, ist aber an sich noch nicht gut im Sinne von gütig, sondern daran gemessen nur erst neutral, so wie Macht und Machen in der Welt als ein an sich neutrales, bloßes Faktum betrachtet werden kann. Nun ist aber die Welt nicht nur eine neutral physische Welt, sondern sie selbst (zumindest Ivan) verurteilt das physisch Böse in ihr als nichtseinsollend und bekämpft es dementsprechend, so gut sie kann – was nach Ivan Gott eben nicht tut. Ivans Theorie bestreitet also nicht einfach Gottes Allmacht; sie sagt auch nicht, Gott selbst »mache«/wolle das Böse, er selbst quäle die Leidenden. Auch von einer Ohnmacht Gottes, seinem Nichtkönnen kann hier nicht die Rede sein. Sie sagt schlicht: An christlich-menschlichen Maßstäben gemessen – und andere als menschliche Maßstäbe haben wir nicht –, ist Gottes Allmacht nicht als gut/gütig zu denken. Da sie das Böse zuläßt, wäre sie als grausam, rücksichtslos, als sittlich verwerflich zu denken. Und das wiederum heißt: Die Welt, so wie sie ist, dürfte nicht sein, sie ist ein Mißgriff, nicht wert zu sein.

2) Ziel der Theodizee muß also sozusagen die in sich stimmige und empirisch gewonnene These sein: *Deshalb* hat Gott *zu Recht* die Welt geschaffen. Diese hier nur erst allgemein formulierte These ergibt sich aber noch nicht aus den bisherigen Überlegungen zum Verhältnis von Gottes Allmacht und menschlicher Freiheit (5.6) und zum Verhältnis Gottes zum »physisch Bösen« in seiner Welt (5.7.4). Deren Ergebnis ist noch keine *positive* Rechtfertigung von Gottes Schaffen dieser Welt, sondern stellt nur erst seine *Entlastung* von dem möglichen Vorwurf dar, er selbst bewirke und wolle mittels böser menschlicher Freiheit das Böse, und von dem möglichen Vorwurf, er sehe dem Bösen in seiner Welt nur unbeteiligt-unbetroffen zu.

Insbesondere die These, daß Gott selbst auf seine Weise an allen Schmerzen in seiner Welt leidet, enthält zwar schon eine Modifizierung der Allmachtsthese: Gottes Allmacht ist nicht als nur aktive zu verstehen. Aber allein damit ergäbe sich lediglich so etwas wie ein tragisches Gottesbild. Wäre das schon alles, so bliebe die eigentliche Theodizeefrage unbeantwortet. Ivan würde dazu sagen: Dann umso schlimmer!

Auch das Bestehen auf menschlicher Vernunft und Freiheit ergibt noch keinen *positiven* Rechtfertigungsgrund für Gottes Schaffen dieser Welt. Jedenfalls würde Ivan demjenigen, der sagt, schon um der menschlichen *Freiheit, Vernunft* und *Selbst*verwirklichung willen hat Gott zu Recht diese Welt geschaffen und um ihrer unvergleichlichen Würde willen auch das Böse in Kauf genommen, entgegnen: Diesen Preis ist Freiheit nicht wert! Meine Freiheit, sollte sie das eigentliche Ziel des Ganzen sein, rechtfertigt doch nicht all das Böse, das von anderen um ihretwillen erlitten werden mußte. So schwer wiegen Freiheit und Vernunft und ihre »Würde« nicht, daß sie die Schmerzen und Leiden der Welt, die ich in die andere Schale der Waage lege, nach oben steigen lassen könnten. Um diesen Preis erkauft, könnten Freiheit und Vernunft nur schamrot werden.

Um im Bild zu bleiben: Um Ivans »negative Kosmodizee« und seine darin enthaltene Behauptung, Gottes Schaffen könnte nur als ein ungeheuerlicher, unverantwortbarer, nicht zu rechtfertigender Mißgriff gedacht werden, zu widerlegen, müßte schon Gewichtigeres in die andere Schale der Kosmodizee gelegt werden. In die Schale der *Kosmo*dizee! Das Gewichtigere müßte also ebenso etwas Reales in unserer Welt, eben dem Kosmos sein wie das Böse, das nach Ivan die Welt im Ganzen zu einem Fehlprodukt macht. Erst wenn es dieses Gewichtigere in der Welt gibt, kann Theodizee geradezu zum Gegenangriff übergehen und sagen: *Deshalb* hat Gott *zu Recht* die Welt geschaffen.

3) Theologie ist Reflexion über den Glauben. Ihre »Sache« ist keine andere als die »Sache« des Glaubens. So kann auch Theodizee nur die »Sache« des Glaubens begrifflich schärfer artikulieren und bewußter machen. In der Sprache des »einfachen Glaubens« hört sich diese »Sache« schlicht so an: Wir glauben an das Jenseits, an »Auferstehung und ewiges Leben«. Um des vollendeten, besseren Jenseits willen ist das Diesseits, in dem es auch das Böse gibt. Beides ist von Gott geschaffen. Wie aber mit dem besseren Jenseits das Diesseits bzw. das Böse überwunden sein wird, so wird es sich mit Gottes Allmacht verhalten: Sie muß stärker sein als das Böse.

Dieses »stärker als das Böse« von Gottes Allmacht wäre also genauer zu explizieren, und zwar so, daß damit die innere Richtigkeit, das »Recht« dieser Allmacht plausibel wird. Plausibel aber nicht als bloße »Jenseitssmacht«, sondern auch schon als »Diesseitssmacht«. (Dazu s.o. 5,1-3.)

Gottes gute Allmacht ist ja nicht aufteilbar. Von der Welt können wir zwar, trotz der »Identität« von diesseitiger unvollendeter und jenseitiger vollendeter Welt, so reden: die diesseitige Welt – das Jenseits. Wir können auch ihre Gegenwart und ihre jenseitige Zukunft als ein Um-zu darstellen. Von Gottes unendlichem allmächtigem Wesen, dem alles, so wie es ist, zugleich und immer gegenwärtig ist, so zu sprechen ist hingegen ein bloßer Anthropomorphismus. Seine Allmacht kann nicht so gedacht werden, daß auch sie selbst *erst* im Sinne eines Um-zu wirkt, wobei das Frühere im Späteren, dem Um-zu verschwindet. So gedacht würde Gott selbst zu einem zeitlichen Werdegott.

Doch selbst wenn man so von Gott spräche, bliebe Ivans Kritik gültig: Dieses Um-zu mag im Großen zutreffen, auf das diesseitige Böse hin gedacht, wird es pervers. Hier verliert es sein Recht. Es taugt nicht dazu, hier, angesichts des wirklich Bösen, zu erweisen, daß Gottes Allmacht recht hat: recht hat schon als »*Diesseits*macht«. Hier scheitert die Logik des Um-zu. Soll Gottes Allmacht auch hier noch zu Recht als gut, als stärker als das Böse geglaubt werden, so muß Theodizee anderes als die Logik des Um-zu aufbieten. So »*logisch*« kann Theodizee nicht sein. So »*logisch*« versteht sich auch der Glaube nicht. Sein »stärker als« meint ja: *trotz* des Bösen, des Sinnlosen, ja Sinnwidrigen, das aber wirklich ist. Gottes Allmacht wäre seine »*Über*macht«, die dem Bösen »nur« standhält, es dabei weder bejaht, noch einfach vernichtet. Gibt es aber eine solche Übermacht? Und zwar *in* der Welt, im »Kosmos«! So daß Theodizee sagen kann: Schon in der Welt gibt es nachweislich diese stärkere Macht. Das Wieso ihres Stärkerseins als das Böse läßt sich auch plausibel machen. Nach *ihrer* »Logik« ist auch Gottes allmächtig-gutes Schaffen zu bestimmen, wenn anders sie ja als Weltmacht von ihm geschaffen/»bewegt« wird. So daß man schließlich anthropomorph sagen kann: Um ihretwillen und so wie sie will auch er die ganze Welt.

5.7.5.2 Positive Kosmodizee
1) Lieben, die »wahre« Freiheit

Der Titel oder der Name der größeren, stärkeren Macht in der Welt, welche die Theodizee auf die andere Waagschale der Kosmodizee zu legen hat, lautet »die Liebe«. Deren Eigengewicht macht, daß die Waage sich zur anderen Seite neigt: positive Kosmodizee, obwohl Masse und Gewicht des Bösen nicht zum Verschwinden gebracht sind.

»Die Liebe«, das ist nur erst ein Titel, ein Schlagwort. Gemeint ist hier das Lieben, das Tun, das »Handeln aus Liebe«, ihre *Ver*wirklichung in der Welt, die das »eigene Wesen« der Liebe erkennen läßt; so daß auch ihre Macht, ja, Übermacht auf den Begriff gebracht werden kann.

Gäbe es die objektive Wirklichkeit des Liebens als stärkere Macht als das Böse nicht, so könnte Ivans negative Kosmodizee das letzte Wort behalten. Die positive Kosmodizee behauptet aber: In Ivans Weltbild, das an sich nichts Falsches enthält, fehlt etwas, das nicht minder real ist als das Böse; das sich vor allem selbst (!) als stärker und gewichtiger als das Böse versteht. Eben dieses Selbstbewußtsein der wirklich Liebenden erfindet die positive Theodizee nicht. Sie bringt es nur auf den Begriff, sie artikuliert nur genauer, was sie vorfindet. Mit ihrem Weltbild gibt sie gleichsam beiden Parteien Recht: den schuldlosen Opfern des Bösen und den Liebenden, die sehr wohl die Protestschreie gegen das Böse hören und mitprotestieren; und die doch Ivans These nicht beipflichten, so wie die Welt sei, dürfte sie überhaupt nicht sein.

Die positive Kosmodizee bringt also nicht eine bloße Idee von »Liebe« als an sich denkbare schöne Möglichkeit ins Spiel, sondern deren geschichtliche Wirklichkeit. Gäbe es nicht wenigstens *eine* wirkliche »Liebesgeschichte«, so bliebe Theodizee vergeblich. Als christliche Theologie hat sie natürlich insbesondere Jesus Christus, näherhin den historischen Jesus von Nazareth und seine Geschichte vor Augen. Sie kann und darf und sollte aber auch auf andere »Beispiele« zeigen und sie zu Wort bringen – frei nach dem Johannesevangelium (14,12), das Jesus zu seinen Jüngern sagen läßt: Wer an mich glaubt, wird die Werke, die ich tue, auch selbst tun, und er wird noch größere tun. Jedenfalls hat sie nicht eine zeitlos-übergeschichtliche *Meta*physik der Liebe auszudenken, sondern ein geschichtliches Faktum unserer Welt zu reflektieren, das immerhin heute möglich und auch wirklich ist. Ein Faktum, das, seiner eigenen »Art« entsprechend begriffen, noch mächtiger erscheint als Freiheit und Vernunft, die als Reflexion über das Böse seiner Wahrheit immer nur verhaftet bleiben. Und die, als vernünftige Praxis, das Böse in der Welt zwar minimieren, im einzelnen auch »vernichten« können (und sollen), ihm aber damit noch nichts seinem eigenen Wesen nach und in sich Übermächtigeres, Anderes, Neues gegenüberstellen. Mit diesem anderen, neuen Faktum wird positive Kosmodizee zur Reflexion der erst »wahren« vernünftigen Freiheit und ihrer eigentlichen »Würde« in der Welt.

2) Nur die Macht der egoistischen Gene?

Vor dieser Reflexion soll zunächst ein Einwand bedacht werden, der ihr von vornherein den Boden der Tatsachen bestreiten will. In der Sache ist seine Argumentation nicht gerade so modern wie seine Formulierung: »Alles, auch die sogenannte Liebe, ist nur Sache der eigennützigen Gene.« Früher hieß das einfach: »Alles ist nur Natur, insbesondere das Wollen; somit auch das Wollen, das »Liebe« heißt. Indes kann die Theodizee bzw. positive Kosmodizee dieser Argumentation gegenüber gelassen bleiben. Auch diese Argumentation muß ja von menschlichem Lieben ausgehen bzw. von dem, was man so nennt. Gene sprechen noch nicht. Anthropomorph also. Das, was wir als Liebe bezeichnen und meinen, und zwar doch als etwas Besonderes – sonst bedürfte es nicht eines eigenen Wortes –, das wird in jener Argumentation universalisiert, naturalisiert, verallgemeinert zu einem allgemeinen »Gesetz« des biotischen Kosmos. Menschliches Lieben ist dann nur die bewußtere Verwirklichung jenes allgemeinen Gesetzes, dem auch die Ameise »gehorcht«, die sich um des Überlebens ihres Staates sogar aufopfert. »Lieben« ist nur ein anderes Wort für den natürlichen Selbsterhaltungswillen im Biokosmos; Selbsterhaltung *und* Arterhaltung, wobei letztere das Vorrangige ist. Geradezu naiv-platonisch wird der Biokosmos als ein (evolutionärer) Stufenbau konzipiert, in dem sich das Niedrigere dem je Höheren zu opfern hat, das Individuum für die Art, die niedrigere Art (oder auch Rasse) für die höhere.

Wenn nun dies das *Liebes*gesetz der Gene ist – nehmen wir es einmal hin –, so muß man angesichts der letzten Gattung Mensch entweder sagen, daß die Gene hier sozusagen auf der obersten Stufe, am Ende also spinnen und »verrückt« spielen, oder daß ihr angeblich ehernes Gesetz eben doch nicht mehr so einfach und ehern ist, wie es für die bisherige Evolution des Biokosmos ja gelten mag. »Verrückt« spielt nämlich nun das Bewußtsein des Menschen, der doch auch nur dem biotischen Selbst- bzw. Arterhaltungstrieb der Gene gehorchen müßte; dem erst recht und bewußt angelegen sein müßte, was schon die unbewußte Natur »liebend« tut: sich dem je Höheren, Wichtigeren opfern bzw. opfern lassen. Wer aber oder was soll hier noch Höheres sein? Die Mensch*heit*? Wer »liebt« schon und stürbe gar – außer Akademikern – für die Mensch*heit*? Und ist die *Gattung* Mensch etwas Höheres? Doch nur auf dem Papier. Geliebt wird nicht die Gattung, sondern werden konkrete Individuen. Und diese nicht *als Art*genossen, sondern als mir *gleich*artig und um ihrer selbst willen. Also auch nicht um einer *höheren* Art oder auch nur um der *Erhaltung* der eigenen *Art* willen. Wo die angeblich allmächtigen Gene am deutlichsten zutagetreten müßten, im Bewußtsein der Liebenden, verblasst ihre eindeutige Gesetzmäßigkeit gerade ins Unmaßgebliche und Wirkungslose. (Zu ihrer Rettung muß dann das Unterbewußtsein einspringen; oder es wird, geradezu wieder mythologisch, »*die*« Natur beschworen, womit sich alles genauere Zusehen erübrigt.) Mit dem verglichen, was die Gene wollen und leisten, ist das Wollen und Tun der Liebenden überflüssig und in der Tat geradezu verrückt; eine Eskapade der Nur-Natur; ein Überbieten und Aufheben ihrer Nützlichkeitsstrategien. Statt es mit verbalen Tricks doch auf »die Macht der Gene« zu reduzieren, ist daher zu fragen, *wie es* sich verwirklicht – wobei zum Wie auch das Selbstbewußtsein der Liebenden gehört, also *ihr* Wissen und Wollen, *ihr* Selbstverständnis, das ja so objektiv wirklich ist wie ihr faktisches Handeln.

Es geht auch nicht nur um »die Liebe« als Gefühl! Jedenfalls ist das nicht das Entscheidende und Gewichtige, das hier auf die Waagschale der Kosmodizee zu legen ist. Da ließe sich sagen: Das Gefühl der Liebe – etwa der Verliebten – ist *nur* subjektiv, es ändert nichts an der Welt. Auch wenn schon das nicht ganz zutrifft, soll es hier nur um das Tun der Liebe, um das Handeln bzw. um das Handelnwollen aus Liebe gehen. Daß das Gefühl mächtig mitspielen kann, ist unbestritten. Aber dem wirklich Liebenden geht es nicht um *sein* Fühlen, sondern um das »Objekt« seines Liebens. Und die Kosmodizee hat das Ganze dieses Sachverhaltes zu beleuchten, der ebenso objektive Wirklichkeit ist wie das Böse, das Leiden in der Welt.

3) Die Übermacht des Liebenwollens

Lieben lebt in mancherlei Gestalten. Am deutlichsten macht sie ihr eigenes Wesen erkennbar, wo sie sich selbst auch sprachlich zum Ausdruck bringt mit dem einfachen »Ich liebe dich«. Das ist zwar selbst nur »Ausdruck«, von uns aber zu verstehen als objektiv gemeinte Aussage über die »Sache«, die Wirklichkeit des Liebens. So daß wir uns zur Darstellung dessen, was mit »Lieben« als Phänomen in der Welt gemeint ist, diesen Satz zur Maßgabe nehmen können.

Das »Ich liebe dich« kann auch mißbraucht werden. Doch darum geht es hier nicht. Abusus non tollit usum. Sondern nur um die Wirklichkeit des Liebens, die ihrerseits auch ohne Worte wirklich sein kann. Das »Ich liebe dich«, aktuell so gemeint, ist die vorgegebene, phänomenale Maßgabe der Reflexion. Deren Sache ist es, da sie das »Ich liebe dich« gehört hat, sich dem »sichtbaren« Phänomen selbst zuzuwenden, das sich so »ausgedrückt« hat, und es begrifflich zu »erklären«, nämlich im einzelnen genauer zu beschreiben.

In unserem Zusammenhang (»die Liebe, die größere Macht in der Welt«) muß es vornehmlich um den (die) Liebenden gehen, um das Subjekt des »Satzes«: »Ich liebe dich«. Selbstverständlich um ihn in seinem Lieben des Anderen. Es geht nicht um »die« Liebe, sondern um das, selbstverständlich endlich-zeitliche, Lieben. Um *die* Liebe, von der auch gesagt werden muß, daß sie »kommt und geht«, daß sie mehr oder weniger intensiv oder stark sein kann. Wie der Liebende ist auch sein Lieben ein durchaus endliches, »nur« menschliches Phänomen.

a) Der Satz »Ich liebe dich« (wir bleiben bei ihm, haben aber die Sache selbst »vor Augen«) sagt nichts über ein Warum. Warum der Liebende liebt, weiß er nicht. Er »weiß« nur, daß er jetzt liebt. Er weiß vielleicht auch, daß dieses Gegenwärtige nicht immer so sein wird, so wie es ja nicht schon immer war. Aber dies Gegenwärtige ist für ihn wirklich, sowenig er dafür einen Grund angeben kann; sowenig es für ihn etwas nur »Not-wendiges«, praktisch Nützliches ist. Es ist »einfach der Fall«. – Um so unverschämter eigentlich, ihn besserwisserisch darüber »aufklären« zu wollen; angefangen vom »Liebe ist nichts anderes als...« bis schließlich zum »Sie ist nur eine Illusion.« Für ihn – und um ihn, sein Lieben geht es – ist sie wirklich, somit für die Reflexion eine *Wirk*lichkeit in/an der objektiven Welt. Sie hat ja auch objektive, »sichtbare« Folgen.

Lieben hat keinen und weiß selbst keinen weiteren Grund, kein »früheres« Warum. Auch das Gefühl ist kein Warum, sowenig es mit dem Lieben zu identifizieren ist. Es kann sich einstellen, die Liebe umspielen, aber der Liebende liebt nicht sein Gefühl, sondern er »sagt«: »Ich liebe *dich*.« Lieben ist Wollen, das angesichts seines »Objektes« zum »Ich will« wird. Was aber will der Liebende? Was kennzeichnet sein »Ich liebe dich« als *liebendes* Wollen?

b) Der Liebende »sagt« nicht einfach nur »Ich will dich«. Das ist selbstverständlich mitgemeint. Aber das Dasein des Du, des Anderen als solchen, das ist vorausgesetzt. Es ist genaugenommen Zufall, nur hinzunehmen, nicht eigentlich »Gegenstand« des Liebens als aktiven Wollens. Nur, sowenig das »bloße Du« oder Dasein des Anderen formeller Gegenstand des Liebenwollens ist, sowenig kann es dem Liebenden gleichgültig sein. Anderseits meint das »Ich liebe *dich*« eben nicht das »bloße Dasein« als solches, sondern mehr. Über das bloße Dasein des Anderen hinaus ein bestimmtes »*So*sein«, »*Solebensollen*« des Anderen.

c) Das »Ich liebe dich« meint auch mehr als »Ich möchte, will, daß es dir *gut* geht.« Auch das ist selbstverständlich mitgemeint. Aber das »Ich liebe dich« ist sozusagen noch anspruchsvoller. Der Liebende ist damit allein, daß der Andere nur zufrieden ist, nicht zufrieden. Was er eigentlich will und möchte, und was er seinem Lieben geradezu vermessenerweise zutraut, das ist, daß der Andere *gerne lebt*. Der Liebende ist – und das ist der entscheidende springende Punkt – gleichsam Maximalist; jedenfalls jetzt, und mag er es nur für den »Augenblick« sein.

d) Vermessen ist das »Ich liebe dich« insofern, als der Liebende das gerne Leben, mit einem anderen Wort: das Glücklichsein des Anderen gar nicht selbst »machen«, »besorgen« kann, es dennoch möchte, ja, will. Zufrieden könnte er ihn, soweit es eben objektiv möglich ist, machen. Aber das genügt ihm nicht. Der Andere soll glücklich sein, eben *gerne* leben. Das ist gemessen an und verglichen mit Zufriedenheit, geradezu ein überflüssiger Luxus; nicht notwendig und doch möglich. Der Liebende »sagt« jedenfalls: Es ist möglich, und dafür tue ich alles, war mir nur möglich ist. Dem Liebenden ist das *gerne* Leben des Geliebten, wie man auch sagen könnte, das Wichtigste oder der höchste Wert in der Welt. Er macht auch das Glück des eigenen Liebens aus.

e) Ob andere das auch so sehen, ja, ob sein Lieben wirklich »erfolgreich« ist und *was* er dafür tun kann, das ist eine andere Frage. Keine Frage ist, daß damit für den Liebenden nicht nur der Geliebte, sondern die Welt der höchste Wert ist. Natürlich nicht die Welt in allem Einzelnen. Aber die Welt insofern, als der von ihm Geliebte, wie auch er selbst, ja nur und als

»Teil« der Welt überhaupt wirklich ist. Gegenstand seines Liebens ist nicht ein Abstraktum, sondern ein konkretes »Stück Welt«; nicht ein namenloses Allgemeines wie die Mensch*heit*, sondern ein bestimmter Mensch bzw. dessen *gerne* Leben. »Ich liebe dich« heißt: Du sollst mit Leib und Seele gerne leben. »Unthematisch«, so könnte man sagen, liebt also der Liebende mit dem Geliebten auch die Welt. Denn ohne sie wäre das »Ich will, daß du gerne lebst!« gegenstandslos, wäre das Du ein weltloses Du. Darum geht es aber dem Liebenden nicht. Er meint, wie gesagt, den Anderen »mit Leib und Seele«, mit »Seele und Leib«.

f) Was der Liebende will, das wird aber nun auch (nicht immer!) durchkreuzt durch das Böse, durch den Schmerz, der den Geliebten leiden macht. Und es ist eben dieses Böse, das auch den Liebenden leiden macht, ihn zum im vollen Sinne des Wortes Mit-leidenden macht. Sein »Ich will/möchte, daß du *gerne* lebst« wird zum »Wenn ich könnte, litte ich für dich.«

Das ist mehr als (sit venia verbo) »gewöhnliches Mitleid«. Unser gewöhnliches Mitleid sieht das Leiden des Anderen, das Böse, ist auch erschüttert oder entsetzt, hilft auch, soweit es nur geht. Aber daß wir »sagen« würden: »Wenn ich könnte, litte ich für dich«, das trifft eben nicht zu. Viel schon, wenn wir helfen und tun, was uns möglich ist.

Letzteres tut der Liebende selbstverständlich auch. Aber es ist geradezu die Vermessenheit des Liebenden, der nicht nur will, daß es dem Geliebten gut gehe, sondern will, daß er glücklich sei und *gerne* lebe, die angesichts des Bösen, welches den Geliebten quält, auf ihn selbst zurückschlägt und ihn selbst unglücklich macht, ihn selbst leiden macht. Ihm tut es wirklich weh, nicht helfen zu können. Das Böse, das den Geliebten quält, trifft auch ihn.

Er könnte dem entgehen, indem er selbst nur noch sachlich-nüchtern, »nur vernünftig« würde. Aber dann wäre er nicht mehr der Liebende, würde er nicht »sagen«: »Wenn ich könnte, litte ich an deiner Stelle.« So aber leidet er lieber, als den vermessenen Anspruch, der Geliebte sollte glücklich, gerne leben, herunterzuschrauben auf das Maß des »Vernünftigen«.

»Er leidet *lieber*«, das heißt nicht, daß er das Böse, sein Mitleiden bejahe, wolle. Der Liebende ist kein Masochist. Süß ist der Schmerz nur in süßlicher Literatur. »Lieber«, das heißt hier vielmehr: Sein Lieben ist stärker als das ihn treffende Böse. Es vernichtet das Böse, sein Leiden nicht. Der Liebende erträgt es, widerwillig, als Preis seines Liebens, den die Welt ihm abverlangt. Eben die Welt, in der er will, daß der andere gerne lebe.

g) Der Liebende verurteilt wie jeder Vernünftige das Böse in der Welt: Es sollte, es dürfte nicht sein; jedenfalls nicht so, daß es das *gerne* Leben unmöglich macht, das in ihr doch auch möglich ist. (Und sei es als »Illusion« des Liebenden.) Somit verurteilt der Liebende auch nicht einfach die Welt als böse, sie sei nur ein Mißgriff, sie dürfte eigentlich nicht sein. Das hieße ja, er müßte auch sein Lieben als Mißgriff verurteilen und ebenso das *gerne* Leben des Geliebten. Sowenig er »sagt«, alles sei gut, sowenig »sagt« er, die Welt sei nicht wert zu sein. Er würde sich selbst widersprechen und aufgeben, würde er »sagen«, besser wäre die Welt wegen des Bösen nicht. Was er »sagt« und wofür sein Lieben, sei es als »erfolgreiches«, sei es als mit selbst Leiden bezahltes, einsteht, ist dies: trotz des Bösen »lieber« so als gar nicht. Für ihn bleibt das *gerne*-Leben des Geliebten, das ihm ja wirklich möglich erscheint und wofür er deshalb alles tut, das Gewichtigste in dieser Welt. Und sein Lieben – so »subjektiv« es für die weitere Reflexion ist – ist mit seinem »Trotz« dem eigenen Schmerz gegenüber die stärkere Macht.

Der Liebende kann das Böse in der Welt nicht vernichten. Aber seine Liebe »sagt« (gleichsam um des Geliebten willen): die Welt soll sein, um des *gerne*-Lebens willen ist sie wert zu sein. Damit »widerspricht« sie der negativen Kosmodizee Ivan Karamasovs, in dessen Weltbild sie nicht vorkommt. Ivan sieht das Böse in der Welt; selbst Freiheit und Vernunft sind nicht gut, gewichtig genug, das Sein dieser Welt zu rechtfertigen. Eben dies »behauptet« dagegen die Liebe der Liebenden: Wir sind auch noch da!

Der Einwand, das sei »nur« geistigerweise so und somit zu leichtgewichtig, sticht nicht. Er ist eher zynisch gegenüber dem wirklich Mitleidenden. Wenn man aber schon von »*nur* geistig« sprechen will, dann sowohl von der Liebe als auch vom Schmerz! Und dann ist eben die Liebe auch hier die stärkere Macht. – Für das »Materielle«, also die *Voraussetzungen* des *gerne* Lebens des Anderen, ist im übrigen ohnehin nicht die Liebe als solche zuständig – sie will gerade das Mehr –, sondern die Vernunft und ihre verständige Praxis.

Ist das Böse, der Schmerz eine Macht, so ist das trotzdem Weiterliebenwollen des Liebenden die größere Macht. Gewiß läßt sich die »Macht der Liebe«, trotz des Komparativs »größer«, nicht eigentlich mit der »Macht des Bösen« vergleichen. Das Böse, der Schmerz als solcher hat mit der Liebe nichts zu tun. Die Liebe hingegen ist die Macht, ihn, wenngleich nur widerwillig, zu ertragen, ihn so zu »überwinden«, auch wenn sie ihn nicht zu vernichten mag. Eben dies ist ihre »Übermacht«, die sozusagen eine *qualitativ* andere, aber eben doch wirkliche ist. Sie ist rücksichtslos gegen sich selbst – was von der aggressiven Macht des Bösen gerade nicht gesagt werden kann. In der selbstlosen Rücksichtslosigkeit des Liebenden, dem das gerne Leben des Geliebten das Wichtigste in der Welt ist, liegt seine Übermacht. »Über«-macht meint aber nicht eine ganz andere, neue Macht neben der »Macht der Natur« und ihres Wollens, sondern deren höhere Qualität, die sich ergibt aus dem Mehr, das sie »vermessenerweise« will, nämlich daß der Geliebte gerne lebe, glücklich sei. So »überflüssig«, »luxuriös« dies der bloß vernünftigen Natur und ihrer Freiheit erscheinen mag, so fremdartig und seltsam bleibt ihr die Übermacht der Liebe.

5.7.5.3 *Theo*dizee: *Gottes* »rücksichtslose« Allmacht

Theodizee hatte zunächst *Kosmo*dizee zu sein. Als solche ist sie nicht Metaphysik, keine »Spekulation«, sondern nur erst ein genaueres »Nacherzählen« der »*Geschichte* der Liebe«. Hatte Ivan in die eine Waagschale der Kosmodizee das Böse gelegt, so daß selbst Freiheit und Vernunft in der anderen Schale nach oben schwebten, so legt sie das Faktum wirklichen Liebens, der »wahren«, mehr als nur vernünftigen Freiheit hinzu. Das ist selbstverständlich parteiisch. Positive Kosmodizee nimmt Partei für die Liebenden. Aber es ist keine willkürliche, nur subjektive und auch keine blinde Parteinahme. Die positive Kosmodizee reflektiert nur, daß es in der Welt *auch* die Liebenden gibt; und sie artikuliert nur, was *sie* wollen und »sagen«. Und wie die Liebenden selbst ist sie nicht blind, sondern weiß genau um all das Böse in der anderen Waagschale, das auch sie nur verurteilen kann. Mit den Liebenden gibt sie allen Opfern des Bösen in der Welt recht, bestreitet aber auch mit ihnen die Wahrheit von Ivans nur negativer Kosmodizee.

Als *Theo*dizee steht sie aber nun vor dem »Problem« der *göttlichen* Allmacht: Wie soll diese noch als »gut« zu denken sein angesichts all der unschuldigen Opfer des Bösen in der Welt? Wie soll Gottes allmächtiges Schaffen dieser Welt, wenn nicht gerade selbst böse, so doch kein »böser« Mißgriff sein? Wie kann Theodizee Gottes »Recht« begründen, diese Welt zu schaffen? Wie will sie erklären, daß Gott recht hat, sie so zu schaffen wie sie ist? Ja, daß er sie gleichsam unbedingt *so* schaffen mußte.

1) Gottes allmächtiges Schaffen der Welt
    ist »verrückt« nach ihrem Lieben

Dieses Problem kann Theodizee nur »lösen«, indem sie sich gleichsam jene maßlose Selbstüberschätzung und Rücksichtslosigkeit zu eigen macht, mit der die Liebenden »sagen«: Besser so, als gar nicht; »lieber« unter Schmerzen lieben, als nicht mehr lieben. Ihr Argument zugunsten Gottes kann nur das der Übermacht der Liebe sein, die sozusagen um ihrer selbst willen dem Bösen standhält und sich so als noch mächtiger erweist; als von besserer, höherer Qualität als die »nur« physische Macht des Bösen.

Menschliches Lieben ist nicht allmächtig. Aber im Ertragen ihrer äußeren Ohnmacht durchkreuzt sie die Macht des Bösen mit ihrem rücksichtslosen Trotz und Bestehen auf ihrem Recht, auf der Richtigkeit ihres Wollens, das als Lieben aber gerade kein »Machen«-wollen und doch wirkliches Wollen ist, nämlich Wollen, daß der Geliebte gerne lebe. Gottes Wollen ist allmächtig. Mit dem »Jenseits« setzt es ja durch, was er will. Das Jenseits ist nicht nur »gut«, sondern Glück, bleibendes *gerne* Leben aller. Dies ist es, was Gott will und wirklich macht und was seine »Allmacht« erst als Liebe kennzeichnet. Doch so nur erst als »Jenseitsmacht«.

Gottes »Jenseitsmacht«, die sein Lieben ist, muß aber auch seine »Diesseitsmacht« sein; Gottes Allmacht ist ja nicht aufteilbar. Dann muß Theodizee sagen, daß seine Liebe, die ja an all dem Bösen in seiner Welt mitleidet (s.o. 5.7.4), schon geradezu ungeheuerlich groß sein muß – und er auf seine Weise so rücksichtslos gegen sich ist wie die Liebenden in der Welt, die da »sagen«: besser so, als gar nicht. Und so wie die Liebenden, gefragt nach dem Rechtsgrund für ihr Lieben, sagen würden: Dessen Recht liegt in seiner eigenen Richtigkeit, es gibt kein weiteres Warum oder Darum, so würde Gott sagen: Um dieses Liebens willen, über das hinaus es nichts Höheres gibt, will = liebe auch ich die Welt, in der es ja wirkliches Lieben gibt. Die Liebenden in der Welt, sie geben mir recht. Sie sind, wie ich, geradezu in die Liebe verliebt und halten sie für richtig, auch wenn sie sie teuer zu stehen kommt. Diese »Selbstrechtfertigung Gottes«, die die Theodizee zu formulieren hat, mag sich ungeheuerlich, ja, irrational anhören, aber sie ist im Prinzip nicht ungeheuerlicher und irrationaler als die Wirklichkeit der Liebe in seiner Welt. Gottes allmächtiges Schaffen der Welt, sein schöpferisches Wesen ist sein unendliches Begeistertsein am Phänomen der Liebe in der Welt; das Glück ihrer Leidenschaft zu sehen, macht sein »leidenschaftliches Glück« aus.

2) Das »Jenseits«,
nicht Rechtfertigung des Bösen, »nur« Entschädigung

Nun aber die weitere »Rücksichtslosigkeit« dieses, fast möchte man sagen, ungeheuren dämonischen Weltwollens Gottes, der um des Liebens in ihr willen, um der Liebenden willen, die ganze Welt schafft. Nicht die Rücksichtslosigkeit Gottes gegen sich selbst ist das Problem der Theodizee – das ist sozusagen nur sein eigenes Problem –, sondern die Tatsache, daß es in dieser Welt ungezählte Opfer des Bösen gibt, die keineswegs »Opfer ihres Liebens« sind, sondern einfach nur leiden. Sie sind, objektiv gesehen, die unschuldigen Opfer von Gottes unbedingtem Weltwollen. Auf sie zeigt Ivan Karamasov.

So sehr nun Ivans negative Kosmodizee als nur halbrichtig zu kritisieren bleibt, weil sie *nur* diese Tatsache sieht, sowenig läßt sich diese Tatsache wirklich rechtfertigen. Auch sie zu verstehen als faktisch unausweichliche Folge der Endlichkeit der Welt ist noch nicht ihre Rechtfertigung. Theodizee kann sie nicht wirklich rechtfertigen. Aber auch Gott kann sie nicht rechtfertigen. Daß er selbst auch der Leidtragende seines »leidenschaftlichen« Weltwollens ist, das ist zwar zu *seiner Entlastung* zu sagen, ist aber nicht Rechtfertigung des *Bösen*. Zu »rechtfertigen« ist es auch nicht mit dem Glück des Jenseits. So kann Theodizee, die das Glück des Jenseits ja voraussetzt, hier nur von *Entschädigung* sprechen. Entschädigung in dem Sinne, daß etwas anderes über einen nicht reparablen Schaden hinwegtrösten kann.

Für die Opfer des Bösen mag das *jetzt* wenig oder gar kein Trost sein. Abe es ist nicht Aufgabe der Theodizee zu trösten, sondern die Wahrheit zu sagen. Zu trösten ist, soweit als möglich, Sache der menschlichen Praxis – und Gottes.

3) Zum Postulat einer möglichen besseren Welt

Wenn es also, wobei die Theodizee ja ansetzt, das Phänomen des Liebens in der Welt gibt, Gottes Allmacht insofern also *wirk*lich ist, als sie sich in den Liebenden durchsetzt und Gott gleichsam mit ihnen und durch sie sagt: Um ihretwillen soll diese Welt sein und bleiben, wie steht es dann schließlich mit dem z.B. von D. Hume vorgebrachten Argument: Als allmächtiger hätte Gott auch eine bessere Welt schaffen können, eine Welt also ohne das Böse?

Das geht gegen Leibniz' These von dieser Welt als der besten aller möglichen. Nach Leibniz erkennt Gott alle möglichen Welten. Aber er ist es seiner Güte schuldig, wenn, dann von allen möglichen Welten die mit den wenigsten Übeln, also die relativ beste zu schaffen. Also ist die wirkliche Welt die beste von allen möglichen, die Gott erkennt und will.

Das ist bei Leibniz zwar *rein theologisch*, ganz »a priori« von Gott her gedacht, aber theologisch nur konsequent. Genaugenommen sagt Leibniz damit allerdings auch schon: Die anderen möglichen Welten sind für Gott gar keine wirklichen Möglichkeiten. Somit reduziert sich auch Hume's Argumentation, die ja auch Gottes Existenz und damit sein Erkennen und Nichtwollen aller anderen »möglichen«, aber noch schlechteren Welten voraussetzt, auf die einzig noch bleibende Möglichkeit: Gar keine Welt –

man könnte auch sagen: das gleichgültige Nichts – wäre besser als diese. Dagegen steht aber die Wirklichkeit der Liebenden, die unbedingt für sie sind.

Zudem: Für die Theodizee ist ja die von Hume geforderte andere, bessere Welt wirklich: das Jenseits! Wie aber sollte ein Jenseits, das sinnvollerweise nur als die bleibende Vollendung des diesseitigen *Lebens* und insbesondere (nicht nur) der *Liebenden* und um ihretwillen gedacht werden kann, gedacht werden, ohne daß wirklich gelebt und geliebt worden wäre? Auch so ergibt sich: Hume's Argument lebt allein von der Negierung, von der leeren »Idee« einer *ganz* anderen »Welt«, die aber gar keine Welt wäre. Recht hat es nur als Protest gegen das Böse in der wirklichen Welt.

Im Ergebnis ist Theodizee nicht die zwanglos-bequeme Auflösung des Rätsels der Welt. Sie hat deren Phänomene nicht zu verschleiern, sondern zu wahren, *ihnen* gerecht zu werden, so unbequem ihr selbst das sein mag. Der Zyniker mag ja sagen: All das um des bißchen Liebens willen ...? Wenn Theodizee bestehen will, bleibt ihr nur übrig zu antworten: Genau so und nur so. Denn sie kann ihre Rationalität und Schlüssigkeit nur dem »irrational-konsequenten« Phänomen der Liebenden entlehnen, die in der Welt gleichsam das Licht sind, das auch noch der Finsternis standhält und sie so »überwindet«, ohne sie einfach vernichten zu können.

Unsere »positive Theodizee« (»Um der Liebe willen hat Gott die Welt zu Recht geschaffen.«) ist gewissermaßen das Gegenstück zu einer anderen viel älteren, ja, uralten »negativen Theodizee«: um der Gerechtigkeit willen müsse es im Jenseits die Hölle für die Bösen geben. (Die Bösen / Ungerechten, das sind natürlich immer »die anderen«. So war es wohl auch gemeint, als mir jemand erwiderte: Laß mir doch die Hölle! Damit kann ich besser leben.) Der Wunsch nach einer Hölle, den die im Kampf ums Dasein Unterlegenen ihren Siegern an den Hals wünschten, mag ja geschichtlich früher entstanden sein. Mit Paulus 1 Kor 15,42-50 ließe sich aber sagen: Wie der irdische, natürliche »Adam«/Mensch zeitlich zwar *vor* dem »zweiten Adam«, nämlich Jesus Christus war, dieser aber der »eigentliche« und »maßgebende« Mensch ist, so ist auch die »positive Theodizee« (»Um der Liebe willen hat Gott die Welt zu Recht geschaffen.«) zwar geschichtlich später als die natürliche »negative Theodizee« der strengen Gerechtigkeit für die Bösen (nach der die Welt am Ende, nämlich mit der Hölle, aber nur noch schlechter wäre, als sie jetzt schon ist). Aber erst sie entspricht dem christlichen übernatürlichen Glauben, daß Gott und die Welt eben mehr sind als nur Natur.

6. KAPITEL

Über die »Väterlichkeit«
des Schöpfergottes

Mit seinem Glauben an »Auferstehung und ewiges Leben« bekennt sich der Glaubende auch zu Gott. Nicht zu irgendeinem Gott oder zu Gott an sich, sondern zu dem einen Gott des Heils, der jenseitigen Vollendung der Welt; zu dem Gott, dessen Wesen seine schöpferische, Diesseits und Jenseits der Welt bejahende (schaffende, erhaltende, vollendende) Beziehung zur Welt ist. Dieser Beziehung, seinem Sichbeziehen auf seine Schöpfung, die »an sich« unvorstellbar ist (dazu s.o. 1. Kapitel 3), weil der unendliche Gott unvorstellbar ist, gibt der Glaube dennoch einen Namen, gleichsam ein Antlitz, indem er Gott als Vater bekennt. Gottes Verhältnis und Sichverhalten zu seiner Welt ist ihm ein väterliches. Vater, Väterlichkeit ist ihm ein Inbegriff und Symbol, ein Bild, in dem all das gesammelt zum Ausdruck kommen soll, was doch im einzelnen und genaugenommen unvorstellbar bleibt.

6.1 »Vater« im Alten Testament

Religionsgeschichtlich gesehen ist die *Bezeichnung* Gottes bzw. eines jeweiligen höchsten bekannten Gottes als Vater kein Privileg der Bibel. »Vater« als Gottesbezeichnung findet sich in der Religion der Assyrer, der Babylonier, bei den Indogermanen, in Naturreligionen. In der Antike wird oft von Zeus/Jupiter als dem Vater aller Menschen und Götter gesprochen.

Im christlichen Glauben und seiner Theologie wird von Gott als Vater in Übernahme und Weiterführung der jesuanischen Redeweise von Gott als Vater gesprochen. Jesu Sprechen von Gott als Vater wiederum ist vorbereitet durch Israels Gottesglauben: Schon im Alten Testament begegnet uns die Bezeichnung Gottes als Vater.

6.1.1 Die Stellen, an denen Gott als Vater bezeichnet wird, sind:

Dtn 32,6: »Ist er nicht dein Vater, dein Schöpfer? Dasein und Bestand hat er dir (Israel) gegeben.«

2 Sam 7,14: »Ich werde ihm (dem König Israels) Vater sein, und er soll mir Sohn sein.«

Jer 3,4.19 läßt der Prophet Israel zu Gott als Vater sprechen.

Jer 31,9: »Ich bin Israel zum Vater geworden.«

Jes 63,15f: »Verschließe dich nicht dem Erbarmen, denn du bist unser Vater.«

Ps 68,6: »Ein Vater der Waisen, ein Schützer der Witwen, dies ist Gott in seiner heiligen Wohnung.«

Ps 89,27: »Er wird zu mir rufen: Mein Vater bist du, mein Gott, und der Fels des Heiles.«

Mal 1,6: »Der Sohn ehrt den Vater, und der Knecht fürchtet den Herrn. Wenn ich nun Vater bin, wo ist meine Ehre? Wenn ich aber Herr bin, wo ist die Furcht vor mir?, spricht Jahwe Zebaoth.«

Mal 2,10: »Haben wir nicht alle einen Vater? Hat nicht ein Gott uns erschaffen?«

Aus den in Israel als nichtkanonisch geltenden Büchern des Alten Testamentes sind zwei Stellen zu nennen:

Wsh 14,3: »Deine Vorsehung aber, Vater, steuert es (das Schiff), denn du gabst auch im Meer einen Weg und in den Wogen einen sicheren Pfad.«

Jes Sir 23,1.4 (LXX): »Herr, Vater und Gebieter meines Lebens, überlaß mich nicht ihren Anschlägen ... Herr, Vater und Gott meines Lebens, gib mir nicht Hoffart der Augen!«

Hinzunehmen ließen sich etliche Stellen, an denen Gottes Handeln mit dem eines Vaters verglichen wird, z.B. Jes 1,2; Ps 103,13; Dt 8,5; Spr 3,12; Wsh 11,10.

6.1.2 Schöpfungstheologisch gesehen ist es bedeutungsvoll, wie in einigen dieser Texte Gottes Vatersein und sein Schöpfersein zusammengesehen werden. Dtn 32,6 wird es im Hinblick auf Israel gesagt, Mal 2,10 im Hinblick auf das Dasein der Menschen. Die anderen Vater-Texte sprechen die Überzeugung aus, daß Gott auch jetzt väterlich fürsorgend zugegen ist.

Weiter hat das Alte Testament kein Problem damit, das Verhältnis Gottes zum messianischen König Israels, der ja das ganze Volk repräsentiert, als das von Vater und Sohn zu bezeichnen. (2 Sam 7,14. S.a. Ps 2,2.7: Wie Israel als Volk, so ist der König ganz Gottes Geschöpf, »heute [d.h. am Tage seiner Bestellung] gezeugt«.)

Von der Vorstellung einer biologisch-physischen Abstammung Israels oder seines Königs von Gott kann in Israel freilich nicht die Rede sein. (So massiv biologisch-physisch wurde nicht einmal in Ägypten die »Göttlichkeit« des Pharao verstanden.) Es geht aber auch nicht an, das Verhältnis Gott/Vater – Israel/Sohn nur als ein »rechtliches« zu bezeichnen. Dafür ist diese Beziehung sozusagen zu intensiv. Das Rechtliche ist zwar auch wirklich, aber es ist schon konstituiert durch Gottes schöpferisches Wesen, ohne das Israel bzw. sein König nicht wären, was sie sind: Gottes Sohn. Auch dazu einige Stellen, an denen von Israel bzw. den Israeliten als Sohn bzw. Söhnen oder auch Kindern Gottes gesprochen wird:

Ex 4,22: »Israel ist mein erstgeborener Sohn.«

Os 2,1: »Einst wird die Zahl der Kinder Israels wie Sand am Meer sein, unermeßlich, unzählbar. Statt daß man zu ihnen sagt: Ihr seid nicht mein Volk, wird man vielmehr zu ihnen sagen: Kinder des lebendigen Gottes.«

Os 11,1: »Als Israel jung war, gewann ich es lieb. Aus Ägypten rief ich meinen Sohn.«

Dt 14,2: »Kinder Jahwes, eures Gottes seid ihr.«

Das sind zumindest *starke* Bilder. Sie in einem *nur rechtlichen* Sinne zu interpretieren wäre zu wenig. Anderseits sind sie auch nicht als Ausdruck einer gefühlsmäßigen religiösen Intimität zu interpretieren. Es handelt sich hier um Aussagen reflektierender Theologie, die nicht aus diesem Zusammenhang zu isolieren sind. Der Vater Israels ist und bleibt, in aller persönlichen Nähe, Liebe und Fürsorge für Israel, immer auch der Herr, die nicht hinterfragbare, erste und letzte Autorität *über* Israel. Gott ist auch als »Vater« kein Schmusegott. So ist weder sein Vatersein noch Israels Sohnsein gemeint. »Vater« bleibt eine *Bezeichnung* für Gottes Verhältnis und Verhalten zu Israel, ein Bild, das auch nicht zur vertraulichen *Anrede* Gottes wird.

6.1.3 Das Alte Testament ist freilich nicht so weit gegangen, auch die ganze Schöpfung als »Sohn« Gottes, des Vaters, nämlich ihres Schöpfers zu bezeichnen. An einer solchen allgemeinen, theologisch spekulativen Kosmologie war es nicht interessiert; ihm ging es in erster Linie um das Verhältnis Gottes zu Israel, nicht im gleichen Maße um das Verhältnis Gottes zur Welt im ganzen. Immerhin läge es an sich durchaus in der Sinnrichtung des alttestamentlichen Sprechens von Gottes väterlich-schöpferischem Verhältnis zu Israel, auch das universale Schöpfertum Gottes als ein »väterliches« zu bezeichnen: Gott, der Schöpfer und Vater seiner Welt; seine Schöpfung dementsprechend sein »Kind«, sein »Sohn«; und so auch jeder Einzelne in ihr auf seine je besondere Art und Weise. Ansatzweise könnte man dies aus Mal 2,10 heraushören: »Haben wir nicht alle einen Vater? Hat nicht ein Gott uns erschaffen?« Und der Text Wsh 14,3: »Deine Vorsehung aber, Vater ...« zeigt, daß der strenge Gottes- und Schöpfungsglaube Israels und die damals in Israels Umwelt populäre stoische Kosmologie einander nicht nur fremd und feindlich gegenüberstehen mußten.

6.2 »Vater« in Jesu Verkündigung

Daß der geborene Jude Jesus strenger Monotheist war, leidet keinen Zweifel. Hat er den *Vater*gott *verkündet?* Hat er von Gott als Vater in ganz besonderer, damals unüblicher Weise gesprochen, ihn als Vater *bezeichnet?* Hat er zu ihm als »seinem« Vater gebetet; Gott also nicht nur als Vater bezeichnet, sondern ihn auch so *persönlich angesprochen?*

Für die nachösterliche Kirche wurde der Gebrauch der Vaterbezeichnung für Gott geradezu selbstverständlich. Wohingegen es im Judentum zur Zeit Jesu obsolet geworden war, von Gott als Vater zu sprechen – schon das wurde als zu vertraulich empfunden – oder gar ihn als Vater anzusprechen. Die Selbstverständlichkeit des nachösterlich-kirchlichen Sprechens von Gott als Vater läßt sich aber aus dem ersten Osterglauben allein nicht erklären. So behält die Annahme große Wahrscheinlichkeit für sich, daß die nachösterliche Kirche so von Gott sprach, weil sie wußte, *daß* Jesus so *von* Gott gesprochen hatte.

Über dieses *Daß* hinaus ist allerdings mit historischer Wahrscheinlichkeit oder gar Sicherheit nichts auszumachen. Eindeutig authentische, sicher als jesuanisch bestimmbare »Vater-Worte« haben wir nicht. Natürlich lassen *die Evangelisten* Jesus allenthalben von Gott als Vater sprechen. Sie schildern ihn auch im Gebet mit seinem Vater, so als ob sie dabei gewesen wären. (Man denke an die Ölbergszene, wo Jesus betet: »Vater, laß diesen Kelch an mir vorübergehen!« Das »wissen« die Evangelisten, obwohl doch nach ihrer eigenen Darstellung die damaligen Begleiter Jesu eingeschlafen waren!)

Doch ist es nicht einmal sicher, ob Jesus in *größerer* Öffentlichkeit von Gott als Vater gesprochen hat. Und wie sein, wenn wir einmal so sagen dürfen, privat-persönliches Verhältnis zu Gott aussah, das ist uns ohnehin (sozusagen ex definitione) unzugänglich. So daß wir uns damit begnügen müssen: Im engeren Kreis seiner Jünger und Anhänger hat Jesus jedenfalls auch von Gott als Vater gesprochen. Als besonders ungewöhnlich und provozierend scheint das aber nicht aufgenommen worden zu sein.

6.3 »Vater« im Glauben der Kirche: Über das »Vater unser«

6.3.1 Die Selbstverständlichkeit, mit der in der nachösterlichen Kirche von Gott als dem Vater gesprochen wird, läßt sich wie gesagt am zwanglosesten als Wiederaufnahme jesuanischen Sprechens von Gott als Vater verstehen. Dabei kann es, wenn man die neutestamentlichen Stellen so versteht, wie sie von den jeweiligen Autoren gemeint waren, überhaupt keine Frage sein, daß mit Gott, dem Vater, streng monotheistisch der eine und »ganze« Gott gemeint war. Jeder Versuch, an einzelnen Stellen so etwas wie eine Trinitätstheologie im Neuen Testament zu finden – sei es auch »nur« eine »ökonomische«, sei es gar eine »immanente« Trinität –, wozu z.b. *triadische* Formeln einfach zu *trinitarischen* gemacht werden, ist nicht Exegese, sondern Eisegese: Eisegese *entgegen* dem eindeutig nur monotheistischen Denken der Textautoren, deren strenger Monotheismus ja auch aus ihren sonstigen Aussagen evident wird.

Der strenge Monotheismus der Urkirche, den das Neue Testament von Anfang bis Ende bezeugt, war auch keineswegs ein abstrakter Monotheismus. Der eine Gott war selbstverständlich der Schöpfer von allem. Und er war vor allem der Gott, der Jesus auferweckt hatte. Und er war der Gott, dessen endgültige, dann allen offenbare Herrschaft und Vollendung der Welt noch kommen würde.

6.3.2 Zukunftshoffnung ist das Auszeichnende des nachösterlichen Glaubens der Kirche und ihrer Theologie. In der *allerersten* nachösterlichen Zeit, da man von der Rückkehr des Auferweckten zur Errichtung des »Reiches Israels« mit seinen zwölf Stämmen überzeugt war (s. Auferstehung und ewiges Leben? Die wirkliche Entstehung des Osterglaubens«, 51-54), galt diese Hoffnung noch einer diesseitigen Vollendung. Doch diese Erwartung wurde bald auch als verfehlt erkannt. Der Glaube, daß Gott Jesus auferweckt hat, wurde schließlich zum Glauben: Derselbe Gott, der Jesus von den Toten auferweckt hat, wird auch uns zu ewigem Leben auferwecken. Die Vollendung, die endgültige Verwirklichung der Gottesherrschaft ist nicht mehr eine Vollendung *im* Diesseits, eine innerweltlich zu erwartende Zukunft, sondern die Vollendung des Diesseits »im Jenseits«, kurz: die himmlische Vollendung. Sie ist das *eigentliche* »Reich« Gottes, des Vaters.

Diese Futurisierung des Glaubens stellt gegenüber dem Glauben Israels, auch gegenüber seinen apokalyptischen Hoffnungen und Vorstellungen, nun doch eine entscheidende Neuorientierung und Erweiterung dar. Der Glaube an Gott, den Schöpfer und Vater Israels bleibt selbstverständlich auch in der Kirche gültig. Hinzu kommt indes, daß sich im Sprechen der Kirche von Gott als Vater gerade diese Zukunftsperspektive als *Jenseits*-überzeugung bekundet. Von Gott als Vater zu sprechen, das heißt in der Kirche nicht mehr nur an sein Schöpfersein und an seine immer gegenwärtige Fürsorge denken, dies selbstverständlich auch; vielmehr ist der Umfang dessen, wofür sein Vatersein einsteht, über das Diesseits hinaus erweitert, womit aber auch das Vaterbild als solches bedeutungsschwerer geworden ist: Steht sein *eigentliches* Reich, die Vollendung, das Jenseits für den Glaubenden noch aus, so ist mit »Vater« auch sein bleibendes *Über* zu allem Sichtbaren und bisher sichtbar Gewordenen einbegriffen.

6.3.3 Das bekannteste Zeugnis für den Glauben der Kirche an Gott als Vater ist das sogenannte »Vater unser« (Mt 6,9-13; Lk 11,2-4). Die längere matthäische Fassung (7 Bitten; Lk 5 Bitten) ist immer noch unser Gebet. Worum geht es? Abgesehen von der Bitte um das tägliche Brot, geht es im ganzen »Vater unser« um die *noch ausstehende* Vollendung. Die erste Strophe: Heiligung deines Namens, Kommen deines Reiches, Geschehen deines Willens, bekennt Gott, den Vater im Himmel, als den, der diese Vollendung herbeiführen wird. Die zweite Strophe sieht den Menschen vor dieser Vollendung: schuldig, anfechtbar im Glauben, von Bösem bedroht.

Gewiß beginnt es mit »Vater« (Lk) bzw. mit »unser Vater im Himmel« (Mt). Doch von Vertraulichkeit oder gar Intimität kann, wenn man es so versteht, wie die damalige Kirche es verstanden hat, nicht die Rede sein. Auch als Anrede gebraucht, wird »Vater« hier nicht zum Ausdruck von vertraut erfahrener Nähe Gottes, sondern bleibt respektvolle *Bezeichnung* dessen, den der Glaube *über* allem (oder wie Matthäus es ausdrückt »im Himmel«) und deshalb auch als Herrn der für uns noch ausstehenden Vollendung weiß. – So dürfte es auch heute sein. Zumal als gemeinsam gesprochenes, z.B. im Gottesdienst, ist es Bekenntnis der »Väterlichkeit« Gottes, nicht wirkliches Anreden und Sprechen zu/mit ihm.

Daß Gott der Schöpfer des Alls und auch der Herr aller Gegenwart ist, das war dem Glauben der Kirche, wie gesagt, selbstverständlich, Erbe des Glaubens Israels. Neu war ihr entschiedener *Jenseits*glaube. Gerade ihn gleichsam unter den Namen des Vaters zu stellen, war konsequent, auch wenn damit dieses Bild von Gott als solches nicht durchsichtiger, leichter, sondern eher schwerer wurde.

6.4 »Mütterlichkeit« Gottes?

Nur religionsgeschichtlich und religionssoziologisch gesehen, wird ja an der These viel Wahres sein, in der Bezeichnung Gottes als Vater, somit als Mann, reflektiere sich nur die faktische gesellschaftliche Entwicklung zum Patriarchalischen; diese habe damit nur ihre eigene religiöse Legitimierung/Ideologisierung hervorgebracht. Wie aber der Patriarchalismus zu überwinden sei durch Gleichberechtigung von Mann und Frau, so sei auch das Gottesbild von Gott als Vater/Mann zumindest zu ergänzen um die Züge des Weiblichen/Mütterlichen. So bekanntlich die feministische Theologie.

Indes ist Gott, *erstens*, ohnehin weder Mann noch Frau; und Gott weiterhin als Vater zu bezeichnen muß keineswegs Option für Patriarchalismus und gegen Gleichberechtigung sein.

Zweitens würde damit lediglich der für früher kritisierte Ideologisierungsprozeß, nur unter anderen Vorzeichen, wiederholt.

Drittens: Was die Züge des Mütterlichen, des Weiblich-Fürsorglichen betrifft, die mit dem Vaterbild verdeckt worden seien und die erst noch wiederentdeckt und wieder bewußt gemacht werden müßten, so kann man sich des Verdachtes nicht erwehren, es gehe bei dieser nun theologischen Kritik an dem *Vater*gott (vielleicht unbewußt) doch noch um mehr. »Vater«, das läßt ja sogleich an nicht hinterfragbare Autorität, Distanz, Erhabenheit, kurz an »Über« denken. Mit Mütterlichkeit, Weiblichkeit assoziiert sich viel mehr der Gedanke an Geborgenheit, an Erfahrung von Nähe, von natürlicher Einheit; zumindest im Hintergrund steht die alte Idee der allsorgenden Allmutter Natur. Ist also die theologische Kritik an der Bezeichnung Gottes als Vater vielleicht Ausdruck des Wunsches, Gott möge doch wieder *näher, erfahrbarer, spürbarer* sein, wieder mehr *in*, als *über* der Welt? Dann wäre diese Kritik eher ein Grund dafür, gerade bei der Bezeichnung Gottes als Vater zu bleiben. (Vgl. o. 5. Kapitel 4.) Sie dürfte der Unendlichkeit Gottes angemessener sein; auch realistischer angesichts der Tatsache, daß seine Schöpfung doch eine selbständige, gleichsam *erwachsene* Schöpfung ist und sein soll und sein will. Theologisch gedacht gewiß »sein Kind«, aber, um im Bild zu bleiben, nicht sein »Kleinkind«, das ständiger, eingreifender Obhut bedürfte.

7. KAPITEL

Über natürliche Gotteserkenntnis und Gottesbeweise

7.1 Die traditionelle Lehre

7.1.1 »Natürliche Gotteserkenntnis«, »Beweise« gar der Existenz Gottes, das ist ein heute ziemlich obsolet gewordenes und zumeist schamhaft übergangenes Kapitel Theologie; obwohl noch das Vatikanum II in der Dogmatischen Konstitution »Dei Verbum« über die Offenbarung in Art. 3 feststellt:

»Gott, der durch das Wort alles erschafft und erhält, gibt dem Menschen jederzeit in den geschaffenen Dingen Zeugnis von sich selbst. (Vgl. Röm 1,20)«

Auch wiederholt es in Art. 6 von »Dei Verbum« eigens die Lehre des Vatikanum I:

»Gott der Urgrund und das Ziel aller Dinge kann mit dem natürlichen Licht der menschlichen Vernunft aus den geschaffenen Dingen mit Sicherheit erkannt werden.« (DS 3004)

Hinter dieser traditionellen Lehre von der natürlichen Erkennbarkeit Gottes – »natürlich« heißt hier: nicht erst im Glauben, sondern schon durch die menschliche Vernunft – stehen als *biblische Texte* vor allem Wsh 13,1-9 und Röm 1,19-21. Wsh 13,1-9 entschuldigt mehr das faktische *Nichterkennen* des wahren Gottes, den Irrtum der Heiden. Röm 1,19-21 hingegen heißt es strenger, *obwohl sie Gott erkannten*, erwiesen sie ihm nicht die gebührende Ehre. Auch Apg 14,16f läßt sich anführen: Gott ließ zwar früher die Völker ihre eigenen Wege gehen, aber er ließ sich nicht unbezeugt, indem er Wohltaten spendete, Regen und Fruchtbarkeit, und mit Nahrung und Frohsinn die Herzen erfreute.

Diese Texte sind zwar je verschieden akzentuiert. »Dei Verbum« Nr. 3 und Apg 14,16f sprechen mehr von *Gott*, der sich durch sein schöpferisches Wirken bezeugt. Wsh 13,1-9, Röm 1,20 und das Vatikanum I sprechen mehr vom *Menschen* und seinem Erkennenkönnen. Doch hinter allen Texten steht wohl die Grundüberlegung: Gott ist der Schöpfer der Welt und auch des Menschen als eines vernunftbegabten, erkennenden Wesens. So wäre es seltsam, wenn er der menschlichen Vernunft schlechthin fern und unerkannt bliebe. In der Lehre von der natürlichen Erkennbarkeit Gottes bzw. vom prinzipiellen Erkennenkönnen Gottes seitens der menschlichen Vernunft verdichtet sich also nur die Grundüberzeugung von Gottes Schöpfersein und vom Geschaffensein der Welt. Sie stellt deren gnoseologisches Korrelat dar. Eigens thematisiert wird es in der Lehre von der der menschlichen Vernunft eingeborenen Gottesidee und in den Gottesbeweisen.

Das Vatikanum I spricht zwar nicht explizit von Gottes*beweisen*, sondern nur von sicherem Erkennenkönnen (»certo cognosci posse«). Es kann aber kein vernünftiger Zweifel daran bestehen, daß als Weg dieses Erkennenkönnens die traditionellen scholastischen Gottesbeweise gemeint waren. Sie gehen ja so vor, daß »aus den geschaffenen Dingen« bzw. aus bestimmten Aspekten derselben auf die Existenz Gottes geschlossen wird. Die Lehre von der eingeborenen Gottesidee hingegen war in der Aussage des Vatikanum I wohl nicht mitgemeint.

Aber auch sie, von vielen Vätern vertreten (Clemens, Origenes, Athanasius, Johannes Chrysostomus, Johannes Damascenus), wird der Sache nach im folgenden zu besprechen sein. Denn reflektiert durchgeführt, sollte sie ebenfalls zu einem Gottesbeweis werden, nämlich zum sogenannten ontologischen Gottesbeweis.

Bevor wir diese beiden Wege näher betrachten, also den *ontologischen* Beweis und den Weg des *Schließens-auf* die Existenz Gottes – daran hängen alle Beweise oder Aufweise der Existenz Gottes außer dem ontologischen, insoweit er eben kein Schließen-auf sein will –, ist zunächst eigens bewußt zu machen, gegen wen sich denn das Vatikanum I mit seiner nachdrücklichen Bekräftigung der traditionellen Lehre von der natürlichen prinzipiellen Erkennbarkeit Gottes durch die menschliche Vernunft richtete und warum es auf dieser Lehre bestand.

7.1.2 Die beiden Gegner der Lehre des Vatikanum I sind auf der einen Seite der *Agnostizismus*, auf der anderen Seite der *Fideismus*. Agnostizismus heißt: Der Mensch, seine Vernunft kann Gott selbst gar nicht erkennen, geschweige denn seine Existenz beweisen. Fideismus heißt: Gottes Existenz kann nur und erst durch den Glauben und im Glauben an ihn, an seine Offenbarung erkannt werden. Beide Positionen (ihre Varianten können hier außer Betracht gelassen werden; uns soll es nur um die Sicht des Vatikanum I gehen) sind in den Augen des kirchlichen Lehramtes inakzeptabel. Jedenfalls prinzipiell, und um das Prinzipielle geht es dem Konzil! Beide Positionen denken von der menschlichen Vernunft zu gering, sei es aus Skepsis und Kritik, sei es aus dem Interesse, gerade die Notwendigkeit des Glaubens (und somit der Tradition und der Kirche als Mittlerin derselben) hochzuhalten. Zwar weiß das Vatikanum auch um die *faktische* Verdunkelung und Schwäche der menschlichen Vernunft durch die Sünde. Somit auch um die faktische, sogenannte moralische Notwendigkeit von Offenbarung, Glaube, Kirche, Lehramt. Aber ein *prinzipielles* Nichterkennenkönnen der Existenz Gottes seitens der menschlichen Vernunft, eben Agnostizismus und Fideismus, lehnt es ab.

Warum aber? Dahinter steht ein ganz einfacher, in den Augen des Konzils und der kirchlichen Tradition, für die es einsteht, aber wichtiger, wenngleich nicht offen ausgesprochener Gedanke, den man bereits in dem Paulustext Röm 1,20 findet: »...,so daß sie *keine Entschuldigung* haben!« Hand in Hand damit geht dann auch der Gedanke von der faktischen, sogenannten moralischen Notwendigkeit des Glaubens an die besondere, nämlich von der Kirche vermittelte, sogenannte übernatürliche Offenbarung Gottes.

Man muß sich dazu nur klarmachen, wie die Sache in den Augen des Vatikanum I aussähe, wenn Agnostizismus und Fideismus Recht hätten; wenn also, aus welchen Gründen auch immer, das Wort »Gott« für die menschliche Vernunft ein Fremdwort wäre, die menschliche, natürliche Vernunft also konstitutionell nicht fähig wäre, Gottes Existenz zu erkennen. Dann hätten alle, die gegen den Willen Gottes und seine Offenbarung sündigen, ihre »Entschuldigung«. Mehr aber und noch wichtiger: Die Kirche selbst versteht sich ja als Vermittlerin, Hüterin und Tradentin der *geschichtlichen* Offenbarung *Gottes*, die durch Jesus Christus ergangen ist. Durch Jesus Christus hat *Gott* sich und die Beschlüsse seines ewigen Willens geoffenbart (DS 3004). Wie aber sollte die Kirche vom Menschen die Annahme dieser göttlichen Offenbarung aus ihrer vermittelnden Hand *vernünftigerweise* verlangen können, wenn die menschliche Vernunft sagen könnte: Ob überhaupt ein Gott ist, das ist doch gar nicht sicher zu erkennen (Agnostizismus); das kann man allenfalls blind nur glauben (Fideismus)! Kurz: Mit der prinzipiellen Zurückweisung von Agnostizismus und Fideismus verteidigt das Konzil auch die Überzeugung der kirchlichen Tradition von der prinzipiellen Verantwortbarkeit ihres Glaubens auch vor dem Forum der Vernunft. Natürlich nicht, als ob es – im Sinne von purem Rationalismus – den Glauben ganz auf Vernunftwissen reduzieren wollte. Aber der Glaube sollte nicht als ein sozusagen frei in der Luft schwebender Glaube erscheinen, weil Agnostizismus und Fideismus ihm den Boden der Vernunft unter den Füßen weggezogen hätten. Ihnen gegenüber besteht das Konzil auf der prinzipiellen Fähigkeit der menschlichen Vernunft, die objektive Existenz Gottes mit Sicherheit zu erkennen.

7.1.3 Daß es dabei an die klassischen Gottes*beweise*, insbesondere die sogenannten fünf Wege des Thomas von Aquin dachte (S.th. 1,2,3), leidet keinen Zweifel. Der sogenannte Antimodernisteneid von 1910 hat das noch unverblümter zum Ausdruck gebracht (»per visibilia creationis opera, tamquam causam per effectus certe cognosci, adeoque demonstrari etiam posse«: DS 3538). Nun ist es, wie eingangs bemerkt, heute obsolet geworden, ernsthaft von Gottes*beweisen* zu sprechen. Um so ungezwungener können wir uns einmal auf die Sicht des Vatikanum I, der sich ja auch noch das Vatikanum II verpflichtet fühlte, einlassen. Wir exerzieren einmal sowohl den ontologischen Gottesbeweis als auch den Kausalbeweis »ex effectu causam« durch, denken aber zugleich auch darüber nach, was wir dabei genau tun und was wir erreichen; selbstreflexiv, selbstkritisch also. Das Pikante, das sich dabei herausstellt, ist dann dies: Das sichere Erkennen, ja, Beweisen von Gottes Existieren erweist sich selbst als ein *sowohl agnostizistischer als auch fideistischer* Prozeß der menschlichen Vernunft, des menschlichen Geistes! Als ein Prozeß des menschlichen Geistes, der zwar über sich hinaus und aus sich heraus *will* – eben zu dem objektiven Gott – und genau dies gar nicht *kann*, sondern gleichsam *im* Hause seines eigenen Geistseins und vernünftigen Erkennens gefangen bleibt. Ein Prozeß, in dem also gar nicht *Gott selbst* erkannt oder gar bewiesen wird, in dem es vielmehr nur darum gehen kann, eben dieses Haus des subjektiven Geistes selbst richtig zu bestellen und in Ordnung zu bringen. Um mit Anselm von Canterbury zu sprechen: die »rectitudo mentis« zu bewahren bzw. zu gewinnen.

7.2 Der ontologische Gottesbeweis

Der ontologische Beweis der Existenz Gottes stellt eine Ausarbeitung der Annahme dar, der menschlichen Vernunft sei die Idee Gottes konstitutiv eingeboren, irgendwie trage sie ein Wissen um Gott immer schon in sich. Schon für Augustinus ist es das Wesen menschlicher Vernunft, Wahrheit zu erkennen. Wahrheitserkenntnis – und das ist Erkenntnis von immer und ewig gültig Bleibendem – wäre aber nicht möglich, gäbe es nicht »die ewige Wahrheit«, die Gott selbst ist. In jeder wahren Erkenntnis spielt also auch schon Gott irgendwie mit.

Anselm von Canterbury will in seiner Schrift »Proslogion« (1077) aus der Lehre von der eingeborenen Gottesidee einen auch argumentativ unanfechtbaren Beweis der wirklichen Existenz Gottes machen, mit dem er den »Toren« widerlegen kann, der da sagt, es ist kein Gott. Er konkretisiert dazu zunächst die »Idee« von Gott dahingehend, daß Gott jenes Wesen sein müsse, über das hinaus nichts Größeres gedacht werden kann. Die »Idee« von Gott wird also *begrifflich* näher bestimmt: Mit »Gott« ist das schlechthin Höchste und Vollkommenste gemeint. »Gott« ist das, worüber hinaus nichts noch Größeres gedacht werden kann. Das Höchste und Vollkommenste kann aber dann nicht derart sein, daß es nur möglicherweise wirklich existiert. Denn das hieße, es könnte auch nicht existieren, was für Anselm eine Unvollkommenheit wäre. Jedes wirklich existierende Etwas wäre vollkommener, mehr, eben wirklicher als ein nur möglicherweise existierender Gott, der eben auch als nicht-seiend gedacht werden könnte. Das wirkliche Existieren ist also im Begriff des wirklich höchsten und vollkommensten Wesens notwendigerweise enthalten. Somit beantwortet sich die Frage, *ob* Gott wirklich ist, sozusagen von selbst.

Anselm ist überzeugt, den Toren, der da sagt, es ist kein Gott, widerlegt und Gottes wirklich Existieren unausweichlich bewiesen zu haben. Und dies mit einer ganz einfachen, durchschlagenden Argumentation. Indes ist die Sache so einfach nicht. Wirklich bewiesen ist mit dem ontologischen Argument nur eins (das alleine ist aber bedeutsam genug!): Man kann die Existenz Gottes nicht wirklich bestreiten, ohne sich selbst damit in einen Widerspruch zu verstricken! Allein dies ist die wirkliche Bedeutung und Reichweite des ontologischen Gottesbeweises!

7.2.1 Anselm befindet sich gewissermaßen im Gespräch mit dem Toren, der da sagt, es gibt keinen Gott. Dazu will Anselm vorab klären, um »welchen Gott« es eigentlich gehen soll. Eben nicht um die kleinen Götzen. Wenn, dann steht zur Debatte nur ein wahrer Gott, und ein wahrer Gott, um dessen Existenz zu streiten sich lohnt, kann nur ein unendlicher Gott sein; ein Gott, über den hinaus nichts noch Größeres, noch Höheres denkbar ist. Dieser »Definition« des Diskussionsgegenstandes wird, so meint Anselm, der Tor vernünftigerweise zustimmen, denn um irgendwelche »kleinen Götter« geht es ja auch ihm nicht. Diese »Definition«, dieser Gottesbegriff soll aber gleichsam die Falle sein, in die, wie Anselm meint, der Tor hineintappen muß.

Denn nun kann Anselm fortfahren: Wir sind uns also einig, es geht allein um den wahren, unendlichen Gott. Dann widersprichst du aber dir selbst, wenn du nun sagst, dieser Gott existiere nicht. Vorhin hast du mir zugestimmt: Wenn, dann geht es allein um das höchste, vollkommenste Wesen, eben um den wahren Gott. Du hast damit auch zugegeben, daß wirklich zu existieren ihm nicht fehlen dürfte, sonst wäre er nicht das höchste und vollkommenste Wesen. Somit widersprichst du dir jetzt selbst, wenn du nun wieder behauptest, Gott existiere nicht.

Damit *hat* Anselm zwar *an sich* völlig recht! Aber er *behält* nur dann recht, wenn der Tor wirklich in seine Falle geht! Die Falle war Anselms »Gottesbegriff«: Als wahrer Gott kommt nur ein wirklich un-endlicher Gott in Frage. In diese Falle wird aber der Tor in Wirklichkeit gar nicht gehen. Vielmehr wird er sagen: Ich verstehe, was du meinst. Ich kann diesen Gottesbegriff rein begrifflich nachvollziehen im Sinne von: wenn Gott, dann nur ein unendlicher. Aber ihn wirklich mir aneignen, ihn schon voll bejahen, das tue ich damit noch nicht. Ich gebe auch zu: Diesem Gott die Existenz zu bestreiten, das geht nicht. Aber ihn so zu definieren, wie du es tust, das bleibt für mich zunächst einmal nur eine Denkmöglichkeit im Sinne des Wenn – dann. Sie ist für mich nur eine Hypothese, nicht eine wirkliche These, die ich erst aufstellen und dann bestreiten würde. Weiter wird der Tor sagen:

7.2.2 Die eigentliche, für mich entscheidende Frage bleibt zudem, ob und wieso man sich überhaupt auf dieses Wenn – dann einlassen muß. Das hast du, Anselm, stillschweigend als selbstverständlich schon vorausgesetzt und getan. So nämlich, daß du in deiner »Definition Gottes« nicht nur »Gott definiert«, sondern darin in gewisser Weise auch schon die Welt definiert hast. Sie nämlich, indem du sie betrachtest als etwas, das immer noch größer gedacht werden kann. Das ist ja möglich, und es ist keine Frage, daß man damit an kein Ende kommt. Doch dann springst du mit deiner »Gottesdefinition« aus dieser Betrachtung der Welt mit ihrem Kleiner und Größer heraus. Wieso und warum eigentlich? Neben und über dem Kleiner und Größer denkst du auch noch an ein höchstes Wesen, das selbst mit dem Kleiner – Größer in der Welt nichts zu tun haben soll, obwohl du zunächst von ihr ausgegangen bist. Das heißt, schon bei deiner Definition des wahren Gottes hast du vorausgesetzt, man könne und dürfe nicht einfach bei dem Kleiner – Größer bleiben, man müsse auch noch an ein *wirklich* Höchstes oder Größtes denken. Muß man das aber wirklich? Warum und wieso eigentlich?

Daß man das *kann*, wenn man will, will ich nicht bestreiten. Wer es tut, der ist aber eigentlich schon auf dem Weg, den die »kosmologischen« Gottesbeweise beschreiten. Nur daß sie das auch offen sagen, während du das stillschweigend schon hinter dich gebracht hast und mir nur noch das Ergebnis dieser Betrachtung präsentierst, nämlich den dann allein noch möglichen Gottesbegriff. An ihn bist aber auch du nur gekommen angesichts des Kleiner – Größer in der Welt.

7.2.3 Der sozusagen wahre, *harte Kern des sogenannten ontologischen Gottesbeweises* ist also: Wer die Möglichkeit der Existenz Gottes – und das kann nur ein unendlicher Gott sein – wirklich bestreiten will, der widerspricht sich selbst. (Oder er weiß gar nicht wirklich, wovon er spricht.) Aber ein positives Beweisen der Existenz dieses Gottes ist das nicht, wenn anders niemand genötigt werden kann, die Frage, ob Gott ist oder nicht, zu stellen; man kann sie auch schweigend offenlassen und es bei dem unstrittigen Sachverhalt belassen, daß es in der Welt das Kleiner – Größer gibt.

Schöpfungstheologisch gesehen wäre noch hinzuzufügen: Es wäre ja ein »seltsamer«, um nicht zu sagen: selbstwidersprüchlicher Schöpfergott, der ein Geschöpf schüfe, das ihn, seinen Schöpfer, der doch *alles* Geschaffene bewegt, *wirklich* negieren, bestreiten könnte. *Wirklich negieren*, das hieße eben: im Geiste *gegen* ihn sein wollen. Und das wäre in der Tat mehr, als nur ihn nicht bejahen. Wohingegen mit dem objektivierenden (Reflexions-) Satz »Er existiert nicht« nur das Nichtbejahen eigens artikuliert wird. Dieser Satz bedeutet also in Wirklichkeit nur soviel wie: Für mich, von mir aus gesehen, existiert er nicht, ich denke nicht an einen Gott.

Wie auch sollte man wirklich gegen etwas sein können, etwas wirklich negieren können, von dem man zugleich überzeugt wäre, daß es gar nicht existiert? Wirklich negieren, kämpfen-gegen kann man nur gegen endliche Götter/Götzen, nicht gegen Gott.

Anderseits ist es keineswegs seltsam, sondern ein offensichtliches Faktum, daß nicht alle Geschöpfe positiv von Gottes Existenz überzeugt sind. Schöpfungstheologisch ist dann anzunehmen, daß die Überzeugten durch ihre Überzeugung das Zeugnis Gottes für die anderen in der Welt sein sollen.

7.3 Der kosmologische Gottesbeweis

Mit »kosmologischem Gottesbeweis« sollen hier alle anderen Gottesbeweise außer dem ontologischen gemeint sein. Ihre *allen* gemeinsame Struktur ist die, daß sie von einem endlichen Phänomen (Bewegung, Seinskontingenz, Sittlichkeit) ausgehen und auf Gott als den Grund/Ursache dieses Phänomens *schließen*. Sie sind allesamt *Kausalbeweise*. Das Phänomen zum Beispiel, daß alle Menschen irgendwie im Gewissen von Gott überzeugt sind, wird vorausgesetzt, es wird zum Mittel/Material des eigentlichen Gottes*beweises*. Der sieht dann so aus: Dieses Phänomen wird rational nur dann verständlich, wenn wir annehmen, also schließen, daß

Gott der Grund dafür ist, daß alle Menschen irgendwie im Gewissen von ihm überzeugt sind. Also nicht das Phänomen selbst, nämlich die Überzeugung aller Menschen, ist schon der Beweis! Es ist nur Beweis*mittel!* Der Beweis als solcher entsteht erst mit dem *eigenen, reflexiven* Gedankengang, der das Phänomen distanziert betrachtet und es dann so erklären will, daß er sagt: *Hinter* dieser Tatsache muß Gott sein (als »causa«), denn sonst, also wenn wir nicht Gott annehmen, bleibt sie (nämlich die Tatsache, daß alle Menschen irgendwie im Gewissen von Gott überzeugt sind) unerklärlich. Das Phänomen wird also zum *bloßen Mittel* im Beweisgang, dessen entscheidendes Glied erst das Schließen-auf seinen Grund, das Annehmen Gottes als sein Grund ist. Wohingegen der ontologische Gottesbeweis Gottes Existenz unmittelbar im Begriff des wahren Gottes erkennen und schon mitbegriffen sehen will – sich aber keine Rechenschaft darüber gibt, ob und warum man sich überhaupt einen Begriff von Gott bilden müsse. Das war für Anselm selbstverständlich.

Schon Thomas' von Aquin Kritik an Anselms Beweis (S.th. 1,2,1 ad 2) lautet daher denn auch, es werde so bereits vorausgesetzt, was erst noch bewiesen werden müsse, ein bloßes Verstehen dessen, was mit »Gott« gemeint sei, sei kein Erkennen seines wirklichen Existierens. Daß Gott wirklich ist, lasse sich nur beweisen *vermittels* der uns bekannten Welt, nicht ist es uns im Geist unmittelbar ersichtlich. Jedenfalls nicht in dem Sinne ersichtlich, daß man dabei von einem Erkennen im eigentlichen, nämlich wissenschaftlichen Sinne sprechen könne. (S. S.th. 1,2,1 ad 1.) Der Weg dieser »demonstratio« ist also nicht der der geistigen Introspektion oder unmittelbaren Intuition. Natürlich sind auch die kosmologischen Beweise Produkte eines geistigen Tuns, also subjektive Vollzüge des Geistes und im Geiste: *in* mente, *in* intellectu. Insofern prinzipiell nicht anders als Anselms Bedenken des allein möglichen Gottesbegriffs; darauf werden wir noch eigens zurückkommen. Während aber Anselm nur diesen Begriff bedachte, wird in den kosmologischen Gottesbeweisen die empirische Außenwelt konstitutiv mithineingenommen. Sie bleiben vermittelt durch die Wahrnehmung der Welt. Sie lassen die Horizontale Mensch – Welt auch im Geiste nicht hinter oder unter sich, um in steiler geistiger Vertikale unmittelbar des Wirklichseins Gottes inne zu werden. *So* selbstverständlich und unbezweifelbar bekannt ist Gott *unserem* Geist schon nach Thomas von Aquin eben nicht. In bemerkenswerter Klarsichtigkeit schreibt er einmal, daß oft das, was als selbstverständlich und allbekannt gilt, in Wirklichkeit nur Ergebnis von Gewohnheit und Erziehung ist. (S. S.c.g. 1,11.)

7.3.1 Das Was und das Wie der kosmologischen Gottesbeweise läßt sich am deutlichsten herausstellen, wenn wir uns auf den *ersten* der fünf Wege (»quinque viae«) begeben und ihn abschreiten, den Thomas auch selbst für den offenkundigsten hält. (S.th. 1,2,3c.) »Weg«, »via«, das sagt auch schon, daß es sich um ein Vor-gehen, um einen geistigen Prozeß, um ein Tun des Geistes handelt, nicht um ein bloßes hinnehmendes Schauen und Wahrnehmen. Allerdings beginnt dieser Beweisgang mit einem Wahrnehmen. Des Phänomens nämlich der Bewegung. Das kann man ja wohl als ein objektiv evidentes Phänomen bezeichnen, daß es Bewegung gibt, ganz allgemein gesagt: daß unsere Welt eine Welt in Bewegung ist. Wie auch immer man darüber weiter denken mag (oder auch nicht, um es bei diesem Phänomen zu belassen), daß es ein objektives Faktum ist, läßt sich sinnvollerweise nicht bestreiten.

Schon damit, daß Thomas die Wahrnehmung dieses *ganz äußerlichen* Phänomens als ersten Schritt der »via manifestior« wählt, distanziert er sich von der Meinung, die Sache mit Gott habe *nur* mit der *Innerlichkeit* des frommen Geistes zu tun, der sich auf sich selbst konzentriert und im Kreisen um sich selbst zur Erkenntnis Gottes gelangt. Thomas' Beweis der Existenz Gottes will geradezu ganz sachlich nüchtern und objektiv sein: nachvollziehbar auch für denjenigen, der sozusagen als letzte Wirklichkeit der Welt nur noch die in Bewegung befindliche materielle Wirklichkeit gelten lassen will. Um solcher Objektivität willen begibt Thomas sich gleichsam auf das niedrigste Niveau, er verweist auf das empirische Phänomen der sich bewegenden Weltmaterie.

7.3.2 Selbstverständlich ist der erste Schritt des Gottesbeweises, die Wahrnehmung der sich bewegenden Welt, auch schon ein geistiger Akt, ein Einlassen und Hereinnehmen des Außen in das Innere des Geistes, der sich nun mit diesem Phänomen befassen, sich an ihm abarbeiten kann. Eben dies gehört aber zum Wesen des Geistes, nicht nur wahrzunehmen, was sich zeigt, sondern sich im eigenen, diskursiven Denken Wahrheitserkenntnis erst erarbeiten zu müssen. Dieses Wesen des Geistes aktualisiert sich, verwirklicht sich im Fragen nach Gründen, nach einem Warum. Wie das sogenannte Identitätsprinzip im Wahrnehmen der Phänomene, so wird nun das sogenannte Kausalitätsprinzip im Erkennenwollen von Gründen aktualisiert. Beide, die sogenannten prima principia sind zwar gleichsam die dem Geist eingeborenen, ihm ständig zur Verfügung stehenden Werkzeuge (Nicht sind sie selbst Erkenntnisobjekte! Das werden sie erst in weiterer Reflexion.) seines Arbeitens, ohne deren Einsatz oder Gebrauch »nichts geht«, ohne die der Geist, seine denkende Reflexion nicht wirklich »weiterkommt«. Aber gehen, weiterkommen, das muß er selber *tun*. Wahrheit, Erkenntnis fliegt ihm nicht wie eine gebratene Taube in den Mund.

Wir wollen nun das sogenannte Kausalitätsprinzip nicht eigens hermeneutisch-selbstkritisch reflektieren. Es würde sich zeigen, daß das »quidquid movetur, *ab alio* movetur«, das »Prinzip« der »Kausalität« also, selbst in Wirklichkeit bereits ein Reflexionsbegriff ist. Er reflektiert Geist*finalität*, ist also gleichsam Inversion seines eigenen Arbeitenwollens, seines eigenen Erkenntniswillens, was eben prinzipiell auch ein *Sich-selbst*-Bewegen ist. Jedenfalls ist für Thomas »Kausalität« selbstverständlich und objektiv gültig; sie verwirklicht sich mehr oder weniger offensichtlich überall im Bereich der Dinge.

Die eigentliche, »wissenschaftliche« Erkenntnis, um die sich der Geist bemüht, ist also nicht nur die Wahrnehmung der Phänomene, sondern das Wissen um *ihre* Gründe, um *ihr* Warum. Wer das Warum weiß, für den ist das Phänomen nicht mehr unverständlich, fremd, unheimlich. Es seiner Dunkelheit zu entkleiden, es zu erhellen, es zu *erklären* ist das Bestreben des Geistes. Das artikuliert sich im Fragen: Warum? Die »Antwort«, die das Phänomen selbst in seinem Sichwahrnehmenlassen gibt, genügt ihm nicht. Er will eine gründlichere Antwort, eine solche nämlich, die selbst nicht wieder dunkel und fragwürdig ist, die vielmehr so ist, daß sein Erkennen- und Klärenwollen befriedigt ist, weil es jetzt sicheres, endgültiges, haltbares und haltgebendes Wissen ist, das sich sinnvollerweise nicht wieder in Frage stellen, »hinterfragen« läßt. Dies will Thomas auch hier. Dazu muß er den Weg des Gottesbeweises gehen.

Der erste Schritt dieses Beweises ist also das Wahrnehmen des Phänomens der Bewegung, der Welt in *ihrer* Bewegung. Der letzte Schritt lautet: Es ist ein »*erster* Beweger« der Welt in ihrer Bewegung. Dies ist die Antwort des Aquinaten, also die *seines Geistes*(!) auf die Frage (wiederum: auf *sein* Fragen) nach dem Warum der Bewegung der Welt. *Sein* Fragen und Antworten, von dem er selbstverständlich überzeugt ist, daß es auch von jedem anderen Vernünftigen verstanden und nachvollzogen werden kann.

Natürlich nur von vernünftigen, nämlich mit hinreichend Geist und Verstand begabten Menschen. Ganz unverblümt und lakonisch sagt Thomas zum Einwand seiner theologisch argumentierenden Kollegen, Gottes Existenz sei *nur Glaubens*gegenstand, Glaubensartikel, sie sei somit nicht rational beweisbar: *Nur Glaubensgegenstand* ist Gottes Existenz lediglich für denjenigen, »qui demonstrationem non capit« (S.th. 1,2,2 ad 1); will sagen: für denjenigen, der zu dumm ist, um den Beweis zu »kapieren«.

7.3.3 Die Welt ist in Bewegung. Näherhin: Immer bewegt eines das andere. Aber das Phänomen Bewegung bleibt, sowohl als aktives Bewegen als auch als passives Bewegtwerden als auch als passiv-aktives bewegtes Sichbewegen. Wenn nun nach einem Warum der Bewegung gefragt wird, so verwirklicht der so Fragende zunächst einmal sein eigenes Erkenntnisinteresse; jenes ganz natürliche Interesse, das uns bekanntlich so sehr auf die Nerven geht, wenn unsere lieben Kleinen – bezeichnenderweise in derselben Phase ihrer Entwicklung, in der sich auch ihr Ichbewußtsein (»Identitätsprinzip«!) entwickelt – mit dem Warum-Fragen anfangen und immer weiterfragen, bis wir nur noch sagen können, es ist eben so.

Dieses Interesse *kann* sich dann auch auf das Phänomen Bewegung der Welt richten. Das muß nicht sein, aber es ist möglich. Angesichts der Tatsache, daß das Fragen nach Gründen oft zu befriedigenden Erkenntnissen führt, kann das nicht von vornherein als unsinnig abgetan oder verboten werden. Man kann zwar sagen, nach dem Warum von Bewegung zu fragen sei eine sehr künstliche Frage, da das Phänomen Bewegung doch gar nichts besonders Auffälliges und Fragwürdiges an sich habe. Das ist richtig. Richtig ist aber auch, daß Geist nun einmal fragen kann, und wenn er es tut, dann ist ihm selbst eben damit die Sache fragwürdig, solange er selbst keine Antwort findet, die ihn befriedigt.

Nach Thomas läßt sich jedenfalls an das Phänomen Bewegung die Frage Warum stellen. Tut man es mit ihm, so wird dieses Phänomen in der Tat mit einem Mal recht merkwürdig, fragwürdig. Es geht ja bei dieser Frage nicht um das äußere Wie und Wann der Bewegung! Da können wir nur wahrnehmen und feststellen: Offensichtlich bewegt immer eines irgendwie das andere. Sondern darum: Warum ist überhaupt Bewegung wirklich? Warum sind die Dinge nicht einfach nur da in unbewegtem Nebeneinander? Warum bewegen *sie sich* und einander? *Diese* Frage stellen heißt: *auf sie* eine Antwort haben wollen.

An *dieser* Frage geht eine Antwort vorbei, die als Grund der Bewegung der Welt oder in der Welt immer nur auf ein anderes, früheres Bewegendes hinweist. Abgesehen davon, daß damit das Phänomen des aktiven Sichbewegens des einen im Geiste ausgeblendet und reduziert wird auf totale Passivität zugunsten des anderen, eben des allein Aktiven, Bewegenden, führt das lediglich ins Uferlose, in einen regressus in infinitum. Ein solcher regressus in infinitum mag, wie schon Aristoteles meinte, in sich problematisch sein. Das ist aber nicht das Entscheidende. Das Entscheidende ist vielmehr: Wenn er die Antwort auf die Frage nach dem Warum der Bewegung sein soll, dann hat der so Antwortende den Sinn dieser Frage gar nicht verstanden! Ihr geht es um das Phänomen der Bewegung als solcher, das sozusagen vor Augen liegt, er hingegen verweist auf das Vorhergehende und wieder Vorhergehende usw. und merkt nicht, daß die Frage nach dem Warum der Bewegung jedesmal wieder gestellt werden kann; daß er *sie* gar nicht beantwortet, sondern nur weiterverschiebt.

Der regressus in infinitum ist keine Antwort auf die Frage nach dem Warum der Bewegung der Welt. Er verweigert sich geradezu dieser Frage. Er macht aber etwas anderes deutlich: Diese Frage findet *in* der Welt, *am* Phänomen ihres In-Bewegung-Seins in der Tat keine Antwort. So daß man mit einem gewissen Recht sagen könnte, mit der Frage nach einem Warum von Bewegung überhaupt bereite der so Fragende sich nur selbst ein Problem, er zerbreche sich den Kopf über eine Sache, die in sich selbst gar nicht problematisch sei. Das trifft sogar einigermaßen zu, hält aber nun auch dazu an, genau zuzusehen, wie die eigene Antwort des so Fragenden aussieht.

7.3.4 Das Warum der Bewegung der Welt ist Gott. Gott ist das »primum movens« der Weltbewegung, jeder Bewegung in ihr. Mit dieser Antwort beantwortet Thomas die Frage nach dem Warum der Bewegung der Welt, die vom Phänomen der Bewegung selbst sozusagen unbeantwortet bleibt. Nun spricht Thomas ohne Frage so, als ob sich diese Antwort vom Phänomen der Bewegung selbst geradezu aufdrängen und ergeben würde, als ob sie dort nur abgelesen sei. Doch dies trifft sicher nicht zu, es sei denn, Gott, das »primum movens« und der eigentliche Beweger und Grund der Bewegung der Welt würde selbst wieder nur wie ein Glied in der Reihe vorgestellt – und sei es als ihr erstes Glied –, die sich dadurch ergibt, daß immer eines vom anderen bewegt wird. Dann wäre aber auch Gott wieder hinterfragbar. Außerdem wäre damit gerade das Phänomen, dem die Warumfrage gilt, nämlich das Phänomen des Sichbewegens als solchen, wieder übergangen; bzw. diese Warumfrage bliebe wiederum unbeantwortet. Mit der Antwort »primum movens« ist von Thomas nicht einfach ein erster, nur physischer Anstoßer der physischen Bewegungsreihe gemeint, der selbst physisch zu dieser Reihe gehörte, sondern »primum« hat für ihn die Bedeutung: *über* dieser Reihe der phänomenalen, physischen Weltbewegung seiend und sie so bewegend/begründend. Denn daß Gott auch als »Weltbeweger« ein *meta*physischer Gott ist, ist für Thomas keine Frage.

(N.b. Dem reinen Wortlaut nach und wegen der knappen Skizzierung, die Thomas der demonstratio ex parte motus in S.th. 1,2,3c gibt, hat es zwar den Anschein, mit »primum movens« sei Gott, wie bei Aristoteles, nur als ein physisch Erster in der Reihe der bewegten Seienden gemeint. Dennoch denke ich, daß »*primum* movens« [vgl. »*prima* veritas«] auch hier für Thomas ein *meta*physisches »movens« sein soll.)

Was Thomas freilich bei diesem für ihn eindeutigen Gottesbeweis über-spielt, ist, daß er selbst, sein Geist es ist, der ihn von Anfang bis zu Ende durchführt. Er selbst ist es, der das Phänomen wahrnimmt, der die Frage nach seinem Warum stellt und der auch die Antwort gibt. Geradezu selbst-vergessen der Sache hingegeben tut er, als könne man gar nicht anders: »oportet«; »*necesse est* devenire ad aliquod primum movens«. Als sei es für den Geist des Menschen einfach notwendig und die selbstverständlichste Sache der Welt, so zu sehen und vorzugehen, wie er es tut. Und in der Tat hat das Beweisen der Existenz Gottes sehr viel mit dem (thomasischen) Selbstverständnis des menschlichen Geistes zu tun.

Thomas war natürlich kein Gottsucher. So als ob er Gottes Existenz für sich selbst erst noch beweisen müßte. Er war sich ihrer sicher. In dieser Sicherheit konnte er beides: zum einen das Phänomen der Bewegung als ein solches sehen, das einen wirklichen Grund seiner selbst nicht sichtbar erkennen läßt, das also insofern dem nach *voller* Erkenntnis strebenden Geist dunkel und fragwürdig bleibt. Zum anderen auf diese Fragwürdig-keit eine Antwort geben, mit der sie endgültig aufgehoben sein sollte. Denn Geist ist für Thomas ja Erkennenwollen, Wissenwollen dessen, was wirklich Halt gibt. Er fragt nicht nach einem Warum um des Fragens wil-len, sondern um der wissenschaftlich verantwortbaren Antwort, um des Wissens willen. Er will ein sicheres Ergebnis, eben Wissen, an das man sich letztlich halten kann. Diesem Bedürfnis muß ein sogenannter regressus in infinitum geradezu ein Greuel sein. Und so kann die wirklich befriedi-gende Antwort auf die Frage nach dem eigentlichen Warum von Bewe-gung nur eine solche sein, die ein Weiterfragen sachlich ausschließt, ja, überflüssig macht. Das ist der Fall, wenn sie lautet: *primum* movens, Gott. »Gott«, das heißt hier für Thomas soviel wie: ein Letztes, oder Erstes, das nicht mehr in Frage gestellt, nicht mehr hinterfragt werden kann. Die Selbstsicherheit des Geistes, auf Erkenntnis hin geschaffen zu sein, auf Antwort und Wissen, nicht auf ständiges Weiterfragen, sie ist es, die auch dem thomasischen Beweisen den Anschein des Selbstverständlichen und nicht mehr Fragwürdigen verleiht. Und dank derer es überflüssig er-scheint, die ganze »Subjektivität« dieses Beweisens reflex bewußt zu ma-chen. Bringt sich doch im Beweisenwollen der Existenz Gottes als Letztbe-gründung auch die Überzeugung des Beweisenden an den Tag, schon in der Welt gebe es eben »Dinge«, die trotz ihrer Endlichkeit sinnvollerweise nicht weiter zu hinterfragen seien, die vielmehr schon hier als ein, wie man sagen könnte, »relativ Letztes« zu betrachten seien und deshalb nur noch durch Gott wirklich begründet sein können.

7.3.5 Ist aber die Antwort, Gott ist der eigentliche Beweger der Weltbewegung, wirklich derart, daß sie den fragenden Geist zur *Ruhe* des wissenden Erkennens kommen läßt? *Was* weiß Thomas denn mit dieser Antwort? Zwar hört es sich zunächst so an: Wir wissen nun um die Existenz *Gottes*. Schaut man genauer zu, so bleibt von einem positiven Wissen um Gott selbst nichts übrig. Das angebliche Wissen um Gottes Existenz ist in Wirklichkeit nur und erst eine zusätzliche Umformulierung jenes ersten *Wissens*, daß ein wirklicher Grund der Bewegung nicht ersichtlich ist, *und des Wollens*, daß ein solcher Grund doch wirklich sein müsse – weil sonst das Fragen an kein Ende käme. Positives Wissen ist allein die offensichtlich bleibende Grundlosigkeit des bloßen Phänomens als solchen. Dem setzt der Geist Gott als Grund gegenüber; er sei der eigentliche Grund. Aber damit ist der Geist nicht bei Gott selbst, bei seinem Begründen. Denn dann müßte er ja auch schon wissen, *wie* Gott es schafft, die Bewegung der Welt zu begründen. Er müßte Gottes begründendes Wesen erkennen, wissen. Dazu aber sagt Thomas selbst, daß das dem menschlichen Geist unmöglich ist. Er kann gar keinen Begriff von Gottes Wesen selbst haben. (S.th. 1,2,2 ad 3) So soll es bei einem Wissen um das *bloße Daß der Existenz* Gottes bleiben. (S. S.th. 1,3, introductio.) Ein bloßes Daß ohne jedes Was ist aber ein abstraktes Nichts, ein leeres Wort. Soll es mehr sein, so nur, wenn wieder die Welt hinzugenommen wird, so nämlich, daß das Daß von Gottes Existenz dann heißt: Nicht-Welt, Nicht-Grundlosigkeit. Aber auch darin ist Gott selbst gerade nicht enthalten und mitbegriffen. Gott selbst soll ja *Nicht*-Welt sein.

Die Rede von einem Daß Gottes, das immerhin erkannt, gewußt sein soll, ist schlichte Täuschung, grob gesagt: ein Selbstbetrug des Geistes, der sein eigenes Wollen eines nicht mehr hinterfragbaren Grundes der selbst grundlosen Welt schon zur Sache Gottes selbst macht. Der Prozeß der demonstratio Gottes kommt nicht zu Gott selbst, zum Wissen um *Gottes* Existenz. Es demonstriert sich in ihm nur (aber immerhin) das mögliche Wollen des Geistes zu einem solchen letzten, sicheren Wissen.

Man kann dieses Wollen als ein Transzendieren bezeichnen. Macht man daraus aber ein *Sichselbst*transzendieren des menschlichen Geistes, so verfälscht man schon wieder das Eigentümliche und Charakteristische des thomasischen Denkens! Der thomasische Weg ist eben nicht der eines geistigen Über-sich-Hinaus im Sinne eines wirklichen Aus-sich-Herausgehens und Verlassens der Welt, zu der auch der erkennenwollende Geist selbst gehört. Sondern bleibt im Gegenteil ein Sichabarbeiten an der Welt, so wie sie sich *im* Geiste des Menschen präsentiert, von ihm selbst vorgestellt wird und dabei ein eigentliches Warum nicht sichtbar auf ihrer Stirn trägt. Ohne die Wahrnehmung des Phänomens wäre die Annahme Gottes als Grund ja gegenstandslos. Das aber liefe der Intention des Aquinaten zuwider, Gottes Existenz aus den Dingen der Welt zu beweisen. So ist der Preis dafür, daß die Welt konstitutiv in den Weg, in den Prozeß des Beweisens hineingehört, der, daß der Geist am Ende eben doch nicht bei Gott selbst ist und ihn weiß, sondern nur bei sich selbst ist und um die Grundlosigkeit der Welt weiß, bei der es nicht bleiben dürfe.

7.4 Agnostizismus und Fideismus des Beweisenwollens Gottes

7.4.1 Mit der Behauptung, zwar nicht das Was, aber immerhin das Daß der Existenz Gottes werde sicher erkannt, gewußt, bewiesen, wird übertönt, daß ein bloßes Daß allein für sich nur Schall und Rauch ist, bestenfalls ein Nicht-Welt bedeuten kann, so aber kein wirkliches, positives Wissen von Gott selbst ist. Begonnen, Gottes Existenz zu beweisen, erweist sich dieser Prozeß im Ergebnis als selbst *agnostisch*: Gott selbst wird gerade nicht gewußt. Nicht ihn oder einen Begriff von ihm hat Thomas in seinem Geiste, sondern nur einen Begriff der Welt, eben: »Nicht-Welt«.

Diesen Begriff zu bilden, mit dem Geist, Denken (nicht sich selbst, sondern:) über das Phänomen, das er vor sich hat, hinaus will, das bleibt aber nicht nur im Ergebnis agnostisch, sondern es ist auch ein *fideistischer* Prozeß. Es ist schon ein Akt des Glaubens. Denn Glauben ist (nach Thomas' eigener Lehre) als Akt vor allem eine Bewegung des Wollens, des geistigen Wollens; dynamisch-prozeßhaft also. Wohingegen das Wissen und Sehen des Geistes, also der gewußte Inhalt, eher etwas Statisches, eben etwas im Geiste Gehabtes ist. Wissen, das Gewußte, ist ja in der Tat nicht dasselbe wie das Wollen, das Bejahen des Gewußten. Beide konstituieren, wie auch immer, *zusammen* das eine vernünftige Erkennen, den Prozeß der Vernunft des Menschen. Und doch sind Wollen und Wissen nun einmal verschieden. Ohne diese Annahme bliebe es unverständlich, wie es möglich ist, daß ich mir Möglichkeiten ausdenken kann, ohne sie auch »wirklich« zu bejahen, ohne sie *als* wirklich zu wollen, zu behaupten. Wäre das Wollen des Geistes einfach dasselbe wie sein Wissen, sein Gewußtes, so müßte alles Gewußte eo ipso auch als wirklich gewollt/bejaht werden. Es gäbe keine Möglichkeit, etwas nur als möglich anzunehmen, ohne es sogleich als wirklich zu behaupten. Welches Behaupten/Wollen nun wiederum nichts Geringeres ist als das Für-wahr-Halten der Möglichkeit als nicht nur möglich, sondern auch als wirklich.

Man könnte das Moment des Wollens im Erkennen des Geistes auch als sein Formprinzip bezeichnen, während das Wissen, das Gewußte seine »materia« wäre. Wollen wäre dann quasi die »Seele«, das belebende Prinzip, die eigentliche Kraft im geistigen Erkenntnisgeschehen, während das Wissen bzw. das jeweils Gewußte, der Inhalt, der Leib oder auch nur erst der »Körper«, eben das Vernunftmaterial wäre. »Die Vernunft«, der menschliche Geist, das ist also weder bloßes Wissen noch bloßes Wollen. Sie entsteht und besteht aus beidem. Eines könnte ohne das andere gar nicht wirklich sein. *Wie* beide konstitutiven Prinzipien im Vorgehen und Sichverwirklichen der menschlichen Vernunft, also in ihrem Wissen und »Handeln« näherhin zusammengehen und zusammenwirken, auch aufeinanderwirken, das ist eine subtile Frage. Bei ihrer Beantwortung ist jedenfalls zu vermeiden, daß aus den beiden zu unterscheidenden, »eigenartigen« *Prinzipien* unter der Hand (nämlich im Eifer weiterer, notwendigerweise abstrahierender begrifflicher Reflexion) reine, selbständige Entitäten werden: *der* (bloße) Wille hier – *das* Wissen, *die* Vernunft bzw. *das* Vernünftige dort. Ist die komplexe innere Wirklichkeit des Geistes, also der wirklichen menschlichen »Vernunft« so erst einmal auseinandergenommen, so wird die Einheit ihres Sichverwirklichens, die ja im Selbstbewußtsein auch erfahren wird, völlig unverständlich.

Keine Frage war nun, daß Gottes Existenz zu beweisen ein Vorgehen ist, ein Prozeß. Das Denken arbeitet, es geht einen Weg von seinem Anfang zu seinem Ende. Ebenso keine Frage, daß der Geist dies selbst tun, sich selbst bewegen, also aktiv wollen muß. Somit ist auch das Beweisenwollen der Existenz Gottes ein solcher Prozeß des Glaubens. Fideistisch also, jedenfalls in einem grundlegenden, allgemeinen Sinne.

7.4.2 Von Gottes*beweisen* zu sprechen ist, wie zu Beginn dieses Kapitels gesagt, heute obsolet geworden. In Wirklichkeit erweist sich die Durchführung des Beweises der Existenz Gottes bei genauerem Zusehen als ein Prozeß des Glaubens; als ein Prozeß des glaubenden = wollenden Geistes, in dem dieser sein eigenes »subjektives« Wesen verwirklicht; als ein Prozeß, der zudem nicht mit einem positiven Wissen zu Ende kommt. Denn das »Gott ist« ist erst Ergebnis einer noch eigens hinzukommenden Umformulierung des allein positiven Wissens, daß die Welt kein evident eindeutiges »Darum« an sich hat. Von einem *Erkennen* kann indes immer noch gesprochen werden, auch wenn es sich um ein glaubendes, »fideistisches« Erkennen handelt und das Ergebnis ein Nichtwissen, »agnostisch« also, bleibt: Die Welt ist offensichtlich nicht Gott.

Denn es verhält sich ja bei *allem* geistigen Erkennen und Wissen so, daß es sich um etwas Subjektives handelt und daß das Wissen, das Gewußte das Produkt *unseres* Wissenwollens ist. *Ganz prinzipiell* gesehen ist *alles geistige* Wissen ein Glauben, ein geglaubtes Wissen. Es ist ja *im* Erkennenden, *im* Wissenden. Auch wenn wir dann substantivierend von »dem Wissen« sprechen, ist Wissen doch nicht etwas, das außerhalb unseres Geistes wäre. Außerhalb des Geistes sind die Dinge, *von* denen wir etwas wissen oder jedenfalls wissen wollen oder zu wissen glauben/überzeugt sind.

»Bewiesenes Wissen« wird das prinzipiell immer subjektive menschliche Wissen bzw. Glauben erst, wenn *zudem* auf solche Dinge in der Welt hingewiesen (= demonstrare) wird, die nicht in unserem Geiste sind, deren objektive Wirklichkeit aber (welcher Art jeweils, tut hier nichts zur Sache) zu bestreiten absurd erschiene. Mit dem hinzukommenden Hinweisen auf sogenannte objektive Tatsachen (seien sie sichtbar, hörbar, fühlbar, lesbar), die uns *vor*-liegen und als solche erfahrbar sind, wird unser an sich immer subjektives Wissen *zudem* »objektiviert«, als zutreffend, als wahr »bewiesen«. Erst das Hinweisenkönnen auf objektiv Vor-liegendes ist es, das dem subjektiven Erkennen, der geistigen Theorie, den Rang und Status »objektiv bewiesenen Wissens« verleiht. So aber kann Gott nicht bewiesen werden.

Gotteserkenntnis, gar Beweisen seiner Existenz, ist ja nicht Erkenntnis Gottes selbst, sondern Erkenntnis, daß die Welt nicht Gott ist. *Das* kann man immerhin als ein Erkennen, als ein Wissen des Geistes bezeichnen; wenngleich es an sich nur ein »negatives Wissen« bleibt. Es bleibt im ganzen eine Theorie über die Welt; nicht sonderlich spektakulär, aber auch nicht falsifizierbar. »Bewiesen« werden kann sie aber nicht. Denn »Gott« ist nun einmal kein ob-jektiv vorliegendes, sei es sichtbares, hörbares, fühlbares, lesbares oder sonstwie erfahrbares Etwas, auf das wir hinweisen, »demonstrare« könnten. So bleibt es bei einem bloßen, weil *nur im* Geiste wirklichen, insofern nur subjektiven, nicht auch objektiv beweisbaren Erkennen, das zudem nur ein negatives Wissen ist: Daß nämlich die Welt nicht als etwas wahrgenommen und erfahren wird, das gar nicht mehr in Frage gestellt, nicht mehr hinterfragt werden könnte; ja, nicht mehr hinterfragt werden dürfte.

Selbstverständlich ist und bleibt schon dieses fragende Wahrnehmen ein subjektives Tun. Nur der Erkennenwollende selbst kann fragen. Steine fragen nicht. So daß dann weiter darüber nachzudenken wäre, *was* denn in und an der Welt, die wir ja nie im ganzen wahrnehmen können, solches Fragen wirklich rechtfertigen und »lohnen« könnte. *Was* denn so wichtig und »interessant« an oder in der Welt ist, daß es zum Anlaß jenes Glau-

bensprozesses werden kann, der schließlich für sich den Titel einer
»Erkenntnis« Gottes in Anspruch nehmen mag.

7.5 Der Beweis der Existenz Gottes: ein Kuckucksei im Nest der Theologie

7.5.1 Die traditionelle katholische Schultheologie hatte die Lehre von
der natürlichen Erkennbarkeit und schon philosophischen Beweisbarkeit
der Existenz Gottes sehr hoch gehängt. Und zwar um der Legitimierung
der Theologie selbst willen: Theologie ist Reflexion des Glaubens, der
Offenbarung, des Wortes Gottes – wie sollte sie aber noch rational verant-
wortet werden können ohne ein sicheres Wissen, daß es Gott überhaupt
gibt? (Nicht zuletzt dürfte seit dem Beginn der mittelalterlichen Scholastik
auch das kirchlich-kulturpolitische Interesse der Theologie mitgespielt
haben, zu Recht im Konzert der an den Universitäten gelehrten *Wissenschaften* weiter maßgebend mitzuspielen.)

Die Gottesbeweise sollten also das *wissenschaftliche* Fundament der
weiteren, eigentlichen Theologie sein: »praeambula fidei« bzw. »praeambula theologiae«. In ihrer Sache waren sie aber auch schon *Theo*logie,
nämlich Lehre von der Existenz *Gottes*. Theologie freilich nicht schon als
glaubende, gläubige Theologie, sondern als nur mit den geistigen Kräften
der natürlichen menschlichen Vernunft vorgehende Theologie. Theologie,
betrieben im akademischen Hörsaal, nicht in der Kirche. Sie abstrahierte
ja von der Tatsache, daß das gewöhnliche Denken des Menschen von Gott
immer schon ein religiöses, existentiell interessiertes Denken, eben ein
Glauben an *seinen Gott* oder *seine Götter* ist; daß es dem religiösen Glauben nicht um die bloße Existenz Gottes bzw. der Götter geht, sondern kurz
gesagt um sein von Gott erhofftes Heil. Ihr hingegen ging es nur um die
Wahrheit der Existenz Gottes überhaupt, die vom faktischen religiösen
Glauben selbstverständlich mitgeglaubt wird, für ihn aber an sich kein
Problem ist.

Oben haben wir gezeigt, daß diese Gottesbeweise an sich nicht falsch
sind, daß aber ihre »abstrakte Theologie« in gewisser Weise unreflektiert
naiv bleibt. Naiv nämlich insofern, als sie sich dessen nicht bewußt ist
oder zumindest nicht offen zugibt, daß ihr eigenes Beweisen der Existenz
Gottes immer Ergebnis eines (bildlich gesprochen) geistigen *Sprunges* ist.
Mit Springen ist das Schließen-auf gemeint. Bei allen Gottesbeweisen
wird an irgendeiner Stelle gesprungen. Das ist offensichtlich da der Fall,
wo man sich auf das Kausalitätsprinzip eigens beruft und von einem

»sichtbaren« Phänomen auf den »unsichtbaren« Grund schließt, also »im Geiste springt«. Beim ontologischen Argument ist es vorausgesetzt und versteckt in der Vorüberlegung, es müsse schon im begrifflichen Denken an ein Allerhöchstes gedacht werden. Geistig gesprungen wird auch in der heute verbreiteten transzendentalphilosophischen Argumentation (dem modernen Gewand, in das die alten Gottesbeweise geschlüpft sind): In jeder kontingenten Behauptung z.b., die wahr sein will, werde die Geltung von Wahrheit überhaupt mitbehauptet – was eben die Wirklichkeit absoluter, nichtkontingenter Wahrheit voraussetzte. Vom Konkreten, Kontingenten, das stets ein Komplexes aus Zweien ist, nämlich aus Zufällig-Individuellem und Notwendig-Allgemeinen, wird geschlossen auf die Wirklichkeit eines schlechthin und absolut Allgemeinen, eben »*der* Wahrheit«. Vom Konkreten wird gesprungen ins Abstrakte und von da aus ins Absolute. Gesprungen wird hier freilich nicht offen, sondern so, daß dieser Sprung, dieses Schließen-auf schon demjenigen, der z.b. irgendetwas als wahr behauptet, als *sein eigenes* Voraussetzen dieses *Absoluten* untergeschoben wird; obwohl doch von »der« Wahrheit oder »dem« Absoluten erst die *hinzukommende*, abstrakte, eben transzendentale *Reflexion* spricht – mit ihr verwirklicht sich aber nur das, was oben (5. Kapitel 6.2.1) als die »Schichtigkeit« von Geist bezeichnet wurde –, nicht aber derjenige, der nur etwas behauptet, z.B. daß zwei mal zwei vier sei.

Auch das geistig-intellektuelle Springen, das natürlich niemandem verboten werden kann (!), ist, wie wir sahen, ein Glauben, dem Akt des religiösen Glaubens jedenfalls insofern gleichsam verwandt und strukturell gleich, als es ein *willensmäßiger, intentionaler* Vorgang des Geistes ist. Es soll freilich in der »abstrakten Theologie« des Beweisens der Existenz Gottes ein Glauben ohne das religiöse, existentielle Interesse sein; also insofern ein selbst »abstraktes« Glauben, ohne existentielles Fleisch und Blut, bei dem es ganz neutral nur auf das sachlich Intellektuelle ankommt. Ein Akt also ohne die Farben und Konnotationen des religiösen Glaubens.

Das Beweisen der Existenz Gottes soll ja auch gar nicht den religiösen Glauben vorwegnehmen und ersetzen, sondern nur dessen *prinzipielle* Möglichkeit und Legitimität erweisen. Was der religiöse Glaube als selbstverständlich annimmt, daß es Gott überhaupt gibt, soll der Gottesbeweis nochmals eigens für sich klarstellen: Die Existenz Gottes an sich ist »nur« die legitimierende Bedingungsmöglichkeit und Möglichkeitsbedingung religiösen Glaubens. Sie ist nicht das *ganze* Wirkliche, der *ganze* Gott, sondern nur noch ein Abstraktum, da es ja nur um das bloße Existieren Gottes überhaupt geht, nicht um den religiösen Gott des Heils, des Glaubens an ewiges Leben. Das gibt auch derjenige zu, der von der Richtigkeit des

Gottesbeweises überzeugt ist. Er sagt ja, bewiesen werde allein das Daß der Existenz Gottes.

Thomas von Aquin formulierte es so, daß wir zwar das *Daß* der Existenz Gottes beweisen können, dabei aber nicht das *Wesen* Gottes, also sein Was und Wie erkennen können (S.th. 1,3, introductio). (Ich lasse es hier auf sich beruhen, daß diese Aussage in erheblicher Spannung zu seiner anderen Aussage steht, daß Sein und Wesen Gottes doch schlechthin realidentisch sind: S.th. 1,3,4. Zur Sache selbst ließe sich wohl richtiger umgekehrt formulieren: Gerade das »Was« und »Wie« ist sehr wohl zu erkennen, nämlich: Nicht-Welt, un-endlich; hingegen ist sein »Daß« nur zu glauben.)

7.5.2 Gottes Existenz zu beweisen, das ist also ganz abstrakte Metaphysik. Und Metaphysik ist, hermeneutisch-existentiell betrachtet, ein Akt geistiger Freiheit. Was aber bringt es wirklich, so läßt sich am Ende fragen, wenn der Theologe – faktisch sind es ja selbst auch schon religiös glaubende Theologen, die Gottes Existenz vorab beweisen, dabei aber methodisch von den religiösen Konnotationen ihres Glaubens absehen! – dieses zusätzliche, von seinem eigenen religiösen Glauben abstrahierende Geschäft des philosophisch-metaphysischen Beweisens des Daß der Existenz Gottes betreibt? Was folgt aus der Annahme eines Absoluten, aus dem bloßen Wissen, »daß es ein unendliches Absolutes, Gott genannt, gibt«? Ich nehme dabei sogar an, mit dem »unendlichen Absoluten« sei auch gegeben, daß dieser Gott der Herr und Schöpfer alles Endlichen ist. Daß der mit dem Gottesbeweis bewiesene Gott weder der *nur* transzendente Gott des »Deismus« noch der nur immanente Gott des »Pantheismus«, sondern ein im vollen Sinne *unendlicher* absoluter Gott ist.

In gewisser Weise bringt das Beweisen eines wirklichen Absoluten durchaus etwas: Es verbietet nämlich der Theologie die Verabsolutierung jeglicher irdisch-endlichen Wirklichkeit. Wirklich absolut wäre nur »der Absolute«. Zugleich entlarvt es damit alle religiös-theologischen Versuche, Gott, den Absoluten, *exklusiv* für bestimmte irdisch-kontingente Phänomene in Beschlag zu nehmen, als ideologisch, als Götzendienst. Nicht als ob es die Berufung auf den absoluten Gott überhaupt unmöglich machte! Nur: Ein *exkludierendes* In-Anspruch-Nehmen des Absoluten ist fortan ausgeschlossen! Wer z.B. als Theologe sagt, Gott wirkt oder offenbart sich *hier*, der hat solange Recht, als er nicht sagt, Gott wirkt oder offenbart sich *nur hier*. Denn ein Gott, der *nur hier* wirkt oder sich *nur hier* offenbart, ist kein wirklich absoluter, unendlicher Gott. Dies ist das Kuckucksei, welches sich die Theologen mit ihrem rein philosophischen Beweisen der Existenz Gottes ins eigene Nest gelegt haben!

Der Beweis der Existenz *eines Absoluten*, das alleine nicht mehr in Frage zu stellen sei, destruiert damit letztendlich auch *alle religiös*-theologischen Versuche, sich selbst, die eigene Geschichte und Praxis zu verabsolutieren. Gewiß nicht im Sinne der Verfechter der Beweisbarkeit des Daß Gottes, läßt er sich also kritisch gegen die faktische Tendenz aller geschichtlichen Religionen, insbesondere aber der monotheistischen sogenannten Offenbarungsreligionen Judentum, Christentum und Islam wenden, sich selbst, die eigene Religiosität und Praxis mit dem Absoluten und seinem Willen zu identifizieren und zugleich damit ein In-Anspruch-Nehmen-Können des Absoluten durch »die anderen« zu bestreiten. Genau dies ist mit dem Beweis der Existenz eines absoluten Gottes ausgeschlossen. Denn mit dem *einen* Absoluten ist auch schon *alles* andere als nur noch relativ, als kontingent, als geschichtlich erklärt. (Der richtige Kern der sogenannten pluralistischen Religionstheologie.)

7.5.3 Allein Gott ist absolut, alles andere ist nicht absolut, ist nur »relativ«: Im Sinne der Theologen – *sie* sind es ja faktisch gewesen, die die Beweise der Existenz Gottes ausgearbeitet haben – ist das wie gesagt gewiß nicht, insofern es ihnen ja gerade angelegen war, auch ihre jeweilige Religion, ihre religiöse, geschichtlich gewordene Kultur und Praxis mit dem privilegisierenden Siegel auszuzeichnen, sie und *nur* sie seien mit dem Willen des Absoluten identisch, wohingegen alle anderen Religionen und religiösen Praktiken bestenfalls Menschenwerk, wenn nicht gar des Teufels seien. Und so wundert es nicht, wenn von religiöser Seite zwar mit der einen Hand Wahrheit und Vernunft gerne hochgehalten werden und vom »Glanz der Wahrheit« gesprochen wird, zugleich aber mit der anderen Hand das Holzhammerargument vom absoluten Relativismus geschwungen wird, der allen Glauben, alle Religion zerstöre, der nur Nihilismus übrig lasse, wenn die vernünftige Wahrheit für sie selbst unbequem wird.

Doch es hilft alles nichts: Wenn »es ein Absolutes gibt« – wie die Gottesbeweise es ja wollen; und als falsch zu widerlegen sind sie nicht –, dann kann es in der Tat nichts *wirklich* Absolutes mehr neben ihm geben. (In emphatischem Sinn verwenden wir das Wort »absolut« natürlich sehr oft, aber das ist etwas anderes.) Vor dem einen Absoluten ist *alles nur* relativ, gleich, welchen Namen oder Begriff man ihm auch geben mag. (S. a. oben: 4. Kapitel.) Doch von »absolutem Relativismus« oder auch »Nihilismus« zu reden ist hilfloser Unfug und pure Polemik. Daß alles Nichtabsolute »nur relativ« ist, das bedeutet ja weder, daß alles gleich und dasselbe sei, noch bedeutet es, daß es keine erkennbaren quantitativen oder qualitativen Unterschiede zwischen den nichtabsoluten und in diesem Sinne nur »relativen« Phänomenen unserer Welt und in unserer Welt gebe. Wohl bedeutet es, daß es nicht immer so leicht und bequem ist, diese Unterschiede auch zu erkennen und plausibel zu machen. Jedenfalls nicht so leicht, wie es sich die Absolutheitsapostel aller Religionen und Konfessionen machen, indem sie einfach das, was sie selbst für absolut, für selbstverständlich, für evident, für gut, für heilsnotwendig halten, mit dem konkurrenzlosen Willen und Wesen des Absoluten identifizieren und alles andere verdammen oder allenfalls als »nur relativ« dulden.

Der Beweis der Existenz eines absoluten Gottes erbringt also – abgesehen davon, daß er sich genaugenommen kontraproduktiv zur Absicht solcher Theologie bzw. Pseudotheologie verhält, irgendwelche irdischen, geschichtlichen Phänomene zu verabsolutieren und sie so zu immunisieren, d.h. sie von jeglicher Kritik freizuhalten, sie vor jeglichem Vergleichen und Relativieren zu schützen (Angst vor möglicher Konkurrenz!) – *positiv gar nichts*. Denn das bloße Daß eines Absoluten bleibt ein Wort oder Begriff ohne einen eigenen konkreten Inhalt.

Man kann zwar hingehen und dem Absoluten doch auch inhaltliche, konkrete Bedeutung zu geben versuchen, indem man sozusagen vom Ergebnis des Gottesbeweises wieder zurückverweist auf den Ausgangspunkt, der ja konstitutiv für den Beweis als ganzen ist. Der Beweis der Existenz des Absoluten begann ja mit der Wahrnehmung »sichtbarer«, erfahrbarer Phänomene in unserer Welt, sei es des Phänomens der Bewegung, sei es des Phänomens der Kontingenz, sei es des Phänomens von Teleologie oder des Phänomens von Sittlichkeit überhaupt oder des Phänomens von bestimmten sittlichen oder religiösen Überzeugungen oder Praktiken. Von »sichtbaren«, sinnvollerweise nicht zu bestreitenden Phänomenen wurde auf die Existenz eines »unsichtbaren« Absoluten geschlossen, das sein eigentlicher Grund und »Beweger« oder auch »Ziel« ist. Und so kann man sagen: Also ist das Absolute doch nicht ein bloßes, leeres Daß, sondern sein Daß ist eben inhaltlich sein »Begründen«/ »Bewegen« des jeweiligen Ausgangsphänomens.

So sehr nun letzterem zuzustimmen ist, bringt auch das nicht wirklich weiter. Denn wenn das Absolute *ein* Phänomen »begründet«/»bewegt«, dann »begründet«/»bewegt« es auch alle anderen! Dann ist es der Gott für *alles* und *jedes!* Insofern ist keine endliche Wirklichkeit, kein Phänomen vor anderen Phänomenen privilegiert! Wenn angesichts irgendeines irdischen Phänomens behauptet wird, es, oder gar: *nur* es sei wirklich Ausdruck des Absoluten, oder gar: es sei der absolute Ausdruck des Absoluten, so ist dem schlicht zu entgegnen: Das läßt sich von *jedem* anderen

Phänomen ebenfalls behaupten. Mag es auch, wenn man die Existenz Gottes beweisen will, immer das Nächstliegende sein, daß man als Ausgangsphänomen des Beweisganges sozusagen eine der Rosinen aus dem großen Kuchen der Welt wählt – kurz gesagt: das Gute, Wahre, Schöne, oder das Heilige, Fromme oder die Liebe; allenfalls etwas Neutrales, wie z.B. daß die Welt in Bewegung ist, oder daß sie etwas Kontingentes ist –, das Ergebnis des korrekt zu Ende geführten Gottesbeweises lautet stets: Es gibt ein Absolutes, Gott genannt. Dieses Absolute oder Gott ist dann aber sozusagen ex definitione nicht mehr nur ein Gott der Rosinen – dann wäre er eben ein begrenzter, nicht aber ein absoluter, d.h. unendlicher Gott –, sondern ein Gott der ganzen nichtabsoluten Wirklichkeit; der Absolute für alles und in allem und jedem.

So ergibt sich wiederum: Die, wenn man will, bewiesene Existenz Gottes ist von keiner Bedeutung hinsichtlich unserer Erkenntnis der irdischen Phänomene in ihrer Verschiedenheit. »Gott« bestätigt zwar gewissermaßen das Phänomen, bei dem der Gottesbeweis ansetzt. Aber er bestätigt dann zugleich mit und neben ihm alle anderen Phänomene: Nicht nur die Rosinen, auch der Kuchen ist durch ihn wirklich »begründet«/»bewegt«. Und so ist derjenige, der Gottes Existenz bewiesen hat, hinsichtlich des ganzen Weltkuchens, der aus Teig und Rosinen besteht, nachher nicht klüger als zuvor.

Im Gegenteil könnte ihn das Ergebnis seines Gottesbeweises eher in die Verlegenheit bringen, nun sogar bedenken zu müssen, was es heißt, daß Gott eben der Gott des *ganzen* Kuchens ist; also nicht nur der Gott der süßen Rosinen, sondern auch der Gott aller anderen »Bestandteile« der Welt.

Doch davon einmal abgesehen, stünden mit der Erkenntnis der Nichtabsolutheit alles Irdischen an sich jede Religion und ihre Theologie vor der Aufgabe, sich und anderen nun plausibel zu machen, warum denn gerade sie die bessere und wahrere, ja, die beste von allen sei. Denn daß allein Gott absolut ist, das heißt ja, wie gesagt, nicht, auf Erden sei alles gleich gut. *So* würde Gottes alleinige Absolutheit nur zum Feigenblatt einer anderen Bequemlichkeit.

7.5.4 Rein *historisch-geistesgeschichtlich* gesehen scheint es mir allerdings unzutreffend, um nicht zu sagen: unredlich, wenn christliche Theologen heute die eigene Geschichte so darstellen: Diese Kritik an der Selbstverabsolutierungstendenz des Religiösen haben unsere eigenen »großen« Theologen doch immer schon geübt. Schon für Abraham, für Moses, für Jesus, für Augustinus, Thomas u.a. sei es doch so gewesen, daß

Gott der ganz Andere, der Unverrechenbare, der unbegreiflich Bleibende, der allein Absolute war. Rein theoretisch gesehen ist daran gewiß Wahres, aber aufs Ganze des jeweiligen geschichtlichen Denkens gesehen, trifft das doch nicht wirklich zu. Allenfalls könnte man sagen: im Prinzip Ja, aber ... Denn wo wurde denn mit diesem Prinzip wirklich Ernst gemacht? Ernst gemacht auch im Hinblick auf die religiöse Praxis; und zwar nicht nur die »der anderen«, sondern auch die eigene! Um bei unserem Bild zu bleiben: Das Kuckucksei »nur ein Absolutes« mag an sich (»im Prinzip«) schon lange im Nest unserer Theologie gelegen haben. Aber wirklich ausgebrütet wurde es erst seit dem Beginn der Neuzeit. Nun aber gerade nicht durch die kirchliche Theologie, sondern durch andere, die dann dafür seitens der kirchlichen Theologie bestenfalls als Nestbeschmutzer angesehen wurden, wenn sie nicht einfach als Atheisten beschimpft wurden.

7.5.5 Sowenig es als historisch redlich erscheint, die Sache heute so darzustellen: *Das* haben unsere Großen schon immer gemeint und gewollt, so unzulänglich bleibt es in der Sache, wenn nun schon dies: »ein absoluter, ganz anderer Gott und Herr« auch das *eigentliche* Thema christlicher Theologie sein soll. Theologie hat als Ideologiekritik (»absolut ist allein Gott«) gewiß einen guten, nämlich *zivilisatorischen* Sinn; zumal angesichts aller möglichen fundamentalistischen und religiösen Fanatismen. Wenn das aber alles ist, sie also letztlich nur negative Theologie bleibt, ist sie als Theologie reichlich »arm dran«; auch wenn sie diese Armut nun mit so hehren Titeln versieht, wie absolute Offenheit, Freiheit, Zukunft der Welt etc. Dergleichen klingt chic, damit dokumentiert sie auch, daß auch sie schon auf der Höhe der Zeit ist. Aber um all das weiß der halbwegs vernünftige Zeitgeist heute ohnehin. (S.o. Einleitung 1.1.) Wenn dies schon alles ist, Theologie kein anderes, eigenes Thema hat, ist sie wenig attraktiv. Ja, mit dergleichen allein läßt sie den Glauben, die Glaubenden geradezu im Nieselregen des Zeitgeistes stehen.

Ist es vielleicht so, daß sich die Theologie, gerade als wissenschaftlich sein wollende, heute ein wenig geniert dafür, daß ihre eigentliche Sache »Auferstehung und ewiges Leben« zu sein hätte? Also etwas ganz Menschliches. Etwas, das geradezu banal und kleinlich anmutet, verglichen mit anderen, bedeutsamer klingenden Themen? Und doch dürfte sie mit ihr, auch schon ohne dafür einen »Absolutheitstitel« zu gebrauchen, attraktiver erscheinen, als wenn sie ihre eigentliche Sache im Nachdenken über ein Absolutes sähe. Sie muß freilich die kritische Distanz und Spannung zur religiösen Praxis aushalten, deren Überzeugung sich wohl immer wieder emphatisch-»absolutistisch« äußern wird, vielleicht sich sogar so äußern muß.

8. KAPITEL

Das Rahmenwerk der priesterschriftlichen Schöpfungsgeschichte: Gen 1,1-5; 2,1-3

Als damals Gott schuf Himmel und Erde –
die Erde war wüst und leer, Finsternis war über der Tiefe, und Gottes
Geist schwebte über den Wassern –
da sprach Gott: »Es werde Licht!« Und es ward Licht.
Gott sah, daß das Licht gut war, und Gott schied zwischen Licht und
Finsternis.
Gott nannte das Licht Tag und die Finsternis nannte er Nacht. Es ward
Abend und es ward Morgen: Erster Tag.

So wurden Himmel und Erde mit ihrem ganzen Heere vollendet.
Gott vollendete am siebten Tag sein Werk, das er gemacht hatte.
Und Gott segnete den siebten Tag und heiligte ihn, denn an ihm ruhte
er von seinem ganzen Schöpfungswerk.

In den vorangegangenen Kapiteln haben wir mehr über Gott, den Schöpfer nachgedacht. Die folgenden Kapitel befassen sich mehr mit seinem Werk, der Schöpfung. Aus den in der Einleitung genannten Gründen interpretieren wir dazu die Schöpfungsgeschichten der Bibel. Wir halten uns dabei auch einigermaßen an den Text, aber es geht uns nicht um einen exegetisch genauen Textkommentar, sondern um systematische Theologie: Was können wir zu den Dingen sagen, von denen die biblischen Autoren damals auf ihre Weise erzählten?

Die ganze biblische Schöpfungsgeschichte besteht bekanntlich aus mehreren Erzählungen. Wir haben die priesterschriftliche Darstellung (Gen 1-2,3), die sogenannte jahwistische Erzählung, die vornehmlich von der Erschaffung des Menschen handelt (Gen 2,4b-25), dann die sogenannte Sündenfallgeschichte (Gen 3); wir nehmen auch noch die Geschichte von Kain und Abel (Gen 4,1-16) hinzu. In etwa ist damit auch schon eine Abfolge für uns vorgezeichnet: Während P die Erschaffung der *Welt als ganzer* darstellt – des Kosmos und der belebten Welt, einschließlich des Menschen –, dann in Gen 2,4b-25 die Erschaffung des *Menschen* geschildert wird, befassen sich Gen 3 und Gen 4,1-16 mit Grundgegebenheiten menschlichen Existierens in der Welt.

Wir beginnen also mit der Interpretation der priesterschriftlichen Schöpfungsgeschichte (P). Das ist der Text von Gen 1,1 bis Gen 2,4a. Die Erschaffung der ganzen Welt, von »Himmel und Erde«, erstreckt sich über sieben Tage, also über eine Sabbatwoche. P macht die Erschaffung der Welt durch Gott gewissermaßen zu einem liturgischen Geschehen, in dem Gott selbst der Liturge ist. Keine Frage, daß er auf diese Weise auch die Bedeutung des Sabbats, des Ruhetages unterstreichen will. Nehmen wir es nun einmal hin, daß nach P Gott am siebten Tag nicht wirklich schöpferisch wirkt, sondern »ruht«, so können wir Gen 2,1-3 als ein abschließendes Summarium lesen. Jedenfalls ist der siebte Tag kein eigentlicher Arbeitstag Gottes.

Einen eigentlichen Arbeitstag schildert aber auch nicht der sogenannte erste Tag. Auch wenn dort von der Erschaffung des Lichtes die Rede ist, nehmen wir den ganzen »ersten Tag« – also den Text von Gen 1,1-5 – als ein Einleitungssummarium, in dem vom damaligen Beginnen des Schaffens Gottes überhaupt und dem ihm damals Vor-liegenden gesprochen wird. Eigentlich »arbeitet«, schafft Gott also nur an fünf Tagen. Den ersten und den siebten Tag bzw. den Text von Gen 1,1-5 und Gen 2,1-4a betrachten wir dementsprechend als ein Rahmenwerk, das die Einzeldarstellungen des eigentlichen weltschaffenden Wirkens Gottes umgibt.

Dieser Rahmen soll daher das Thema dieses 8. Kapitels sein. Insofern in ihm noch nicht von den einzelnen Werken des Schöpfers, sondern mehr vom Schaffen Gottes überhaupt zu sprechen sein wird, ist es gewissermaßen ein Bindeglied zwischen den vorangegangenen Kapiteln zur *Theologie* der Schöpfung und den folgenden zur Theologie der *Schöpfungswerke*. Wir gehen den Text entlang und denken über die einzelnen Begriffe und Vorstellungen nach, die uns in ihm begegnen und unser Interesse wecken können.

8.1   Gott *schuf*: Zur Singularität des Wortes »bara«

Das Wort bara wird im Alten Testament ausschließlich zur Bezeichnung des göttlichen Schaffens verwendet (53 mal). Die Exklusivität der Verwendung dieses Wortes – das also kein allgemeiner Begriff ist, der auch für andere Sachverhalte Verwendung finden könnte, sondern eher eine univoke Bezeichnung – bezeugt, daß für den biblischen Glauben das göttliche Schaffen eine schlechthinnige *Singularität* war; so singulär-einzigartig, wie eben Gott selbst ist.

»Singulär« im strengen Sinne bedeutet an sich schlechthin unvergleichlich, wirklich einzigartig, analogielos. *Nur* so verstanden würde aber das bara selbst ein schlechthin unverständliches Fremdwort, eine unbrauchbare Vokabel; ein ebenso inhaltsloses Wort wie das Wort »Gott« einer *rein* negativen Theologie, die eben mit »Gott« *nur* sagen wollte: Nicht-Welt. Das bara wird aber nicht wie eine fremdwortartige Vokabel gebraucht, sondern offensichtlich sinnvoll eingesetzt, nämlich, wie der jeweilige Kontext erkennen läßt, als Bezeichnung für Gottes Schaffen der Welt. Welche *Funktion*, welcher Sinn kann dann diesem bara noch zukommen, wenn wie gesagt die Exklusivität seines Gebrauches für Gottes Schaffen Ausdruck des Glaubensbewußtseins dafür ist, daß Gottes Schaffen etwas Einzigartiges, Singuläres, an sich Unbegreifliches und Unvorstellbares ist?

Die *Funktion*, der *Sinn des Gebrauches* dieses singulären Wortes erhellt erst im Zusammenhang und Vergleich mit anderen biblischen Aussagen zu Gottes Schaffen. Diese Aussagen (wie machen, bilden, formen, sprechen) sind – zumindest auf den ersten Anschein hin – alle viel anschaulicher. Sie sind bildhafter, sie rufen bekannte Vorstellungen im Hörer oder Leser hervor. Man denke nur an die jahwistische Darstellung von der Erschaffung des Menschen durch Gott aus dem Lehmboden in Gen 2,7. Nun kann allerdings keine Frage sein, daß schon diese Darstellungen nur als Bilder gemeint waren. Es ist schlechterdings auszuschließen, die alttestamentlichen Autoren und ihre zumindest etwas gebildeten Leser und Hörer hätten sich Gott wie einen Töpfer oder einen Chirurgen bei seiner Schöpfungstätigkeit vorgestellt. So kindlich-»fundamentalistisch« war der Glaube Israels keineswegs. Anderseits wurden aber nun einmal diese Bilder und Vorstellungen gebraucht, auch wenn man zudem wußte: Es sind nur Bilder, unsere Veranschaulichungen, die nur irgendwie »analog« im Sinne von »so *ähnlich*, aber doch in Wirklichkeit anders, also *unähnlich*« zu verstehen sind.

Hier kommt nun dem exklusiv und singulär eingesetzten bara seine besondere, eigene Funktion zu. Es ist dieselbe Funktion, die in der Formel des Lateranense IV »in omni similitudine *maior* dissimilitudo« dem »maior« zukommt. (S.o. 1. Kapitel 2.) Die Unähnlichkeit ist *noch* größer, d.h. die Wirklichkeit dessen, was »Gottes Schaffen« heißt, ist *noch* unvorstellbarer, als daß irgendeine noch so zutreffende Darstellung sie wirklich einholen könnte. Wir sprechen von ihm und versuchen, sie uns vorzustellen – das ist auch irgendwie notwendig und legitim –, aber in Wirklichkeit bleibt es unvorstellbar; so unvorstellbar und unbegreiflich wie eben Gott selbst. Das bara signalisiert die Einzigartigkeit des göttlichen Schaffens, ohne selbst ein inhaltliches Wie zu bringen – und legitimiert damit die anderen, anschaulichen Aussagen, insofern sie als bloße Bilder dienen sollen.

8.2 »Himmel und Erde« in Gen 1,1

8.2.1 Im Rahmentext, der die eigentliche Darstellung von Gottes Weltschaffen einleitet, ist die Rede von »Himmel und Erde«: »Als Gott damals Himmel und Erde schuf ...« »Himmel und Erde«, das bedeutet hier soviel wie: alles, die ganze Welt, die ganze Schöpfung. Es handelt sich um eine formelhafte Stilfigur.

Bei »*Himmel* und Erde« ist hier, in Gen 1,1, also noch nicht an unseren sichtbaren Himmel, nämlich das Firmament gedacht, welches Gott nach Gen 1,6 am zweiten Tag macht; und an dem er am vierten Tag Sonne, Mond und Sterne entstehen läßt (Gen 1,14-19). Ebensowenig ist hier, in Gen 1,1, mit »Himmel und *Erde*« unsere Erde, nämlich das trockene Land gemeint, das Gott am dritten Tag erscheinen läßt (Gen 1,9f). Schließlich ist auch nicht jene »Erde« gemeint, die im anschließenden Vers Gen 1,2 beschrieben wird: das wüste, leere, abgründig finstere »Chaos«, die Urflut, über die Gottes Geist dahingeht. Es wird nicht erst geschaffen, es ist einfach da, und aus ihm macht dann Gott die jetzige Welt; es ist das Material, das Gott zu unserer Welt verarbeitet. »Himmel und Erde« in Gen 1,1 meint vielmehr einfach: alles, das Ganze von Anfang bis Ende, ohne daß dabei schon an etwas ganz Bestimmtes gedacht werden müßte.

8.2.2 So hat man es aber in der Geschichte der Auslegung dieses Textes nicht immer gehalten. Man interpretierte diese Formel auch so: Wie in den folgenden Tagewerken mit »Himmel« als dem Firmament und mit »Erde« als dem festen Land etwas Bestimmtes gemeint ist, das Gott macht, so müsse auch in Gen 1,1 mit »Himmel und Erde« nicht nur einfach »alles« gemeint sein, sondern ein bestimmter Himmel und eine bestimmte Erde; natürlich nicht schon das sichtbare Firmament und das trockene Land. Und so interpretierte man: Der »Himmel« von Gen 1,1, das ist der »Himmel über allen (sichtbaren) Himmeln«, nämlich der Himmelsraum Gottes und seines himmlischen Hofstaates, sein Thronsaal, wobei man natürlich auch wußte, daß Gott selbst auch von diesem Himmel nicht umfaßt wird, daß er selbst auch über diesem Himmel ist. Und die »Erde« von Gen 1,1 wurde (seitens christlicher Theologie) kurzerhand identifiziert mit dem in Gen 1,2 beschriebenen Chaosmaterial, das Gott im Anfang erst einmal geschaffen habe aus dem Nichts.

8.2.3 Wie aber läßt sich diese Interpretation nachvollziehen, der Himmel von Gen 1,1 sei der Himmel Gottes? Der Satz »Als Gott Himmel und Erde schuf« ist als Einleitungssatz gemeint. Sein Gewicht liegt nicht auf »Himmel und Erde«, sondern auf »Gott schuf«. Jene Interpretation will dieses Schaffen Gottes, das »alles« schafft, nicht mehr nur im Allgemeinen lassen, sondern ihm jetzt schon ein bestimmtes Objekt zusprechen, eben seinen »Himmel über allen Himmeln«. Damit verselbständigt sie den Einleitungssatz: Damals, im Anfang schuf Gott seinen Himmel über allen Himmeln. So daß nun aber auch die Frage sich stellen läßt: Was soll dieser Himmel sein?

Dieser »Himmel« ist sicher nicht ein eigener Raum über dem irdischen Himmel und jenseits seiner Gestirne, auch wenn man sich das damals weithin so vorgestellt hat. Will man dennoch jener Interpretation etwas abgewinnen, nach der Gott sozusagen einen Himmel für sich bzw. seinen himmlischen Hofstaat schafft (zum »Hofstaat«/Engel s.u. 8.8), und ist dabei sicher nicht an ein weiteres räumliches Jenseits über unserem Kosmos zu denken, also an eine zweite Welt neben der unsrigen, so bleibt nur übrig zu sagen: Dieser »Himmel«, das ist das von Gott geschaffene All, die Schöpfung im ganzen, eben »Himmel und Erde« von Gen 1,1, dieses All aber nun wirklich *als seine* Schöpfung gedacht. *Als seine* Schöpfung gedacht, das heißt, als Welt, die eben nicht nur »unsere Welt«, sondern auch »*seine* Welt« ist. Die er sozusagen auch für sich schafft.

Das ist eine streng theologische, metaphysische Aussage. *Daß* Gott der Schöpfer von allem, »Himmel und Erde« ist, ist vorausgesetzt. Diese Glaubensüberzeugung wird hier lediglich beim Wort genommen und konkretisiert, expliziert. Sie macht nur bewußt, daß, wenn Gott die *Welt* schafft, sie auch *seine* »Welt« ist. Und damit auch dies: Die Welt, also unsere Welt, ist nicht nur so, wie sie sich uns zeigt, sondern sie ist auch so, wie sie sich Gott, ihrem Schöpfer zeigt, wie sie für ihn ist. Das heißt, sie ist auch sein Himmel.

Will man also den Worten »Himmel« und »Erde« eine eigene Bedeutung abgewinnen, ohne dabei aus dem »alles« zwei Schöpfungen zu machen, so ergibt sich: Die eine Welt hat gleichsam zwei Seiten. Sie ist *unsere* Welt, und als solche heißt sie »Erde«. Sie ist zugleich *Gottes* Welt, und als solche heißt sie »Himmel«. Letzteres ist aber eine theologisch-metaphysische Aussage. »Himmel« heißt sie ja als *Gottes*, ihres Schöpfers Welt. So, wie sie für Gott ist und aussieht. Indes ist der Satz, die Welt ist auch der Himmel Gottes, kein *schlechthin* und *nur meta*physisch gemeinter Satz. Es geht ja in ihm nicht nur um Gott, sondern eben auch um seine *Welt*. Und diese Welt ist keine andere als die, die auch unsere physische Welt ist. Die eine Welt hat somit *selbst* (wie die eine Medaille oder der eine Teppich) sozusagen zwei Seiten (oder »Dimensionen«): die uns erscheinende, uns sichtbare, irdische Seite und die uns unsichtbare, himmlische Seite. Sie ist, jedenfalls schöpfungstheologisch gesehen, beides zugleich: »Himmel und Erde«, sichtbar, begreifbar und undurchsichtig, unbegreiflich zugleich. Als Gottes Schöpfung ist sie selbst mysteriös; teilhabend an seiner unendlichen Unbegreiflichkeit. Für uns sowohl Objekt unseres Wissens als auch unseres Glaubens.

8.3 »Die Erde aber war wüst und leer ...« (Gen 1,2)

8.3.1 Gen 1,1-2,3 will das Entstanden- und Gewordensein der jetzigen, schön geordneten Welt durch Gottes Schaffen darstellen; genauer – P weiß ja, daß die heutige Welt auch schon durch den Menschen teilweise verunstaltet wurde –: wie dieser Kosmos damals durch Gott schön und gut, sehr gut (V. 31) gemacht wurde und somit im Anfang alles sehr gut war. Diese Welt ist nicht in einem Augenblick entstanden, war nicht plötzlich im Nu da, sie ist ein geschaffenes Werk Gottes: Ohne Gottes Wirken wäre sie nicht so, wie sie ist. Damit, daß sie jetzt eine durch Gottes Wirken so gewordene Welt ist, ist sogleich die Frage da: Wie wäre sie, hätte Gott sie nicht zu dem gemacht, was bzw. wie sie jetzt (im großen und ganzen immer noch) ist? Das Sehen des Jetzt und die Überzeugung vom erst Gewordensein des Gegenwärtigen durch Gott läßt sogleich an das Vorher des erst Gewordenen denken: Wie sah es vorher aus, was war vorher?

Blickt V. 1 schon auf das ganze Werk vor: »Damals, als Gott anfing, Himmel und Erde = alles zu schaffen ...«, so blickt V. 2 noch einmal zurück, hält inne (er unterbricht den Zusammenhang von V. 1 und V. 3: »Da sprach Gott ...«) und sagt: »... damals war die Erde noch = nur erst wüst und öde, finster.« Keine Frage also, daß P nicht an ein Nichts vor Gottes Schöpfung denkt. Und davon, daß Gott »zuallererst« dieses sogenannte Chaos hätte entstehen lassen, sagt P ebenfalls nichts. Er hätte es sehr wohl sagen können, wenn er gewollt hätte – so etwa, wie er sagt, daß Gott das Firmament entstehen ließ (V. 6), ohne zu sagen, woraus oder womit. Doch für ihn war das Dasein eines Chaos offenbar kein Problem, keine Beeinträchtigung von Gottes Macht und Schöpfertum.

Das ist um so beachtlicher, als P für eine solche Vorstellung von einem erst einmal Geschaffenworden- und Entstandensein der Chaos-Erde durch Gottes befehlendes Wollen durchaus so etwas wie ein Vorbild zur Verfügung gestanden hätte, das er ohne viel Mühe hätte verarbeiten können. Das babylonische Epos »Enuma elisch« war den Gebildeten = Priestern in Israel ja bekannt. Nach ihm, das auch von der Entstehung der jet-

zigen Welt handelt, mußte Marduk, der berufene Herr und Schöpfer, seine
Fähigkeit dazu erst einmal vor den anderen Göttern unter Beweis stellen.
Marduks Beweis seiner Macht sieht dann so aus:

Sie stellten in ihren Kreis ein Gewand,
sprachen zu Marduk, ihrem Erstgeborenen:
»Deine Bestimmung, o Herr, sei der der Götter überlegen!
Vernichten und Schaffen befiehl, so soll es werden.
Tu auf deinen Mund, so soll das Gewand vernichtet sein,
befiehl wieder, so soll das Gewand unversehrt wieder sein!«
Da befahl er mit seinem Mund – da wurde das Gewand vernichtet.
Er befahl wieder – da war das Gewand neugeschaffen.
Als die Götter, seine Väter, sahen, was aus seinem Munde ging,
Freuten sie sich und huldigten: »Marduk ist König!«

8.3.2 Das biblische Chaos, das tohuwabohu von Gen 1,2 ist keine gott-
feindliche Macht. Es gibt zwar etliche *poetische* alttestamentliche Texte,
die von einer Überwindung kosmischer Gewalten und Mächte durch Gott
sprechen. Doch diese Texte wollen nur die *Mühelosigkeit* zeigen, mit der
Jahwe alles Feindliche überwindet. Sie nehmen Vorstellungen aus der
kanaanitischen und babylonischen Mythologie auf, nach denen die zum
Chaos gehörende kosmische Urflut ein schreckenerregendes Ungeheuer
ist, ein Drache, Rahab oder Leviathan mit Namen. (S. Job 3,8; 7,12; 9,12;
26,12f; Ps 74,13f; 89,10f; Jes 51,9.) Gott besiegt das Ungeheuer aber nicht
erst in kämpferischer Auseinandersetzung, handgreiflich wie etwa der
babylonische Gott Marduk, der die »Tiamat« in zwei Stücke zerschlägt und
daraus den Himmelsozean und die untere Welt macht, sondern durch den
bloßen Befehl seines Wortes.
In P wird darüber hinaus die völlige *Unter*legenheit und Macht*losigkeit*
des damaligen Chaos schon mit dem deutlich gemacht, was P über das
Chaos, also den vergangenen Urzustand der Welt selbst sagt; also schon
über das Chaos, bevor Gott aus ihm die ganze Welt, den Kosmos machte;
eben ohne jede Mühe, da ja das Chaos etwas völlig Ohnmächtiges war,
keine bedrohliche Macht, kein irgendwie Gott ebenbürtiges Etwas. Drei
Dinge werden dazu über den damaligen Urzustand der Erde gesagt: Sie
war wüst und öde, sie war abgründige Finsternis, sie war Urflut in schreck-
lichem Sturm. (Alle drei Aspekte werden dann *durch Gott* verwandelt.)
Damit werden nicht die »Elemente« (Erde, Luft, Wasser) aufgezählt, aus
denen die chaotische Erde bestand, sondern es wird stichwortartig zum
Ausdruck gebracht, daß die noch nicht von Gott gestaltete Weltwirklich-

keit etwas völlig Unfruchtbares, ein lichtloses und ein unstabiles Etwas war. Sie war in einem Zustand, der geradezu das Gegenteil von dem darstellte, zu dem Gott sie dann machte. Aus einem solchen unfruchtbaren, lichtlosen und unstabilen Etwas konnte selbstverständlich nichts von selbst werden; was aus ihm wurde, das wurde es durch Gott.

So, wie es damals war, gibt es »das Chaos« nicht mehr. Es ist nicht mehr wirklich, da Gott ja damals aus ihm die jetzige Welt gemacht hat, »Himmel und Erde«. *Dieses alte* Chaos, dieser vergangene Zustand kann somit genaugenommen auch nicht wiederkommen. Gott hat ja aus ihm die Welt gemacht. Wenn, dann kann es nur ein neues, anderes »Chaos« geben – so etwa in der Sintflutgeschichte von P (s. 6,17; 7,11.17a.18; 8,2). Doch dieses neue »Chaos« ist doch etwas anderes: Es ist eine Katastrophe *in* der bestehenden Welt, es entsteht ein innerkosmisches »Chaos«. Die anfangs geteilten Wassermassen werden von Gott auf die Erde losgelassen und überschwemmen die Erde. Aber das Ergebnis ist nicht jener Zustand, der vor der Schöpfung war. Gott vernichtet nicht *alles*, was er gemacht hat, es handelt sich ja nur um ein zeitweiliges und partielles Strafgericht; Gott muß nicht noch einmal ganz von vorne anfangen.

8.3.3 Nur an einer Stelle ist das »erste Chaos« noch »irgendwie real«, nämlich dank der Reflexionsfähigkeit und Vorstellungskraft des Menschen in seiner Vorstellung, in seinem Geist; dort allerdings auch nur als so gut wie unvorstellbar, nur andeutbar: Ein Grenzbegriff, eine Grenzvorstellung, die zustandekommt, approximiert wird, wenn man alles wirklich Gewordene, aus ihm Gemachte vom Sein der Welt abzuziehen versucht, ihr Sein ohne ihre jetzigen Gestalten sich vorzustellen versucht. Das ist nicht einmal »Erinnerung«, als ob jemand sich an das Chaos erinnern würde. Es ist jetzt ein Produkt des menschlichen Geistes: So etwa müßte/könnte es gewesen sein. Geistig-theoretische Rekonstruktion eines vergangenen Zustandes der Welt. So vergangen und nur noch theoretisch rekonstruierbar wie der sogenannte Urknall, der ja heute auch nicht mehr real ist.

Heute ist es nicht mehr die Theologie, die vergangene Weltzustände rekonstruiert, sondern die Naturwissenschaft. (Was P bietet, war aber auch damaliges »Wissen«, »Lehre«.) Nach der heutigen naturwissenschaftlichen Rekonstruktion der Naturgeschichte ist »aus dem Weltmaterial« die jetzige Welt geworden. Hingegen war es nach P Gott, der aus dem Weltmaterial den jetzigen Kosmos machte. Doch das eine schließt das andere nicht aus. Für *beide* Sichten ist selbstverständlich, daß das Kosmosmaterial, gleich in welchem Zustand, selbst nicht im eigentlichen Sinne göttlich war.

Für P ist Gott nicht innerhalb des Kosmischen; sein Schaffen, Machen, Gestalten – äußerst unanschaulich gehalten! – bewirkt jedenfalls, daß *aus* dem Kosmosmaterial Neues wird, das so vorher nicht war. Z.B. wird die Erde grün, indem *sie selbst* Grünzeug hervorbringt (V. 11f). Das Firmament entsteht einfach (V. 6-8). Für P (und überhaupt theologisch) ist nur entscheidend, daß das »Chaos« sich nicht aus *absolut* souveräner Eigenmacht verändert, verwandelt, sondern, daß alles so wird und geschieht, weil *Gott* es will und befiehlt.

Für unsere theologische Reflexion sind beide, die biblische und die moderne Vorstellung von Urzuständen einander durchaus ähnlich. Theologie besteht »nur« darauf, daß sowohl ein als kraftlos vorgestelltes biblisches Chaos als auch ein unvorstellbar »energischer« Urknall geschaffene, d.h. von Gott so gewollte Wirklichkeiten sind. Gott ist, da un-endlich, weder *im* biblischen Chaos, noch *im* modernen Urknall, sondern beide sind in ihm bzw. waren in ihm.

8.4 Wurde die Welt aus dem Nichts erschaffen?

Das biblische »bara« signalisiert die Singularität, die Einzigartigkeit und schlechthinnige Unvorstellbarkeit von Gottes Schaffen und Schöpfertum. Es enthält selbst kein näheres Wie des Schaffens Gottes. Hingegen stellt sich die spätere Lehre der christlichen Theologie von der zeitlichen Erschaffung der Welt aus dem Nichts als der Versuch dar, diese Singularität nun doch inhaltlich näher zu bestimmen: Erst ein Schaffen aus dem Nichts entspreche der wirklichen Macht und Größe Gottes. Die Vorstellung, Gottes Schaffen der jetzigen Welt sei nur so etwas wie ein In-Form-Bringen, Gestalten und Bilden eines bereits vorhandenen Materials, das er nicht erst geschaffen = ins Dasein gesetzt habe, denke zu gering von Gott. Sie verbleibe in fataler Nähe zur platonischen Vorstellung von einem sogenannten Demiurgen, der aus dem ewig vorhandenen Weltmaterial die jetzige Welt nur gestaltet habe. Die allgemein-antike Überzeugung von der Ewigkeit der Welt, die nicht erst einmal zu sein begonnen habe – wie sollte auch aus nichts etwas werden? Ex nihilo nihil fit, sagte man –, sollte mit der Lehre von der Schöpfung aus dem Nichts, also von einem totalen Erst-einmal-Angefangenhaben des Seins der Welt überboten werden. Dies war jedenfalls, wie wir sehen werden, die Absicht jener christlichen Theologen, die erstmals gegen Ende des zweiten Jahrhunderts diese Lehre vortrugen, welche seitdem für die christliche Theologie so gut wie selbstverständlich wurde.

Zwar diskutiert die Theologie seit der mittelalterlichen Scholastik kontrovers über die Frage der *Erkennbarkeit* des Geschaffenseins der Welt aus nichts; ob dies schon nur philosophisch erkannt werden könne (so Bonaventura, In Sent 2,1,1,1,2) oder ob es erst eine Glaubenswahrheit sei (so Thomas von Aquin, S.th. 1,46,2). Diskutiert wurde in der mittelalterlichen Scholastik auch, ob »Schöpfung aus nichts« überhaupt ein *zeitliches* Vorher-nicht-Gewesensein bedeuten müsse; ob nicht auch von einer ewigen Welt gesagt werden könne und müsse, daß sie »aus nichts geschaffen« sei von Gott. So Petrus Lombardus, Thomas von Aquin, Aegidius Romanus, Duns Skotus; während nach Alexander von Hales, Albertus Magnus, Bonaventura, Matthäus von Aquasparta, Heinrich von Gent das »ex nihilo« auch schon das *zeitliche* Angefangenhaben impliziere. Dessen ungeachtet kann man zunächst einmal sagen, daß das »Geschaffensein der Welt aus nichts« allgemeine kirchliche Lehre ist. Sie wird auch in dogmatischen Texten von Konzilien ausgesprochen (Lateranense IV: DS 800; Florentium: DS 1333; Vatikanum I: DS 3025), auch wenn sie nicht *formell* dogmatisiert wird.

Nur nebenbei: Die reformatorische Rechtfertigungslehre steht zwar ursprünglich in soteriologischem Kontext (Erlösung) und ist, gut paulinisch, stark juridisch-forensisch formuliert. Konsequent durchdacht enthält aber auch ihr solus Deus/sola gratia/sola fide nichts Geringeres, als was die Lehre von der Schöpfung/Geschaffen*sein* der Welt aus nichts zum Ausdruck bringen will.

Somit haben wir uns zu fragen, was denn mit »Schöpfung aus nichts« genauer gesagt sein kann. Näherhin, ob man mit dieser Lehre die unstrittig biblische Vorstellung hinter sich lassen muß, die kein zeitliches Angefangenhaben von *allem* kennt, sondern davon ausgeht, daß da »etwas vorhanden« war, aus dem Gott diese Welt machte. Es wird sich zeigen: *Erstens* kann auch von einer »ewigen Welt« theologisch gesagt werden, daß sie »geschaffen ist aus nichts«, nämlich »ex nihilo sui et subiecti«, wie die präzisierende Formel lautet. Wohingegen, *zweitens*, die Argumente dafür, das »aus nichts« müsse darüber hinaus im zeitlichen Sinne, nämlich im Sinne eines Einmal-nicht-Gewesenseins der Welt verstanden werden, sich als haltlos erweisen lassen; ja, als Argumente, die, *drittens*, mit sonstigen *theologisch* zwingenden Überlegungen unvereinbar sind: Gott selbst müßte als ein zeitliches Wesen gedacht werden; er *weiß* zwar in Ewigkeit, daß er die Welt schafft bzw. schaffen wird, aber das Schaffen selbst ist nicht als schon in Ewigkeit wirklich anzunehmen. Mit dieser These, die in Gott ein *reales Unterschiedensein von Wissen und Wollen*, wirklichem Schaffen annimmt (wie in einem Menschen, der heute weiß, was er morgen tun wird), widerspricht die Schöpfungstheologie dem, was in der *Gottes*lehre behauptet wird: daß nämlich Gottes Wesen unendlich ist und daß sein *Wissen und Wollen realidentisch* mit seinem unendlichen, einfachen Wesen sind. Indem sie auch für Gott die Welt erst anfangen läßt, macht sie ihn zu einem anfangenden Werdegott.

Ganz abgesehen davon, daß sie damit der albernen Frage Raum gibt: »Was tat Gott, bevor er die Welt schuf?« Die bekannte Theologenantwort: »Er ging in den Wald Ruten schneiden, um damit den so Fragenden den Hintern zu versohlen; bzw. er machte die Hölle für so vorwitzige Frager«, sie ist zwar einigermaßen geistreich, geht aber nicht auf das eigentliche Problem ein: Ist für Gott selbst ein Vorher und Noch-nicht theologisch denkbar? *Theologisch* denkbar, d.h. es handelt sich um strenge *Meta*physik. Nicht um Vulgärtheologie, die immer einen Schuß Anthropomorphismus an sich haben wird. Was ja hingehen mag, solange es nicht zu wirklich törichten Fragen und Vorstellungen führt, wie eben der: »Was tat Gott, bevor er die Welt schuf?«

8.4.1 Biblische Texte

8.4.1.1 Die *alttestamentlichen* Texte zum Schöpfertum Gottes sind zahlreich. Indes läßt keiner von ihnen die Idee oder Vorstellung erkennen, vor dieser Welt sei, außer Gott selbst, gar nichts, eben nur »das Nichts« gewesen. Der bekannteste Text ist natürlich der (exilische oder nachexilische) priesterschriftliche Schöpfungsbericht Gen 1,1-2,4a. Er ist zwar schon jünger als viele andere Aussagen zur Schöpfung, aber von einem »aus nichts« kann im Hinblick auf ihn nicht die Rede sein. Mit der Existenz des sogenannten Chaos hat der Glaube Israels keine Schwierigkeit. Ebensowenig verlautet von einem überhaupt erst einmal Geschaffensein der Welt bzw. des »Weltmaterials« in anderen alttestamentlichen Texten etwas, seien sie älter oder noch jünger als der priesterschriftliche Schöpfungsbericht. Einige von ihnen seien hier erwähnt: Gen 2,4b: »Am Tage, da Jahwe Gott Himmel und Erde machte ...« Am 4,13: »Seht, der die Berge gebildet und den Wind geschaffen hat, der den Menschen verkündet, welche Pläne er hat, der die Morgenröte und das Dunkel macht, der brüllt über die Höhen der Erde, ›Jahwe, Gott der Heerscharen‹ ist sein Name.« Jes 48,12: »Höre, Jakob, auf mich, Israel, mein Berufener: Ich bin es, ich bin der Erste und der Letzte; die Erde ist gegründet von meiner Hand, meine Rechte spannte den Himmel aus. Als ich sie rief, standen sie sofort da.« (S.a. Jes 51,9-15.) Jes 32,17-22: »Allmächtiger Herr! Du hast Himmel und Erde erschaffen durch deine große Kraft, mit deinem ausgestreckten Arm. Dir ist kein Ding unmöglich.« Gottes Schöpfertum ist auch Thema vieler Psal-

men (8; 29; 103; 104. S.a. 19,2; 89,12 u.a.m.) sowie alter Lieder im Penta-
teuch (Gen 27,28; 49,1-32; Ex 15,8; Dt 33,13).

Eigens besprochen werden muß allerdings der Text 2 Makk 7,28, in dem
es heißt, daß Gott alles geschaffen hat »nicht aus Vorhandenem«. Die Mutter der sieben das Martyrium erleidenden Söhne sagt zu ihrem jüngsten
Sohn: »Ich bitte dich, mein Kind, schau auf zum Himmel und blicke hin auf
die Erde und auf alles, was darin ist! Bedenke, daß Gott dies nicht aus schon
Seiendem gebildet hat und auch das Menschengeschlecht so entstanden
ist.«: »hoti ouk ex ontón epoiésen panta ho theos.« (Eine andere Lesart lautet freilich »ex ouk ontón«. Diese Lesart läßt wieder die Interpretation zu:
aus »Unwirklichem« i.S.v. Ungestaltetem, noch nicht voll Seiendem und
erst noch zu Formendem; also aus einem ohnmächtigen Substrat.)

Will nun der Autor von 2 Makk 7,28 sagen, Gott habe alles aus dem
Nichts entstehen lassen? Das ist sehr unwahrscheinlich. *Erstens* ist die
Redewendung »aus nichts machen« in den Jahrhunderten vor Christus
und bis ins 2. Jahrhundert nach Christus durchaus gängig, ohne daß
damit die Vorstellung eines schlechthinnigen »aus dem Nichts« gemeint
war. Diese Redewendung wird nämlich auch von griechischen Philosophen gebraucht, die doch sehr wohl die Ewigkeit der Welt annehmen, die
also keinen schlechthinnigen Weltanfang annehmen, für die das Weltsub-
strat vielmehr immer existiert, wenngleich immer neue Weltformen entstehen. Von keinem Text der vorchristlichen Antike läßt sich sagen, daß in
ihm das »aus nichts« sozusagen in einem absoluten Sinne gemeint gewesen sei. Es ist immer in einem relativen Sinne gemeint, so nämlich: Das,
was heute existiert, gab es vorher *so* nicht. Ein Mensch entsteht neu, er
existierte vorher nicht; aber das heißt nicht, er sei aus dem schlechthinnigen Nichts entstanden bzw. geschaffen worden. *Zweitens* und vor allem
gibt es keinerlei Anzeichen dafür, daß ein wirkliches *Nachdenken* über
eine creatio ex nihilo im strengen Sinne stattgefunden hätte. Das wäre
aber zu erwarten gewesen, wenn dieser Begriff ein wirklich absolutes »aus
nichts« gemeint hätte. Ein solches Verständnis wäre ja etwas Neues gewesen; es hätte sich gegen die bisherige Vorstellung gestellt. Es hätte sich
auseinandersetzen müssen mit der gängigen Überzeugung der antiken
Vernunft, daß aus nichts nichts werden kann. Von einer solchen Auseinandersetzung verlautet aber nirgendwo etwas. So spricht also alles dafür und
nichts dagegen, daß auch 2 Makk 7,28 nur im damals herkömmlichen
Sinne gemeint war und nicht über das hinausging, was auch Wsh 11,17
schreibt, daß nämlich Gottes »allmächtige Hand die Welt aus gestaltlosem
Stoff gebildet hat«. Zumindest ist 2 Makk 7,28 schwerlich gemeint als eine
explizit ontologisch-kosmologische Aussage.

8.4.1.2 Für die *neutestamentliche* Theologie ist der Glaube an Gottes Schöpfertum selbstverständlich. Er wird nicht eigens reflektiert, sondern weiterbekannt. In Apg 4,24 heißt es: »Herr, du hast den Himmel und die Erde und das Meer und alles, was in ihnen ist, geschaffen.« Apk 4,11 wird die Schöpfungstat Gottes liturgisch gepriesen: »Würdig bist du, unser Herr und Gott, den Lobpreis und die Ehre und die Macht zu empfangen; denn du hast alles geschaffen, und durch deinen Willen war es da und wurde es geschaffen.« Nach Apg 14,15 mahnt Paulus die Heiden, sie sollten sich von ihren Nichtigkeiten abwenden und sich bekehren zum lebendigen Gott, der geschaffen hat den Himmel und die Erde und das Meer und alles, was in ihnen ist. 2 Kor 4,6 spricht Paulus von Gott, der sprach: Aus Finsternis soll Licht aufleuchten. Die Doxologie von Röm 11,36 läßt an Gottes Schöpfertum denken: »Aus ihm und durch ihn und zu ihm hin ist alles. Ihm die Ehre in Ewigkeit.« Schließlich Hebr 11,3: »Im Glauben erkennen wir, daß die Welten durch das Wort Gottes geschaffen wurden, so daß das Sichtbare aus dem nicht Wahrnehmbaren entstanden ist.«

Von den neutestamentlichen die Schöpfung betreffenden Texten könnte allenfalls Röm 4,17 so interpretiert werden, daß Paulus von einer »creatio ex nihilo« spreche. Doch das ist keineswegs sicher. Paulus sagt hier von Abraham, daß er gerechtfertigt wurde aufgrund des Glaubens »vor dem Gott, dem er glaubte, der die Toten lebendig macht und das Nichtseiende ins Sein ruft.« Ob Paulus hier an eine Schöpfung aus dem Nichts dachte, das läßt sich weder positiv noch negativ definitiv entscheiden. Wahrscheinlicher ist aber ein Nein. *Erstens* ist das Wie des Schaffens Gottes hier in Röm 4,17 gar nicht das eigentliche Thema. *Zweitens* spricht der Kontext dagegen, in Röm 4,17 die »creatio ex nihilo« ausgesagt zu sehen. Denn das Lebendigmachen der Toten, das Paulus mit dem Ins-Sein-Rufen vergleicht, ist ja für Paulus auch nicht ein eigentliches Neuschaffen, sondern ein verwandelndes Neubeleben der Gestorbenen! *Drittens:* Wenn Paulus schreibt, daß Gott »das Nichtseiende (ta *mé* onta! Nicht einmal: ta *ouk* onta) ins Sein *ruft*«, dann läßt das sogleich an Gottes befehlendes Sprechen in Gen 1 denken. In Gen 1 ist aber davon, daß »vorher« gar nichts war, nicht die Rede: Das sogenannte Chaos hat Gott nicht eigens ins Sein gerufen!

8.4.2 Zur Argumentation des Theophilos von Antiochien

Noch die *frühen* Apologeten des 2. Jahrhunderts sehen das Schaffen Gottes als ein schöpferisches Gestalten dieser an sich nichtigen Ursubstanz. Justin lehrt noch keine creatio ex nihilo im strengen Sinn (Apol 1,10,59). Ebensowenig der Pastor Hermae, der die platonische Redeweise vom »mé on« übernimmt: »... glaube, daß ein Gott ist, der alles geschaffen hat und vollendet und der alles aus nichtig Seiendem (ek tou mé ontos) gemacht hat, auf daß es sei.« (Mand 1,1)

Von den kirchlichen Theologen sind es erst Tatian (Oratio 5,3), Theophilos von Antiochien (Ad Autol. 1,4; 2,4.10.13) und dann Irenäus (Adv. Haer. 2,1,1-5; 2,10,4), die eine im absoluten Sinn zu verstehende Schöpfung aus dem Nichts behaupten. Übrigens ohne sich dabei auf 2 Makk 7,28 oder Röm 4,17 zu berufen!

Tatian behauptet als erster die Erschaffung auch der »Weltmaterie« durch Gott. Dazu kommt er vermutlich in Auseinandersetzung mit gnostischen Lehren. (Allerdings war es ausgerechnet ein Gnostiker, Basilides von Alexandrien [1. Hälfte des 2. Jahrhunderts], der die Erschaffung der Materie aus nichts – aber auch ihre Annihilierung am Ende der Geschichte – lehrte.) Vielleicht ist sie auch gegen markionitische Theologen gerichtet, die die Materie zu den bösen »archai« (Urmächten) zählten. In Tatians erhaltenen Schriften wird freilich über die Sache nicht weiter reflektiert, sondern nur thetisch behauptet, daß die Materie unmittelbar von Gott geschaffen und »durch keinen anderen entstanden« sei.

Erst Theophilos von Antiochien sagt in fester Terminologie: »Gott hat das All aus nichts zum Sein geschaffen.« Die sichere Terminologie könnte auf bereits bestehende Tradition in Antiochien schließen lassen; aber greifbar ist dergleichen nicht. Theophilos richtet sich gegen die platonische Lehre, nach der ein Demiurg aus dem vorliegenden Weltmaterial den jetzigen Kosmos gestaltet hat! Er führt drei Hauptargumente an: 1. Wenn die Materie ungeworden ist, kann Gott nicht im vollen Sinne als Schöpfer des Alls gedacht werden, und die göttliche Monarchie ist nicht gewahrt. 2. Gott ist ungeworden, sein Wesen unveränderlich; eine ungewordene Materie wäre ebenfalls unveränderlich und damit gottgleich. 3. Es wäre nichts Großes, hätte Gott die Welt nur aus einer ungewordenen Materie geschaffen – wie ein menschlicher Handwerker. Erst und gerade die creatio ex nihilo beweist seine wahre Göttlichkeit.

Das sind, der Sache nach, bereits die wesentlichen Argumente, die in der christlichen Theologie fortan die Beweisführung zugunsten der (auch zeitlich zu verstehenden) creatio ex nihilo bestimmen werden. Das erste Argument ist allerdings nicht gerade überzeugend. Es ließe sich auch gegen den »späteren« Bestand der jetzigen Schöpfung kehren. Das zweite Argument ist schlicht falsch: Auch eine ewige, anfangslose Welt wäre eine »bloße Welt«. Sie wäre keineswegs gottgleich und so »unendlich« und »unveränderlich« wie Gott. Das lehrt ausdrücklich Thomas von Aquin (De aeternitate mundi contra murmurantes; s.a. S.th. 1,46,2). Und gegenüber

einer Theologie, die sich ihres Beweisenkönnens allzu sicher ist, bemerkt
er, daß derjenige, der zuviel beweist, den Glauben lächerlich macht (S.th.
1,46,2c Ende). Es bleibt somit vor allem das dritte Argument zu prüfen,
erst ein Erschaffen der Welt aus dem Nichts, so also, daß vor dem Beginn
ihres Daseins (außer Gott selbst) nichts existierte, entspreche der wahren
Größe und Göttlichkeit Gottes.

8.4.3 Schöpfung aus dem Nichts als »manifestatio«?

Zum Argument des Thomas von Aquin

Bei Thomas von Aquin, für den das Angefangenhaben der Welt eine *Glaubens*wahrheit (nicht nur eine zu diskutierende *theologische Lehre*) ist, mit
der die nach ihm an sich sehr wohl mögliche Sicht von einer ewig existie-
renden Schöpfung sozusagen überboten wird, finden wir die sachlich
gleiche Argumentation zur Begründung dieser Glaubenswahrheit (besser
würde man sagen: zur »Rechtfertigung« dieser »bloßen« Glaubenswahrheit) wie in Theophilos' drittem Argument. Das Geschaffensein aus nichts
ist nach Thomas nicht wirklich beweisbar. Aber wenn es nun einmal geglaubt wird, muß dieser Glaube doch irgendwie »etwas für sich haben«,
positiv verständlich sein im Sinne des »intellectus fidei«. So schreibt Thomas also: »(Gott) wird ausdrücklicher aus den Geschöpfen manifest, wenn
sie nicht immer existieren; denn darin erscheint offensichtlich (manifeste;
apparet), daß sie von einem anderen ins Sein gebracht wurden; und daß
Gott seine Geschöpfe nicht nötig hat; und daß die Geschöpfe dem göttlichen Willen unterstehen.« (De pot. 3,17 ad 8; s.a. S.th. 1,46,2 ad 6.)

Die beiden letzten Gedanken – Gott hat seine Geschöpfe nicht nötig; sie
unterstehen seinem Willen – tragen eigentlich nichts bei zum Verständnis
des *zeitlichen* Angefangenhabens als solchen. Sie sind theologisch gültig,
auch wenn die Welt nicht erst einmal zu existieren begonnen hat. Denn
auch dann gilt, daß ihr Sein nur wirklich ist durch den unendlichen Gott,
daß ihr Wirklichsein ein »ewiges«, zeitloses »esse ab alio« ist. So bleibt
auch hier als eigentlicher Gedanke zugunsten der Annahme eines zeitlichen Geschaffenwordenseins aus dem Nichts nur der des »expressius
manifestatur (Deus) ex creaturis« bzw. des »manifeste apparet«. Stimmt
aber dieser Gedanke wirklich?

8.4.3.1 So werde Gott ausdrücklicher manifest/offenbar aus den
Geschöpfen: Träfe dies zu, dann müßte an allen Dingen ihr Vorher-nicht-
Existierthaben ablesbar sein. An allem, an allen Seienden. Sie müßten
gleichsam von sich aus sagen: Wir sind, aber wir waren einmal nicht. Doch
ganz abgesehen davon, daß bei dem »damaligen Akt« der Erschaffung

ihres Seins aus dem Nichts gar kein Beobachter zugegen war, ist ihr Aus-dem-Nichts auch jetzt keineswegs »manifest«. Es müßte ja für alle sichtbar, also doch eine »philosophische Wahrheit« sein. »Sichtbar« ist aber nur ihr Sein, nicht aber ein Nichts. Erst recht ist Gott nicht sichtbar, und so erscheint keineswegs das Aus-dem-Nichts-Herausgeführtwordensein-durch-einen-Anderen. Vielmehr ist es so: Die Welt existiert, sie ist begrenzt, wandelbar, sie verändert sich, ist in sich zeitlich, im einzelnen auch hinfällig. Angesichts dieses Phänomens will, glaubt, postuliert der Mensch einen »anderen«, »un-endlichen« Gott. Schon dies ist kein »Manifest-sein«, kein objektives Erscheinen Gottes selbst. Und die Welt *erscheint* selbst auch nicht anders, sie verändert ihr objektives Aussehen nicht! Steine bleiben auch für den Glauben Steine! Dazu, Steine zu sein, sind sie nach ihm von Gott geschaffen.

Das ist aber nur für den Glauben wirklich so, eine objektive Tatsache seines »subjektiven« Glaubens. Das »aus dem Nichts«, das, wie gesagt, an den Dingen selbst jetzt nicht mehr ersichtlich ist, wovon aber Thomas subjektiv überzeugt ist – weil es kirchliche Tradition ist –, ist also zunächst einmal eine Überzeugung in seinem Glauben. *Hier* ist das »expressius« wirklich: nämlich als ein noch intensiveres Glaubenwollen; als das Wollen nämlich, daß Gottes Macht noch größer, noch offensichtlicher *sei*. Und dieses subjektive Noch-intensiver-Glaubenwollen *verobjektiviert* sich in der Aussage: Auch an der Schöpfung selbst müsse das ausdrücklicher manifest sein.

»Manifest« im Sinne von »sichtbar«/»erscheinend« ist das *Geschaffen-sein durch Gott* aber nicht einmal »im Glauben«! Was »sichtbar erscheint« oder vorgestellt wird, das ist ein zeitlicher Vorgang bzw. sein Ergebnis, das bereits Geschaffene, nämlich die gewordene Welt. So kann man sich folgendes vorstellen: Da ist eine unbegrenzte schwarze Fläche (das Nichts, das aber selbst nichts wirklich Sichtbares ist!), und auf ihr erscheint mit einem Mal ein heller Fleck (die Welt) – entstanden »aus dem Nichts«, denn vorher war eben nichts da. Das heißt aber nicht, damit werde *Gott* manifestior. Wenn ich das Entstehen der Welt aus dem physischen Nichts sehe, so ist das kein Sehen Gottes! Ebensowenig ein Sehen *seines* Schaffens. Gott, sein Schaffen ist sozusagen noch jenseits des physischen Nichts. Selbstverständlich kann ich sagen: Daß da aus Nichts, im Nichts etwas entstanden ist, das ist mir unbegreiflich. Sage ich deshalb: Das ist möglich, weil »hinter dem Nichts« ein unendlicher Gott ist, der die Welt entstehen und sein läßt/macht, so ist das ebenfalls richtig. Aber das Entstehen der Welt aus dem und im Nichts wird dadurch kein Stück begreiflicher. Und auch Gott selbst in seinem Schaffen ist hier keineswegs »manifestior«; so würde lediglich Gott, der *meta*-physische Grund des Physischen (Nichts – Welt), auf die Ebene des Sichtbaren, Wahrnehmbaren herabgezogen. Gott und sein Schaffen ist aber nun einmal kein sichtbares Phänomen in oder auch nur neben der Welt.

8.4.3.2 Und doch ist das »manifestior« nicht ohne jedes Recht! Stellen wir uns wieder vor: Wir sehen zunächst nur Dunkel, das Nichts, dann erscheint im Dunkel Licht. Positiv sähen wir dann zwar auch nur das Sein der Welt. Aber *wir erinnerten uns* daran, daß wir bis jetzt nichts sahen, daß sie also vorher noch nicht war. Dieses Wissen um das Vorher-nicht und Aus-dem-Nichts der Welt ist es, das *unser* Sehen der Welt zu einem anderen machen kann, als das Sehen der Welt in der Annahme, sie sei immer/ewig schon da gewesen. Und dieses Wissen um das Entstandensein der Welt aus dem Nichts wäre zugleich die Zurückweisung des *antiken Axioms* (und auch unserer *Denkgewohnheit*!), es könne aus dem Nichts nichts entstehen! Das Axiom »ex nihilo nihil fit« hat ja alle Plausibilität auf seiner Seite. (Seine moderne, physikalische Variante ist der zweite Satz der Thermodynamik.) Wie sollte auch, so fragt sich der gesunde Menschenverstand, aus dem Nichts etwas oder auch nur aus weniger mehr werden? Das wäre ein schlechthinniges Wunder, geradezu ein Affront gegenüber jedem nüchternen Nachdenken. Somit ist schon die Vorstellung von einem Entstandensein der Welt aus dem Nichts – die ja immerhin doch möglich ist – eine *Kritik an dieser Denkgewohnheit.* Mit ihr wäre gesagt: Auch wenn es plausibel und selbstverständlich zu sein scheint, daß aus nichts nichts werden kann, ob es sich wirklich so verhält, das ist erst einmal eine Tatsachenfrage! Da gilt es zunächst einmal zuzusehen! Ist das wirklich so unvorstellbar? Nein, das kann man sich durchaus vorstellen!

Und wenn dann repliziert wird: Es wäre aber doch völlig unbegreiflich, wie aus weniger mehr und gar aus dem Nichts etwas entstehen können soll, so ist schlicht zu antworten: Und wenn schon! Wenn es wirklich der Fall ist, dann ist es genau so zu begreifen, wie es ist, nämlich *daß* eben aus und im Nichts etwas entstehen kann. Contra factum non valet argumentum! Wenn es der Fall ist, dann ist lediglich das Axiom »ex nihilo nihil fit« als *bloßes* Axiom, als bloße Denk*gewohnheit* entlarvt; mit ihm auch die Meinung, es entscheide schon die alte Gewohnheit des Denkens darüber, was möglich ist und was nicht.

8.4.3.3 Ob die Welt wirklich aus dem und im physischen Nichts entstanden ist, das war hier noch gar nicht die Frage. (Wir werden noch sehen, daß dies gerade aus einem streng theologischen Grund auszuschließen ist.) Nur darum ging es, daß dies durchaus denkbar, vorstellbar wäre. Und daß dieser physische Prozeß mit der Schöpfungs*meta*physik (*Gott* als Schöpfer, Urheber, Ursache dieses Entstehens) an sich noch nichts zu tun hätte. Ob ich Gott als Schöpfer hinzunehme oder nicht, der Prozeß des Entstehens bzw. Entstandenseins der Welt aus nichts bleibt derselbe und wird für uns in sich selbst auch mit Gott nicht einsichtiger. Auch alle weiteren Begriffe wie z.B. »Teilhaben« ändern daran nichts! Das Phänomen bleibt, was und wie es ist. Nimmt man aber im Glauben ein Entstandensein der Welt aus dem Nichts an, so ergibt sich in der Tat *eine* Überlegenheit dieses Glaubens gegenüber der anderen Sicht, nämlich die seiner Offenheit für eine Möglichkeit, die die antike Denkgewohnheit axiomatisch ausgeschlossen hatte. Gleich, wie es sich in der Sache verhält, die Option des Glaubens für das »ex nihilo« ist somit auf jeden Fall ein Akt kritischen Einspruchs gegenüber einem scheinbar unanfechtbaren Denkaxiom. Ihm hält der Glaube entgegen: Wieso soll nicht aus dem Nichts etwas werden können? Wenn du sagst, das sei unbegreiflich, halte ich dagegen: Unbegreiflich ist auch die Existenz einer ewigen Welt, man kann auch sie nur als bloßes Faktum hinnehmen. Die Möglichkeit von vornherein auszuschließen, sie sei aus dem Nichts entstanden, dazu nötigt nichts. Wenn es der Fall ist, dann ist es eben so und ebenso hinzunehmen, wie das in sich unbegreiflich bleibende Existieren der Welt. Das eine bleibt so unbegreiflich wie das andere. Nur, das eine kategorisch für unmöglich zu erklären, das ist eben ein Klammern an gewohnten Vorstellungen ohne selbstkritische Reflexion und Erkenntnis, daß beides nur Sache der Gewohnheit ist.

Zur Sache selbst bleibt also zu sagen: Wir können uns *beide* Möglichkeiten vorstellen: Die Welt ist »plötzlich« da, oder: Die Welt ist einfach »immer« da. Keine Frage, daß wir bei der ersten Möglichkeit vor einem unerklärlichen »Wunder« stehen. Dasselbe ist aber auch der Fall bei der zweiten Möglichkeit! Denn daß die Welt einfach da ist, das ist ebenfalls ein unerklärliches »Wunder«! Das Dasein der Welt, einschließlich unserer selbst, mag uns noch so selbstverständlich sein und erscheinen, es ist gerade »die unverständlichste, unbegreiflichste Sache von der Welt«! Weshalb Leibniz mit Recht sagte, die einzige, wirklichen Nachdenkens würdige Frage sei die, wieso überhaupt etwas ist und nicht vielmehr nichts. Doch so unselbstverständlich und »fragwürdig« das Dasein der Welt selbst auch ist, so ist es keineswegs zuerst »*frag*würdig«, sondern zunächst einmal »würdig«; somit nicht in Frage zu stellen, sondern hinzunehmen, da es eben ist. Es in Frage zu stellen, es im Geiste sogleich »*frag*würdig« zu machen, das wäre gleichsam eine Ungerechtigkeit ihm gegenüber. Ungerechter jedenfalls als die Gewohnheit zu meinen, das Dasein der Welt sei so selbstverständlich, daß es des Nachdenkens gar nicht wert und »würdig« sei.

8.4.4 Zur Formel »creatio ex nihilo sui et subiecti«

Wir lassen die Frage, ob die Welt einmal nicht existierte und erst aus dem Nichts entstanden ist oder ob sie keinen zeitlichen Anfang genommen hat, immer noch auf sich beruhen. Strenggenommen ist das ja eigentlich eine Tatsachenfrage, aber als solche ist sie gar nicht mehr beantwortbar. Somit scheint es zunächst einmal so zu sein, daß der Glaube prinzipiell mit beiden Möglichkeiten leben kann. Indes wird sich aufgrund *theologischer* Reflexion herausstellen, daß die Annahme eines zeitlichen erst einmal Angefangenhabens der Welt gerade auszuschließen ist. Doch bevor dies ausgeführt wird, soll auch noch auf die beiden anderen Argumente eingegangen werden, die Theophilos von Antiochien gegen die Annahme eines ewigen, anfangslosen Weltsubstrates anführte: Die Existenz einer nicht erst gewordenen/erschaffenen Materie sei inkompatibel mit dem wahren Gott- und Schöpfersein Gottes, mit seiner Monarchie. Eine ungewordene Materie sei wie Gott, eben unveränderlich wie er; nur als einmal nicht existierthabende sei sie als nichtgottgleich zu denken. Dieser Argumentation ist die spätere Theologie mit Recht nicht gefolgt. Nach ihr ist der entscheidende Unterschied zwischen Gott und der Welt nicht quantitativ-temporal zu fassen, sondern als ein sozusagen qualitativer: Auch eine ewige Welt wäre nicht gottgleich, auch sie verdankte ihr ganzes Sein ewig Gott, seinem sie sein machenden und sein lassenden schöpferischen Wesen. Fachterminologisch festgehalten wurde dieser Sachverhalt des qualitativen Geschöpf- und Geschaffenseins der Welt in der Formel »(creatio) ex nihilo sui et ex nihilo subiecti«.

8.4.4.1 Was bedeutet das »ex nihilo *sui*«?

Das Geschaffene, die Welt besitzt nichts aus sich selbst. Sie hat nichts, an dem Gott sozusagen hätte ansetzen können oder müssen. Alles, was sie ist und hat, ist wirklich allein durch Gott. Alles ist ihr gegeben, gewollt durch Gott, nichts ist von Grund auf und unhinterfragbar sozusagen ursprünglichstes Eigentum der Welt. Ihrem ganzen Sein nach ist sie allein durch Gott, so daß sie auch nie eine Konkurrenz zu Gottes »Monarchie« darstellen kann.

Was bedeutet das »ex nihilo *subiecti*«? Das Geschaffene, die Welt ist auch nicht aus einem in sich von Gott unabhängigen Substrat oder Material herausgeholt und nur insofern und dadurch geschaffen worden, daß Gott sie aus ihm, dem Vor-liegenden gemacht, gebildet hätte. Auch ein solches Substrat, »sub-iectum« wäre selbst schon nur wirklich durch Gottes Schaffen, schon es wäre wirklich »ex nihilo sui«. Im Grunde verbietet das »ex nihilo subiecti« also nur eigens den gedanklich naheliegenden regressus in infinitum, der das schon mit dem »ex nihilo sui« Gemeinte partout nicht gelten lassen will.

»Creatio ex nihilo sui et subiecti«, das besagt also eine innere Qualität, eine Eigenschaft der Welt als *Schöpfung*, nämlich zu ihrem Wirklichsein nichts selbst beitragen zu können; nichts irgendwie schon allein aus sich selbst und nicht als von Gott gegeben zu besitzen. Dazu muß man nicht annehmen, sie habe einmal nicht existiert. Denn diese *innere* Qualität/Eigenschaft der Welt als Schöpfung besagt noch nichts über ihre *äußere* Dauer oder Zeit; sie gilt für immer.

8.4.4.2 Dem Satz von der »creatio ex nihilo sui et subiecti« geht es um die *innere Qualität* der Welt: Sie ist in jeder Hinsicht geschaffen, nämlich durch Gott. Das kann man, mit eher *negativem touch*, so sehen, daß sie, nur in sich selbst gesehen, eine *nichtige* Welt ist, von Grund auf und durch und durch hinfällig. Und wenn dann noch die zeitliche Vorstellung hinzugenommen wird, sie sei »erst einmal« aus dem Nichts geschaffen worden, verstärkt sich die Idee von der Nichtigkeit und Hinfälligkeit der Welt dahingehend, daß man sagt: Sie schwebt geradezu ständig über dem Abgrund des Nichts, nur im Dasein gehalten durch Gottes unendliche Schöpfungsmacht. Ja, es manifestiert sich so erst die wirklich unendliche Macht Gottes, der allein es möglich sei, etwas aus dem Nichts entstehen zu lassen, das unendlich leere Nichts zu überwinden.

Doch solche Redeweisen sind reichlich unbedacht; sie übertreiben bis zum Unsinnigen. Schlichtweg falsch ist es zu sagen, die Welt schwebe über dem Abgrund des Nichts. Es ist jedenfalls theologisch falsch, denn theologisch ist zu sagen: Die Welt existiert – gleich ob erst anfangend oder einfach seiend – in Gott; sie schwebt gleichsam in der Unendlichkeit seines Seins und Wesens; bildlich: wie ein Fisch im Ozean. (Es ist auch philosophisch falsch, denn »das Nichts« ist nun einmal nichts, auch kein Abgrund.)

Problematisch ist auch die Redeweise, Entstehung aus dem Nichts und Bewahrung des Seins, dazu bedürfe es gerade der unendlichen Macht Gottes, nur sie sei dessen fähig. Nicht als ob Gottes unendliche Macht hier in Frage gestellt werden sollte! Daß Gott der Schöpfer ist, ist ja vorausgesetzt – wiederum: gleich ob man ein erst Angefangenhaben annimmt oder nicht. Ebenso ist damit vorausgesetzt, daß der Schöpfergott unendlich

»größer«, seiner Schöpfung überlegen ist. Dann läßt sich aber ebensogut und richtiger – zumindest anders akzentuiert – sagen: Für den wirklich unendlichen, allmächtigen Gott ist es ein schlechthin Leichtes, die endliche Welt sein zu lassen. Für ihn ist es gar keine Mühe und keine erst machtvolle Anstrengung, ein Nichts zu überwinden.

8.4.4.3 Dem entspricht auch das »Ergebnis«. Keineswegs soll in Frage gestellt werden, was die Formel »creatio ex nihilo sui et subiecti« besagt, daß die Welt nichts aus sich selbst hat und ist. Aber dieser Sachverhalt selbst ist eigentlich nicht sonderlich aufregend! Ob ich das nun annehme oder nicht, was ändert das? Es würde nur dann etwas ändern, wenn ich zuvor behauptet hätte, die Welt sei wirklich ganz *aus sich selbst*. Wer aber sagt das? Und wenn jemand sagte, die Welt und somit auch er selbst existierte ganz und nur aus sich selbst, so wäre ihm nachzuweisen, daß er gar nicht wirklich weiß, was er sagt; daß das lediglich eine Tautologie ist. »Man« sagt allenfalls: Die Welt *ist* eben so, wie sie *ist*; und das ist ja wohl auch schöpfungstheologisch richtig. Darüber hinaus zu fragen, warum *ist* sie überhaupt? und zu sagen, weil Gott sie geschaffen hat und wollte und will, das ist richtig. Aber es ändert nichts daran, daß das Dasein der Welt für uns zunächst einmal eine ganz unspektakuläre, in gewissem Sinne nun doch selbstverständliche, alltägliche Sache ist. Und dann ist auch schöpfungstheologisch zu sagen, daß der Schöpfergott sie *so*, also ganz unspektakulär sein läßt. In diesem Sinne läßt sich die Formel »creatio ex nihilo sui et subiecti« auch ohne negativen touch verstehen. Nämlich mit dem sehr *positiven touch*, daß nun einmal dem Wirklichsein der Welt in allem Geschaffensein und -bleiben durch ihren Schöpfer ein geradezu beruhigender Vorsprung, ein Übergewicht eignet. Daß das Sein der Welt gerade als geschaffenes ein sehr solides Sein ist.

Gegen das eher ins Negative, Beunruhigende tendierende Verständnis der Formel »creatio ex nihilo«, das darin (augustinisch) mehr die Nichtigkeit und Hinfälligkeit der Schöpfung ausgedrückt sieht – die es im einzelnen natürlich auch gibt –, sagt Thomas von Aquin einmal sinngemäß: Gott ist nicht der Gott des Nichts, der Vernichtung, der Tendenz zum Nichts, sondern der Gott des Seins und Bleibens. Diese Sicht des »Geschaffenseins aus nichts« muß man sich auch nicht erschüttern lassen durch den (bezeichnenderweise im *Irrealis* gehaltenen) Satz: Weil »nur« geschaffen, könnte die Welt auch nicht sein. So *logisch* richtig der Satz auch ist, seltsamerweise ist das Nichtsein der Welt gar nicht wirklich denkbar, gar nicht vorstellbar. Jeder, der versucht, ein Nichtsein der Welt zu denken – was ja etwas anderes ist, als lediglich nicht zu denken! –, kommt nicht umhin, erst einmal das Wirklichsein, die wirkliche Welt zu denken, es im Denken vorauszusetzen. Dies ist gleichsam der uneinholbare Vorsprung des Seins vor dem Nichts. So sah es übrigens schon der alte Parmenides.

8.4.5 Die *theologische* Begründung der Anfangslosigkeit/ »Ewigkeit« der Welt

Ob die Welt einmal nicht existiert hat oder immer existierte, das ist, wie schon gesagt, an sich eine Tatsachenfrage. Bedeutende scholastische Theologen erklärten eigens, auch eine ewige Welt wäre als von Gott geschaffen zu denken. Die Annahme eines nicht erst einmal aus dem Nichts Geschaffenwordenseins stünde also an sich nicht im Widerspruch zum Glauben. Zeitliches Begonnenhaben ihres Seins sei aber, so heißt es weiter, dennoch eine Wahrheit des Glaubens; auch wenn es nicht ausdrücklich so in der Schrift ausgesagt und im Credo bekannt wird.

Nun könnte der einfache Glaube sich die Vorstellung eines Begonnenhabens der Welt, wie es die traditionelle Lehre vertritt, ohne weiteres zu eigen machen, wenn es nur um die Welt ginge: Warum soll nicht aus nichts etwas werden? Daß es durch Gott geschieht ist ohnehin »nur« eine *meta*physische Zusatzannahme, die an dem phänomenalen Prozeß oder Ereignis als solchem nichts ändert, es auch nicht wirklich erklärt, verständlicher macht. Im übrigen: Im gewissermaßen kleinen Maßstab erleben wir es sozusagen tagtäglich. Nicht, daß schlechthin aus dem und im Nichts etwas plötzlich da ist – die Welt ist ja da –, aber zumindest kann ich von mir selbst (ja, von jedem Menschen) sagen: Ich bin da, vor 100 Jahren existierte ich nicht. Und wenn mir jemand versichert, ich hätte schon vor 100 Jahren existiert, nur in anderer Form, so kann ich mich nur wundern und sagen: Was geht *mich* diese »andere Form« an? Oder wenn jemand behauptet, ich sei gar nichts Neues, sondern nur ein Produkt, eine Konstellation von schon immer Vorhandenem, dann nehme ich mir die Freiheit zu antworten: Wenn du das von dir annimmst, so ist das deine Sache, für mich sind wir beide sehr wohl mehr als nur eine biophysische Konstellation eines anderen »sub-iectum«. *In* der Welt also entsteht, wird Neues, das vorher nicht war. Warum soll dann nicht auch die Welt irgendwann erst entstanden sein? Das wäre prinzipiell gedacht kein anderes »Wunder« als das, was alltäglich geschieht.

Doch für die theologische Reflexion kann das nicht das letzte Wort sein. Es führte dahin, daß aus dem unendlichen Schöpfergott unter der Hand ein selbst zeitliches Wesen wird. Damit erwiese sich die Lehre von einer *auch zeitlichen* creatio ex nihilo letztendlich als kontraproduktiv für den Glauben: Wäre sie wahr, dann wäre nämlich Gott selbst als ein zeitlich handelndes Wesen zu denken; als ein Gott, der *für ihn selbst Neues* sein läßt/macht. Das wäre nicht mehr der unendliche Gott, für den selbst es nichts wirklich Neues geben kann, weil ihm alles immer schon voll *präsent und wirklich* ist; dem, wie sich in einem Paradoxon sagen ließe, alles nur ewigneu ist. Er wäre vorgestellt wie einer von uns. Auch wir sehen und wissen, was wir für die nächste halbe Stunde vorhaben. Aber das dann zu tun, ist eben noch ein eigener Akt. Jetzt wirklich spazieren zu gehen, das ist etwas Neues im Verhältnis zu meinem früher gefaßten Vorsatz, nachher spazieren zu gehen. Die (an sich mögliche) Vorstellung eines zeitlichen Angefangenhabens der Welt ist streng *theologisch* auszuschließen, das heißt, für Gott gilt sie gerade nicht. Von ihm als dem unendlichen Schöpfer her gedacht, ist sie falsch: ein *bloßer* Anthropomorphismus – allenfalls als solcher mag er hingehen –, mit dem der allein »glaubwürdige« Gottesbegriff und somit letztlich auch der Glaube hinfällig würde.

8.4.5.1 Der allein »glaubwürdige« Gottesbegriff ist der eines *unendlichen* Gottes. Wobei in »Unendlichkeit« sein Schaffen von allem Endlichen einbegriffen ist. Mit »Unendlichkeit« ist streng unterschieden: Gott ist, auch als Schöpfer der Welt, nicht Welt, nicht »Physis«, sondern *meta-physisch*. Ebenso ist sein Schaffen des Physischen *meta*-physisch, sein göttliches Schaffen, das sein göttliches, schöpferisches Wesen ist: er selbst. (S.o. 1. Kapitel 1.) Das ist übrigens eine ganz traditionelle These: Gottes Schaffen ist nicht ein zusätzlicher Akt, der zu seinem Sein und Wesen noch hinzukäme, sondern sein Schaffen ist *realidentisch* mit seinem unendlichen Sein und Wesen, und sein Sein und Wesen ist auch realidentisch mit seinem Wissen und Wollen. Gottes Wesen und sein wissendes, wollendes Schaffen voneinander zu unterscheiden, das ist nur unsere menschliche Rede- und Vorstellungsweise, die wir nicht einfach mit der »Sache selbst«, also mit Gottes Schöpfersein identifizieren dürfen; jedenfalls nicht in strenger Theologie. Das aber ist der Fall, wenn es heißt: Zwar weiß und will Gott ewig, daß er die Welt schafft, aber das ist noch nicht das wirkliche Entstehen der Welt. Damit ist man genötigt, entweder einen weiteren Akt Gottes beim Entstehen der Welt anzunehmen – einen Akt, der nicht realidentisch mit seinem einen unendlichen Wesen, Wissen und Wollen wäre – oder aber die wirkliche Unmittelbarkeit seines schöpferischen Wesens zur Weltentstehung aufzugeben, was aber soviel heißt wie: Die Welt ist gar nicht ganz und gar durch ihn wirklich.

Die Annahme eines wirklichen Begonnenhabens der Welt bleibt also unvereinbar mit der Annahme eines wirklich unendlichen Gottes. Streng theologisch-metaphysisch gedacht, schließt die eine Annahme die andere aus. Das hat schon Origenes so gesehen und sich damit natürlich die Schelte all derer zugezogen, denen dies für den Glauben gefährlich erschien, die das erst Entstandensein der Welt als Glaubenswahrheit ansahen. Die scholastische Schöpfungstheologie ging um dieser (angeblichen) Glaubenswahrheit willen sogar so weit, einen Widerspruch zu ihrer eigenen systematischen Gotteslehre zuzulassen. In der Gotteslehre heißt es: In Gott sind sein Wissen und sein Wollen realidentisch mit seinem ewigen Wesen, und so sind auch *sein Wissen und sein Wollen realidentisch.* Gott ist eben kein endliches Wesen wie der Mensch, bei dem zwischen Wissen und Handelnwollen und schließlich wirklichem Handeln unterschieden werden muß. Für Gott selbst gibt es weder ein wörtlich zu verstehendes »Vorher-wissen« noch ein wörtlich zu verstehendes »Vorher-bestimmen«. Die Realidentität von Wesen, Wissen und Wollen wird aber dann unterlaufen um des zeitlichen Angefangenhabens der Welt willen. Denn jetzt heißt es: Gott (weiß und) will natürlich seit Ewigkeit die Welt schaffen, doch die *Ver*wirklichung dieses seines Wissens und Wollens ist nicht ewig; denn dann müßte eben die Welt immer schon gewesen sein. Damit wird aber das angebliche ewige Wissen und Wollen zu einem erst vorläufigen, noch nicht wirklichen, wirkenden Wollen. (S. Thomas von Aquin, S.th. 1,46,2 ad 9 und ad 10, wo er mit einer »*prae*definitio voluntatis Dei« argumentiert.) Und für die wirkliche Entstehung der Welt bedürfte es erst noch eines weiteren Willensaktes Gottes. So ist entweder in Gott selbst ein Noch-nicht eingetragen. Oder aber von einem unmittelbaren Geschaffenwerden der Welt durch ihn, das ja von jedem »Punkt« ihres Seins gelten soll, könnte theologisch nicht mehr die Rede sein; sie entstünde sozusagen erst später und dann ganz allein aus sich selbst.

8.4.5.2 Gottes Schöpfersein ist ein streng metaphysischer Sachverhalt, somit auch in keiner Weise wirklich vorzustellen. Sobald wir uns etwas vorstellen, befassen wir uns mit dem Endlichen, »Physischen«. So stellen wir uns die Welt vor, und wir können sie uns in ihrer Zeitlichkeit einmal ganz schematisch als eine Linie vorstellen mit Anfang und Ende. Wir verräumlichen damit zwar schon »die Zeit«; ob das dem Wesen von Zeit wirklich angemessen ist, bleibe hier einmal dahingestellt. Jedenfalls steht diese Linie für die Weltzeit. Und als Linie mit einem Anfangspunkt soll sie dafür stehen, daß die Welt erst einmal angefangen hat zu existieren, daß sie vorher nicht existierte, daß sie aus dem und im physischen Nichts entstanden ist; so, wie es die Lehre von der creatio ex nihilo gewöhnlich meint.

Nach derselben Lehre ist nun Gott der Schöpfer dieser Schöpfung. Gott aber, sein schöpferisches Wesen ist unendlich. Unendlichkeit bedeutet auch Ewigkeit. Beides können wir uns nicht vorstellen. Wenn wir uns aber die Weltzeit vorstellen, eben als eine Zeit*linie* mit ihrem Anfang, dann könnten wir sagen: Gottes unendliches, ewiges Sein und Wesen ist gleichsam die unbegrenzte *Fläche* oder der Grund, auf dem sich die Linie der Weltzeit abzeichnet. Gottes Ewigkeit ist also nicht ein »zeitloser Punkt über der Zeitlinie«, sondern der Grund, auf dem diese sich abzeichnet, und dieser umfaßt jene endliche Zeitlinie. Gottes unendliches ewiges Wesen läßt sich somit schon in etwa auch als unendliche Zeit »denken«. Dann aber nur so, daß es in ihm keine wirkliche Differenz und Geschiedenheit von Vergangenheit, Gegenwart und Zunkunft geben kann. Eine wirkliche Differenz in Gottes Ewigkeit annehmen, das hieße ja, eine innere Begrenztheit in Gott selbst denken – wie bei uns. Vielmehr muß man dann sagen: Gottes Ewigkeit ist unendliche Vergangenheit, sie ist zugleich unendliche Gegenwart, und sie ist zugleich unendliche Zukunft.

Gottes Ewigkeit ist alles *zugleich*, Vergangenheit, Gegenwart und Zukunft. In seiner unendlichen Vergangenheit war ihm schon jede Gegenwart wirklich, seine unendliche Zukunft wird immer auch all seine Vergangenheit und Gegenwart sein. Damit ist aber ausgeschlossen, daß es *für Gott selbst* (!) etwas wirklich Neues geben könnte. Etwas, das ihm selbst irgendwann noch nicht voll präsent gewesen wäre, und zwar als von ihm Geschaffenes. Man kann sagen, Gott schuf (»creatio«) unsere Vergangenheit, er schafft (»conservatio«) unsere Gegenwart, er wird ihre Zukunft vollenden (»perfectio«). Man muß auch keineswegs sagen, das alles sei für Gott ein und dasselbe. Wohl aber: Für ihn war das schon »seit aller Ewigkeit« so, für ihn ist es jetzt so, und für ihn wird es »in alle Ewigkeit« so sein. Ist er heute der Schöpfer der Welt, dann »war« er es »seit Ewigkeit«.

Etwas anderes anzunehmen hieße, in Gott selbst eine Grenze zu ziehen zwischen seiner »ewigen Vergangenheit«, seiner »unendlichen Gegenwart« und seiner »Zukunft«. Dem entspräche exakt die Vorstellung, Gott habe die Welt erst einmal neu geschaffen. Doch damit hat man Gottes ewiges, überzeitliches, unendliches Wesen selbst verzeitlicht: Auch für ihn gibt es wirklich Neues.

Es hört sich ja gut an: Der Gott nicht des ewigen, starren Seins (der angebliche »Gott der Philosophen«), sondern der lebendige Gott des Neuen, des Werdens, der Entwicklung, der geschichtliche Gott (der »Gott der Bibel«), und was es seit Pascal an modernen Redensarten dazu noch geben mag. Wer das ernsthaft meint – es ist im übrigen uralt! – sollte auch die Konsequenzen bedenken: Dann steht auch für Gott die Zukunft der Welt noch in den Sternen! Auf einen solchen Gott kann der Glaube getrost verzichten.

Ist Gottes schöpferisches Wesen unendlich und ewig, so ist für ihn seine Schöpfung, die Welt ewig; für die Ewigkeit ist sie ja von ihm gewollt. Womit nun überhaupt nicht gesagt ist, *für uns* sei alles seit Ewigkeit schon da, *für uns* gebe es nichts Neues. Man muß sich der verschiedenen Perspektiven beider Aussagen bewußt sein! Auch dessen, daß die Aussage, für Gott ist alles immer schon wirklich, eine streng metaphysische Aussage bleibt, die wir nicht wieder in eine Vorstellung umsetzen können.

Immerhin könnte ein weiteres Bild das Gemeinte noch ein wenig mehr veranschaulichen: Die ganze Zeit und Geschichte der Welt sei ein Film, der aus vielen Einzelbildern besteht. Wir, die wir selbst zu diesem Film gehören, *erleben* ihn nur ausschnittweise, ein paar Szenen lang. Wir *denken* aber auch den Film als ganzen, mit Anfang und Ende. Gott indes hat ihn wirklich in seiner ganzen Länge vor sich, ihm ist jedes Einzelbild immer präsent, vom ersten bis zum letzten. Was für uns ein (wirkliches!) Nacheinander ist, das ist für ihn ein (wirkliches!) Nebeneinander.

8.4.5.3 Eigentlich erscheint es ja ein wenig paradox: Die traditionelle Theologie verwarf die Annahme einer ewigen, anfangslosen Welt gerade um des größeren Gottes willen. Übereifrig machte sie sich zum Anwalt Gottes und seiner Macht; als ob er es nötig hätte. Denkt man indes genauer nach, so stellt gerade die Annahme ihres erst Gewordenseins die wirkliche Unendlichkeit und Ewigkeit Gottes in Frage. Wohingegen die Annahme ihrer Existenz ohne ein vorheriges Nichtgewesensein überhaupt kein Problem mit sich bringt. Denn wie oben zur Formel »creatio ex nihilo sui et subiecti« ausgeführt wurde, ist auch eine anfangslose Welt theologisch als geschaffen zu denken.

»Probleme« ergeben sich erst, wenn dann so törichte Thesen aufgestellt werden, wie: Also konnte und kann Gott *nur* das, was er faktisch wollte und will. Bei solchen scheinbaren Schlußfolgerungen ist schon wieder vergessen und wird unterlaufen, daß, wenn von Gott gesprochen wird, von ihm als dem Un-endlichen zu sprechen ist, womit schon jede begrenzende Vorstellung (»kann *nur*«) oder gar die Annahme irgendeiner äußeren oder inneren Notwendigkeit a priori ausgeschlossen ist. (S.o. 4. Kapitel 2.1.) Wo dies vergessen wird, wird Theologie, die sich, geradezu welt- und selbstvergessen fromm, ganz in Gott hineindenken will, zu gedankenlosem Gerede.

Ohnehin ist von der Welt besser einfach als »anfangslos« zu sprechen, statt als »ewig«. Bei »ewig« denkt man sogleich an unendlich sich dehnende Zeit. Zeit ist aber primär etwas Menschliches, Seelisches. Die materielle Wirklichkeit existiert nicht eigentlich zeitlich. Ihre Bewegung ist zwar wirklich, und *wir* nehmen sie als zeitlich wahr, weil *wir* eben zeitlich existieren. Aber sie selbst ist nicht in sich selbst zeitlich oder zeitkonstituierend. Somit ist eine anfangslose, »ewige« Welt, eben die Weltmaterie, einfach nur zeitlos da, mit ihrem nicht Zeit, sondern Raum gestaltenden Sichbewegen.

Auch die alte Redeweise, erst mit der Welt schuf Gott die Zeit, ist wenig hilfreich und sinnvoll! Als ob die Zeit eine eigene Entität sei. Materielle Bewegung ist wie gesagt nicht in sich zeitlich. »Gott schuf die Zeit«, das läßt sich sinnvollerweise erst im Hinblick auf das Entstehen des Menschen mit seinem Zeitbewußtsein sagen; und von daher wiederum, in allerdings nur je analoger Weise und anthropomorph, auf das vormenschliche Leben und die Welt im ganzen übertragen.

Die Annahme, daß die materielle Welt nicht erst einmal zu sein begonnen hat, nötigt auch nicht zu der Annahme, also könne es *in* der Welt nichts wirklich Neues geben. Dagegen spricht schon die schlichte empirische Alltagserfahrung, von aller Evolution abgesehen. Andererseits ist aus der Tatsache, daß es in der Welt nun auch wirklich Neues gibt, nicht abzuleiten, daß dann auch der Kosmos, eben die materielle Welt einmal erst neu entstanden sein müsse. Beide Vorstellungen arbeiten mit abstrakten Schemata: Hier wird eine Welt konstruiert, in der es nichts Neues gibt; zum Paradigma wird die einförmige Kreisbewegung bis hin zur ewigen Wiederkehr des Gleichen, für die das unsinnige Abstraktum einer »unendlichen Zeit« bemüht wird. Dort wird auf das immer Neue, auf die Geschichte, auf die Evolution gesetzt und sie gar theologisiert. Schöpfungstheologie, nach der nur Gott der Unendliche ist, kann da gelassener bleiben: Die Welt ist so, wie sie ist, dazu ist sie von Gott geschaffen. *Wie* sie ist, *was* an und in ihr immer gleich und *was* in ihr wirklich je neu ist, das ist für sie erst einmal eine Tatsachenfrage.

Basilius von Caesarea schreibt einmal: »Hat etwas einen zeitlichen Anfang, so zweifle nicht an seinem Ende.« (Hex 1,3) Übertrügen wir dies auf das Sein der Welt, des Kosmos im ganzen, dann ergäbe sich: Hätte der Kosmos erst einmal zu sein angefangen (zeitlich verstandene creatio ex nihilo), so dürften wir nicht an seinem Enden zweifeln. Dagegen steht aber der Glaube: Auch der Kosmos ist geschaffen »für die Ewigkeit«. Und so läßt sich das Wort des Propheten Jeremias, Gott spricht zu Israel: »Mit ewiger Liebe habe ich dich geliebt« (Jer 31,3), zwanglos auf den Kosmos übertragen: In meiner Ewigkeit habe ich dich geschaffen.

8.5   Gottes *Geist* über den Wassern (Gen 1,2b)

Im Anfang war die Erde »chaotisch«: öde und leer, ein finsterer Abgrund, Urflut. Über ihr schwebte Gottes Geist. Vielleicht ist dabei an das Bild eines Altvogels gedacht, der über dem Horst rüttelt; vielleicht auch an ein stürmisches Daherfahren. Jedenfalls ist Gottes Geist *über* ihr.

8.5.1   Gottes Geist/ruach, das ist Gottes Atem, sein Hauch, seine Lebenskraft, die auch seine Welt, seine Geschöpfe zu einer lebendigen, beseelten Wirklichkeit macht, sie selbst lebendig sein läßt. Ein Bild, in dem beides zum Ausdruck kommen soll: Einerseits ist Gott selbst *über* seiner Welt, und so ist es »nur« sein Geist, seine Kraft, die in ihr alles belebt und sich regen macht; nicht ist Gott selbst ihr Lebendigsein. Anderseits ist alles Selbstsein und Leben und Sichregen seiner Geschöpfe ein unmittelbares Teilhaben an der Lebenskraft Gottes. »Gottes *Geist*« steht für das nicht mehr näher aufzuschlüsselnde Sowohl-als-auch von Transzendenz und Immanenz Gottes zu/in seiner Welt und dafür, daß er es ist, der sowohl die Einheit als auch die bleibende Unterschiedenheit von Schöpfer und Schöpfung stiftet. »Gottes *Geist*« steht für das schöpferische Sichbeziehen Gottes auf seine Welt, für das Sichauswirken seines schöpferischen Wesens. Es ist der Versuch, mit Hilfe eines eigenen Bildwortes, das sowohl noch anschaulich (Atem, Hauch) als auch schon allgemein, abstrakt ist (Kraft, Wirken), das schwebende Verhältnis zwischen Gott und Welt als solches zur Sprache zu bringen. Mit der Folge, daß »Geist« fast wie etwas eigenes Drittes, Vermittelndes zwischen Gott und seiner Schöpfung erscheint.

Indes ist eine solche Vorstellung für P und seine Schöpfungsgeschichte, ja, für die ganze Bibel (im NT ist es das göttliche Pneuma) mit Sicherheit auszuschließen. Das archaisierende Bild vom Geist Gottes, der über den Urwassern schwebt oder dahinfährt, ist nur ein Bild für Gottes *Überlegenheit* von Anfang an. Sie wird sich sogleich erweisen, indem Gottes Geist zum befehlenden Sprechen wird, welches das Chaos zu der Welt gestaltet, wie Gott sie vor sich haben will.

8.5.2   Gottes »Geist«, das ist kein anderer Gott als der eine Gott und väterliche Schöpfer; »Geist« ist Inbegriff seines schöpferischen Wesens und Wirkens als solchen. »Geist« ist somit auch nicht »etwas anderes« als der eine Gott und Vater; etwas Drittes, Unpersönliches zwischen Gott und Welt. So persönlich (dazu s.o. 3. Kapitel) wie der eine, unendliche Gott ist auch sein schöpferisches, belebendes Wirken, um was auch immer es sich handelt. Gottes Geist ist es, der den ganzen Erdkreis erfüllt und das All umfaßt (Wsh 1,7) und der, selbst unvergänglich, in allem Vergänglichen ist (Wsh 12,1). Er ist in den Vielen (z.B. 1 Kor 6,11) ebenso, wie er einzelne »begeistert« (z.B. 1 Kö 16,13). Er wirkt alles Neubeginnen, er erhält das Leben der Welt, und er ist auch Gottes Kraft der zukünftigen Vollendung in »Auferstehung und ewigem Leben« (s. Röm 8,9-11).

Nach Gen 1,2 ist Gottes Geist immer schon über der nur erst »chaotischen Erde«. Mit dem »Da sprach Gott ...« (Gen 1,3) wird Gott, sein Geist, dann zum befehlenden Herrn. Seinem befehlenden Wollen entspricht die Gestalt der Welt, die aus dem nur erst formlos-chaotischen Material entsteht.

8.5.3 »Gottes Geist«, das läßt natürlich auch an den Geist des Menschen denken, und man kann in seiner produktiven Erkenntnistätigkeit ein Bild, eine Analogie zu Gottes Weltschaffen sehen. So daß unsere geistige Welt, unser Weltbild sozusagen eine zweite, eine Nach- und Neuschöpfung der eigentlichen »ersten« Welt wäre.

Gottes Schaffen bleibt freilich so zu denken, daß das von ihm Geschaffene wirklich es selbst ist, sein Anderes ist und bleibt; daß es *nicht*göttlich, »physischen«, nicht *meta*physischen Wesens ist; daß es, um den traditionellen Ausdruck zu gebrauchen, »subsistiert«, als es selbst existiert, selbständig ist. Eben dies kann von den geistigen Produkten unseres menschlichen Geistes sinnvollerweise nicht gesagt werden, aller Substantivierungs- und Hypostasierungstendenz unserer Sprache zum Trotz. Worte, Begriffe, Erkenntnisse oder Bilder sind Worte, Begriffe, Erkenntnisse oder Bilder nur als gehörte, verstandene, erkannte oder gesehene. Sie haben, ganz platt gesprochen, keine eigene Substanz, so daß sie außerhalb des menschlichen Geistes existierten. Unvernommen, ungedacht, unerkannt oder ungesehen *sind* sie nichts.

Was Geist selbst ist, das bleibt zwar dunkel. Bekannt sind aber seine »Produkte« und somit eben sein »Produzieren«. Dieses von unserem Geist Produzierte ist das, was wir oben (5. Kapitel 6.4) als das unbegrenzte Reich der Möglichkeiten (scientia media) bezeichneten. Es ist an sich nur erst ein abstrakt-geistiges Reich. Aber es ist eben doch Produkt, Schöpfung unseres Geistes. So daß man insoweit vom schöpferischen menschlichen Geist (wie schon Nikolaus von Kues, De beryllo VI; De conject. II,14) sogar als von einem »zweiten Gott« sprechen könnte: Wie Gott der Schöpfer der wirklichen Seienden und natürlichen Formen ist, so ist der menschliche Geist der Urheber der gedanklichen Seienden und künstlichen Formen; einer »zweiten Welt« also (modern gesprochen: der Medienwelt), die, wenn und solange er sie denkt, durch ihn und mit ihm ist und in ihm »quasi-subsistiert«. Er selbst ist es ja, der Geistiges hervorbringt; sogar solches, das er in sich selbst als sein anderes gleichsam betrachten, meinen kann, auch wenn es *in* ihm ist, sein Gedachtes bleibt und nur als gedachter Gedanke wirklich ist.

8.6 »Da *sprach* Gott, es werde ...« (Gen 1,3)

Nach der biblischen Schöpfungsgeschichte hat Gott die Welt geschaffen. Dieses Schaffen Gottes, das an sich unvorstellbar ist (s.o. 8.1), stellt P nun doch »anschaulich« dar – sofern man vom »Sprechen« als von etwas »Anschaulichem« reden kann –, indem er sagt: »Da *sprach* Gott, es werde ...« Was wird mit dieser Darstellung zum Ausdruck gebracht?

8.6.1 Häufig wird so interpretiert (natürlich, um den Bogen schlagen zu können zur Logos-Trinitätsspekulation): Gott schafft also durch das *Wort*, durch *sein Wort*. Das führt auf ein falsches Gleis, denn es läßt mit der sprachlichen Substantivierung des »Gott sprach« zu »*Wort* Gottes« (»dabar«) sogleich die Vorstellung aufkommen, das »Wort« sei etwas Eigenes, durch das und vermittels dessen Gott die Welt schafft. (Mit der Folge endlosen Spekulierens darüber, was dieses »Wort«/»Logos« denn dann selbst sei.)

Von einem eigenen »Wort« ist in P überhaupt nicht die Rede. Wenn, dann müßte man P zufolge sagen, das »Wort«, eben das ausgesprochene »Ergebnis« des Sprechens Gottes ist das jeweils Geschaffene. Von Gott sagt P allein dies, daß er spricht. Und es kann kein Zweifel daran bestehen, daß das Sprechen Gottes sein *befehlendes* Wollen ist. Ein performatives Sprechen, wie man sagen könnte, das unmittelbar wirksam ist.

8.6.2 »Gott sprach«, das heißt nicht mehr und nicht weniger als: Gott befahl, gebot. Daß die Welt unmittelbar Ergebnis seines Willens, seines *befehlenden* Sprechens ist (Gott also nicht sozusagen reflektierend erst einmal ein Wort für sich und zu sich selbst spricht und dann erst irgendwie durch dieses »Wort« schafft), bringen auch andere biblische Texte zum Ausdruck:

Ps 33,6.9: »Die Himmel sind erschaffen durch das Wort des Herrn und ihr ganzes Heer durch den Hauch seines Mundes ... Denn so, wie er sprach, geschah es. Er *gebot* es, da war es geschaffen.« (S.a. Pss 119,89-11; 147,15-18; 148,5.)

Jes 48,13: »Die Erde ist gegründet von meiner Hand, meine Rechte spannte den Himmel aus. Als ich rief, standen sie sogleich da.«

Judit 16,14: »Deine gesamte Schöpfung diene dir! Du sprachst, und sie waren da. Deinen Odem sandtest du, er baute auf. Niemand ist, der sich deinem Wort entgegenstellt.«

Sir 43,10: »Auf Gottes Wort hin standen die Sterne geordnet da, und nicht ermatten sie auf ihrem Posten.«

»Gott sprach ... und es ward so«, in ganz lakonischer Kürze »veranschaulicht« P damit sowohl die Unmittelbarkeit als auch die Überlegenheit von Gottes Schaffen, welches sich als ein müheloses, bloßes Befehlen vollzieht. – Keine Frage, daß es sich nicht um ein willkürliches, despotisches Wollen um des bloßen Wollens willen handelt. Denn sein Ergebnis ist ja eine gute, ja, sehr gute Welt, die Gott – geradezu selbstlos und nicht, um etwas von ihr zu erhalten – um ihrer selbst willen geschaffen hat.

8.7 »Es werde *Licht* ...« (Gen 1,3-5)

Da sprach Gott: »Es werde Licht!« Und es ward Licht. Und Gott sah, daß das Licht gut war, und Gott schied zwischen Licht und Finsternis. Das Licht nannte Gott Tag, die Finsternis Nacht. Es ward Abend, und es ward Morgen: ein Tag.

Wie zu Beginn dieses Kapitels gesagt, betrachten wir den sogenannten ersten Schöpfungstag – entsprechend dem siebten »Ruhetag« – als zum Rahmenwerk der Schöpfungsgeschichte von P gehörig. In ihm ist ja auch nicht eigentlich von unserer Welt, sondern mehr von Gott die Rede. Die Schöpfung bzw. Gestaltung *unserer* Welt beginnt erst mit dem zweiten Tag und ist mit dem sechsten Tagewerk Gottes vollendet. Somit ist die Frage, was es mit dem Licht auf sich hat, das Gott schon hier entstehen läßt.

8.7.1 Wenn Gott spricht, befiehlt: Es werde Licht!, so haben wir hier wohl noch nicht an jenes Licht von Sonne, Mond und Sternen zu denken, die unsere Welt beleuchten und in ihr den Rhythmus von Tag und Nacht, Festzeiten, Tagen und Jahren angeben sollen. Das Licht, das mit dem ersten Beginnen von Gottes Schaffen entsteht, ist wohl ein anderes Licht, noch jenseits und über unserer Welt. Nach damaliger Vorstellung gab es ja über dem irdischen Kosmos, jenseits der durch das Himmelsfirmament oben begrenzten Welt den Himmel Gottes über allen Himmeln, der erfüllt war mit himmlischem Licht. Und die Sterne dachte man sich auch als Öffnungen im Firmament, durch die etwas von diesem Himmelslicht sichtbar wurde. Diese Vorstellung mag im Hintergrund gestanden haben. Über unserer Welt, die ja auch erst noch gemacht werden muß, ist jenes Himmelslicht.

8.7.2 »Gott sah, daß das Licht gut war, und Gott schied zwischen Licht und Finsternis« (1,5). Daß dieses Licht gut ist, das ist eigentlich selbstverständlich, ist es doch auf Gottes Befehl hin entstanden. Es ist aber nicht aus dem chaotischen Erdenmaterial entstanden! Es ist *über* ihm. Und so ist es auch geschieden von ihm, nämlich von der Finsternis des Erdenmaterials, das noch seiner Verarbeitung harrt.

Weiter nennt Gott das Licht Tag und die Finsternis Nacht. Mit »Tag« und »Nacht« kann hier dem Vorangegangenen zufolge nicht der *innerweltliche* Tag-Nacht-Rhythmus gemeint sein. (Eher ist daran zu denken, daß *Gott* im folgenden »tagsüber« und nicht zur Nacht schaffen wird.) Bleibt man bei dem Himmelslicht oben und der noch finsteren Erde unten, so sind natürlich beide geschieden »wie Tag und Nacht«. Klar ist auch, daß jenes Licht nur Tag heißen kann. Nennt Gott aber nun die Finsternis, das Dunkle der noch chaotischen Erde »Nacht«, so liegt darin – gleichsam im Vorblick auf das, was er noch machen wird – auch schon eine gewisse Nobilitierung der Finsternis. Sie ist damit für ihn eben nicht mehr nur bloße Finsternis, sondern das gewiß noch dunkle, nächtliche Material, das seiner Gestaltung durch Gott harrt, der aus ihm die Welt machen wird.

8.7.3 Bliebe man nun beim Text von Gen 1,3-5, so müßte man sagen, Gott ist Schöpfer zweier Welten, der himmlischen und der irdischen, die er »Tag« und »Nacht« nennt. Diese Vorstellung entspräche jener, die auch bei der alten Interpretation von »Himmel und Erde« von Gen 1,1 leitend war: Es sei schon dort mit »Himmel« der Himmel Gottes über der »Erde«, nämlich über der sichtbaren irdischen Welt gemeint. (S.o. 8.2.) Diese Raumvorstellung ist für uns nicht mehr gut möglich. So lokal geschieden zu einem Über- oder Nebeneinander sind »Himmel« und »Erde« nicht zu denken.

Oben, im zweiten Abschnitt dieses Kapitels, interpretierten wir die Formel »Himmel und Erde« = alles, was Gott schuf, so, daß darunter, kurz gesagt, die innere Zweiseitigkeit der Schöpfung verstanden werden kann: Die Welt, wie sie für Gott ist, und die Welt, wie sie von uns erfahren wird. Dabei ging es mehr um das *Ergebnis* von Gottes Schaffen. Hier in Gen 1,3-5 wird nun auch das wirkliche erste *Schaffen* Gottes thematisiert.

Denken wir beides zusammen, so können wir sagen: Gottes Schaffen ist selbst das Licht, mit seinem Schaffen wird es licht um ihn her. Und so ist selbst das für uns nur »Finstere« für ihn schon nur noch »Nacht«. Sie sieht er auch schon in ihrer Vollendung. Einer Vollendung, die freilich für den alttestamentlichen Schöpfungsglauben bereits mit dem Abschluß der Schöpfungswoche vorliegt.

8.8 »So wurden vollendet Himmel und Erde *mit ihrem ganzen Heer.*« (Gen 2,1)

Im Rahmenwerk der priesterschriftlichen Schöpfungsgeschichte ist, wo es um die Konstatierung des Vollendetseins der Welt und Gottes Ruhen geht, die Rede von »Himmel und Erde mit ihrem ganzen Heer«. Was ist mit dem »ganzen Heer« gemeint? Ist das »ganze Heer« nur ein Inbegriff für all jene Wesen und Lebewesen, von denen im Bericht über die einzelnen Schöpfungswerke die Rede war; also von Sonne, Mond und dem Sternenheer und vom Heer der Lebewesen im Wasser, in der Luft und auf der Erde? Oder ist an ein Heer von Bewohnern des Himmels Gottes über dem Firmament gedacht, an elohim / Engel, die den Hofstaat Gottes bilden und auch als Boten Gottes und Vermittler zwischen der Welt Gottes und der Welt der Menschen dienen? Zwar ist von solchen elohim oder gar ihrer Erschaffung durch Gott in der biblischen Schöpfungsgeschichte nicht die Rede. Die Annahme, daß es solche Wesen gibt, war aber damals gang und gäbe. So daß nicht ausgeschlossen werden kann, daß mit dem »ganzen Heer« diese »himmlischen Heerscharen« gemeint waren; christlich dann Engel genannt.

Gegen diese biblische Vorstellung und gegen die sich auf sie berufende kirchliche Lehre, die die Existenz von Engeln annimmt – wobei Engel personale Wesen sein sollen, geschaffen mit der Freiheit, sich sittlich für Gut und Böse, nämlich für oder gegen Gott zu entscheiden –, soll hier in aller Kürze und Schärfe die theologisch-systematische Unmöglichkeit einer solchen Annahme dargetan werden. (Ausführlicher dazu Verf., Woher kommt das Böse?, Graz 1999, 95-123: »Der Böse« – ein vergangener Mythos.)

8.8.1 Nur um personale, freie Engel kann es überhaupt gehen! Sieht man in Engeln ohnehin nur Personifikationen von nichtpersonalen Naturmächten oder sonstigen anonymen Mächten und Gewalten in der Welt, so handelt es sich allenfalls um ein Problem, mit dem sich Erkenntnis- und Sprachkritik, Psychologie, Medizin und Soziologie zu befassen hätten.

8.8.2 Als wirkliche Engel kämen nur personale Wesen in Frage. »Personalität« schließt ein, daß sie zumindest die Freiheit zu sittlicher Entscheidung für Gut und Böse haben, die der Mensch hat. In ihrer von Gott geschaffenen Freiheit hätten sich die einen Engel für Gott entschieden, während die anderen sich gegen Gott entschieden und zu bösen Engeln wurden. Das Sichentscheiden wäre ein einmaliger freier Willensakt gewesen, mit dem der Engel sein ganzes gottgeschaffenes Wesen bestimmte, gut oder böse, für oder gegen Gottes Willen zu existieren. Solche Engel kann Gott aber gar nicht schaffen.

Gott ist der allmächtige Schöpfer von allem. Allmacht besagt, daß er nicht nur das wirkliche Selbst*sein* »macht«, sondern auch das Sich*ver*wirklichen, das Sichbewegen jedes Seienden erwirkt, bewegt. Auf *seine un*endliche Weise »bewegt« Gott jedes Wollen, jeden freien Akt, von Anfang bis Ende. (Vgl. o. 5. Kapitel 6.)

Würde der allmächtige Gott ein Wesen mit der wirklichen Möglichkeit, sich gegen ihn zu entscheiden, schaffen, so wäre sein Schaffen im eigentlichen Sinne des Wortes selbstwidersprüchlich. Er »machte« ein Geschöpf, dessen Wollen und Sichverwirklichen, das ja von Gott selbst »bewegt« wird!, sich gegen ihn selbst richtete. Oder aber: Gott müßte seine Allmacht, die alles geschöpfliche Wollen und Sichverwirklichen erwirkt, suspendieren – was theologisch unsinnig ist. Schöpfungstheologisch gedacht ist also die Annahme der Wirklichkeit eines Teufels unhaltbar.

8.8.3 Damit ist aber auch die Möglichkeit guter, nämlich sich frei für Gott entschieden habender Engel ausgeschlossen! Sollen sie personale, freie Wesen sein, so waren sie vor ihrem Sichentscheiden für Gott auf jeden Fall potentielle Teufel. Auch einen nur potentiellen Teufel kann Gott aber nicht ohne Selbstwiderspruch schaffen. Gottes Allmacht schließt a priori die wirkliche Möglichkeit eines Gegen-ihn-Wollens aus.

8.8.4 Sind aber nicht Engel denkbar, die a priori nur gut geschaffene Wesen wären? Als solche wären sie aber keine personalen, freien Wesen. Von sittlicher Freiheit und in diesem Sinne von »gut« könnte im Hinblick auf sie sinnvollerweise nicht die Rede sein. Solche »Engel« kämen personifizierten, nichtpersonalen Naturmächten gleich. Die Nichtexistenz solcher »überweltlicher Wesen«, die Gott sozusagen nur für sich selbst geschaffen hätte (eine zweite, ganz andere »Welt«), kann natürlich nicht direkt bewiesen werden. Wohl aber theologisch indirekt: Über ihr Wesen, d.h. *was* sie eigentlich sein sollen, läßt sich nichts mehr sagen, wenn man vom Glauben her denkt und bei ihm bleibt. Es bleibt bei einem bloßen

»Daß«. Ein bloßes Daß von »ich weiß nicht was« anzunehmen ist aber schöpfungstheologisch funktionslos und sinnlos.

8.8.5 Das Beharren auf der Annahme von Engeln ist verantwortungslos. Wer die Wirklichkeit von Engeln behauptet, der weckt unweigerlich auch die Vorstellung von bösen Engeln, also von Teufeln, Dämonen, Geistern, Hexen, Zauberei. Ob er will oder nicht, er trägt damit zu der Möglichkeit bei, daß Wahn und Aberglaube und in ihrer Folge dementsprechende unmenschliche Praktiken (Stichwort: Hexenprozesse) wieder aufleben können.

8.9 Gottes Schöpfungssabbat als Vollendung (Gen 2,2f)

Wie die priesterschriftliche Geschichte von der Erschaffung der Welt mit Gott beginnt, so endet sie mit einer eminent dichten theologischen Aussage über Gott. Gottes Werk, die Welt, ist mit dem sechsten Tag vollendet, nämlich vollständig und fertig. Gottes Wirken indes vollendet sich erst mit dem siebten Tag, mit *seinem* Sabbat, mit *seinem* Ruhen. Gott wirkt jetzt nicht mehr an seinem Werk, sein Ruhen ist auch kein Ausruhen, kein Pausieren. Sein Wirken wird nun zum gleichsam Abstand nehmenden Betrachten seines fertigen, vollendeten Werkes, das er vor sich hat. Darin vollendet sich sein Schöpfersein.

Der siebte Tag seines ruhigen Betrachtens ist ein anderer Tag, als es die vorangegangenen Arbeitstage Gottes waren. Gottes Sabbat wird von P, sicher bewußt, nicht gekennzeichnet als ein Tag, der seinen Morgen hat und mit dem Abend beendet ist. So ist der siebte Schöpfungstag Gottes ein Bild für sein nicht endendes, immerwährendes Bei-seiner-Schöpfung-Sein – die ihrerseits vollendet, fertig ist in dem Sinne, daß sie vollständig ist, daß er alles gemacht hat, was zu ihr gehört.

Diesen, *seinen* Sabbat, der kein Ende hat, segnet und heiligt Gott (2,3). Was soll das bedeuten? Etwas segnen, das heißt: eigens und nachdrücklich sagen, daß etwas gut, heilig, göttlich ist. Das sagt Gott von seinem Sabbat. Sein Sabbat, das ist aber nicht ein sozusagen leerer Sabbat, kein bloßes Ausruhen und Nichtstun, sondern sein immerwährendes, betrachtendes Bei-der-Welt-Sein. Indem er *diesen* Sabbat segnet, sagt Gott gewissermaßen: Es ist gut, die Welt geschaffen zu haben, es ist gut, nicht »nur Gott«, sondern Schöpfer der Welt und *ihr* »Heiliger« zu sein.

Das Segnen und Heiligen seines eigenen Sabbats ist ein feierliches Bekräftigen Gottes, daß es gut war, das Schöpfungswerk zu beginnen und zu vollenden. Denn mit dem Vollendethaben seines Schöpfungswerkes vollendet sich Gottes eigenes schöpferisches Wesen, das nun seine Welt vor sich hat.

9. KAPITEL

Gottes Fünf-Tage-Werk
nach der biblischen Schöpfungserzählung

Das 8. Kapitel handelte immer noch mehr von Gottes Schaffen, als von
seinem Werk, der Welt. Mit ihr befassen sich nun die folgenden Kapitel
unserer Schöpfungstheologie: Theologie der *Schöpfung* vor dem Hintergrund der *Theologie* der Schöpfung. Daß beide eins und doch nicht dasselbe sind, hält eine alte Metapher fest, die von Gott als dem »artifex
mundi«, als dem Künstler spricht, der sein Kunstwerk, eben die Welt
geschaffen hat. Wie wäre diese Metapher – ihre bekannteste bildliche Darstellung haben wir in der französischen Miniatur aus der Mitte des 13.
Jahrhunderts, die Gott als den Architekten des Kosmos zeigt (Wien, Natio-
nalbibliothek) – nun schöpfungstheologisch zu interpretieren, wenn nicht
Gott zu einem wirklichen, bloßen Handwerker werden soll?

Von der Welt ist in der Metapher gesagt, daß der Glaubende sie als Kunstwerk zu betrachten hat. Der einfache Glaube ist dabei freilich »nur« so
etwas wie ein kunstinteressierter Laie, der ein berühmtes Werk bewundert.
Der Theologe hingegen wäre eher der Kunstwissenschaftler, dem es auch
um das Hintergrundwissen geht. Der z.B. nicht nur weiß, daß das »Jüngste
Gericht« von einem Michelangelo stammt, der vielmehr Bescheid weiß
über die Entstehungsgeschichte, die Technik usw. Und der, um alles zu wissen, am liebsten Michelangelo selbst noch befragen würde. Der aber würde
wohl nur sagen:»Schau es Dir richtig an! Dafür habe ich es doch gemacht!«

So wäre auch die alte Metapher von Gott als dem Künstler, dem artifex
und Architekten der Welt, als Aufforderung zu verstehen, sich an das *Werk*
zu halten. Denn dem wahren Künstler geht es in der Tat nur um sein Werk,
nicht um sich selbst, um *seine* Idee, um *sein* Können, um *seine* Fertigkeit.
Er legt das alles sozusagen in sein Werk hinein. Es ist ihm wichtiger,
bedeutsamer als er selbst. Das ist die wahre Selbstlosigkeit des großen
Künstlers; und selbst sein Stolz gilt nicht sich selbst – das wäre nur Eitel-
keit –, sondern dem Werk.

9.1 Kosmos und Welt: Gen 1,6-31

9.1.1 Thema des Rahmenwerkes der priesterschriftlichen Schöpfungserzählung, also von Gen 1,1-5 und Gen 2,1-3 war *Gottes* Schaffen, *sein*

Beginnen und *sein* Vollenden. Dieser Rahmen hält und umschließt Gottes *Werk*, also die Welt bzw. das Bild von der Welt, wie sie sich dem Wissenden der damaligen Zeit präsentierte. Dazu geht P nun auf die wichtigsten Dinge ein, die diese Welt ausmachen, sie konstituieren und zu ihr gehören, und er erzählt, daß und wie dies alles damals von Gott gemacht wurde. Er konkretisiert und spezifiziert das »Damals, als Gott Himmel und Erde, nämlich alles schuf ...« Er veranschaulicht das Universale.

Das Universale ist »Gott schuf alles«. Beachtlich ist nun, wie auch bei der Veranschaulichung dieses Universalen in den fünf Tagewerken Gottes das Schaffen Gottes selbst und sein Wie doch relativ unanschaulich bleibt! Sein Schaffen, jetzt auch als Machen bezeichnet, vollzieht sich auch im einzelnen nur so, daß das geschieht, was er befiehlt: Es entsteht ein Firmament als Scheidewand zwischen den Wassern (1,6); das Wasser sammelt sich, so daß das trockene Land erscheint (1,9); die Erde begrünt sich (1,11). Auch vom Menschen heißt es nur, daß Gott ihn machen wollte und schuf (1,26.27). Gottes Schaffen ist »nur« sein Wollen, es ist kein Eingreifen oder gar ein Sichauseinandersetzenmüssen mit etwas – so wie der babylonische Gott Marduk die Urflut »Tiamat« im Kampf überwältigen muß.

9.1.2 Das selbst unanschauliche, unvorstellbare göttliche Schaffen veranschaulicht sich in seinem Ergebnis, der Welt. Wie nach damaliger Vorstellung die Welt im Großen gebaut ist und was im einzelnen zu ihr gehört, das wird nun als durch Gott geschaffen und von ihm so angeordnet aufgelistet. Ohne sich jeweils in Einzelheiten zu verlieren, nimmt P das Wichtigste in den Blick und ordnet es fünf aufeinanderfolgenden Tagewerken Gottes zu. Dabei ergibt sich eine sachlich recht plausible Abfolge: Zuerst wird der Raum im Großen geschaffen und eingerichtet, dann wird er mit Leben erfüllt.

Am ersten Arbeitstag, dem sogenannten zweiten Tag, schafft Gott die Großarchitektur von »Himmel und Erde«. Er teilt die Chaoswasser durch ein entstehendes festes Firmament, so daß es nun ein Oben und ein Unten gibt. (So ist jenseits des Firmamentes jenes »gläserne *Meer*«, von dem noch die neutestamentliche Apokalypse 4,6 sprechen wird; »gläsern«, weil es vom himmlischen Licht des Jenseits durchleuchtet ist.)

Der zweite Arbeitstag (sogenannter dritter Tag) gilt der Gestaltung des Unten, unserer Welt. Gott läßt aus der unteren Chaosflut Meer und sich begrünendes Land werden.

Am dritten Arbeitstag (sogenannter vierter Tag) wirkt Gott gleichsam nochmals als Innenarchitekt, er sorgt für die Beleuchtung dieser unserer

Welt, indem er Sonne, Mond und Sterne am Firmament entstehen läßt. Sie dienen als Lampen zum Leuchten, dazu bestimmt, den Rhythmus von Tag und Nacht und von Jahres- und Festzeiten in der Welt anzugeben.

An seinem vierten und fünften Arbeitstag schafft Gott die Bewohner der Welt. Am vierten die Meeres- und Luftbewohner, Fische und Vögel, am fünften die dem Menschen näher lebenden Landtiere und schließlich den Menschen.

Ein Fortschreiten der Schöpfungserzählung also vom ganz Großen und im Ungefähren, aufrißhaft Bleibenden über das Nähere bis hin zum Bekanntesten, dem Menschen selbst.

9.1.3 P weiß mit dem Wissen seiner damaligen Zeit, wie die Welt in etwa gebaut ist – mit Oben und Unten, Meer und Land – und was alles in ihr lebt. Er geht diese Bereiche durch und erklärt von jedem, daß es so von Gott geschaffen ist. Sein Durchmustern ist ein Nacheinanderaufzählen, und so wird auch Gottes Schaffen zu einem Nacheinander. Es ist ja auch sinnvoll anzunehmen, daß, bevor der Mensch geschaffen wurde, erst einmal der Lebensraum für ihn geschaffen wurde; daß also nicht alles auf einmal und zugleich geschaffen wurde und sozusagen plötzlich da war.

Doch war die Verteilung der einzelnen Schöpfungswerke durch P auf fünf Werktage und ihr Nacheinander gewiß nicht einfach wörtlich gemeint. So nämlich, als hätte Gott nur oder sogar fünf menschliche Tage lang geschaffen, gearbeitet; oder so, als sei die Entstehung der Welt damals ein Prozeß gewesen, der genau fünf irdische Tag lang dauerte. Gewiß ist von fünf Tagen und somit von einem Nacheinander die Rede, aber diese Tage sind *Gottes* »*Tage*«. Es sind die Tage *seines* Schaffens, nicht sind sie gemeint als menschliche Tage von je vierundzwanzig Stunden Dauer. Fünf Schöpfungstage Gottes, das ist also Veranschaulichung dessen, daß Gott diese Welt wohl nicht auf einmal, sondern in einem sinnvollen Nacheinander schuf, entstehen ließ. Es ist keine Aussage über eine absolute Dauer dieses damaligen Prozesses.

9.1.4 Immer wieder heißt es in P, Gott sah, daß es *gut* war, was er jeweils geschaffen/gemacht hatte; den sogenannten sechsten Tag beschließt P so, daß Gott *alles* sah, was er gemacht hatte, und siehe, es war *sehr gut* (1,31). Natürlich wissen die biblischen Autoren um das Böse in der Welt, in der Geschichte des Menschen, der Menschheit. Doch das soll jetzt, in P, eben nicht das Thema sein. Hier geht es nur um Gottes damaliges Weltschaffen; und so selbstverständlich, wie Gott selbst gut ist, so kann auch das damalige »Werk seiner Hände« nur gut, sehr gut gewesen sein. Paradigmatisch dafür wird, daß es noch kein Blutvergießen gibt: Alle Lebewesen, der Mensch ebenso wie alle Tiere, sollen sich vegetarisch ernähren (1,23f). Das gegenseitige Fressen und Gefressenwerden ist nicht von Anfang an da. Indem P, ohne sich auf Einzelfragen einzulassen, ein Gegenbild zur Gegenwart andeutet, unterscheidet er gewissermaßen ein ursprüngliches, gottgeschaffenes An-sich der Welt und ihr faktisches Gewordensein zu einer Welt, in der auch Blut fließt. Wofür aber Gott nicht verantwortlich sein soll. Das »(damals) war alles sehr gut« signalisiert so auch: In dieser Schöpfungsgeschichte (P) soll es *nur* um den Anfang gehen. Für weitere Fragen gibt es noch andere Geschichten.

9.2 Der Mensch als Geschöpf Gottes: Gen 1,26-30 und Gen 2

Was wir P an Kosmologischem entnehmen können, das ist zwar im Grunde nur das in großen Strichen gezeichnete Weltbild seiner damaligen Zeit, es aber in erstaunlich phantasieloser Nüchternheit reduziert auf das wirklich Sichtbare; jedenfalls was das Unten, unsere Lebenswelt betrifft. Sonne, Mond und Sterne sind nur Leuchten am Himmel. Die großen Meerestiere sind in Wirklichkeit keine Drachen oder Ungeheuer, sondern eben nur große Seetiere. Und von dämonischen Wesen ist gar nicht erst die Rede. Auch vom Menschen, der doch insofern ein besonderes Geschöpf Gottes ist, als er Bild und Gleichnis Gottes ist, heißt es nur, daß Gott ihn dazu schuf. Gewiß schafft Gott ihn ganz bewußt dazu, aber als ein ganz neues, ganz andersartiges Schaffen wird sein Schaffen des Menschen nicht dargestellt. Auch hier, beim zweifellos Wichtigsten, bleibt es bei dem unaufgeregt lakonischen »Und Gott schuf...« Verglichen mit Schöpfungsvorstellungen und Weltentstehungsmythen anderer Kulturen und Religionen bietet P uns blanke Prosa.

Prosaisch-nüchtern ist daher auch zu nehmen, was P zur Erschaffung des Menschen, d.h. der Menschheit sagt. (»Der Mensch« ist in P die Menschheit, nicht ein Einzelner. So auch in der jahwistischen Erzählung.) Daß der Mensch irgendwie das wichtigste Geschöpf Gottes ist, das ist für P selbstverständlich. Hier wird es dadurch zum Ausdruck gebracht, daß Gott, nachdem er die Tierwelt geschaffen hat, sich eigens zur Erschaffung des Menschen entschließt: »Laßt uns den Menschen machen ...« (1,26) Daß aber der Mensch, die Menschheit, nun auf andere Weise entstanden, geschaffen worden sei, ist damit nicht gesagt. Auch nicht, daß Gott erst noch innehalten und mit sich zu Rate gehen müßte. Vielmehr nur dies, daß er hier *noch* bewußter schafft, denn erst mit dem Dasein des Menschen in der Welt ist die Welt vollendet.

9.2.1 Geschaffen nach dem Bilde Gottes, ihm ähnlich

26 Dann sprach Gott: »Laßt uns Menschen machen als unser Bild, uns ähnlich. Sie sollen herrschen über die Fische des Meeres, über die Vögel des Himmels, über das Vieh, über die ganze Erde und über alle Kriechtiere auf dem Lande.«

27 Gott schuf also den Menschen als sein Bild, als sein Bild schuf er ihn. Als Mann und Frau schuf er sie.

28 Gott segnete sie, und Gott sprach zu ihnen: »Seid fruchtbar und mehret euch, bevölkert die Erde, unterwerft sie euch, und herrscht über die Fische des Meeres, über die Vögel des Himmels und über alle Tiere, die sich auf dem Lande regen.«

29 Dann sprach Gott: »Hiermit übergebe ich euch alle Pflanzen auf der ganzen Erde, die Samen tragen, und alle Bäume mit samenhaltigen Früchten. Euch sollen sie zur Nahrung dienen.

30 Allen Tieren des Feldes, allen Vögeln des Himmels und allem, was sich auf der Erde regt, gebe ich alle grünen Pflanzen zur Nahrung.«

Das Dasein des Menschen in der Welt soll die Schöpfung vollenden; dazu wird er »als Bild Gottes, ihm ähnlich« geschaffen. Als Bild Gottes und ihm ähnlich geschaffen, ist er in der Welt das vornehmste Geschöpf, das in der Welt am höchsten stehende Wesen, so daß er sie vollendet. Was aber ist näherhin von P gemeint, wenn er sagt, daß der Mensch »Bild Gottes, ihm ähnlich« ist?

9.2.1.1 Worin das Bild Gottes und ihm ähnlich Sein des Menschen besteht, das ist immer schon eine Zentralfrage der theologischen Anthropologie gewesen. (Geschichtlicher Hintergrund war damals die Praxis des Aufstellens von Statuen/Bildern des Großkönigs in den Provinzen seines Reiches; sie sollten dort ihn und seine Herrschaft repräsentieren.) Die Antworten, die dazu gegeben wurden – schon in der Bibel, dann in der systematischen Interpretation und Auswertung der Schrift – variieren. Da wird gedacht an die aufrechte Gestalt des Menschen (H. Gunkel), an seine ursprünglich zur Unsterblichkeit geschaffene Seele, die ihn zum Bild der Ewigkeit Gottes macht (Wsh 2,23f), an seine Vernunftbegabtheit (Philon von Alexandrien, P. Heinisch, W. Eichrodt). K. Barth machte sogar das (doch eher nachgetragene) »Als Mann und Frau schuf er sie« zum Schlüssel seiner trinitätstheologisch orientierten Interpretation des »Bildseins«

des Menschen. Irenäus von Lyon unterschied zwischen dem konstitutiven und somit unverlierbaren »*Bild*sein« des Menschen und dem »Gott*ähnlich*sein«, das der Mensch mit der Sünde verloren habe, das er aber durch Gottes Gnade wiedererhält, indem er eben im Tun des Guten Gott wieder ähnlich wird. Für Augustinus war die menschliche Geistseele (in ihrer Struktur von Gedächtnis, Erkennen und Wollen) ein Bild (des dreieinigen) Gottes. Nur ausnahmsweise wurde auch dem Leib des Menschen die Würde zugesprochen, ein Bild Gottes zu sein (R. Fishacre [gest. 1248]. Vgl. aber schon Ez 28,12: »[Adam] war ein Muster der Vollendung, voll der Weisheit und vollendet schön.«).

9.2.1.2 Was nun in P mit Bildhaftigkeit und Ähnlichkeit gemeint ist, das ist dem unmittelbaren Kontext zu entnehmen. Zu beachten bleibt dabei, daß P nur von der *damaligen* Erschaffung des Menschen handelt, also von seiner Konstitution und der damit gegebenen Funktion in der damaligen »Anfangswelt«. Um die weitere Geschichte weiß der Autor natürlich auch, aber das ist hier nicht sein Thema. Was P mit »Bildhaftigkeit und Ähnlichkeit« meint, läßt er Gott schon selbst sagen: »Sie sollen *herrschen über* die Fische des Meeres und über die Vögel des Meeres, über das Vieh und über alles Wild des Feldes und über alles Gewürm, das auf dem Erdboden kriecht!« (1,26b.28) Was aber ist mit »herrschen über« gemeint? Dazu ist nun auch wieder bewußt zu machen, daß sich damals nach P alle Lebewesen, Tiere und Menschen vegetarisch zu ernähren hatten (1,29f). Somit dürfte »herrschen über« die anderen Lebewesen hier schwerlich als ein aktives Beherrschen und Unterwerfen zu interpretieren sein. (Die Erde hingegen soll sich der Mensch sehr wohl untertan machen: 1,28.) Vielmehr wird man im Sinne von P (mit Philon von Alexandrien) sagen müssen: Das Herrschen-über alle anderen Lebewesen ist schon damit gegeben, daß der Mensch *konstitutionell* allen Tieren überlegen ist. Er ist von Gott so geschaffen, daß er eben ein seinsmäßig höherstehendes Wesen als sie *ist*. Und diese konstitutionelle Überlegenheit ist ihm mit seiner Geistigkeit gegeben, mit seinem Verstand, mit seiner Vernunftbegabtheit. (P hat ja sicher den erwachsenen Menschen im Sinn.) *Wie* er seine Vernunft dann weiter *ver*wirklicht, das ist nicht das Thema von P. Aber kraft seiner Vernunftbegabtheit *ist* er das höchste Wesen in der Welt, und erst damit hat Gott nach P die Welt vollendet, im Sinne von vollständig gemacht.

Vernunft, Geistigkeit, Denkenkönnen, Nachdenkenkönnen, das zeichnet den Menschen vor allen anderen Lebewesen in der Welt aus, damit ist er ihnen seinsmäßig überlegen. Diese Überlegenheit ist schon sein »Herrschen über sie«. Die Bildhaftigkeit und Ähnlichkeit zu Gott ist also nicht so zu verstehen, als ob der Mensch (oder auch nur sein Geist) ein *Ab*bild Gottes, ein geschöpfliches Spiegelbild des göttlichen Wesens wäre. Sowenig der Mensch sich ein Bild von Gott zu machen hat, sowenig kann Gott ein Bild/Abbild von sich machen. Gemeint ist vielmehr: Wie Gott *über* der Welt ist, auch als ihr Schöpfer ihr »Herr« ist, so steht *in* der Welt der Mensch *über* allen anderen Lebewesen, *ist* er für sie der Herr. Seine Stellung über ihnen ist ein Bild für = so ähnlich wie Gottes Stellung über seiner Welt. (Vgl. Ps 8,5-7; Sir 17,3f.)

9.2.1.3 Für P besteht das Bildsein des Menschen in seiner geistigen Überlegenheit über alles andere in der Welt. Diese Sicht kann von christlicher Schöpfungstheologie übernommen werden, muß indes auch noch eingebracht werden in eine weitere Perspektive, die sich vom Standpunkt des christlichen Glaubens an »Auferstehung und ewiges Leben« her ergibt. Schon in Wsh 2,23f wird ja irgendwie präludiert, was für den Osterglauben Wirklichkeit ist: Der Mensch ist geschaffen zur Unsterblichkeit, zum ewigen Leben; sein vollendetes, jenseitig bleibendes Sein, das ist sein wahres, eigentliches Bild-Gottes-Sein. So wie Paulus in 2 Kor 4,4 von Christus als dem Bild Gottes spricht und dabei ohne Frage an den irdischen, jetzt aber auferweckten Jesus Christus denkt. (S.a. 1 Kor 15,49; 2 Kor 3,18; Röm 8,29.) Zu diesem Bildsein ist jeder Mensch geschaffen. Ewiges Leben, Auferstehung, Vollendung, Bleiben, das heißt aber nicht, der jenseitige sei ein anderer, neuer Mensch, ein anderer als der irdische, diesseitige! Daher muß nun auch gesagt werden, daß schon der diesseitige Mensch Bild Gottes ist, daß er nicht erst im Jenseits dazu wird. (Daß das diesseitige Bildsein im Diesseits auch noch im Werden ist, daß es sich erst mit dem Tode des Menschen vollendet, ist selbstverständlich. Aber wirklich muß es von Anfang an sein.) Besteht aber nun das jenseitige Bildsein im *ewigen* Leben, es als endliches »Bild« der Ewigkeit Gottes verstanden, dann ist auch das schon diesseitige Bildsein des Menschen darin zu sehen, daß er »unsterblich« ist. Sein geschaffenes Sein ist von vornherein so geschaffen und somit *selbst so beschaffen,* daß es »bleibt«. (Vgl. o. 5. Kapitel 2 und 3.)

Daß dem so ist durch *Gottes* Schaffen, ist selbstverständlich. Gerade deshalb gehört es aber zur »Natur« des Menschen selbst. Damit ist nicht gesagt, diese Beschaffenheit, diese *Eigen*schaft des Menschen müsse also auch *empirisch* feststellbar sein. (S. aber immerhin: Verf., Auferstehung und ewiges Leben, 3. Kapitel 3.) Vielmehr gehört »Unsterblichkeit seiner Seele« als Bildhaftigkeit des Menschen gerade zur »Mysteriosität« des Menschen *als eines Geschöpfes Gottes: Sein* Schaffen ist ihm nicht etwas ganz Äußerliches, nur Jenseitiges, sondern durchdringt und affiziert es durch und durch – so daß es eben auch noch mehr und anders ist, als es sich unserer empirischen Wahrnehmung zeigt. (S. a.o. 1. Kapitel 4. Für die materielle Wirklichkeit der Schöpfung s. Verf., Auferstehung und ewiges Leben, 4. Kapitel.)

9.2.2 Zur Erschaffung des Menschen nach Gen 2

Die jetzige biblische Schöpfungsgeschichte besteht eigentlich aus drei Geschichten: dem jüngeren priesterschriftlichen Schöpfungsbericht (1,1-2,4a) der »jahwistischen« Erzählung von der Erschaffung des Menschen und der Frau und ihrer Einsetzung in den Garten Eden (2,4b-25) sowie der sogenannten Sündenfallgeschichte. Anzunehmen ist, daß auch schon dem Autor (bzw. den Autoren) von P die »jahwistischen« Erzählungen vorlagen. Jedenfalls wurden sie mit dem priesterschriftlichen Schöpfungsbericht zusammengefügt.

Die »jahwistische« Darstellung von der Erschaffung des Menschen wurde also, wiewohl sie viel urtümlicher und anschaulicher anmutet als die knappen Aussagen von P, gleichsam als ein bildhaft-dichterischer und als solcher legitimer, anschaulicher Kommentar zur priesterschriftlichen Feststellung verstanden, daß Gott den Menschen schuf als sein Bild, daß er ihn schuf als Mann und Frau. Wir fragen also, was die andere Erzählung mit ihrer anschaulicheren Darstellung von der Erschaffung des Menschen durch Gott besonders zum Ausdruck bringen wollte. Der Text – ohne den Einschub 2,10-14 mit den Namen der vier Flüsse und die Verse 2,9.15-17, die ursprünglich wohl zur sogenannten Sündenfallgeschichte gehörten – lautet:

2,4b Am Tage, da Jahwe Gott Erde und Himmel machte,
5   *gab es auf der Erde noch kein Gesträuch des Feldes und wuchs noch keinerlei Kraut des Feldes. Denn Jahwe Gott hatte noch nicht auf die Erde regnen lassen, und der Mensch war noch nicht da, um den Erdboden zu bebauen.*
6   *Da stieg eine Flut von der Erde auf und tränkte die ganze Fläche des Erdbodens.*
7   *Dann bildete Jahwe Gott den Menschen aus Staub von dem Erdboden und blies in seine Nase einen Lebenshauch. So wurde der Mensch ein lebendes Wesen.*
8   *Und Jahwe Gott pflanzte einen Garten in Eden, im Osten, und setzte dahinein den Menschen, den er gebildet hatte.*
18   *Dann sprach Jahwe Gott: »Es ist nicht gut, daß der Mensch allein sei. Ich will ihm eine Hilfe machen, die ihm entspricht.«*

19 *Jahwe Gott bildete noch aus dem Erdboden alle Tiere des Feldes und alle Vögel des Himmels, und er führte sie zum Menschen, um zu sehen, wie er sie benennen würde: So wie der Mensch sie benennen würde, sollte ihr Name sein.*

20 *Da gab der Mensch allem Vieh und allen Vögeln des Himmels und allem Wild des Feldes Namen. Aber für einen Menschen fand er nicht die Hilfe, die ihm entsprochen hätte.*

21 *Nun ließ Jahwe Gott einen Tiefschlaf über den Menschen fallen, daß dieser einschlief, und er nahm eine von seinen Rippen und schloß das Fleisch an ihrer Stelle zu.*

22 *Dann baute Jahwe Gott die Rippe, die er vom Menschen genommen hatte, zu einer Frau und führte sie zum Menschen.*

23 *Da sprach der Mensch: »Das ist endlich Bein von meinem Bein und Fleisch von meinem Fleisch! Sie soll ‚Männin‘ heißen, weil sie vom Mann genommen ist.«*

25 *Beide waren nackt, der Mensch und seine Frau. Aber sie schämten sich nicht voreinander.*

9.2.2.1 Der Mensch, ein »irdisches« Wesen

Nach der Darstellung der »jahwistischen« Erzählung bildet Gott den Menschen (auch hier als Gattungsbegriff gemeint) aus dem Erdboden und bläst ihm den Lebenshauch ein. So wurde der Mensch ein lebendiges Wesen. Von seiner »Genesis« her ist das »lebendige Wesen« Mensch (»Adam«) zum einen ein im Wortsinne »irdisches« Wesen, gebildet aus der Erde (»Adama«), hinfällig, sterblich wie alles Lebendige in der Welt. (S.a. 3,19.) Zum anderen ist er mehr, denn er hat teil an der Lebenskraft Gottes, der ihm den Lebensatem einbläst, der zu seiner Seele wird.

Leib und Seele sind nicht einfach dasselbe. Aber es ist, wenn wir beim Bild des Jahwisten bleiben, auch nicht so, als ob es zwei »Dinge« wären, die Gott je für sich schaffte und dann zusammenfügte. Auch nicht so, daß man sagen könnte, es handle sich um zwei ganz verschiedene Akte Gottes, von denen der eine nur einen Leib formte, der zweite ihn dann unmittelbar beseelte. Gewiß sind es im Bild zwei Schaffensakte. Aber sowohl der eine als auch der andere zeigt Gott unmittelbar am Werk. Zwar wird der Mensch »erst« mit seiner als Einhauchung dargestellten »Beseelung« ein lebendiges Wesen, aber auch sein Leib entsteht unmittelbar als das Werk der bildenden Hände Gottes. Gott ist also der Schöpfer des *ganzen* Menschen mit Leib und Seele. Gottes »Atem«, sein »Geist« ist es, der den irdischen Körper lebendig werden läßt, ihn ein »lebendes Wesen« sein läßt.

9.2.2.2 Kreatianismus und Evolutionslehre

1) Lehramtlich wurde die kreatianistische Lehre zuletzt 1950 der katholischen Theologie eingeschärft durch die Enzyklika »Humani generis«. Die Vorstellung von einer evolutionistischen Entstehung des Menschen war damals praktisch wissenschaftliches Allgemeingut geworden. Dem mußte auch das kirchliche Lehramt Rechnung tragen. Und so hieß es, daß »die evolutionistische Lehre, insoweit sie nach dem Ursprung *des menschlichen Körpers* forscht, der aus schon bestehender und lebender Materie entstanden sei«, auch theologisch diskutierbar sei. In einer Parenthese wird aber zugleich festgestellt, »daß der katholische Glaube uns befiehlt, daran festzuhalten, daß *die Seelen* unmittelbar von Gott geschaffen werden« (DS 3896).

Ob sie nun so gemeint war oder nicht, die Aussage von »Humani generis« wurde dann doch weitgehend so verstanden: Was das Leiblich-Körperliche betrifft, könne man evolutionistisch denken, nicht aber hinsichtlich der Geistseele des Menschen, denn jede Geistseele werde unmittelbar von Gott geschaffen – was eben vom Leiblich-Körperlichen so nicht mehr angenommen werden müsse. Anders formuliert ergibt sich daraus: Während Gott jede menschliche Seele *unmittelbar* erschafft, kann man das bezüglich des menschlichen Leibes und seiner Entstehung nicht sagen. Hier reduziert sich sein schöpferisches Wirken darauf, daß er nur noch »mittelbar«, nämlich vermittels schon vorhandener, »bestehender und lebender Materie« wirkt. »Kreatianismus«, nämlich unmittelbares Erschaffenwerden durch Gott, wird gewissermaßen zurückgenommen auf den Bereich der menschlichen Seele.

2) Einen gewissen Rückhalt konnte diese Interpretation von »Humani generis« daran finden, daß es in der abendländischen Theologie beim Thema »Erschaffung des Menschen« schon immer vornehmlich um die Erschaffung der menschlichen *Seele* gegangen war. Dazu setzte sich in der mittelalterlichen Scholastik eben der sogenannte *Kreatianismus* durch: Jede einzelne Menschenseele wird unmittelbar von Gott erschaffen und mit dem Körper/Leib vereint. Man sprach von der »infusio animae«. Die älteren Vorstellungen, *Traduzianismus* und *Generatianismus*, schienen damit überholt. Traduzianismus: Von der elterlichen Seele löst sich ein Teil und wird zur Seele des Abkömmlings. Generatianismus: Auch die Seele wird von den Eltern erzeugt.

Hand in Hand mit dem (Seelen-) Kreatianismus ging die sogenannte dichotomische Sicht des Menschen: Der Mensch besteht aus Leib *und* Seele. Die Geistbeseelung ist etwas Eigenes, das erst noch hinzukommt: »infusio animae« in das schon vorhandene Leibmaterial. Im Tode trennt sich die Seele wieder von ihrem Leib – womit wiederum einleuchtete, daß sie als etwas Eigenes, Selbständiges geschaffen sein müsse, um mit dem offensichtlich schon vorhandenen Leibmaterial verbunden, ihm »infundiert« zu werden; welches Leibmaterial hingegen nicht erst jetzt von Gott geschaffen werden muß, da es offensichtlich schon vorhanden ist und auch später, im Tode, zurückbleibt.

3) Nun hat sich diese Konzeption von der Konstituiertheit des Menschen aus »Leib *und* Seele« zwar engstens verbunden mit dem Begriff »Kreatianismus« und somit auch mit der Vorstellung eines eigenen göttlichen Schöpfungsaktes für die menschliche Seele; was sich eben besonders deutlich artikuliert in der bildhaften Redewendung von einer »infusio animae«. Aber in dieser Verbindung von »menschliche Seele« und »unmittelbares Erschaffensein durch Gott« wird der Begriff »Kreatianismus« nur noch in einem verengten, reduzierten Sinne gebraucht, nämlich *exklusiv* im Hinblick auf die menschliche Seele. Damit wird aber de facto auch von Gott, dem Schöpfer und seinem Schaffen in einem reduzierenden und exkludierenden Sinne gedacht, so nämlich, daß er *nur* die Seele unmittelbar selbst erschaffe, das andere hingegen nicht. Das aber ist unvereinbar mit dem theologisch allein korrekten Begriff von Gottes Schaffen. Dieser besagt, daß Gott immer und *alles unmittelbar* schafft; und sein Schaffen ist auch sein Erhalten und sein Bewegen von allem Geschaffenen. Sein Erhalten, und auch sein Bewegen von allem (sogenannter concursus divinus), ist, wie Thomas von Aquin sagt, *creatio* continua: Schaffen, in begrifflich verzeitlichende Form gebracht. Wenn also mit dem Begriff Kreatianismus gesagt sein soll, daß Gott die menschliche Seele unmittelbar erschafft, so ist das zwar an sich eine schöpfungstheologisch korrekte, weil nur erst *positiv affirmierende* Aussage. Sie wird indes falsch, wenn sie so verstanden wird, als ob Gottes unmittelbares Schaffen von anderem, hier also dem jeweiligen Leib der Seele, nicht, also *nur* von der Seele gelten würde.

Daß Gott sehr Verschiedenes schafft, erhält und bewegt, ist überhaupt keine Frage. Aber das heißt eben nicht, daß sein Schaffen, Erhalten und Bewegen nur bei der »Seele« ein unmittelbares, beim Leibmaterial hingegen lediglich ein mittelbares sei. Entweder er schafft alles und immer und unmittelbar, oder nichts und nie. Nur zur Not – insofern dabei der theologisch korrekte Begriff des göttlichen Schaffens doch verunklärt wird – ließe sich noch sagen: Gott schafft *alles nur mittelbar*. Dann gilt das »nur mittelbar« aber auch von *allem*, also von Leib *und* Seele! Es wäre aber mit dem »alles nur mittelbar«, theologisch gesehen, lediglich zum Ausdruck gebracht, daß Gottes Schaffen eben kein empirisch-phänomenales Eingreifen ist; daß *sein* Schaffen in der Dimension des streng Meta-physischen bleibt und nur »macht«, daß das »Physische« *selbst* entsteht, ist, bleibt, *sich* bewegt, mehr wird, *sich* entwickelt; wofür heute eben das Stichwort »Evolution« einsteht. Evolutionslehre, die das Empirische, »Physische« beschreibt, und Kreatianismus, richtig, nämlich als *theo*logische und somit *meta*physische Aussage verstanden, widersprechen und »stören« einander also in keinster Weise! (S.a.o. 5. Kapitel 5.3: Die unbegreifliche Mächtigkeit der Welt.)

4) Gott ist der Schöpfer von allem, also auch des *ganzen* Menschen von Anfang bis Ende, mit Leib und Seele. Sein »Geist«, sein »Lebensatem« ist es, der den irdischen Körper lebendig macht, ihn so zu einem menschlichen Leib werden läßt, ihn zu einem »lebenden Wesen« werden läßt. So die bildhafte Darstellung des Jahwisten. Ihr entspricht im wesentlichen die Sicht des Thomas von Aquin sowohl von der Konstituiertheit des Menschen »aus« Leib und Seele als auch von seiner unmittelbaren Geschöpflichkeit im ganzen. Man muß sich nur der begrifflichen Abstraktheit der scholastischen Sprache bewußt sein und sich immer wieder daran erinnern, was diese abstrakten, trockenen Begriffe wirklich meinen bzw. was nicht.

N.b. In der traditionellen Theologie sprach man von der »infusio«/»Eingießung« der Seele. »Eingießung« war aber auch für sie selbstverständlich nur ein Bild. Heute, im Zeitalter der Elektrizität, ließe sich das mit »infusio« Gemeinte vielleicht so verbildlichen: Der Mensch als ganzer ist wie eine Glühbirne, die bald mehr, bald weniger hell leuchtet – je nachdem, wieviel Energie/»Lebens*strom*« Gott ihm/ihr zukommen, in ihn/sie einfließen läßt.

a) Auch für Thomas ist der irdische Mensch *ein* leibseelisches Wesen. Seine leiblich-materielle Wirklichkeit wird »materia« genannt, die seelisch-geistige Wirklichkeit heißt »forma«. »Forma« und »materia« bezeichnen aber keine Seienden, keine Dinge, sondern Konstitutions*prinzipien!* Es sind Begriffe, mit denen zwei Aspekte des einen Wesens Mensch, die offenbar »grundverschieden« sind, anvisiert werden. Zwei Aspekte, die, wenn man sie nur für sich *dächte*, zu zwei verschiedenen Seienden (nur »*die* materia«, nur »*die* forma«) *würden*. Aber am und im wirklichen Menschen gibt es weder Nur-Materie, noch gibt es Nur-Form. Alle »materia« ist lebendig, beseelt, »in-formiert«. Und die »forma« ist »forma corporis«, leibhaftige Geistseele.

b) Unter »forma«/Seele wird auch der Aspekt subsumiert, daß der Mensch ein *lebendiges* Wesen ist, ein Wesen, das sich aktiv verwirklicht. Auch hier ist zu beachten: Damit ist nicht gesagt, die Seele sei reine, pure

Aktivität. Auch nicht, nur sie sei in Aktivität zu denken, dem Materiell-Leiblichen sei nur Passivität eigen? Vielmehr: Wenn wir am Menschen wahrnehmen, daß er bald mehr aktiv, bald mehr passiv existiert, so wäre das Moment der Aktivität an sich mehr dem Prinzip »forma« zuzuordnen, während das Moment der Passivität an sich mehr dem Prinzip »materia« zuzuordnen wäre. Was aber nicht übersehen und vergessen lassen darf, daß es im wirklichen Sein des lebendigen Menschen immer und überall nur beides zugleich gibt; auch wenn bald mehr das eine, bald mehr das andere Moment überwiegt.

c) Nun heißt Schöpfung für Thomas, daß Gott (auf seine un-endliche Weise!) alles Nichtgöttliche sein, existieren und sich bewegen »macht«. Er »schafft-es-daß« alles ist und sich selbst bewegt. Auch das Sichselbstbewegen der Dinge ist ein von Gott »Bewegtwerden«, Geschaffenwerden. Gottes Bewegen ist seine »*creatio* continua«.

Es ist eben nicht so, als ob Gott schüfe, ohne zu bewegen, als ob das Sichbewegen des Geschaffenen als etwas anderes zu seinem bloßen geschaffenen Dasein hinzukäme. Sein/Dasein und Sichbewegen/ Seins*ver*wirklichung lassen sich zwar begrifflich unterscheiden, in der Sache aber ist das eine nur die kontinuierliche Fortführung, eben *Ver*wirklichung des anderen. Schon das Sein ist nicht »bloßes« totes Dasein, sondern Bewegung: esse est actus! D.h. Gottes Schaffen ist nicht bloßes Schaffen, sondern auch Bewegen.

d) Daß alle Seienden sich selbst bewegen, in Bewegung sind, das ist ein offensichtliches Phänomen. Geht man nun hin und konzentriert man sprachlich dieses Sichselbstbewegen auf »die forma« als »Prinzip« des Sichselbstbewegens, des Sichverwirklichens, des Sichentwickelns, des Sichveränderns »in« den Seienden, und nimmt man weiter Gottes Schaffen (= Seinlassen, Erhalten, Bewegen) hinzu, dann kann man sagen, daß er »die forma« »schafft« (= sein läßt, erhält, bewegt). »Forma« ist aber, wie oben gesagt, nicht etwas neben der »materia«, sondern eben »forma corporis«, das In-Form-Sein und Sichverwirklichen, Sichbewegen, Leben des Seienden, hier des Körpers/Leibes. Somit schafft/»bewegt« Gott nicht *nur* »die Form«/Seele – als ob sie etwas neben und außerhalb des Körpers/Leibes wäre –, sondern er schafft/»bewegt« das eine Seiende, das ganze leibseelische Wesen. Nur wenn man sich unter »forma«/Seele schon wieder etwas Selbständiges vorstellt, also vergessen hat, was mit diesem Begriff eigentlich gemeint war, kommt man (verführt auch durch die sprachliche Substantivierung) dahin zu sagen, *nur* die Form/Seele werde unmittelbar von Gott geschaffen/bewegt; oder: nur vermittels des Schaffens/Bewegens der Form/Seele schaffe/bewege Gott auch das Materiell-Leibliche.

So wird aus sprachlich-begrifflicher Unterscheidung ein vivisezierendes Trennen in der Sache – das dann auch vor Gottes Schaffen nicht Halt macht.

5) Wie oben zu 2) gesagt, hat der sogenannte Kreatianismus den *Traduzianismus* und den *Generatianismus* obsolet werden lassen. Sieht man aber, daß Kreatianismus eine metaphysische Lehre ist, daß das von ihm behauptete unmittelbare Geschaffenwerden durch Gott von *allem* Nichtgöttlichen gilt, so können auch Traduzianismus und Generatianismus ihr Recht wiedergewinnen. *Sie* sind eben keine metaphysischen, schöpfungstheologischen Theorien, sondern bleiben – wie die Evolutionslehre – nur beim Empirischen, Phänomenalen. Traduzianismus reflektiert dann – natürlich in ganz schlichter Form – nur den Sachverhalt, daß Abkömmlinge ihren Eltern gleichen. Und Generatianismus reflektiert – gerade wenn man zu unterscheiden weiß zwischen Meta-physik und »Physik« – den fast trivialen Sachverhalt, daß Kinder eben die Kinder ihrer Eltern sind. (Daß *alle* auch »Kinder Gottes« sind, weist sozusagen in eine andere Richtung.) Natürlich ist es nicht gerade eine elegante Ausdrucksweise zu sagen: »*Wir* zeugen / erzeugen, oder gar: machen ein Kind.« Aber richtig ist sie allemal. Wer sonst soll es denn tun? Nicht mehr und nicht weniger ist mit Generatianismus gemeint. Wer in ihm eine Konkurrenz und Gefährdung des Kreatianismus sieht, hat noch nicht verstanden, daß, salopp gesagt, der wirkliche Gott und Schöpfer konkurrenzlos ist.

6) Kreatianismus, nicht reduziert verstanden, heißt also: Gott schafft (erhält, bewegt) *alles* unmittelbar. Dies ist sozusagen die metaphysische Seite der Schöpfungsmedaille, hier der Medaille Mensch. Die »physische« Seite sieht dann so aus: *Sowohl* das Körperlich-Materielle *als auch* die Seele des Menschen ist unmittelbar geschaffen durch Gott. Nun bleibt zwar auch dabei das »unmittelbar geschaffen durch Gott« immer noch theologisch gültig. Doch ist damit nicht ausgeschlossen, von diesem »unmittelbar durch Gott geschaffen« einmal abzusehen und nur das Geschaffene in seiner »Physis« wahrzunehmen. »Gottes unmittelbares Schaffen« bedeutet ja auch, daß er das Geschaffene, eben das »Physische«, das Empirische, es selbst sein, bleiben und sichbewegen macht/läßt. Dazu schafft er es ja. Was also zeigt sich, wenn wir das Geschaffene nur in seiner »Physis« wahrnehmen und dabei von Gottes Schaffen, also dem Metaphysischen, absehen?

Es zeigt sich, bewußt pointiert formuliert, das *Wunder* der Evolution. (Evolution im Kleinen, da es uns ja hier um die Entstehung eines Menschen geht. Aber dieses Wunder ist ja, hermeneutisch gedacht, sozusagen das Urmodell für »die Evolution« im Großen: Weil wir an uns selbst sehen, daß es so etwas wie Entstehen, Entwicklung, Mehrwerden, Anderswerden gibt, »sehen« bzw. denken wir es uns auch im Großen so; stellen wir uns den Makrokosmos analog zum Mikrokosmos unseres eigenen lebendigen Wesens vor.) »Evolution« soll heißen, daß da ein Wesen sich entwickelt, daß aus Kleinem Größeres, aus weniger mehr wird. Da spielt vieles mit, auch ist es ein zeitlicher, kontinuierlicher Prozeß. Unleugbar ist aber (so jedenfalls im Normalfall): Zu Anfang ist von *Geistseele* nichts zu sehen, später sehr wohl. Wir sagen dann, sie bzw. der geistbeseelte Mensch ist eben so geworden, er hat sich entwickelt. Richtig! Aber ein Wunder bleibt es dennoch. Und zwar ein *phänomenales* Wunder! Ein Wunder nämlich insofern, als es eigentlich unbegreiflich bleibt, daß aus Nichtgeistigem Geistiges wird. (Dazu s.o. 5. Kapitel 5.3.) Aber so unbegreiflich es ist und so geradezu alltäglich es eintritt, so daß »man« es als selbstverständlich betrachtet, die Tatsache läßt sich nicht aus der Welt schaffen, daß in der Welt aus Geistlosem Geistiges wird, im Materiellen / Leiblichen Geistigkeit entsteht. Bestritte man es, so müßte man letztlich die seltsame, um nicht zu sagen: absurde These aufstellen, in der Welt habe es das, was hier mit Geist / Seele gemeint ist, immer schon, also bereits beim Big Bang gegeben. Im Bild: Materie sei gefrorener Geist. Oder man müßte die nicht weniger seltsame Vorstellung hegen, das Geistige, die Geistseele des Menschen entstehe nicht mit, in seinem leiblichen *Sich*entwickeln, sondern sei etwas schon irgendwo Vorhandenes, das sich dann erst mit ihm verbunden habe.

Nehmen wir nun wieder die Schöpfungstheologie hinzu, so besagt sie nicht mehr und weniger als dies: So will Gott eben die Welt und jeden Menschen, daß *er sich* entwickelt, daß *er* selbst entsteht und zu mehr *wird*. Genau so, wie es phänomenal der Fall ist. Sie weiß jedenfalls nichts von einer menschlichen Seele, die etwas Eigenes neben dem Leiblich-Materiellen wäre, so daß von ihr dann schöpfungstheologisch gleichsam privilegierend zu sagen wäre: Sie, und zwar *nur* sie sei unmittelbar von Gott geschaffen. (Zu den weiteren, eschatologischen Fragen [Existenz der Seele *nach* dem Tode] s. Verf., Auferstehung und ewiges Leben, 4. Kapitel.)

Entweder alles oder nichts! Entweder ist nichts von Gott geschaffen oder alles, Leib und Seele. Und dann ist *alles* auch *unmittelbar* durch ihn geschaffen. Das Größte wie das Kleinste. Und alles und jedes so, wie es ist, bleibt und sich bewegt, sich entwickelt, auch zu mehr wird, als es zunächst einmal ist. Wird aber aus Unlebendigem Lebendiges, aus toter Materie Leben, aus geistlosem geistbegabtes Leben, so ist das zur Kenntnis zu nehmen, auch wenn es letztlich ein erstaunliches, wunderbares Phänomen bleibt. Das Wunder so erklären zu wollen bzw. so mit ihm »fer-

tig werden« zu wollen, daß man sagt: »*Potentiell* war das Spätere schon
vorher *irgendwie* da, also gibt es gar kein wirkliches Mehrwerden, sondern
nur ein Sichentfalten von schon Vorhandenem«, das führt, konsequent
beim Wort genommen, nur ins Absurde (»Irgendwie existierte ich schon
zu Caesars Zeiten.« Oder »Materie = gefrorener Geist«) oder löst die Phänomene auf (»Ich bin nur eine höchst komplexe Molekülverbindung.«),
statt sie selbst wahrzunehmen in ihrem Sichbewegen, Sichorganisieren,
Sichentwickeln, Mehr-, Anders- und Neuwerden.

Nicht, als ob nun die Annahme von Gottes unmittelbarem Schaffen all
dies er*klären* würde! Das ist weder im Großen (»Evolution«) noch im Kleinen (Menschwerdung) der Fall. Schöpfungstheologie löst die »Welträtsel«
nicht auf, sondern besteht darauf, daß sie solche sind. So wie es schon
Jesus Sirach sagt: »Unmöglich ist es, des Herrn Wunder zu durchschauen
... Wenn jemand am Schluß ist, steht er immer noch am Anfang; und wenn
er aufhört, fühlt er sein Unvermögen.« (Sir 18,4-7)

9.2.2.3   Die Erschaffung der Frau aus der Rippe des Mannes

Im priesterschriftlichen Schöpfungsbericht heißt es zur Erschaffung des
Menschen (der Menschheit) nur lakonisch: »Als Mann und Frau schuf er
sie.« (1,27) Es folgt noch der segnende Auftrag, die Erde mit Nachkommenschaft zu erfüllen: »Seid fruchtbar und mehret euch und erfüllet die
Erde!« (1,28) Doch das ist auch schon alles: nüchtern, knapp und »realistisch« gesagt. Sehr viel anders die sogenannte jahwistische Darstellung.
Sie registriert nicht nur einfach das Ergebnis: Der Mensch ist eben
geschaffen als Mann und als Frau; und das natürlich, damit sie sich vermehren. Dem Jahwisten geht es mehr um das eigenartige Phänomen der
Beziehung zwischen Mann und Frau. (Vom Kinderkriegen ist bei ihm gar
nicht die Rede.) Und dieses eigenartige, ihn doch wohl faszinierende
Phänomen will er verständlich machen durch die Darstellung seines
»genetischen« Ursprunges: Die Erschaffung des/der ersten Menschen
war nicht einfach ein Erschaffen eines männlichen *und* eines weibli-
chen Menschen. Sondern sie geschah so, daß das »und« von vornherein
ein inneres, nicht nur ein äußeres Konstitutiv von Zueinander, Miteinander und Füreinander sein soll. Dazu und so hat Gott den Menschen
als Mann und Frau geschaffen. Und man kann es nur als genial bezeichnen, wie es dem Jahwisten gelungen ist, dieses konstitutive Aufeinan-
derbezogensein von Mann und Frau gewissermaßen dadurch zu verob-
jektivieren, daß er es schon in das Wie des göttlichen Erschaffens der
Frau hineinlegte, so daß es schon dadurch, *wie* Gott hier zu Werke geht,
begründet erscheint.

1) Gott hat den Menschen geschaffen, meint aber dann, es sei besser für ihn, nicht alleine zu sein, und er beschließt, ihm eine ihm entsprechende Gehilfin zu machen. (2,18) »Gehilfin« heißt hier soviel wie: Gefährtin, Partnerin, ihm *ebenbürtig*. Sicher nicht: Dienerin, Sklavin. Nun hätte Gott die Frau auch genau so machen können, wie er den Mann geschaffen hatte, um sie ihm dann zuzuführen. Denn daß auch die Frau ein »irdisches« Geschöpf ist, »Erdenwesen« wie der Mann, das ist für den Jahwisten ohnehin selbstverständlich; darum geht es ihm hier aber gar nicht mehr. Doch ein solches Schaffen und dann Zuführen war dem Jahwisten für das, was er sagen wollte, offenbar nicht ausdrucksstark genug. So läßt in seiner Geschichte Gott über den Menschen einen Tiefschlaf kommen, nimmt eine seiner Rippen und macht daraus die Frau, um sie dem Mann zuzuführen, der sie dann als ebenbürtig: »Bein von meinem Bein, Fleisch von meinem Fleisch« erkennt. Der Mann nennt sie, als ihm selbst (dem »is« = Mann) entsprechende: »issa« = Männin. (2,21-23) – Später heißt es noch, daß der Mann der Frau den Namen Eva (hwwh) gibt, das heißt: Mutter aller Lebendigen. (3,20)

2) Wie gesagt geht es dem Jahwisten darum, die wirkliche *Ebenbürtigkeit* der Frau ganz anschaulich zu machen, ihr Dem-Manne-wirklich-»entsprechend« (weil *verwandt*) -zu-Sein nicht nur zu versichern, sondern sozusagen »genetisch«, nämlich durch ihre »Genesis« vor Augen zu führen. Deshalb läßt er Gott die Frau, anders als die Tiere, die er aus Erde bildet, aus einer Rippe des Mannes bilden. Das war für den Jahwisten aber nur ein Bild! Ein dichterisches Bild, das er selbst schwerlich ganz wörtlich verstanden wissen wollte. Hinter seiner Darstellung von der Erschaffung der Frau durch Gott dürfte nämlich eine viel ältere mythologische Göttergeschichte stehen.

In dieser mythologischen Göttergeschichte wird u.a. erzählt: Enki, ein sumerischer Gott, leidet an einer Rippen-Kankheit. Er erschafft sich eine Göttin, die seine Krankheit heilen kann. Sie heißt dementsprechend Nin-ti = Göttin der Rippe. – »Nin-ti« kann indes auch bedeuten: Herrin, die Leben hervorbringt. »Nin-ti« ist demnach auch Inbegriff der fruchtbaren »magna mater«, der alles Lebendige hervorbringenden großen »Mutter Natur«. So wird »Nin-ti« auch verehrt als Königin der Götter, als Mutter all ihrer Kinder. Beim Jahwisten klingt auch das noch an, da er den Mann seine Frau »Eva« nennen läßt, weil sie die »Mutter aller Lebendigen« ist (3,20).

3) Für den Autor unserer jetzigen Darstellung war jener Enki-Nin-ti-Mythos sicher *nur noch* Mythos im Sinne von märchenhafter Dichtung, die nicht wortwörtlich zu nehmen ist. Sonst hätte er diesen Mythos nicht – wie es aber anscheinend der Fall ist – nur noch gleichsam als Steinbruch

betrachtet, den er für seine Zwecke ausbeuten konnte. Als eine Erzählung, die ihm keineswegs heilig war. Für ihn war sie nur eine alte Geschichte, der er einige Einzelmotive – Schaffen einer »Göttin«; die Rippe; der Name Nin-ti, verstanden als »Mutter aller Lebendigen« – entnehmen konnte, um selbst daraus etwas ganz eigenes und anderes zu machen.

Die dichterische Genialität unseres Autors hat hier, sicher angeregt von ihm Bekanntem – dazu wird man auch die »Verwandtschaftsformel »Bein von meinem Bein« (1,23) zu rechnen haben – eine neue, ganz andere Geschichte geschaffen. Diese ist weder eine Göttergeschichte noch eine Krankheitsgeschichte. Weder ist der Mann krank, noch schafft *er* sich selbst eine Hilfe. Beide, Mann und Frau, sind vielmehr unmittelbar von Gott erschaffen. Das Bildmaterial, zu dem der Autor Mythologisches umformt, veranschaulicht hier nur noch die schon schöpfungsmäßig, also gleichsam substantiell und radikal angelegte Verwiesenheit des Mannes auf die Frau und die Zugehörigkeit der Frau zum Mann als seine ebenbürtige Partnerin.

Der Autor *ver*arbeitete hier also altes Material zu etwas Neuem. Das aber heißt dann weiter: Auch diese, also seine eigene Darstellung war für ihn *nur* ein, nämlich *sein Bild,* keine wortwörtlich gemeinte und so zu nehmende Beschreibung eines damaligen Vorganges – so als ob für ihn Gott bei der Erschaffung des Menschen wirklich (zuerst wie ein Töpfer, der Figuren aus Lehm macht, und dann) wie ein plastischer Chirurg tätig gewesen wäre. Auch für ihn war sie nur eine, nämlich seine eigene dichterische Geschichte.

10. KAPITEL

Die fälschlich so genannte Sündenfall-geschichte (Gen 3)

Die biblische Schöpfungsgeschichte erzählt zweimal von der Erschaffung des Menschen. Der priesterschriftliche Schöpfungsbericht faßt sich kurz: Der von Gott als Mann und Frau geschaffene Mensch ist das höchststehende Wesen in der Welt. Mit Vernunft begabt herrscht er über alle anderen Lebewesen, ist er ihnen überlegen. (S.o. 9. Kapitel 2.1.2.) Ausführlicher ist die ältere »jahwistische« Darstellung. Bildhaft-kräftig beschreibt sie nicht nur die Erschaffung des Menschen durch Gott als lebendiges Erdenwesen und als Mann und Frau, sondern, nun in Gen 3, auch den Beginn seiner eigenen menschlichen Existenz: wie der Mensch begann, sein Wesen als Mensch zu *ver*wirklichen.

Ursprünglich selbständige Geschichten, gehören sie jetzt zusammen. Somit können wir die (fälschlich so genannte!) Sündenfallgeschichte von Gen 3 als innerbiblische Kommentierung, ja, als notwendige Ergänzung der priesterschriftlichen Aussage über das Geschaffensein des Menschen zum *Herrschen in der Welt kraft seiner Vernunft* lesen. So war es ja wohl schon von dem oder denen gemeint, die die verschiedenen Geschichten zur jetzt vorliegenden biblischen Urgeschichte zusammenfügten. Das heißt: Die priesterschriftliche Aussage vom Geschaffensein des Menschen als *Bild Gottes und ihm ähnlich* expliziert sich genauer in der jahwistischen Geschichte von Gen 3, die am Ende Gott selbst konstatieren läßt: »*Der Mensch ist geworden* wie einer von uns, *erkennend Gut und Böse.*« (3,22)

Die priesterschriftliche Schöpfungsgeschichte sagt »nur«, *daß* der Mensch zum höchsten, somit herrschenden Wesen in der Welt geschaffen wurde. Über das *Wie* dieses Herrschens sagt sie nichts. Darum geht es aber der jahwistischen Geschichte. Was P sozusagen ergebnishaft feststellt, das schildert J als einen dramatischen Prozeß des Menschwerdens in der Welt des Anfangs, des Gartens Eden: Der Mensch wird er selbst, nämlich Geist/Vernunft, indem er zum Erkennenden von Gut und Böse wird. Auch dieser Prozeß der Menschwerdung vom lebendigen Wesen zum Erkennenden ist Gottes Schöpfung. Er ist nicht sündhafter Abfall von Gott oder gar Aufstand gegen ihn. Vielmehr kommt erst mit ihm Gottes Erschaffen des Menschen zur Vollendung. Jesus Sirach kommentiert: »*Gott* erfüllte sie mit kluger Einsicht, und *er* (!) lehrte sie, Gutes und Böses zu erkennen.« (17,7)

Das Erkennen des Menschen von Gut und Böse soll also das zentrale Thema dieses Kapitels sein. Es ist das »geschichtliche Wesen« des Menschen, mit dem sich sein Geschaffensein als Bild Gottes, ihm ähnlich, bestellt zum Herrschen in der Welt, von Anfang an auch *ver*wirklicht hat. Wir bleiben daher zunächst bei dem, was die biblische Geschichte von Gen 3 selbst erzählt. Wir werden sehen, daß sie mit den Mitteln dichterisch-bildhaften, dramatischen Erzählens darstellt, wie der Mensch von Urbeginn an nicht nur einfach Geist, geistig *ist*, sondern *wie* er ein Geistwesen *wird* und was das für ihn bedeutet, welche Folgen es für ihn hat, so in der Welt zu leben, nämlich als ein Erkennender von Gut und Böse.

10.1 Vorurteile in der traditionellen Interpretation von Gen 3

10.1.1 Bekanntlich hat sich die abendländische, entscheidend von Augustinus geprägte Tradition (robuster als die ostkirchliche Theologie) zu einer anderen Lesart von Gen 3 entschlossen. Nach ihr ist Gen 3 die Schilderung des ersten menschlichen Sündenfalls, der Ursünde und all ihrer bösen Folgen und Wirkungen in der Schöpfung, an denen sie seitdem leidet. Es würde hier zu weit führen, die Entstehung dieser Lesart von Gen 3 und die historischen Varianten der Urstands- und Erbsündentheologie auch nur skizzenhaft nachzuzeichnen. Hingewiesen sei nur auf zwei dogmatische Vorurteile, von denen sich wohl sagen läßt, daß sie das eigentlich bewegende Interesse enthalten, das hinter der traditionellen Erbsündentheologie stand und ihr den Anschein von theologischer Notwendigkeit verlieh.

Das eine dogmatische Vorurteil besteht in einem einseitig verengten Verständnis von »*Gnade*«, das im übrigen auch schon in neutestamentlichen Schriften begegnet. Gnade wird nicht mehr verstanden als in sich freie und frei bleibende Huld und Zuneigung, sondern zu ihrem Verständnis wird, wie als dialektisch notwendiges Gegenstück, als ihre sachliche Voraussetzung die *Sünde*, das Abgefallensein hinzugenommen. Gnade wird so zur Gnädigkeit, zum Pardon, zur Erlösung, zur Befreiung-von »der Sünde«. »Gnade«, »Erlösung« ist vor allem »Reparatur«, »Aufhebung« des (auch lokal so vorgestellten) Abgefallenseins. Das Moment des Umsonst, des Nichtnotwendigen, ja, des in einem eigentlichen Sinne Überflüssigen, aber so erst Beglückenden von Gnade/»charis« ist damit zwar nicht bestritten; es soll so sogar noch deutlicher werden. Doch um den Preis, daß dem Adressaten auch und zunächst bewußt gemacht wird, eigentlich habe er ganz anderes zu erwarten. Dieses verengte Verständnis von Gnade bestimmt auch die traditionelle Interpretation von Gen 3.

Das andere dogmatische Vorurteil, Hand in Hand gehend mit dem ersten, besteht in dem *kirchlichen* Gnaden- und *Heilsexklusivismus*; in der Überzeugung also, Heil, Erlösung, Gnade, ewiges himmlisches Leben seien *nur* in der Kirche zu erhalten, *nur* die Getauften würden gerettet: Extra ecclesiam salus non est. Von dieser nicht gerade menschenfreundlichen (aber sowohl »rein menschlich« als auch geschichtlich [die Kirche übernimmt das Auserwählungsbewußtsein Israels als *des* alleinigen Volkes Gottes!] nicht einmal ganz unverständlichen) Überzeugung her war es kein großer Schritt dahin, in der Geschichte von Gen 3 die Begründung dafür zu finden, daß (von den Getauften abgesehen) die ganze Menschheit, die ganze Nachkommenschaft des ersten Menschenpaares dem Unheil, der Verdammnis, dem ewigen Tod angehört. Darüber hinaus lag es auf der Hand, auch all die jetzigen Übel und Nöte, von denen Mensch und Natur geplagt werden, als Straffolge jener Ursünde anzusehen. Die Welt, so wie sie jetzt ist, ist eine gefallene Welt; wenn auch nicht eine total korrumpierte Natur, so doch eine lädierte, geschwächte Natur.

10.1.2 In beiden Vorurteilen reflektiert sich letztlich ein verengtes Interesse der kirchlichen Theologie an der Kirche selbst. Zumindest prinzipiell hat nun das Vatikanum II mit einigen Aussagen der Dogmatischen Konstitution Lumen gentium über die Kirche diese Engführung hinter sich gelassen und damit – natürlich ohne es so ausdrücklich zuzugeben – die diesbezüglichen traditionellen Glaubensüberzeugungen (die sie ja waren!) zur *bloßen*, so nicht mehr verbindlichen »Tradition« gemacht. (Auch ein »Sieg des Dogmas über die Geschichte« [Manning]; nämlich ein Sieg des heutigen »modernen« Glaubensverständnisses über alte Glaubensvorstellungen, die in der Vergangenheit maßgeblich waren.)

Die Fixierung auf die Kirche wird schon damit verworfen, daß das Konzil sagt, die Kirche sei »das Sakrament und Zeichen ... der innigsten Einheit Gottes mit der *ganzen* Menschheit.« (LG 1,1) Das heißt: Das Wesen der Kirche ist nicht, Gottes Einheit nur mit *ihr*, eben nur mit der Kirche, zu bezeichnen, sichtbar zu machen. Vielmehr ist die (unsichtbare) Sache der Gnade, die sie zu bezeichnen (sichtbar zu machen) hat, Gottes Einheit mit der *ganzen* Menschheit!

Noch deutlicher wird die Verabschiedung der traditionellen Lehre, wenn es heißt, daß auch die Nichtevangelisierten (früher sagte man: die Heiden) das ewige Heil erlangen können (LG 2,16). Taufe und Kirchengliedschaft sind also nicht mehr heilsnotwendig, so wie es früher geglaubt und als Dogma gelehrt wurde.

Schließlich wird der Vorstellung, die Menschheit sei wegen einer Sünde ihrer Stammeltern zu einer »massa damnationis« (Augustinus) geworden, mit der Aussage widersprochen, daß Gott die in Adam Gefallenen (wie es freilich immer noch heißt) *nicht* verließ, daß er ihnen vielmehr immer Hilfen zum Heil gewährte (LG 1,2). Was eben heißt, daß sie für ihn keine sündigen, der Verdammung schuldige Menschen sind!

Daß das Vatikanum II in der Sache einen wirklichen Bruch mit einer Glaubens- und theologischen Tradition vollzogen hat – einen Bruch, der sich freilich schon länger vorbereitet hatte und gleichsam in der Luft lag – sollte man nicht minimalisieren und auch nicht mit verbalen Tricks verschleiern. Damit hat es auch den Weg frei gemacht, die Geschichte von Gen 3 so zu lesen und so zu verstehen, wie sie von ihrem Autor gemeint war, und nicht um einer unseligen Urstands- und Erbsünden-theologie willen (die in Wirklichkeit verdeckte Kirchenideologie war) Dinge in sie hineininterpretieren zu müssen, um die es dem Autor gar nicht ging.

10.1.3 Im übrigen würde man, wenn man Gen 3 als *Sündenfall*geschichte läse, dem Jahwisten, gelinde gesagt, schlechthinnige theologische Unbedarftheit unterstellen: Sein Gott wäre ein *dummer* Gott, der nicht weiß, was kommt. Er wäre ein *heimtückischer*, böser Gott, wenn er doch weiß, was kommt. Er wäre ein *sinnlos agierender* Gott, der nur eine Verschlechterung seiner eigenen Schöpfung riskiert. Er wäre ein *mißtrau-ischer* Gott, der sein Geschöpf erst auf die Probe stellt. Er wäre ein *ohn-mächtiger* Gott, da sein Verbot ja vergeblich bleibt. Er wäre ein *lügneri-scher* Gott, da das vorhergesagte Sterben ausbleibt. Er wäre ein *inkonse-quenter* Gott, da er den Menschen einerseits straft, anderseits selbst dem Menschen zum besseren Überleben in der harten Welt hilft, indem er ihn eigens mit Fellkleidung versorgt.

Gegen die Lesart von Gen 3 als *Sündenfall*geschichte, also als eines Berichtes von sittlich *bösem* Handeln des Menschen, gar *gegen* Gott selbst, sprechen nicht zuletzt die Sachlichkeit und Objektivität, mit der der Jah-wist »berichtet«, und dann die Tatsache, daß bei ihm von »Sünde« über-haupt nicht die Rede ist; und von »böse« auch nicht bzw. nur in der Schlüsselformel »Erkennen von Gut und Böse«. Daß aber *Erkennen* von Gut und Böse böse sei, ist nicht gesagt. *»Gutes und Böses«* ist eine Formel, die »alles« bedeutet. Weiter bedeutet *Erkennen* von Gut und Böse bzw. Erkennenwollen von Gut und Böse nicht Sein bzw. Seinwollen wie Gott/*Jahwe*! Sondern nur Sein bzw. Seinwollen wie die *elohim* (s. 3,5). Elohim sind mächtige, weil eben »Gutes und Böses erkennende« Wesen,

»Götter«. Wie einer von ihnen wollte der Mensch werden; und er ist in der Tat so geworden, wie Gen 3,22 Gott/Elohim dann konstatieren läßt: »Siehe, der Mensch ist geworden wie einer von *uns*, erkennend Gutes und Böses.« Wäre dieses Erkennen etwas in sich Böses, so müßte man sagen, Gott/Elohim wäre selbst böse.

10.2 Gen 3, die Geschichte vom Werden vernünftiger Freiheit

In bildhaft-dichterischer Weise hatte der Jahwist in Gen 2 dargestellt, daß der Mensch ein Erdenwesen ist und daß er als solches von Gott geschaffen ist. Dieser sogenannte *Urstand* des Menschen umfaßte des näheren, daß er in fruchtbarem Gebiet (Garten Eden) lebt, daß er als Mann und Frau lebt, daß er den Garten bewacht/bewahrt und bebaut. Von einem »paradiesischen Dasein« im üblichen Sinne des Wortes (einem »Schlaraffenland«) kann keine Rede sein. Auch nicht von einem ewigen Leben ohne Ende. Wohl sieht J den Anfang als ein Leben ohne Angst und Sorge, auch ohne Mühe und Schmerzen, wie es nachher und heute ist. Es gibt auch noch keine Über- und Unterordnung von Mann und Frau. Den Tieren gegenüber ist der Mensch überlegen, er gibt ihnen Namen, hat aber ansonsten keine besondere Beziehung zu ihnen. Der Mensch ist nackt, ohne sich zu schämen, d.h. er ist schutzlos, bedarf aber auch keines Schutzes. Er lebt, ohne gefährdet und möglichen Angriffen und Zugriffen ausgesetzt zu sein. Dies gilt sowohl, was das Verhältnis von Mann und Frau zueinander, als auch, was das Verhältnis des Menschen zu seiner Welt betrifft.

Der Mensch lebt also in Einheit und Übereinstimmung mit seiner Welt, hinreichend mit ihren Früchten versorgt. Es ist insofern ein »unschuldiger« Zustand, bildlich gesprochen: der Zustand bzw. das Dasein unschuldiger Kinder in ihrer Welt. Vor diesem »Hintergrund« hebt sich nun Gen 3 als Darstellung des Erwachsenwerdens bzw. des Erwachsengewordenseins des Menschen ab. Jedenfalls wird bzw. bleibt die Geschichte von Gen 3 erst und nur, wenn sie *so* gelesen und verstanden wird, sowohl im ganzen als auch in ihren Einzelheiten eine für uns in sich plausible und widerspruchsfreie Erzählung. Der Jahwist stellt diesen Prozeß dichterisch mit bildhaften Mitteln dar. Wir gehen daher im folgenden so vor, daß wir die einzelnen Bilder bedenken und sie so interpretieren, daß der von J anvisierte Gesamtzusammenhang für uns einsichtig wird.

10.2.1 Zu Gottes Verbieten (Gen 2,15-18)

Jahwe/Gott nahm den Menschen und setzte ihn in den Garten Eden, damit er ihn bebaue und bewache. Und Jahwe/Gott gab dem Menschen dieses Gebot: »Von allen Bäumen des Gartens darfst du essen. Vom Baum der Erkenntnis des Guten und Bösen aber darfst du nicht essen. Denn am Tage, da du davon issest, mußt du sicher sterben.«

Das Verbot Gottes, vom Baum der Erkenntnis des Guten und Bösen zu essen, ist, systematisch gedacht (s.o. 10.1.3), nicht zu verstehen als striktes, absolutes Verbieten, sondern als strenge *Warnung* (»Wehe, wenn du ...«) vor etwas, um dessen böse Folgen Gott weiß.

Gott ist nicht nur der Schöpfer des Menschen, er ist bei ihm auch im Garten Eden, den er ihm zur Bearbeitung gegeben hat. Gottes Verbot setzt voraus, daß der Mensch gegen es handeln kann, wenn er will. Er wird es ja auch tun, wie wir wissen. Das weiß selbstverständlich auch Gott. Aber das Tun wird sich, wie wir ebenfalls wissen, nicht *direkt gegen* Gott richten. Es wird dem Menschen um das Erkennen von Gut und Böse gehen. Seine »Tat« wird kein Sichempören gegen Gott sein. Gott kann gar kein Geschöpf schaffen, das sich gegen ihn empören könnte, das könnte nur ein »Gegengott« sein. Dergleichen ist aber ausgeschlossen.

Ausgeschlossen ist damit auch, Gottes Verbot als ein schlechthinniges, absolutes, unbedingtes Verbieten zu verstehen, das identisch wäre mit seinem absoluten, göttlichen Sein und Wesen. Dann wäre eine Übertretung von vornherein ausgeschlossen und unmöglich, und Gottes eigenes Verbieten wäre überflüssig. So aber kann es sich nur um etwas handeln, das, vorläufig gesagt, Gott selbst, der ja der Schöpfer von allem ist, möglich macht und zugleich nicht will; »nicht will« nicht im strengen, absoluten Sinn, sondern im Sinn von: nicht möchte.

Das »Verbotene« ist von ihm selbst ermöglicht, weil geschaffen. Somit kann es auch nicht etwas *in sich* Böses und *deshalb* verboten sein! Denn dann müßte man sagen, Gott selbst schaffe und sei somit böse! Anderseits hängt an dem »Verbotenen« doch auch »Böses«. Denn sonst hätte das »Verbot« gar keinen Sinn. Um dieses »Bösen« willen, das Gott nicht will, verbietet er: Du sollst nicht! Du solltest nicht! Ich warne dich davor!

Vielleicht, so könnte man einhaken, hätte Gott dann gerade mit seiner Warnung deutlicher werden sollen. Doch dann wäre die Geschichte – ebenso: vielleicht – gleich zu Ende gewesen. Daß Gott deutlicher geworden wäre und nicht nur, so wie es unsere Geschichte darstellt, einfach verbietet, hätte ja geheißen, er hätte dem Menschen schon *vor* dem wirklichen Essen vom Baum der Erkenntnis die wirklichen Folgen des Essens vor Augen geführt; der Mensch wäre dann ein Erkennender geworden, ohne schon vom Baum der Erkenntnis gegessen zu haben! Wie aber soll das gehen? Abgesehen davon, daß damit immer noch ausstünde, ob nicht der Mensch dennoch »gegessen« hätte. Mit dergleichen Überlegungen springt man aus der Geschichte des Jahwisten heraus. Der Jahwist weiß ja um den Ausgang: *daß* der Mensch ein Erkennender von Gut und Böse geworden ist. Er will aber nicht einfach nur dieses Ergebnis darstellen, sondern dessen »Genesis«: Wie es dazu gekommen ist, wie es dazu kommen konnte.

Nach der wirklichen Geschichte von Gen 3 bleibt es bei einem bloßen »Verbot«. Womit, wie man sogar sagen könnte, Gott selbst das Verbotene erst interessant macht. Und was den Menschen betrifft, so erscheint ihm jedenfalls das »Verbotene«, ihm aber Mögliche, nur als »begehrenswert«, als gute, schöne Frucht – und *deshalb* ißt er. Damit hat er zwar das »Verbot« Gottes übertreten, was aber Gott selbst ermöglicht hat. Er wird dann auch die weiteren Folgen seines Tuns erfahren. Doch das Essen der »lieblich anzuschauenden Frucht« war kein in sich böses Tun. Weder der Mensch überhaupt noch seine »Tat« wird von Gott als böse verurteilt – fiele das doch auf Gott selbst zurück, der der Schöpfer sowohl des Menschen als auch des Gartens und aller Früchte ist.

10.2.2   Eva und die Schlange (Gen 3,1-6)

[1] *Die Schlange war klüger als alle Tiere des Feldes, die Jahwe/Gott gemacht hatte. Sie sprach zur Frau: »Hat Gott wirklich gesagt: Ihr dürft nicht von allen Bäumen des Gartens essen? ... Ihr werdet keineswegs sterben. Vielmehr weiß Gott, daß an dem Tage, da ihr davon esset, euch die Augen aufgehen und ihr sein werdet wie Götter, die Gutes und Böses erkennen.« Die Frau sah, daß der Baum gut zu essen wäre und lieblich anzusehen und begehrenswert, um Einsicht zu gewinnen. Und sie nahm von seiner Frucht und aß und gab davon auch ihrem Manne, der bei ihr war, und er aß.*

10.2.2.1   Eine Vorfrage: Warum läßt der Jahwist in seiner Geschichte, die doch das Werden »des Menschen« zu einem Erkennenden darstellen will, Eva, also die Frau, und nicht Adam, den Mann, beginnen? Schwerlich wegen irgendwelcher psychologisierender Überlegungen. Erst recht nicht, um die Frau als »schuldiger« darzustellen. (Mit »Schuld« im moralischen Sinne hat unsere Geschichte nichts zu tun. Sie handelt vom Erwachsen-, Geist- und Selbständigwerden des Menschen, vom Werden menschlicher Freiheit.) Vielleicht aber deshalb: Der Jahwist weiß, daß in seiner eigenen Welt die Frauen faktisch nicht so selbständig und frei sind wie die Männer. Sie sind den Männern untertan, praktisch Sklavinnen und Werkzeuge. Der Jahwist sieht das sogar als faktische, geschichtliche, »böse« Folge dessen, daß »der Mensch« ein Erkennender von Gut und Böse geworden ist; »böse« ist das jedenfalls insofern, als es im Widerspruch dazu steht, daß die Frau von Gott geschaffen wurde zur ebenbürtigen und gleichberechtigten Partnerin und Gefährtin; so wie es der Jahwist in Gen 2 dargestellt hatte. Eben letzteres würde nun in Gen 3 nochmals bekräftigt, indem der Jahwist die Frau »anfangen« läßt. Hätte der Jahwist den Mann »anfangen« lassen, so wäre das wie eine Bestätigung der gängigen Meinung erschienen, nur der Mann sei der eigentliche, entscheidende »Mensch«, die Frau nur Nebensache, nicht ebenso voller Mensch wie er.

10.2.2.2 Der Dialog der Schlange mit der Frau, das ist eine bildhafte, verobjektivierende Darstellung des beginnenden Überlegens des Menschen mit sich selbst, was es mit dem Erkennen von Gut und Böse auf sich haben mag. Die Schlange verkörpert gleichsam das Erkennenkönnen von Gut und Böse, nämlich von allem in der Welt. Sie ist klüger als andere Tiere, mächtiger als sie, selbst so etwas wie ein »elohim«. Wie ein »elohim« zu werden, alles zu erkennen, wie es ist, das, so überlegt sich die Frau, wird nicht sogleich zum Sterben führen. Womit sie Recht hat; die »Schlange« belügt sie also gar nicht. Zwar hat der Jahwist die Schlange als Verführerin eingeführt. Doch das ist für ihn nur ein Bild. Sie und ihr Sprechen stehen dafür, daß es in dem inneren Dialog des Menschen nicht allein um ihn selbst, sondern um ihn und sein Verhältnis zur Welt geht. *Sie so* zu erkennen, wie es bislang nicht der Fall war, das erscheint dem Menschen als begehrenswert.

Das Ergebnis dieses inneren Dialoges, dieses ersten Nachdenkens, des Erwachens von Neugier, ist, daß es der Frau, dem Menschen begehrenswert erscheint, Gut und Böse zu erkennen. Im Bild: Die Frucht des Baumes der Erkenntnis erscheint ihm als gut und lieblich anzuschauen (3,6). Der Mensch sieht also etwas, was er vorher nicht bzw. so noch nicht gesehen hat. Was dann Erkennen von Gut und Böse wirklich bedeuten wird, das sieht und weiß er freilich noch nicht; noch sind ihm die Augen nicht ganz aufgegangen. Bisher erscheint ihm das Erkennen von Gut und Böse nur als etwas Gutes, ja, Besseres und Begehrenswertes.

10.2.2.3 Warum eigentlich der Mensch zu einem Erkennenden werden wollte, ist für J keine Frage. Er wollte es jedenfalls. Freilich nicht ohne

Grund, aus purer Willkür. Denn alles (»Gut und Böse«) zu erkennen, erschien ihm ja gut und begehrenswert! Die Schlange hatte dazu zwar nicht alles gesagt, aber sie hatte auch nicht gelogen. Auch kann nicht die Rede davon sein, dem bisherigen Dasein hätte etwas gefehlt, so daß es *deshalb* *notwendig* gewesen wäre, ein Erkennender zu werden. Vielmehr ist mit J dabei zu bleiben, daß es *erstens* um den Menschen geht. Ihm steht eine neue Möglichkeit, nämlich als alles Erkennender zu leben, vor Augen. Diese Möglichkeit geht zwar auch auf Gottes Schaffen zurück, aber sie ist auch eine solche des Menschen, denn er kann ja »essen«, wenn er will. *Zweitens:* Eben der Mensch, der diese Möglichkeit erkennt – und zwar als gut und begehrenswert für ihn –, er verwirklicht sie auch mit seinem eigenen Willen. Das Essen vom Baum der Erkenntnis ist ein Akt seiner Freiheit, ja, der Akt, mit dem sich seine Freiheit erst konstituiert und sich ihrer selbst auch rasch bewußt wird. Freilich nicht einer Freiheit nur um der Freiheit willen! Was sollte das sein? Der Mensch »ißt« nicht um des bloßen »Essens« willen. Er »ißt«, weil ihm das Erkennen von Gut und Böse ein begehrenswertes Gut ist; ein besseres Dasein zu sein scheint, als das bisherige; obwohl er doch mit allem versorgt war und hätte zufrieden bleiben können.

10.2.3 Erkennenwollen von Gut und Böse: geschichtliche Freiheit

10.2.3.1 Der Mensch wollte ein »Erkennender des Guten und des Bösen« werden, »Einsicht gewinnen«, mächtig, groß werden wie die »elohim«. Nun ist der Mensch in der Tat ein Erkennender geworden; nämlich zu dem Menschen, wie ihn der Jahwist kennt; zum heutigen Menschen, der mit Geist und Erkenntnisvermögen begabt ist, der Gutes und Böses erkennt und erfährt. Somit war der Mensch zuvor zwar auch schon Mensch, aber eben noch nicht so erkennend, wie nach dem »Essen«. Daß dieses Erkennen des Guten und des Bösen in Wirklichkeit kein reines Vergnügen ist, das wird der Jahwist noch eigens ausführen. Die Frage sei nun: Wenn es ein und derselbe Mensch war, wie läßt sich des näheren das Nachher vom Vorher unterscheiden, obwohl das Nachher schon eine echte Möglichkeit des Vorher war, da es ja ein und derselbe Mensch war, der diese Möglichkeit erkannte, der sie als gut und begehrenswert für sich erkannte und der sie deshalb verwirklichte – um dann freilich auch die Folgen zu erfahren?

Schon manche griechischen Väter sahen die Sache so, daß »der Mensch im Paradies«, Adam und Eva also, irgendwie noch Kinder waren. Sie waren noch nicht wirklich erwachsen. Sie lebten sozusagen in problemloser Einheit und Übereinstimmung mit der Welt. Sie waren gut und ihre Welt war gut. Von diesem »unschuldigen« Dasein hebt sich das Nachher ab; derselbe Mensch ist erwachsen geworden. Und Erwachsensein, Geist und Vernunft zu haben, das zeichnet sich dadurch aus, daß der Mensch seine Welt nicht nur einfach so hinnimmt, wie sie ist, und mit ihr zufrieden ist, sondern daß er sie selbständig beurteilt; daß er sie »erkennt in ihrem Guten und Bösen«. Was das wirklich bedeutet, das weiß »der Mensch im Paradies« noch nicht. Er will nur erwachsen, selbständig, mächtig, frei werden. Ist er dann ein »Erkennender« geworden, dann sieht die Sache nicht mehr nur so glänzend schön aus.

In etwa dürfte diese Interpretation der griechischen Väter dem entsprechen, was Gen 3 erzählte. Inhalt seiner Geschichte ist ja der faktische, geschichtliche Prozeß des Werdens des Menschen von einem Erkennenwollenden zum wirklich Erkennenden. In diesem Prozeß kommt es eben dahin, daß »das Gute und das Böse«, das zunächst nur für »alles« steht und so verheißungsvoll klingt, dann mit dem wirklichen Erkennen seine wahre Natur zeigt. Es läßt sich somit das eine Erwachsen- und Geistwerden des Menschen als ein Vorgang in zwei Stufen darstellen. In beiden geht es um das Wollen und das Wissen des Menschen. Er will ja ein *alles Erkennender* werden; und das heißt: ein machtvolles Wesen (elohim) in der Welt sein, sie erkennen, beherrschen. Doch zunächst spielt dabei das Wollen die größere Rolle, dann kommt erst das Wissen voll zum Zuge, wenn ihm nämlich »die Augen aufgegangen« sind.

10.2.3.2 In der jahwistischen Darstellung beginnt die Sache der Geistwerdung des Menschen mit dem inneren Dialog Schlange – Frau. Aus Fragen und Antworten ergibt sich im Geiste des Menschen seine neue Sicht »der Welt«. Es erscheint begehrenswert, »Einsicht in alles zu gewinnen«. Gewiß geht es hier auch schon um »die Welt«. Aber um sie nur erst so, wie der Mensch sie sich hier vorstellt, nämlich als erkannte und so beherrschte; noch nicht so, wie sie wirklich ist bzw. sich zeigen wird. Dieses Bild, diese Vorstellung der vom Menschen erkannten und beherrschten Welt ist also ein *Wunschbild*. Es ist Produkt des eigenen Wollens. Natürlich nicht eines reinen, abstrakten Wollen ohne Inhalt und Wissen. Aber es ist das Wollen, das dem Wissen seine gewünschte Gestalt gibt: Welt als erkannte, beherrschte. Nur so kommt es ja dann zum wirklichen »Essen« = Erkennen = Beherrschenwollen.

Das Bild einer von ihm erkannten, beherrschten Welt erscheint dem Menschen als gut. Somit ist auch jenes erste, produktive Wollen, das im Geist des Menschen dieses Bild entstehen läßt, gut. Ebenso der weitere

»Akt« des wirklichen »Essens«, mit dem dann das zunächst als nur mögliche und begehrenswert Vorgestellte *ver*wirklicht werden soll. Anzunehmen, das Wollen des Menschen, eben sein Erkennen- bzw. Herrschenwollen sei ein in sich böses oder auch nur in sich schlechtes Wollen, hieße soviel wie annehmen, Gott könne etwas in sich Böses oder Schlechtes schaffen und wollen.

Im Geiste sieht sich also der Mensch schon als wirklich Erkennenden und Herrschenden, weil er es will. Ebenso kann man sagen: Er will es, weil es ihm gut erscheint. Hat hier das Wissen oder das Wollen das größere Gewicht? Keine Frage, daß beide Geisteskräfte im Spiel sind. Auch, daß beide nur zu unterscheiden, nicht zu trennen sind. Vom Ergebnis dieses ersten konstitutiven Aktes her – der Mensch sieht sich schon als Herrschenden – wird man aber doch wohl das Gewicht des Willensmäßigen als größer veranschlagen dürfen. Zumal sich ja im weiteren herausstellen wird, daß dieses Bild nur ein Wunschbild war. Gewiß nicht schlechthin *nur* ein Wunschbild. Aber so, wie sich der Mensch sein Erkennen vorgestellt hatte, nämlich *nur* gut, schön, begehrenswert, so wurde das wirkliche Erkennen eben nicht. Doch das wußte er noch nicht. Auch deshalb wird man das Gewicht des Willensmäßigen hier höher veranschlagen dürfen, weil der Mensch für die Vorstellung von seinem Erkennen und Herrschen in seiner bisherigen Welt gar kein konkretes Vorbild hatte, an dem er sie hätte ablesen können. »Wie Götter / elohim«, das war ja sein eigener Gedanke.

So sehr sich dann herausstellen wird, daß diese Wunschvorstellung des Menschen sich so nicht verwirklichen wird, für ihn selbst war sie jedenfalls eine Möglichkeit; ja, *die* gute, begehrenswerte Möglichkeit. Etwas anderes und Besseres gegenüber dem Bisherigen. Verglichen mit der sich dann herausstellenden Wirklichkeit, hat der Mensch sich etwas eingebildet, was falsch, eine Illusion, ein *Irrtum* war. Für ihn war Erkennen nur schön und deshalb begehrenswert. Sonst hätte er es ja nicht gewollt. Allerdings war dieser Irrtum auch nicht *nur* Irrtum, nicht *schlechthin* irrig. Es handelte sich nicht um etwas schlechthin Falsches und in sich Unmögliches; dergleichen hätte der Mensch gar nicht wollen können. Es wird ja auch dahin kommen, daß der Mensch zu einem Erkennenden wird. Doch das ist sozusagen erst die zweite Stufe oder der »zweite Akt« seines Erwachsen- und Geistwerdens.

Im »zweiten Akt« verwirklicht sich, was sich im »ersten Akt« konstituiert hat. Mit dem »ersten Akt« sind bereits die Möglichkeitsbedingungen und Bedingungsmöglichkeiten gegeben für das »wirkliche Essen / Erkennen«. »Im Grunde«, so können wir sagen, ist der Mensch schon jetzt ein erkennendes, herrschendes, ein überlegenes Wesen geworden. Ein Wesen der Freiheit, auch wenn diese sich erst im »zweiten Akt« des wirklichen »Essens« *ver*wirklichen wird. *Wie* Freiheit möglich ist, *wie* sie sich *ver*wirklichen kann, was ihr Wesen, ihre Struktur ausmacht, das liegt aber hier schon vor.

Zwar kommt das Wort Freiheit in Gen 3 nicht vor. Doch kann es keine ernsthafte Frage sein, daß der Jahwist den Beginn der menschlichen Freiheitsgeschichte darstellen will, einer Geschichte nämlich, für die der Mensch selbst »von Anfang an« verantwortlich sein soll.

10.2.3.3 Der Mensch, »noch im Paradies«, sieht im Geiste eine neue Möglichkeit vor sich, die ihm als gut erscheint. Diese Möglichkeit ist noch nicht wirklich, aber jedenfalls verwirklichbar. Für den Menschen ist sie die wahre Möglichkeit. Damit ist der Mensch geistig in Distanz getreten. In Distanz steht er zum einen noch zu der von ihm vorgestellten neuen Möglichkeit, zum anderen damit auch zu der bisherigen Wirklichkeit. Wir können das zeitlich so ausdrücken: Der Mensch sieht vor sich eine mögliche, neue Zukunft. Damit wird ihm die Gegenwart auch schon zu seiner (immer noch wirklichen) Vergangenheit. Nicht zu einer schlechten Vergangenheit! Die zukünftige Möglichkeit erscheint ihm ja »nur« als bessere Möglichkeit.

Diese geistige Distanz ist seine von ihm gewollte, hergestellte Freiheit. Die von ihm selbst vorgestellte, entworfene Möglichkeit stellt ihn selbst in die Mitte zwischen Vergangenheit und Zukunft. Da die Vergangenheit, die auch seine Gegenwart bestimmt, für ihn nicht mehr das Einzige ist, hat er sie prinzipiell relativiert; hat er sie zwar nicht schlechthin überwunden und hinter sich gelassen, ist er aber doch auch ein Stück weit von ihr frei geworden, ihr im Geiste voraus und überlegen. Mit der neuen Möglichkeit ist ihr Determinismus nicht mehr total.

Das heißt nicht, damit sei der Mensch nun ein schlechthin indeterminiertes Wesen! Erstens bleibt die Vergangenheit auch jetzt noch in der Gegenwart mitbestimmend. Zweitens ist die von ihm selbst entworfene Möglichkeit gewollt als eine wirklich gute bzw. bessere. Ob sie wirklich nur gut ist, das steht erst auf dem nächsten Blatt.

Noch »im Paradies« und geistig schon die verheißungsvolle Frucht betrachtend, wird der Mensch zu einem zeitlich ek-sistierenden Wesen, beginnt Geschichte, beginnt die Geschichte seiner Freiheit, seiner Auseinandersetzung mit der Welt, die sich dabei als »gut und böse« erweisen wird.

Zunächst jedenfalls hat sich der Mensch und sein Wollen keineswegs in die Situation völliger Indeterminiertheit gebracht. Seine Freiheit von der und relative Überlegenheit über die Vergangenheit und Gegenwart bedeutet nicht, sie könne nun Willkür und Beliebigkeit werden. Das ginge gar nicht. Als mögliche Zukunft kann der Mensch nur das wirklich wollen, was ihm als gut und begehrenswert erscheint. Selbst wenn er darin irrt, will er doch nicht irren. Irrenwollen kann man nicht. Insofern ist die Freiheit des Menschen, die er sich selbst mit dem Ausdenken des Neuen verschafft, sehr wohl determiniert; determiniert durch ihn selbst, der die neue Möglichkeit *als* gute bzw. bessere und gerade deshalb und dazu entwirft, sich vorstellt.

Wie gesagt kommt das Wort Freiheit in der Geschichte des Jahwisten nicht vor. *Daß* der Mensch frei ist, das ist ihm selbstverständlich, kein Problem. Seine Geschichte ist vielmehr eine in ihrer Nüchternheit und Subtilität zugleich geniale Beschreibung und Darstellung des Wie, des wirklichen »Wesens« menschlicher Freiheit: Wie wird sie, wie verwirklicht sie sich, was sind die Folgen?

Schildert der »erste Akt« das Entstehen von Freiheit aus dem Wollen des Menschen und in ihm selbst, so folgt nun die erste *Ver*wirklichung dieser Freiheit, bildlich dargestellt als Essen vom Baum der Erkenntnis des Guten und des Bösen. Daß dies ein *in sich* böser Akt, eine *in sich* »sittlich böse«, sündige Handlung gewesen sei, davon verlautet nichts. Dann hätte schon der Gedanke daran als böse dargestellt werden müssen. Aber nicht etwas Böses oder Schlechtes hat der Mensch im Sinn, sondern nur die ihm gut und begehrenswert erscheinende »Frucht«. Daß der Mensch sie nun ißt und er ein wirklich Erkennender wird, das ist sozusagen nur die konsequente Verlängerung seines bisherigen Wollens und Wunschdenkens, die weitere *Ver*wirklichung seiner ersten, wie man sagen könnte, Gedankenfreiheit.

10.2.4 Die erkannte wirkliche Welt (Gen 3,7.16-19)

Nun gingen beiden die Augen auf, und sie erkannten, daß sie nackt waren.

Gott aber sprach zur Frau: »Überaus zahlreich werde ich die Beschwerden deiner Schwangerschaft machen. Unter Schmerzen sollst du Kinder gebären. Nach deinem Manne wird dein Verlangen sein, er aber wird über dich herrschen.«

Zum Manne aber sagte er: »...verflucht sei der Erdboden um deinetwillen. Unter Mühsal sollst du dich von ihm ernähren alle Tage deines Lebens. Dornen und Disteln soll er dir wachsen lassen. Das Kraut des Feldes mußt du essen. Im Schweiße deines Angesichtes sollst du dein Brot essen, bis du zum Erdboden zurückkehrst, von dem du genommen bist.«

Dem Menschen sind die Augen aufgegangen, er sieht die Wirklichkeit anders als zuvor. Er beurteilt sie, d.h. er macht die Wirklichkeit zum Gegenstand seines unterscheidenden und so die Dinge vereinzelnden Begreifenwollens. Mit diesem beurteilenden Erkennen ist das Verhältnis des Menschen selbst zur Welt ein anderes geworden; denn indem er die Dinge unterscheidend als besondere einzelne begreift, distanziert er sich auch selbst von ihnen, ist er nicht mehr unmittelbar eins mit ihnen, sondern steht er ihnen gegenüber. Bzw. dieses Sichdistanzieren, das Heraustreten aus der ursprünglichen Einheit mit dem und der Geborgenheit im Ganzen der Wirklichkeit ist die Möglichkeitsbedingung des beurteilenden und vereinzelnden Erkennens. Sich distanzierend im »Erkennen von Gut und Böse« hat sich der Mensch von der ursprünglichen Einheit und Übereinstimmung mit dem Ganzen der Welt, in der er und mit der er lebt, *frei* gemacht. Indes zeigt sich sogleich: Die Welt, in der er ihr nun auch frei gegenübersteht, ist in der Tat »gut *und* böse«, sie ist nicht nur die einige Welt, in der alles nur immer schön miteinander übereinstimmt.

Der Jahwist sagt zunächst von einem inhaltlich näher bestimmten Erkennenwollen nichts. Nur um das »Erkennen von Gut und Böse« überhaupt geht es, also darum, die Wirklichkeit auch im einzelnen begreifen zu wollen. Dies erscheint dem Menschen als begehrenswert – und eben davor hatte Gott gewarnt: Freiheit, Selbständigkeit, eigenes Erkennen, das wird kein reines Vergnügen sein!

10.2.4.1 »Nackt«

Der Mensch sieht/erkennt, daß er nackt ist. Nackt war er vorher auch gewesen; insofern hat sich rein äußerlich gesehen gar nichts geändert. Nackt, das hieß aber vorher, daß der Mensch ungefährdet lebte, er war ja »eins mit seiner Welt«, er brauchte also keinen Zugriff auf sich zu befürchten.

Das aber ist in dem Augenblick anders, da er zum Erkennenden wird, da sich ihm die Augen seines Geistes voll auftun. *In* diesem Erkennen distanziert er sich von seiner Umwelt, nimmt er Abstand, tritt er geistig aus dem bisherigen Lebensraum, aus der Einheit mit seiner Welt auch heraus, wird er selbständig. Damit begibt er sich aber auch selbst in eine Situation der Schutzlosigkeit, der Gefährdetheit. Und dies heißt, er erkennt, daß er nackt ist; er sieht und begreift, daß er sich als selbständiger Mensch nicht mehr nur im alles besorgenden und behütenden Raum bloßer »Natur« befindet, sondern sich in eine exponierte Situation begeben hat, die auch ihn selbst zum »Objekt« anderer werden lassen kann.

Üblicherweise wird seine Nacktheit zwar so interpretiert, daß das Sehen des Nacktseins und das Sichbekleiden Zeichen einer inneren Störung sei,

derer der Mensch sich schäme, ein elementares Schuldgefühl melde sich
im Menschen an. Doch diese Interpretation setzt voraus, mit dem »Essen«
habe der Mensch »gesündigt«, »Böses« getan, habe sich der Mensch wirklich schuldig gemacht. Warum sagt aber der Jahwist genau dies nicht?
Doch wohl, weil er es nicht sagen wollte.

10.2.4.2 »Angst vor Gott«

Verändert hat sich mit dem und im »Essen«, d.h. mit seinem Selbständig-
gewordensein, nicht nur das Verhältnis des Menschen zu seiner Welt, auch
das Verhältnis zu Gott ist anders geworden. Auf die Frage Gottes: »Wo bist
du?« antwortet der Mensch: »Ich fürchtete mich, weil ich nackt bin und
versteckte mich.« Warum fürchtet der Mensch sich vor Gott? Oder fürchtet
er sich gar nicht vor Gott, sondern vor einem anderen?

Der Mensch ist ein Erkennender, Ur-teilender geworden. Sein Erkennen
ist als solches nicht das Wahrnehmen der einen Wirklichkeit in ihrer Einheit, sondern ein Vereinzeln und Besondern des jeweils Erkannten. Er
erkennt nicht die Wirklichkeit an sich, in ihrer Ganzheit, sondern nur
Aspekte, Ausschnitte. Das betrifft auch seine »Erkenntnis« Gottes. Gott ist
für ihn nicht mehr der in allem selbstverständliche, gute Grund des einen
Seins, er ist ein vereinzelter, isolierter Gott geworden, wird vom Menschen
so vorgestellt. Vor einem solchen Gott wird es möglich, sich zu fürchten,
sich zu verbergen. Wie sich herausstellt, handelt es sich aber um einen
Irrtum des Menschen, denn Gott erweist sich dem Menschen gegenüber
keineswegs als ein zorniger, gefährlicher Gott.

10.2.4.3 Die harte Natur

Verändert hat sich der Mensch, als »Erkennender« ist er »erwachsen«,
selbständig geworden, steht er seiner Welt, der »Natur« auch gegenüber,
ist er nicht mehr in vollständiger »Übereinstimmung« mit ihr. Bildlich-
dichterisch wird diese neue ek-sistentielle Situation dargestellt als ein
Fortgeschicktwerden aus dem Garten Eden durch Gott: Der Vorgang des
Erwachsengewordenseins wird dargestellt als ein äußerlicher Ortswech-
sel; statt in einem fruchtbaren Garten zu leben, muß der Mensch nun sein
Überleben einer widerspenstigen, harten Erde in mühsamer Arbeit abrin-
gen, statt Grün im Überfluß findet er Dornen und Disteln.

Zunächst ist festzuhalten: Nach Gen 3 wird der Mensch nicht als solcher, in seinem eigenen, persönlichen Sein und Wesen von Gott »gestraft«;
er ist kein in seinem Innersten böses, verwerfliches Wesen für Gott geworden. Was die »Verfügungen« Gottes betrifft (3,16-19.23), so gelten sie der
»Natur« und der Umwelt des Menschen, in der und mit der er lebt: Sie ist

es, die nun das Leben des Menschen hart und mühsam, ja, schmerzlich machen wird. J stellt dies als ein eigenes Verfügen Gottes dar, das natürlich im Zusammenhang mit dem »Gegessenhaben« steht, dessen »äußerliche« Folge ist. Dieser »Zusammenhang« läßt sich aber auch als ein »innerlicher« verstehen, nämlich entstehend durch das neue Wollen des Menschen: Widerspenstig, karg und hart »wurde« die Natur im Prozeß des Erkennens und selbständig Urteilenwollens des Menschen über sie. In diesem Prozeß emanzipierte sich der Mensch von der Natur, stellte er sich ihr gegenüber, trat er aus der ursprünglichen Einheit des Daseins mit ihr und in ihr heraus. Um sie zu begreifen, zu beherrschen, distanzierte er sich von ihr, machte er sich frei von ihr. Mit dem Ergebnis, daß nun aber auch die Natur gleichsam ihr wahres Gesicht zeigt.

Sieht man die Natur nur als ein großes, einheitliches Allgemeines, so erscheint sie als ein wunderbar geordnetes Ganzes, in dem alles seinen sinnvollen Platz hat, in dem alles ineinandergreift, jedes mit jedem verbunden ist. Jedes Einzelne ist dem Großen und Ganzen einer sinnvoll funktionierenden Ordnung und Harmonie integriert. In dem »Augenblick«, da man aber genauer zusieht, d.h. Einzelheiten erkennt = be-urteilt, erkennt man auch »Gut und Böse«: Man erkennt, daß diese Natur im einzelnen durchaus eine auch harte, ja, grausame, karge, gefährliche Natur ist, mit der nicht zu spaßen ist.

Dieses Erkennen ist nicht nur ein bloßes »theoretisches« Wissen des erwachsen gewordenen Menschen. Sein Erkennenwollen war ja auch nicht ein bloß theoretisches Wissenwollen gewesen, sondern ein Begreifen-, Beherrschen- und Unterwerfenwollen, ein Herrseinwollen *über* seine Welt, statt sich ihr willig einzufügen und mit ihr zufrieden zu sein. Diesem Wollen des Menschen, seine Welt zu »erkennen«, sie zu beherrschen, gegenüber kehrt die Welt, die Natur ihre eigene Gesetzlichkeit und Widerspenstigkeit hervor. Nicht ist sie eine an sich andere, neue, »bösartige« Natur geworden, sondern der Mensch ist anders geworden, will anders leben, und so ist eo ipso die Beziehung von Mensch und Welt eine andere, neue. Sie ist fortan die Beziehung des Herrschenwollens des Menschen über sie, des Freiseinwollens von ihr – obwohl der Mensch als Erdenwesen, also selbst durchaus und weithin »Natur« seiend, doch nur leben kann in ihr und mit ihr; seine Freiheit und Überlegenheit über sie somit immer nur eine relative sein kann, die immer wieder errungen werden muß, der Natur abgerungen werden muß.

Der Mensch ist zum »Erkennenden von Gut und Böse« geworden, er hat sich damit in eine neue Stellung und Einstellung zu seiner Natur gebracht, und dieser Stellung und Einstellung des Menschen der Welt gegenüber, die eben nicht mehr nur »Einverständnis« ist, kehrt die Welt ihre Eigenständigkeit, ihre Widerspenstigkeit und Härte heraus: Sie ist keineswegs nur ohnmächtiges, leicht beherrschbares = erkennbares Material, das sich dem Menschen nur fügt. Im sie Beherrschenwollen erfährt der Mensch, daß seine Überlegenheit gefährdet ist. Indem er sich losgelöst, freigemacht, sich ex-poniert hat, ist er auch selbst sozusagen zum besonderen, vereinzelten Objekt (»nackt«) der Mächte der Natur geworden: Was an sich nur »natürlich« war und ist, das ist jetzt für ihn schmerzhaft, bedrohend, Angriff auf ihn, der sich neben sie gestellt hat. Letztlich wird die Natur ihn auch noch einholen.

In einem gewissen Sinne läßt sich also schon sagen, daß der Mensch »nicht ungestraft« zu einem »Gut und Böse Erkennenden« wird. Aber beide Seiten, das Erkennen-, Freiseinwollen und das Leben in einer feindlichen, harten Welt, liegen nicht zeitlich auseinander oder räumlich nebeneinander; sind auch nicht zu begreifen wie (erst) Ursache und (dann) Folge. Beide Seiten bilden eine innere Einheit, eins reflektiert sich im anderen, das eine, »Erkennen«, Freiheit ist nicht ohne das andere zu haben, wenn anders »Erkennen von Gut und Böse« nun einmal »Vereinzelung«, »Besonderung«, »Selbständigkeit«, Sichdistanzieren von einer Ordnung ist, *in* der alle Seienden miteinander übereinstimmen. Der Mensch kann sich ja nicht *total* von dieser Ordnung distanzieren, frei machen. Er bleibt auch Natur-, Erdenwesen. Aber indem er sich jedenfalls partiell über sie stellt, sich selbst als Mehr, als größer als bloße Natur exponiert, entsteht eo ipso ein kritisch-distanziertes Verhältnis zwischen dieser Ordnung und ihm: Für ihn, der ja Herr *über* Natur sein will, sind die Gesetze und Mächte der Natur nun auch grausam und hart. Freiheit sollte aber für ihn doch nicht Dasein in Not, Schmerzen, Mühe und Schweiß sein; so hatte sich der Mensch sein »Erkennen von Gut und Böse« wohl nicht vorgestellt. Doch *was* »Erkennen von Gut und Böse« in Wirklichkeit bedeutet, konnte er auch noch nicht wissen; Gottes Warnung hatte er sozusagen in den Wind geschlagen, obwohl in ihr schon vom Sterben die Rede war. Der Wille, »erwachsen«, selbständig zu werden, war stärker.

Indem der Mensch »Erkennender« geworden ist, hat er in seine Welt das nun auch eigens gewollte »Prinzip Herrschaft« eingebracht – sich damit aber auch die Aufgabe zugezogen, dieses »Herrschen« auf Dauer zu verwirklichen, es »in Ordnung« zu bringen und zu halten. In der »Natur«, im »Paradies« gibt/»gab« es noch nicht Beherrschenwollen der Welt, nur die selbstverständliche Ordnung von Groß und Klein, Hoch und Nieder. *In* diesem Ganzen hatte auch der Mensch seinen Platz. Jetzt aber will er mehr sein als nur »Natur«. Was aber ergibt sich, wenn er sein Erkennen als

Beherrschen und Unterwerfen verwirklicht – und dies auch auf sich selbst anwendet?

10.2.4.4 Die Frau als Opfer des Prinzips Herrschaft

In einzelnen schildert der Jahwist dieses nun kritisch-feindliche Verhältnis des Gegeneinanders des »erkennenden« Menschen und der Natur, die sich gleichsam dagegen wehrt beherrscht zu werden und ihre Zähne zeigt, die sich mit ihren Gesetzen dem Menschen gegenüber behauptet, so: Der Mensch ist »Erkennender« geworden, aber in seinen natürlichsten Bereichen und Funktionen erfährt er nun den Gegensatz von Selbstwollen und Freiseinwollen einerseits und doch der Natur Angehören anderseits. Besonders böse ist die Frau betroffen.

1) Zum einen denkt der Jahwist an die Beschwerden der Schwangerschaft und die *Schmerzen* der Geburt. Kinder zu haben und zu gebären ist die höchste Verwirklichung des natürlichen Wesens der Frau. Die Frau ist aber auch »erkennend«, frei und selbständig geworden. Dem würde an sich entsprechen, auch und gerade bei der Geburt frei und souverän zu sein. In Wirklichkeit ist es so, daß ihr nun genau diese höchste Verwirklichung ihres natürlichen Wesens äußerste Schmerzen bereitet. Sie erfährt das Natürliche gerade als Gegensatz, ja, als Widerspruch zu dem, was sie als voller Mensch ist und sein wollte: Freisein, Erkennen- und Herrschenwollen ist ja gerade nicht Schmerz Habenwollen. Der Schmerz als solcher kann überhaupt nicht gewollt werden. Schmerz macht geradezu unfrei, bedroht genau die Freiheit und Souveränität des Menschen. Mit den Schmerzen der Geburt erfährt die Frau also am eigenen Leibe den Gegensatz von Freiheit und Natur. Als Erkennenwollende ist sie schon gleichsam einen Schritt über Natur hinaus, aber nicht schlechthin frei von ihr. Und dieser eine Schritt läßt sie ihre eigene Natur als auch schmerzlich-grausam erfahren: Wäre sie »eins mit der Natur geblieben«, so wäre ihr Gebären so »unproblematisch« wie das eines »Muttertieres«.

2) Zum anderen sieht der Jahwist nüchtern Folgendes: Faktisch hat sich der Wille des Menschen nach Erkenntnis und Beherrschen *gegen die Frau* ausgewirkt. Erwachsen geworden sind beide, der Mann und die Frau. *Beide* wollten frei sein. Damit war aber »das Prinzip Herrschaft« in der Welt, auch wenn es zunächst nur um Freiheit und Herrschaft »des Menschen« gegenüber der Natur gegangen sein mag. Der Jahwist weiß aber, daß de facto die Männer über die Frauen herrschen. (Im »Urzustand« war das für ihn nicht der Fall!) Indem er dies Gott als »Strafe« in den Mund legt (3,16), sagt er der Sache nach, daß dieser Zustand in der Tat nicht sein sollte. Nicht das Herrschen, Selbständigsein des Menschen als solches ist

damit im ganzen negativ qualifiziert, sondern daß die Frau zur Untergebenen des Mannes geworden ist, sie vom Mann beherrscht, versklavt wird – was ja gerade im Gegensatz und Widerspruch dazu steht, daß sie ebenso zur »Erkennenden« geworden ist wie der Mann. So könnte man sagen: »Sünde« war nicht das »Essen im Paradies«, sondern daß dann in der späteren Geschichte Herrschaft zur Unterdrückung und Versklavung der Frau führte. Die Frau ist nach J geschaffen als Gefährtin und Gehilfin des Mannes. Faktisch ist es so, daß ihre jetzige Existenz als Sklavin des Mannes eine Verkehrung in der göttlichen Schöpfung ist, die sie aber selbst (mit dem Manne) ermöglicht hat; die erlangte Freiheit und Selbständigkeit hat sich letztlich gegen sie gerichtet bzw. ausgewirkt.

Inwiefern ist dies aber nicht wirkliche Strafe, sondern sozusagen nur eine »Rache der Natur«? Läge es nicht näher zu sagen: Wenn das »Erkennen von Gut und Böse«, also das Prinzip von Freiheit und Herrschen dazu führt, daß die Frau zur Sklavin wird, dann ist eben dieses Prinzip selbst schlecht, »böse«, dann war also schon das Erkennenwollen überhaupt böse/schlecht/sündig. Doch das ist zu einfach. Grundsätzlich bleibt mit J daran festzuhalten, daß das »Erkennen« als solches nicht böse/sündig ist.

a) Was nun die für J gegenwärtige Situation der Frau betrifft, so ist auch hier zunächst einmal der naheliegende Schluß zurückzuhalten: Also ist für J das Unterdrücken der Frau von seiten des Mannes die »eigentliche«, spätere »Sünde«, kurz: der Mißbrauch des »Erkennens«/Beherrschens gegenüber der ihm von Gott als Gefährtin, nicht als Sklavin gegebenen Frau. Dieser »Schluß« liegt nahe, er ist sicher auch nicht ganz falsch, man mag ihn auch dem Jahwisten unterstellen, aber: Dem Jahwisten geht es *hier* gar nicht um eine solche Schuldzuweisung; es handelt sich in seiner Darstellung nicht um eine Anklage, um eine kritische Beurteilung eines gegenwärtigen beklagenswerten Zustandes, zu der es gilt, den Täter zu benennen und zu verurteilen, der ihn herbeigeführt hat. Daß der *Mann* die Frau *beherrscht* und daß das nicht sein sollte, das weiß J sehr wohl, aber ihm geht es gar nicht darum, den *Mann* bzw. die Männer anzuklagen, sondern der Jahwist hat die selbstverständlich beklagenswerte und schmerzliche Situation der *Frau* vor Augen. Und diese Situation ist nach J so zu begreifen, daß sie eine Situation des Gegensatzes, des Konfliktes von Natur und Freiheit auch *in der Frau selbst* ist, welcher Konflikt selbstverständlich sich nur dadurch ergeben konnte, daß der Mensch zum Erkennen- und Herrschenwollenden wurde. Der Jahwist sagt dazu gar nicht nur: Der Mann wird über dich herrschen, und das ist an sich nicht richtig. Sondern er sagt: *Du* wirst nach dem Mann *begehren*, er *aber* soll/wird dich beherrschen. – Es geht ihm hier nur um die Frau, von ihr sagt er in gewissem Sinn: Du bist selbst schuld! Wieso aber?

b) Die Frau ist an sich geschaffen als Gefährtin des Mannes; dazu gehört auch das sexuelle Begehren. »Im Paradies«, im sogenannten Urstand war dieser natürliche Trieb als solcher ganz unproblematisch, weil er *als* Trieb, als Naturbegehren mit Freiheit gar nichts zu tun hat. D.h. die Frau konnte mit ihrem triebhaften Begehren nach dem Mann leben, ohne daß dies als eine entwürdigende Unfreiheit erlebt wurde bzw. dorthin führte. Das Verhältnis von Mann und Frau zueinander und ihre gegenseitige Abhängigkeit voneinander war also an sich zwar, sozusagen objektiv gesehen, auch ein Abhängigsein und Beherrschtsein, eben vom natürlichen geschlechtlichen Verlangen, aber es wurde nicht *als* Abhängigkeit erfahren, da das Prinzip der Freiheit, der Selbständigkeit, des Selbstbestimmens und Unabhängigseins ja noch nicht »in der Welt war«. Nun ist aber die Frau – und nur um sie geht es hier – »erwachsen«, »selbständig« usw. geworden. Das geschlechtliche Verlangen nach dem Mann ist an sich kein anderes als vorher. Jetzt aber wird es erfahren *als* unfreies Müssen, *als* Diktat der Natur und ihrer Triebe – und zwar deshalb, weil die Frau eben an sich eine »Erkennende« geworden ist. Mit dem Unabhängigsein und Selbständigsein wird eo ipso die tatsächlich bleibende Abhängigkeit von der »Natur« und ihren Trieben und Mächten als im Widerspruch zu ihm stehend erfahren. Und in den Augen des Jahwisten ist dieses Begehren der Frau, die sehr wohl »Erkennende« geworden ist, aber ebenso »Natur« geblieben ist, zudem ein in sich selbst gleichsam tragisches (was mit »Schuld« oder sündig/böse im üblichen Sinn nichts zu tun hat), denn die Macht ihres naturhaften, geschlechtlichen Begehrens, mit dem sie nach dem Mann begehrt (und das J ihr jedenfalls unterstellt), wird für sie der Schritt in Unfreiheit und Abhängigkeit. (Im Hintergrund muß man sehen, daß die kinderlose Frau damals als »minderwertig«, als von Gott »gestraft« galt.) Es ist also ihre eigene Natur, die sie nicht nur selbst beherrscht, so daß *in ihr selbst* Triebhaftigkeit, Beherrschtwerden und Freiheit, Selbstentscheiden in Konflikt miteinander sind, die sie vielmehr *auch* noch vom *Manne* abhängig macht, sie somit *auch äußerlich* abhängig werden läßt.

Wir müssen hier durchaus unsere heutige Sicht der Dinge hintanstellen, mit der wir sogleich dasselbe vom Mann sagen könnten: Ist nicht er in viel stärkerem Maße »Sklave« seines geschlechtlichen Triebes? Also alles andere als frei und unabhängig! Doch das ist hier nicht das Thema des Jahwisten. Er geht ja von seiner eigenen Gegenwart aus. Und die sieht für ihn so aus, daß der Mann, soziologisch gesehen, jedenfalls der Dominierende ist; und für ihn bedeutet seine Abhängigkeit vom sexuellen Begehren jedenfalls keine Bedrohung seiner sozialen Dominanz. Seine sexuelle Triebhaftigkeit gilt im Gegenteil geradezu als »Potenz«, d.h. als Macht, aber nicht als Macht der Natur über ihn, sondern als *seine* Potenz, *seine* Kraft. – Den von ihm erfahrenen, ihn treffenden Konflikt von Herrschen- und Freiseinwollen und Beherrschtbleiben wird der Jahwist daher an anderer Stelle sehen. – Das Wesen der Frau hingegen sieht der Jahwist (darin durchaus »realistisch« mit den Augen seiner Zeit: nicht so, wie sie »an sich« geschaffen ist, sondern:) so, daß sie eben soziologisch nur (noch) die Rolle des »Weibes« innehat. Er sieht die Frau (mit typischen Männeraugen) als ganz von ihrer »Natur« beherrschtes Wesen. (»Die Frauen wollen doch nur einen Mann haben.«) Anderseits weiß er, aber sozusagen eher theoretisch, daß auch die Frau ebenso ein selbständiger, freier Mensch sein wollte und ist; und an eben diesem faktischen Kontrast im Sein der Frau manifestiert sich ihm die Gefährlichkeit des Schrittes der Frau aus der Obhut der Natur in das »Reich der Freiheit«.

c) Für die Frau hat das »Essen«, das »Erkennen von Gut und Böse« also faktisch nichts anderes mit sich gebracht, als daß ihre eigene Natur sie vom Manne abhängig gemacht hat. Eine »Abhängigkeit« war »im Paradies« unproblematisch, ja, sie war »gegenseitig«, »natürlich« und »in Ordnung«, weil es ein »Herrschen« überhaupt noch nicht gab. Die jetzige Abhängigkeit steht aber, auch wenn sie Ergebnis der eigenen »Natur« der Frau, nämlich ihres Begehrens nach dem Manne ist, an sich im Widerspruch dazu, daß auch die Frau »gegessen hat«, selbständig werden wollte. Für den Jahwisten ist diese Situation der Frau sowohl »natürlich« als auch »unnatürlich«, nämlich ein nichtseinsollender Zustand. Sie ist insofern »natürlich«, als sie aus dem natürlich-triebhaften Wesen der Frau selbst resultiert, das sie dem Manne geradezu ausliefert (ihm zudem seine biologisch-äußerliche, »natürliche« Überlegenheit als körperlich Stärkerem bestätigend). Sie ist dennoch »unnatürlich«, insofern die Frau mit diesem an sich »natürlichen« Trieb selbst ihre eigene Selbständigkeit aufgibt, die sie doch gleichsam für einen Augenblick sehr wohl gewonnen hat.

Man könnte vielleicht sogar sagen: In den Augen des Jahwisten ist die Frau wegen ihrer Natur gar nicht in der Lage, selbständig, frei usw. zu sein. Unter den Bedingungen dieser jetzigen, harten, feindlichen Welt, in der nun das »Prinzip Herrschaft« gilt, hat sie ihrem Wesen nach keine Chance, wirklich zu herrschen; nach diesem Prinzip ist nun einmal der Mann der körperlich Stärkere und ihr natürlicherweise überlegen. Indem sie vom »Baum der Erkenntnis« aß, hat sie gleichsam zu hoch gegriffen, sich etwas zugetraut, was sie gar nicht durchhalten und verwirklichen kann in dieser

Welt, so wie sie ist. An der Frau, der der »Baum der Erkenntnis« begehrenswert erscheint und die in der Tat »ißt«, einerseits, und der Frau, die faktisch »Sklavin« geworden ist, anderseits, demonstriert der Jahwist den eklatanten Gegensatz von Wollen und Können bzw. Nichtkönnen – wobei aber weder das eine noch das andere als böse/sündig qualifiziert wird. Eher noch wäre zu sagen, daß die Natur, die Welt zu verklagen wäre, insofern sie eine harte Welt ist, in der in der Tat das »Prinzip von Herrschaft«, Über- und Unterordnung gilt, so daß in ihr für die Frau als solche kein Raum ist, sich voll zu verwirklichen, ohne entweder »nur Weib« zu sein oder aber dem »Prinzip Herrschaft« so zu folgen wie ein Mann.

10.2.4.5 Der Mann als »homo faber«

Die Frau ist, wenn wir dem Jahwisten folgen, geradezu mit sich selbst, nämlich mit ihrer eigenen Natur »gestraft«: Sie wollte mehr sein, über Natur sein, erfährt aber nun am eigenen Leibe, wie hart und schmerzend ihre »Natur« ist und wie ihre Natur – wie J sie sieht, nämlich als Begehren nach dem Mann und konstitutionelle Unterlegenheit und Schwäche, sich in einer Welt behaupten zu können, in der das Prinzip gilt »entweder herrschen oder beherrscht werden« – sie faktisch dem Mann ausliefert, so daß sie jedenfalls im äußeren Ergebnis gar nicht frei geworden ist, sondern nur körperlichen Schmerz und soziale Unfreiheit davonträgt. (Dies ist ja die faktische Situation der Frau in der geschichtlichen Welt des Jahwisten.)

Damit verglichen scheint der Mann weniger hart getroffen zu sein, jedenfalls was die im besonderen ihm als Mann geltende Aussage betrifft, daß sein Leben voll mühsamer Arbeit sein werde – was wohl den Ackerbau im Auge hat – bzw. von Kärglichkeit und Vorfinden von Disteln und Dornen statt grüner Weiden gekennzeichnet sein werde – was eher das Dasein des Viehnomaden anvisiert. Wiederum ist in Betracht zu ziehen, daß der Jahwist seine eigene Gegenwart vor Augen hat, und in dieser Gegenwart ist es so, daß der Mann der faktisch Herrschende ist. Das aber heißt: Der Mann ist in der Tat ein »Erkennender von Gut und Böse« geworden, ein selbständiges, urteilendes Wesen, wie Gott selbst es bestätigt (3,22). Das ist auf keinen Fall in sich böse oder sündig! Und so trifft die sogenannte Strafe auch den Mann nicht unmittelbar in seinem Personsein, sondern nur mittelbar, nämlich ihn in seiner Auseinandersetzung mit der Welt, mit der Natur, in seiner Arbeit: Indem er nun der Natur in Freiheit und Selbständigkeit gegenübersteht, d.h. letztlich und auch ganz praktisch: sie *seinem* Urteil und Handeln unterwirft oder wenigstens unterwerfen will, erfährt er die Natur, die Welt in ihrer Eigenmächtigkeit und Härte, mit der sie sich keineswegs willig seinem Herrschenwollen fügt. Und er erfährt sich selbst als ein in seiner natürlichen Konstitution für das gewollte Herrschen über Natur durchaus gefährdetes und mangelhaft ausgestattetes Wesen, das keineswegs schlechthin und absolut frei über seiner Welt steht, sondern schon zum puren Überleben von ihr abhängig ist und bleibt.

Vorher war die *Natur*, die Welt objektiv gesehen keine andere als jetzt. Aber der *Mensch* war zufrieden und hinreichend versorgt mit dem, was die Natur ihm bot. D.h. er lebte in Einheit, in Übereinstimmung mit ihr. Mit dem »Erkennen von Gut und Böse« erhebt sich der Mensch über diese selbstgenügsame Ordnung; er steht ihr jedenfalls um einen Schritt gegenüber, will sich nicht mehr ganz der vorgegebenen Naturordnung fügen, sondern selbst verfügen. Er ist *anspruchsvoller* geworden. Doch gemessen an einem erhofften herrschaftlichen, machtvollen Dasein, erscheint und ist die bisherige Natur nun hart, kärglich, ja, widerspenstig. Der Mensch will zwar *über* die Natur herrschen, kann aber den harten Zwängen der Natur und ihrer Dürftigkeit nicht entrinnen, sondern kann seine Herrschaft allenfalls mühsam, im Schweiße seines Angesichts erringen – um am Ende doch von der Natur, der Erde eingeholt zu werden.

Immerhin bleibt für den Jahwisten dies gültig: Während für die Frau von der einmal errungenen Freiheit praktisch nichts übrig ist, da er sie so sieht, daß sie de facto sozial unfrei ist und erst recht in der höchsten Ausübung gerade ihres fraulichen Wesens, Kinder zu gebären, nur passiv Beschwernisse und äußerste Schmerzen erleidet, ist der Mann jedenfalls insofern frei, als er, wiewohl in Not und Plackerei, sich mit der Natur auseinandersetzt und in dieser Auseinandersetzung doch nicht schlechthin und immer erfolglos ist. Und dies ist auch Gottes Wille: Er soll *den* Erdboden bebauen, von dem er genommen wurde (3,23).

Wiederum erhellt von hier aus, daß das Verbot, vom Baum der Erkenntnis zu essen, nicht ein eigentliches, absolutes, unbedingtes Verbot gewesen war, sondern als Warnung zu interpretieren ist: Das Leben als selbst alles beurteilen und entscheiden wollender Erwachsener wird dich teuer zu stehen kommen, denn dann ist es aus mit dem sorglosen, zufriedenen Dasein in der Welt! Es ist ein Dasein in Gefährdung und Mühsal! Daß aber Gott dem Menschen gleichsam auch in dieses Leben folgt, er ihn also keineswegs als nun böses, ihm gegenüber aufsässig gewordenes Wesen betrachtet, das er verurteilen oder strafen müßte, das macht der Jahwist damit deutlich, daß er Gott selbst den Menschen für diese neue Existenz mit »Kleidern aus Fellen« ausstatten läßt (3,21). Gott überläßt ihn nicht ganz schutzlos und hilflos nur sich selbst!

10.2.4.6 Sterblichkeit als Strafe?

Gen 3,16-19 hat das Mühselige und Schmerzliche des Lebens des Menschen vor Augen, der ein »Erkennender« geworden ist, der sein Leben in die eigene Hand genommen hat. Mit dem eingeflochtenen »... solange du lebst« und dem »... bis du zum Erdboden zurückkehrst, von dem du genommen bist; denn Staub bist du und zum Staube sollst du zurückkehren« tritt nun auch das Sterbenmüssen des irdischen Menschen in den Blick. Ist aber das Sterbenmüssen, der Tod als eine *eigene Strafe* zu verstehen? Und wenn dies nicht der Fall ist, wie ist dann das Verhältnis zwischen dem »Essen vom Baum der Erkenntnis« und dem Sterbenmüssen zu denken? Ein gewisses Verhältnis wird doch wohl anzunehmen sein, da ja zumindest Gen 2,17 lautet: »Am Tage, da du ißt, wirst du sicher sterben.«

1) Zunächst ist festzuhalten, daß das Sterbenmüssen des Menschen nicht eine äußerlich über ihn verhängte *Strafe* ist. Eine solche Annahme würde dem Jahwisten unterstellen, in seinen Augen sei das »Erkennen von Gut und Böse« ein sittlich böses Tun gewesen. Und sie würde ihm die Ansicht unterstellen, der Mensch sei vorher ein unsterbliches Wesen gewesen. Dagegen steht aber, *erstens*, daß der Mensch schon als ein von der Erde genommenes Wesen geschaffen ist, also ein seiner Konstitution nach sterbliches Wesen ist. *Zweitens*, daß das Sterbenmüssen in Gen 3,17.19 in keiner Weise als etwas *ganz neu* Hinzukommendes betont wird, sondern nur als das »natürliche« Ende des Lebens genannt ist (»... solange du lebst«; »... bis du zum Erdboden zurückkehrst.«) und begründet wird mit dem »aus Staub sein« (»*denn* Staub bist du...«). Im unmittelbaren Zusammenhang genannt mit der Mühsal, Geplagtheit seiner Existenz, ließe sich sogar eher sagen, daß das Sterbenmüssen, also die zeitliche Begrenztheit des mühsamen und schmerzerfüllten Lebens geradezu eine »Gnade« ist. Jedenfalls: Wäre das Sterben für den Jahwisten eine Strafe gewesen, so hätte der Jahwist dies sicher eindeutig zum Ausdruck gebracht. In dem, was er sagt, klingt davon aber nichts an.

Somit kann dann auch Gen 2,17: »Am Tage, da du ißt, wirst du sicher sterben« nicht gemeint gewesen sein als Androhung einer *Strafe*. Auch die Annahme, Jahwe habe eben seine Drohung (noch) nicht wahr gemacht, er habe insoweit Gnade walten lassen, hat keinen wirklichen Anhalt im Text; dergleichen hätte der Jahwist sehr wohl zum Ausdruck bringen können. Von einer Drohung im Sinne von *Warnung* vor drohender Gefahr darf indes durchaus gesprochen werden; von einer Gefahr nämlich, die mit dem »Essen vom Baum der Erkenntnis«, also mit dem »Erwachsen-« und »Selbständigwerden« des Menschen zusammenhängt.

2) »Erkenntnis von Gut und Böse«, das bedeutet, daß der Mensch die Dinge seiner Welt selbständig beurteilt, sie von einem eigenen Standpunkt aus ins Auge faßt, sie dabei auch »vereinzelt«. Darin erscheint ihm aber auch seine Welt, die »Natur« neu; sie zeigt sich nicht mehr nur als selbstverständliche, umfassende Einheit, in der jedes Einzelne seinen selbstverständlichen Ort und seine selbstverständliche Funktion im und am Ganzen hat. Sie zeigt sich als auch harte, unerbittliche Natur, die ihre eigenen Gesetze und Regeln hat, die keineswegs nur mild mit ihren Geschöpfen umgeht. Sie zeigt sich als Natur, in der es das Kommen und Gehen, das Werden und Vergehen gibt, Geburt und Tod, Grenze und Ende. Indem der Mensch ein selbständig Erkennender wird, wird ihm auch dieses Gesetz der Natur, zu der er doch selbst gehört, erst eigens bewußt. Als Erkennender von Gut und Böse der Natur gegenüberstehend erkennt er sich als doch ihrem Gesetz unterworfen. Was vorher kein »Problem« war, das *kann* jetzt zum Problem werden, stellt sich jedenfalls als Aufgabe dar, mit der der Mensch »fertig werden« muß.

Erkennen von Gut und Böse, das heißt, daß der Mensch der Endlichkeit seiner Welt und seiner selbst, der Begrenztheit und Vergänglichkeit aller Dinge in dieser Welt bewußt geworden ist. Ein »wirkliches Problem« könnte ihm dieses Erkennen nur sein, wenn das Sein der Welt, der Natur für ihn erkennbar auch anders sein könnte, als es ist. Näherhin: Wenn Nichtvergehen, »Unsterblichkeit« zu seiner eigenen Natur gehören würde, wenn sein Erkennen der Endlichkeit und Begrenztheit aller Dinge zugleich Erkenntnis ihrer (jetzt verspielten, aber nicht vergessenen) Unvergänglichkeit, ihrer »Unsterblichkeit«, ihres so Bleibensollens wäre. So war und ist die Welt aber nicht, und so war und ist auch der Mensch nicht. Wie alle Gestalt in der Welt vergeht (s. 1 Kor 7,31), so kommt und geht auch der Mensch in der Welt. Unvorstellbar und undenkbar, wie die Welt anders sein könnte. Damit muß und kann der Mensch als Erkennender leben. »Erkennen von Gut und Böse« ist letztlich Einsicht in diese »Relativität« allen irdischen Seins. Weder die konstitutive Endlichkeit, »Relativität« der Welt und die Begrenztheit des menschlichen Seins und Lebens in ihr noch deren Erkenntnis können als »böse« bzw. als Strafe bezeichnet und verurteilt werden, wenn anders dann auch ihr Schöpfer als »böse« strafend bezeichnet und verurteilt werden müßte.

3) Damit soll keineswegs bestritten werden, daß gerade das Sterbenmüssen, der Tod faktisch nun doch *oft* als »böse« erfahren, als geradezu feindlich und »unnatürlich« beurteilt wird. Auch nicht, daß dieses Urteil sein Recht hat. Die Frage wird aber dann auch eigens zu stellen sein, worin das Recht dieses Urteils begründet ist, das den Tod zwar auch nicht als

Strafe sieht, aber doch als »böse«, als etwas Nichtseinsollendes. Zur Begründung des Rechts dieses Urteils reicht es jedoch nicht hin, nur auf die natürlich-konstitutive Endlichkeit und Begrenztheit jeglichen Lebens zu verweisen. Diese besagt ja gerade, daß der Tod, das Sterbenmüssen ohnehin unvermeidlich ist und zum Dasein gehört, kurz: nur »natürlich« ist. So daß die Frage sein muß, ob es für den Menschen einen irgendwie »*über*natürlichen« Standpunkt geben kann und gibt, von dem aus für ihn der an sich »nur natürliche« Tod nun doch zu Recht als »unnatürlich«, »feindlich-böse« verurteilt werden kann. In Gen 3 verlautet von einem solchen möglichen Standpunkt allerdings nichts.

4) Dabei bleibt es auch, wenn wir noch jene Verse hinzunehmen, in denen vom *Baum des Lebens* die Rede ist, den Gott im Garten Eden wachsen ließ (2,9) und von dem es nun heißt: »*...daß der Mensch nicht seine Hand ausstrecke und nicht auch von dem Baum des Lebens breche und esse und dann ewig lebe, so schickte Jahwe Gott ihn fort aus dem Garten Eden, daß er den Erdboden bebaue, von dem er genommen war.*« (3,22f)

Diese Verse sind ein späterer Zusatz zur jahwistischen Erzählung. Der sie einfügende Redaktor tat dies aber nicht, um an der jahwistischen Geschichte etwas zu korrigieren, sie zu kritisieren, sondern nur, um etwas an ihr *noch* deutlicher zu machen, etwas Bestimmtes noch schärfer zu markieren. Er griff das Motiv vom »Lebenskraut«, bekannt aus dem Gilgamesch-Epos, auf, modifizierte es entsprechend dem Bild vom Baum der Erkenntnis zum Bild vom Baum des Lebens und verdeutlichte damit in der Tat zunächst einmal den Gegensatz zwischen dem gegenwärtigen sterblichen Dasein des Menschen und dem anfänglichen Leben: Das gegenwärtige Dasein ist gekennzeichnet vom Sterbenmüssen, das oft als schmerzlich erfahren wird; *so* kann das menschliche Dasein ursprünglich nicht gewesen sein.

Dem Redaktor steht also vor Augen: die Negativität des gegenwärtigen Sterbenmüssens. Diese Negativität wird aber auch von ihm nicht eigens und als solche begründet, etwa indem sie als von Gott verhängte Strafe gekennzeichnet würde. Das tut der Redaktor ebensowenig wie der Jahwist. Er nimmt es ja hin, daß der Mensch als Erdenwesen geschaffen ist, also an sich sterblich ist. Nur ist er überzeugt: In solch schmerzlicher Weise sterblich, wie es heute oft erfahren wird, kann der Anfang nicht gewesen sein. Heute ist es so, daß für den Menschen der Tod ein Grauen sein kann; er will leben, nicht sterben; d.h. er möchte »ewig leben«, nämlich nicht das »Müssen«, den Zwang, die Passivität des Sterbens erleben. Von dieser gegenwärtigen Negativerfahrung muß der Anfang frei gewesen sein; dafür steht das Bild vom Baum des Lebens im Garten Eden.

10.2.5 Der bleibende »negative touch« von Gen 3

Vor dem Essen vom Baum der Erkenntnis von Gut und Böse hatte Jahwe selbst gewarnt: Mit solcher Erkenntnis zu leben, das wird nicht leicht sein! Die Welt, die Natur ist kein »Paradies«. So gut sie ist, so ist sie doch auch eine Welt der Mühe und Not, der Vergänglichkeit, der Arbeit, des Kampfes ihrer Bewohner ums Überleben; eine Welt, die nicht nur Gabe ist, sondern auch harte Aufgabe für die in ihr Lebenden. Der Mensch hat dieses Aufgegeben-sein angenommen, er ist zum »Erkennenden von Gut und Böse«, erwachsen, selbständig geworden. Das wird in Gen 3 weder als gut noch als böse/sündig bezeichnet. Für den Jahwisten war es einfach so – und ist es seitdem weiter so. Von Verurteilung und Bestrafung des Menschen ist nicht die Rede.

So gewissermaßen wertfrei und objektiv sachlich bleibend die Darstellung des Jahwisten auch ist, ohne jeden »negativen touch« ist sie nun doch nicht. Zumindest die »Schlange« trifft ja Verfluchung (3,14). Doch ist die Schlange nicht einfachhin »das Böse«. Und so kann ihre »Verfluchung« durch Gott nicht sozusagen streng wörtlich gemeint sein, als ob sie Gottes Widerpart wäre. Ohne jedes Recht ist aber das Fluchwort nicht. »Die Schlange« ist ein dichterisches Bild. Sie »verkörpert«, wie oben gesagt, das »Prinzip« des Erkennens von Gut und Böse und somit das »Prinzip« des Herrschenwollens in der Welt. Erkenntnis von Gut und Böse, das ist ja nicht nur eine Sache bloßen Wissens, bloßer Theorie, das ist auch Sache des Handelns, der Praxis, eben des Mächtigwerdens, des Werdens wie die elohim. Aber weder dieses »Prinzip« als solches noch der Mensch, der es sich zu eigen macht, ist böse. Und doch hängt gleichsam an ihm ein Fluch. Denn faktisch *kann* die Verwirklichung dieses »Prinzips« sich auch zum Bösen auswirken; und es hat sich ja, wie der Jahwist insbesondere am Schicksal der Frau zeigt, auch schmerzlich böse ausgewirkt.

Das Prinzip der Erkenntnis von Gut und Böse und des Herrschenwollens ist nicht böse, es ist in gewissem Sinne schon das Prinzip der Natur, so wie sie eben ist – dichterisch veranschaulicht, verkörpert durch die Schlange, die einerseits das weiseste, gewitzteste Geschöpf ist, anderseits, mühsam am Erdboden kriechend, selbst am meisten »Natur« ist. So ist »die Natur«: weise und mühsam, verlockend und hart, sanft und grausam zugleich. Der Mensch hat sich dieses Prinzip zu eigen gemacht. Damit, daß ihm die Augen des Geistes aufgingen, ist er zu einem intelligenteren, klügeren Wesen geworden. Nicht böse! Aber auch nicht besser im sittlichen Sinne. Das Prinzip der Natur ist als solches sozusagen »neutral«. Und so ist auch das Handeln des Menschen nach diesem Prinzip grundsätzlich »neutral«, wenn anders der nun bewußt nach ihm lebende und es für sich ausnutzende Mensch selbst auch »Naturwesen« ist.

Dahin, in dem vom Jahwisten geschilderten Anfang des Erwachsenendaseins der Menschheit nun doch eine Katastrophe, einen Abfall zu sehen, kommt es freilich schnell, wenn man *nur* noch die »*bösen* Folgen« sieht: Angesichts all der Übel und der »Bosheit« in der Welt, um die auch der Jahwist weiß, liegt der Schluß allzu nahe, daß dann auch die »Ursache«, eben die Geistwerdung des Menschen ein böser Abfall gewesen sein müsse; die Geschichte vom Anfang wird zur Sündenfallgeschichte, zur Geschichte vom Anfang alles Bösen in der Welt. Diese traditionelle theologisch-kirchliche Interpretation von Gen 3, die Gen 3 als Sündenfallgeschichte lesen will (Stichwort »Erbsünde«), beruft sich dafür insbesondere auf die Erfahrung der *Feindlichkeit* des Todes, des Sterbenmüssens. Der Tod, das Sterbenmüssen des Menschen sei »etwas Böses« und könne somit wirklich verstanden werden nur als Strafe, Straffolge eines bösen Tuns. Das in Gen 3 geschilderte »Essen vom Baum der Erkenntnis des Guten und Bösen« sei dementsprechend ein in sich böser Akt, eine Sünde gewesen.

Wir haben indes zu fragen: Wie steht es um die behauptete Erfahrung der »Feindlichkeit« des Todes, des Sterbenmüssens? Und: Nötigt eine solche Erfahrung zu dem Rückschluß, daß das, was Gen 3 als »Essen vom Baum der Erkenntnis« darstellt, als ein sündiges, böses Tun des Menschen verstanden werden muß und nicht nur als sein »natürliches« Erwachsenwerden, so wie wir es interpretiert haben? Zeigen wird sich: In der Tat nötigt das Ernstmachen damit, daß der Tod, das Sterbenmüssen *auch* als feindlich, als böse erfahren werden *kann* und *oft* so erfahren wird, dazu, die jahwistische Darstellung über das bisher zu ihr Gesagte hinaus zu »interpretieren«, die Geschichte von Gen 3 in einem gewissen Sinne »gründlicher« zu verstehen, als sie vom Autor selbst gemeint war, *wenn* man denn die mögliche Erfahrung der Feindlichkeit des Todes mit der mythologisch-dichterischen Darstellung des »Anfangs der Menschheit« zusammenbringen will, die in Gen 3 vorliegt. Doch ein Ernstnehmen und Verstehenwollen des Todes als eines feindlich-bösen führt gerade nicht dahin, daß dann das in Gen 3 dargestellte Erwachsenwerden des Menschen als ein sittlich böser, sündiger Prozeß oder Akt angenommen, interpretiert werden müßte; diese Interpretation macht die angenommene Feindlichkeit, die Erfahrung des »bösen Todes« eben nicht verständlich, sondern behauptet ein solches Verstehen einfach nur, ohne eine wirklich sachliche Einsicht in den Zusammenhang von feindlich-bösem Tod und (angeblich bösem) Tun des Menschen zu bieten. Vielmehr läuft eine Interpretation von Gen 3, die ausgeht vom Phänomen des feindlich-bösen Todes, dann darauf hinaus, das »Essen vom Baum der Erkenntnis«, als eine in gewissem Sinne »über-natürliche«, *noch bessere* »Tat« zu verstehen, als es die »bloße Geistwerdung« des Menschen war, die wir in Gen 3 dargestellt sahen. Als eine Tat, in deren Licht das an sich natürliche Sterbenmüssen nun allerdings wirklich als »un-natürlich«, »wider-natürlich« und »böse« erscheinen muß.

10.3 Gen 3, eine Liebesgeschichte

10.3.1 Das theologische Problem

10.3.1.1 Wir haben bisher zu Gen 3 gesehen: Nehmen wir diesen Text nur wörtlich, so gibt er für eine wirkliche »Feindlichkeit« des menschlichen Sterbenmüssens nichts her. Gen 3 gibt vielmehr eine gleichsam geraffte dichterisch-bildliche Darstellung des geschichtlichen Werdens des Menschen zu einem geistig selbständig urteilen und handeln wollenden Wesen; als intelligenteres Wesen stellt sich der Mensch über Natur – jedenfalls »teilweise«, obwohl er natürlich auch »Natur« bleibt –, und das hat durchaus natürliche Folgen. So verstanden kann Gen 3 durchaus sogar geschichtlich-historisch interpretiert werden: Mit dichterischen Bildern wird dargestellt, wie der Mensch einmal geworden ist; denn so ist er ja heute – und irgendwie wiederholt sich in jedem »normalen« Menschen dieser Prozeß.

Die traditionelle dogmatische Interpretation von Gen 3 hingegen legte in den Text noch mehr hinein. Sie verstand ihn auch und vornehmlich als Darstellung eines geschichtlichen »*Sündenfalls* am Anfang«, durch den der Tod, dieser als feindlicher, böser Straftod verstanden, über die Menschheit gekommen sei. Diese Interpretation ist historisch-geschichtlich nicht wahrscheinlich zu machen, zudem erklärt sie nichts wirklich: Es bleibt, wenn man sie wirklich systematisch durchdenkt, bei einer bloßen Behauptung: Der feindliche Tod *sei* der Sünde Sold; wobei aber beide Elemente dieser Behauptung (»*nur feindlicher* Tod«, »Sünde«) *schon in sich fragwürdig* sind; erst recht ihr behaupteter Zusammenhang (»Sold« = Folge).

Das Anliegen dieser dogmatischen Interpretation war, den »*feindlichen* Tod« zu »erklären«, zu »begründen«, den es nach christlicher Überzeugung jedenfalls *auch* geben kann und gibt. Verfehlt ist aber diese dogmatische Interpretation und ihr Interesse, die »Feindlichkeit« des Todes als *jeden* Menschen treffend darzutun – weshalb *sie* den Hereinbruch des »feindlichen« Todes eben an den »Anfang der Menschheit überhaupt« verlegte –, womit jedoch der »natürliche Tod« *gar nicht mehr* möglich sein dürfte, was aber sicher nicht zutrifft. Dazu sei hier nur an das »alt und lebenssatt sich zu den Vätern legen« im AT erinnert. Auch daran, daß zahllose Kinder sterben, kaum daß sie das Licht der Welt erblickt haben; daß *sie* den Tod als feindlich erfahren, kann man doch wohl im Ernst nicht sagen.

10.3.1.2 Wir finden die Begrifflichkeit vom Tod als dem »Feind« des Menschen zuerst bei Paulus (1 Kor 15,26); bei ihm auch die dann in der theologischen Tradition so maßgebend gewordene Rede vom »Tod als dem Sold der Sünde« (Röm 6,23). Es kann auch kein Zweifel daran bestehen, daß Paulus dabei die Geschichte von Gen 3 im Auge hat und daß er sie als Sündenfallgeschichte versteht. (S. bes. Röm 5,12-19: »Wie durch *einen Menschen* [Adam] die Sünde in die Welt gekommen ist und durch die Sünde der Tod und so der Tod auf alle Menschen überging, daraufhin, daß alle sündigten..., so durch einen die Rechtfertigung.« S.a. 1 Kor 15,45-49, die Adam-Christus-Parallele.) Aber eine wirklich einsichtige Begründung ergibt das nicht. Bei Paulus wird das alles irgendwie assoziativ zusammengebracht, aber eine stringente innere Logik zeigt sich nicht.

Sie kann sich auch nicht zeigen, denn, wie oben dargelegt, ist ein zwingender Zusammenhang gar nicht nachvollziehbar: weder wenn man Gen 3 als »*Sündenfall*geschichte« liest, noch erst recht, wenn man Gen 3 als Geschichte der »Geistwerdung«, des »Erwachsenwerdens« des Menschen versteht. Gäbe es diese stringente, innere Logik, so müßte es völlig ausgeschlossen sein, daß man den Tod auch als »natürlich« begreifen kann; oder im Glauben gar als u.U. wünschenswert. (Vgl. Phil 1,23.) Anderseits sagen sowohl Gespür als auch Erfahrung, daß eben doch etwas an diesem Begriff vom Tod als dem »Feind« des Menschen dran sein wird.

Paulus hat also irgendwie intuitiv-genial eine Formulierung getroffen, die »für etwas einsteht«, auch wenn die Frage bleibt: Wofür? Wäre die Formulierung völlig gegenstandslos, so hätte die Tradition sie nicht bewahrt. Nur, der Zusammenhang, so wie Paulus ihn anvisiert (Sterbenmüssen in der Welt als Straffolge von Sünde), führt nicht zu einem wirklichen, sinnvollen Verstehen – auch wenn die traditionelle Theologie es so behauptet. Die Behauptung, der »feindliche« Tod sei Sold/Folge der Sünde, ist gewissermaßen zu kurzschlüssig. Soll dennoch der Begriff »*feindlicher* Tod« nicht einfach als gegenstandslos abgetan werden oder als »unbegreifliches Mysterium« stehenbleiben, dann ist an ganz anderes zu denken, als es die traditionelle Theologie bis heute tut. Und dann kann es auch nicht mehr um die bloße Behauptung gehen, *jeder* Tod sei »feindlich«, sondern nur noch um die Frage: Wie, unter welchen Umständen ist es möglich –

und hier aber geradezu sachlogisch notwendig –, daß der Tod als »feindlich« erfahren wird?

10.3.1.3 Es kann nun keine Frage sein, daß die *mögliche* Erfahrung des Todes als »feindlich« mit dem Wollen des Menschen selbst zusammenhängen, in ihm begründet sein muß; wenn, dann ist sie ja eine geschichtliche Erfahrung, muß also aus dem geschichtlichen Wesen des Menschen zu verstehen sein. *Grundsätzlich* muß sie also auch *jedem* Menschen *möglich* sein; womit aber gerade nicht gesagt ist, daß sie für jeden Menschen *wirklich* sein müsse! In Gen 3 wird aber nun das Wesen und Werden *des* geschichtlichen Menschen, also *jedes* Menschen oder der Menschheit, insofern dargestellt, als der Mensch eben selbständig, erwachsen, Geist wurde – womit aber noch nicht der Tod *als* »feindlicher« gegeben ist. Wenn aber die dem Menschen *auch* mögliche Erfahrung des »feindlichen« Todes einerseits etwas Neues, Zusätzliches ist, sie anderseits als mit dem geschichtlichen Wesen desselben Menschen zusammenhängend gedacht werden muß, von dem Gen 3 spricht, können wir diese Geschichte noch einmal, nun aber auf *diese* Möglichkeit hin »interpretieren«: Nun nämlich zum einen so, daß das Wollen und Handeln des Menschen nicht *nur* der Schritt zum intelligenteren »homo faber« war (für den der Tod an sich nicht »feindlich« ist, sondern »natürlich« bleibt). Und zum anderen so, daß wir in Gen 3 nicht unbedingt die Darstellung des *ersten* Wollens des Menschen bzw. der Menschheit überhaupt und somit *jedes* Menschen sehen. Wir nehmen Gen 3 also nicht mehr nur als geschichtlich-exemplarische Darstellung des ersten menschlichen Erwachsenwerdens überhaupt: Erkennen von Gut und Böse als selbständiges, freies Urteilen und Herrschenwollen; sondern als geschichtlich-exemplarische Darstellung eines anderen menschlichen Wollens und »Erkennens«, von dem wir nur dies sagen: Es *könnte*, muß aber nicht (war aller Wahrscheinlichkeit nach auch nicht) der geschichtlich *erste* Schritt des Menschen über die noch »geistlose« Natur hinaus gewesen sein. *Dieses* Wollen und Handeln des Menschen, *dieses* sein »Erkennen« kann auch ein historisch späteres, neues Wollen eines bereits zum »homo faber« gewordenen Menschen gewesen sein, welcher als solcher zwar intelligenter als »geistlose« Natur geworden war, aber im ganzen doch immer noch nur »natürlich« lebte.

Anders gesagt: Wir nehmen Gen 3 und fragen: Was müßten »Adam und Eva« eigentlich getan haben, damit der an sich doch nur natürliche Tod für sie zum »feindlichen« Tod werden konnte, ja, eo ipso werden mußte. »Adam und Eva«, sie stehen hier also exemplarisch für jeden Menschen – von dem wir also annehmen, daß er, da Mensch, ebenso handeln könnte;

von dem wir aber nicht behaupten, er würde oder müsse gar so handeln. Die Antwort auf diese Frage lautet dann gerade nicht: Sie müßten *gesündigt* haben, sondern: Sie müßten sich ineinander *verliebt* haben. – Der Tod als Feind, das ist nicht der »Sold«, der Preis, die Folge der Sünde, nein, als wirklich feindlich erscheint der Tod, das Sterbenmüssen erst den Liebenden. Seine Feindschaft zu erfahren, das ist der »Sold« der Liebe, der Preis, den der/die wirklich Liebende angesichts des Todes der/des Geliebten, der/des *Anderen* also (!) zahlen muß.

Interpretieren wir das »Erkennenwollen« von Gen 3 als Liebenwollen, so gehen wir selbstverständlich über den wörtlichen Sinn der Geschichte von J hinaus. Wörtlich genommen ist Gen 3 nur die dichterische, bildhafte Darstellung dessen, daß der Mensch zum intelligenten »homo faber« werden wollte, wurde und dies seine Folgen hatte, die durchaus verständlich sind. Unser Problem jetzt ist dagegen das dogmatische der christlichen Theologie, das im Begriff vom »feindlichen«, »bösen« Tod enthalten ist. Dieses unser Problem hatte der Jahwist nicht. Erst Paulus hat es der Theologie aufgebürdet. Er hat es zugleich mit der Geschichte von Gen 3 verbunden, sie nun als »Sündenfallgeschichte« verstanden. Darin ist ihm die ganze christliche Theologie gefolgt, ohne doch wirklich einen inneren Sachzusammenhang von Sünde und Tod *plausibel* machen zu können; sie hat ihn einfach immer nur behauptet, dabei auch nur an den Tod des jeweils Betroffenen an sich gedacht. Sie hat also Gen 3, wie schon Paulus, nur »benutzt« und etwas hineingelesen, was da gar nicht steht, ohne daß aber wirklich einsichtig wurde, daß der Tod, wie sie behauptet, nur als feindlich verstanden werden könne. Wir folgen dieser Tradition insofern, als wir ebenfalls Gen 3 »benutzen«. Wir interpretieren diese Geschichte aber nun so, daß in der Tat *einsichtig* wird, daß und wieso die Rede vom Tod als Feind wirklich zutreffen kann: Wenn wir das »Essen vom Baum der Erkenntnis« weder als bloßes Intelligenterwerden, »homo faber«-Werden interpretieren (was J entspräche) noch als Sündenfall (wie die christliche Tradition), sondern geradezu im Gegenteil als Liebenwollen, dann erscheint der Begriff vom »feindlichen«, »bösen« Tod mit einem Mal als ein sinnvoller Begriff, mit dem ein innerer, notwendiger Sachzusammenhang artikuliert wird, der tatsächlich einsichtig ist: Der Sachzusammenhang nämlich von Liebe und als feindlich erfahrenem Tod.

10.3.2 »Erkennen« als Lieben begründet die Feindlichkeit des Todes
Das Wort »Erkennen« wird im Alten Testament noch in einer ganz speziellen Bedeutung gebraucht, so nämlich, daß »der Mann seine Frau erkennt« (z.B. Gen 4,1). Wir nehmen diesen Sprach- und Wortgebrauch nun so, daß

hier »Erkennen« für »Lieben« steht; wobei unter »Lieben« keineswegs *nur* etwas »rein Geistiges«, »Platonisches« gemeint ist, sondern die ganze komplexe Wirklichkeit, die das Mit- und Füreinanderdasein von Mann und Frau eben ausmacht, umschließt und voraussetzt. Das reicht vom ganz praktischen Einanderbrauchen bis hin zum Verliebtsein in den anderen, ohne eigentlich zu wissen, warum. Wir nehmen also an: Das »Erkennen von Gut und Böse« im Paradies war ein Sichverlieben Adams in Eva oder Evas in Adam. Wir machen die Paradies- und angebliche Sündenfallgeschichte zu einer *prototypischen Liebesgeschichte*. Erst so interpretiert enthält sie auch schon dies, daß der Tod, näherhin das Sterben des/der geliebten Anderen, nur noch als feindlich erfahren werden kann.

10.3.2.1   »Adam erkannte Eva«, das soll also hier heißen: Ein Mann liebt seine Frau. Er erkennt/liebt sie, das heißt: Er sieht sie in ihrer ganzen Besonderheit als *diese*, und an sie hängt er sein *ganzes* Herz, als sie selbst in ihrer Individualität will er sie. Er »erkennt« sie im vollen Sinne, d.h. gerade nicht nur als eine nützliche Dienerin, sondern in ihrer »Personalität«, in ihrem Selbstsein; durchaus also *auch* in ihrer »Natur«, die sie ja auch ist, aber eben nicht als »bloßes Naturwesen«, sondern als ebenso erwachsenes, erkennendes Wesen, wie er selbst ist. Wir nehmen also dieses Phänomen hin – schwerlich läßt sich bestreiten, daß es dieses Phänomen gibt und geben kann, auch wenn es, wie schon gesagt, eine eigene Frage bleibt, seit wann und wo es in der Geschichte der Menschheit dieses Phänomen gibt, d.h. seit wann und wo Menschen sich wirklich mehr sind bzw. sein wollen als »homo faber« und nur intelligentere Natur –, daß das »Erkennen« des Mannes ein Vorgang des Anerkennens und Bejahens der Frau ist und »Adam« sein ganzes Herz an sie hängt. Sein *ganzes* Herz an sie hängen, das ist eben das »Erkennen« im vollen Sinne; und das bedeutet nichts geringeres, als was »Adam« in ganz einfachen Worten so ausdrücken würde: So, wie du bist, will ich dich, will ich mit dir leben, will ich für dich dasein, will ich dir gehören; noch kürzer: Ich liebe dich einfach mit allen Konsequenzen. Oder: Es ist wunderbar, gut, daß du da bist, daß es dich gibt. Ich will, daß du glücklich wirst.

Das liebende Erkennen gilt dem *ganzen* Sein des/der Geliebten! Nicht nur »dem Besonderen«, »dem Individuellen« als solchem, sondern auch »dem Allgemeinen«, dem, was »am Geliebten« durchaus »Natur« ist. Hier zu abstrahieren, zu teilen wäre lebensfremd. So wie der/die Liebende selbst »mit Leib und Seele«, mit »ganzer Seele« oder »ganzem Herzen« liebt, so liebt er/sie die/den Geliebte/n in ihrer/seiner Ganzheit. Und dies, obwohl er/sie das *ganze* Sein der/des Geliebten gar nicht erkennt i.S.v. begreift, sieht, durchschaut: Das *liebende* Erkennen ist *sowohl* Erkennen i.S.v. Sehen, Begreifen *als auch* noch mehr als nur Sehen und Begreifen. Es ist ein »intensives Anerkennen« der »Liebenswürdigkeit« des/der Anderen in seinem/ihrem eigenen sowohl bekannten als auch undurchschaubaren Selbstsein; d.h. als »Person«.

10.3.2.2 Die »Konsequenz« der Liebe »Adams zu Eva« oder »Evas zu Adam« ist aber nun die: Der Tod der/des Geliebten kann nur noch als »feindlich« erfahren werden. Die Liebe selbst macht sich den Tod zum »Todfeind«. Den Geliebten/die Geliebte zu verlieren, ist das Schlimmste, was der/dem Liebenden je »passieren« kann.

Warum ist das Phänomen dieses Verlustes unvergleichlich böser, schmerzlicher, als jeder andere Verlust? Bei jedem anderen Verlust läßt sich (prinzipiell jedenfalls zu Recht) sagen: Das läßt sich reparieren usw. Letztendlich vergeht ja alles in dieser Welt *und* kommt wieder. Aus Ruinen entstehen wieder Städte. Genau das geht hier nicht. Denn das liebende Erkennen galt ja gerade nicht irgendeinem Etwas, sondern gerade dem sozusagen Über-natürlichen, dem ganz persönlichen Sein dieses Menschen. (Das »Natürliche« war dabei mitgemeint. Es als solches wäre auch »ersetzbar«, aber allein um es ging es Adam ja nicht, als er sein *ganzes* Herz an Eva hängte. Als bloße »Haushaltshilfe« wäre auch sie ersetzbar.)

Man könnte zwar sagen: Adam weiß doch, daß es irgendwann dahin kommt. Doch das wirkliche Phänomen bleibt, daß der wirkliche Tod der Geliebten *jetzt* als das schlechthin Feindliche und nicht lediglich »Natürliche« erfahren wird; und daß dies nicht nur Dummheit und mangelnde Einsicht auf seiten des Liebenden ist. Denn auch der Liebende weiß, jedenfalls im allgemeinen, daß es in der Tat das Sterbenmüssen gibt, daß auch der Mensch »Natur«, ein »Erdenwesen« ist; und daß es »eigentlich« töricht ist, sein Herz so radikal und ohne Bedingtheit an einen anderen zu hängen. Adam hängt aber gewissermaßen *trotz* dieses Wissens – der »homo faber« würde sagen: gegen allen Verstand, der doch weiß, was kommt – jetzt sein ganzes Herz an Eva. Und dies bedeutet, in Worten ausgedrückt: Es ist gut, daß *du da* bist; *du* sollst sein; es darf nicht sein, daß *du* nicht mehr *da bist*. Dies ergibt also den eigentlichen Gegensatz, die Feindschaft und das Widerwärtige des Todes: Adam bejaht, will, liebt das Du, also Eva als Person, die auch »Natur«, aber zugleich *mehr ist* als bloße Natur; gerade um dieses Besonderen, Neuen, »Übernatürlichen« willen ist er ja selbst ein im vollen Sinne Erkennender = Liebender. Und dieses Lieben, das dem Du-da gilt, dem ganz konkreten Anderen *als* einem Besonderen, geht jetzt ins Leere; denn genau dieses Du ist nicht mehr da, und es ist als solches auch nicht zu ersetzen. Das ist für Adam genau der Widerspruch zu dem, was er wollte und will. Bildlich gesprochen sagt Adam: Ich will, daß du bist und lebst, und zwar ohne einschränkende Bedingung. Damit stellt Adam sowohl sich selbst als auch Eva *über* bloße Natur. Und genau daran »rächt sich Natur«. (»Die Natur« rächt sich selbstverständlich nicht. Sie tut nur »das Natürliche«. Aber sie widerspricht eben dem »über-natürlichen« Wollen der Liebenden.)

Wäre die Liebe »nur natürlich«, so wäre zu sagen, auch das Sterben ist »nur natürlich«. Da aber die Liebe in dem Sinne »über-natürlich« ist, daß sie das »Erkennen« im *vollen Sinne* ist, dem das »Erkannte« auch zu einem Besonderen wird, zu einem einzelnen Menschen, der gerade in dieser und um dieser Selbstheit (»Person«) willen geliebt wird, d.h. sein und bleiben soll, deshalb ist das Sterben, der Tod, das Nicht-mehr-Sein des so Geliebten gerade das »Un-natürliche«, das »Widerwärtige«, »Feindliche«; exakt die Negation dessen, was der Liebende affirmiert, erkannt und gewollt hat. Den (an sich natürlichen) Tod des/der Geliebten kann ich nicht wollen, er ist mir das schlechthin Nichtseinsollende. Was ich will, ist, daß »Du seist«, daß »Du leben sollst«. Da ist die Erfahrung des Todes des/der Geliebten die schmerzlichste Erfahrung der Aussichtslosigkeit und Vergeblichkeit meines eigenen Wollens, geradezu seiner eigenen inneren Unmöglichkeit und Widersprüchlichkeit: Ich will, was ich gar nicht kann.

Im Hohenlied heißt es: »Stark wie der Tod ist die Liebe.« Jedenfalls nimmt die Liebe den Kampf mit dem Tod insofern an, als sie trotz des Todes, des Sterbenmüssens des Geliebten ihn liebt. *Gegen* die Stimme der Natur sagt sie: Du darfst nicht sterben.

Man spricht vom »Mysterium des Todes«. Richtiger noch ist: Es ist die Liebe, der unbedingte Wille, daß der Geliebte als solcher lebe, der das eigentliche Mysterium ist: Eben das »Erkennen von Gut und Böse«, das Selbständig- und Erwachseneinwollen des Menschen, insofern es sich nun in menschlichster und zugleich unbedingtester Weise als das Lieben des Anderen verwirklicht. Das »Mysterium« ist dies, daß der Mensch sich damit *über* Natur stellt, will, daß das Du nicht sterbe, obwohl der dies wollende, liebende Mensch doch nicht sehen kann, wie dieses »Du darfst nicht sterben« als solches möglich sei. Der Preis, den er diesem seinem eigenen Wollen zahlen muß, ist die Erfahrung des »Unvorstellbaren«, daß der Geliebte nicht mehr da ist; dies ist exakt die schmerzende Wunde im Liebenden selbst: Seinem »Du *sollst* leben« widerspricht das Nicht-mehr-Dasein des Geliebten.

Nur um den »anderen Preis«, nicht *so* zu lieben und so radikal zu »erkennen«, könnte diese Feindschaft und Widerwärtigkeit des Sterbens, des Todes vermieden werden. Doch seltsamerweise lassen sich die Liebenden darauf nicht ein.

10.3.2.3 Wir sehen also hier in der Tat einen inneren »sachlogischen« Zusammenhang zwischen dem »Erkennen« und dem Feindlichen und Widerwärtigen des Sterbenmüssens: Im hellen Licht des liebenden »Erkennens« des Du wird das an sich natürliche Sterben zur bösen Bedrohung und Vernichtung dieses Du; und mit dem Gestorbensein ist dem Liebenden der entrissen, den er unbedingt »leben lassen will«. Liebe und Tod stehen sich gegenüber wie Ja und Nein, sie sind schlechthinnige Feinde. Und doch müssen wir sagen: »Schuld« an dieser Feindschaft, an dieser Erfahrung des Schmerzes, ist an sich nicht »die Natur«, sondern der Mensch. Er *will* ja *unbedingt*, daß der Geliebte, die geliebte Person als solche lebe. Sein Lieben ist ja die unbedingte Bejahung des Geliebten: Du *sollst* sein; nicht nur ein »sachliches« Sehen und Erkennen: Du bist eben, solange du eben bist. Gerade in dieser stärkeren Bejahung des Geliebten wird dessen Nichtsein, das Nicht-mehr-Dasein des Lebensollenden zum Schmerz, sein Tod zum »*bösen* Feind«. Man könnte auch sagen: Der Liebende will: *Du* sollst »ewig« leben. Dieses Wollen wird vom Tod, von der Natur brutal durchkreuzt.

Daß auch dieser Schmerz »mit der Zeit« nachlassen kann, schafft das *wirklich gegenwärtige Phänomen*, um das es hier geht und das sich ja »zusammensetzt« aus dem liebenden Wollen und gleichzeitigem Sehen und Erfahren von dessen Vergeblichkeit, nicht aus der Welt. Da erscheint es dann wieder geradezu als eine »Güte der Natur«, daß der Liebende selbst doch *auch* noch »Natur« ist; und das heißt, daß er zeitlich existiert und daß mit seinem zeitlichen Weiterleben auch der jetzt gegenwärtige Schmerz nachläßt, »vergessen« wird, zu einem »vergangenen« wird. »Das Leben geht weiter.« »Zeit heilt Wunden.«

Doch zunächst einmal ist der Schmerz wirklich, weil und solange die Liebe wirklich ist. Schmerz aber ist böse, dem Betroffenen widerwärtig, das nicht Wollbare, das als nichtseinsollend Erfahrene, nur Erlittene. Der Schmerz um den Tod des Geliebten ist aber nun das besonders Böse, das äußerste Böse, der »letzte Feind«, der ja als um so böser erfahren wird, je größer die Liebe ist, der nur vernichtet werden könnte, indem die Liebe »vernichtet« würde. Für dieses Böse gibt es auch keinen »höheren Standpunkt« in der Welt, kein noch umfassenderes Wissen, von dem her es (wie sonstige Schmerzen zumindest von außen her) doch noch als »sinnvoll«, »notwendig« beurteilt und so »relativiert« werden könnte; jedenfalls solange nicht, als gelten soll, daß die Liebe selbst bereits »der höchste Standpunkt« sei. So ist sie selbst »schuld«, daß sie um ihrer selbst willen mit diesem letzten bösen Schmerz als mit ihrem »Tod-Feind« leben muß; da für sie der Tod der/des Geliebten böse ist.

Auch so interpretiert (nämlich von der Annahme ausgehend, daß in der Tat der Tod als »Feind«, als schlechthin böse, nichtseinsollend erfahren werden *kann*) ist »die Geschichte von Adam und Eva« konsistent, plausibel; wiewohl natürlich eine neue, andere Geschichte, als der Jahwist sie erzählt. Nur: Ein »negativer touch«, ein Schatten hängt auch so an ihr, und der ist wohl sogar noch dunkler als vorher, wenn anders es nun der *äußerste*, unvermeidbare böse Schmerz in der Welt ist, der wie ein tückischer Begleiter der Liebe auf dem Fuße folgt.

10.3.3 Der eigene Tod

Wir haben vom Tod des/der Geliebten gesprochen: Hier wird der Tod vom Liebenden als »feindlich«, als »böse« erfahren. Wie aber steht es um den eigenen Tod? (Sofern man überhaupt von ihm sprechen kann und will.)

Für den »homo faber« dürfte das eigene Sterbenmüssen eigentlich kein Problem sein. Natürlich stirbt er nicht gerne und freiwillig »vor der Zeit« oder gar gewaltsam. Auch ist die Angst vor dem Sterben oder vor dem Tod ein ganz natürliches, biologisches Phänomen, nämlich die »Kehrseite« des natürlichen, biologischen Lebenswillens. In der innerlich endlichen, begrenzten Welt heißt Leben immer schon Auseinandersetzung, Sorgenmüssen für das Überleben. Wird es knapp und eng, wird also die konstitutive Gefährdetheit des Lebens noch aktueller und gar bewußter, so wird die alltägliche Sorge zur Angst. Diese Todesangst kann den Menschen ebenso überfallen wie ein Tier. Das ist aber eine *prinzipiell* zu bewältigende Aufgabe. An sich wäre es also seltsam, würde der »homo faber« als solcher den Tod als schlechthin feindlich, als »unnatürlich« werten. Er weiß ja um die Endlichkeit und Vergänglichkeit von allem in dieser Welt, auch seines eigenen Daseins als »Erdenwesen«. Und als »homo faber« hängt er doch gerade an nichts sein Herz mit unbedingter Radikalität. Hängt er sein Herz doch an etwas, so doch nur in dem Maße seines Wissens, daß alles vergeht und ständig verloren gehen kann. Darüber mag er trauern, aber das ist für ihn keine schlechthinnige »Feinderfahrung«.

Wie aber, wenn er, der Mensch nicht nur »homo faber« ist, sondern ein wirklich Liebender, der sein Herz an ein Du gehängt hat? Macht sein unbedingtes Ja zu dem oder den Lebenden sein *eigenes* bevorstehendes Sterbenmüssen zu einem ihm feindlichen, widerwärtigen Müssen – so wie es der größte Schmerz ist und für ihn wäre, wenn nicht er, sondern gerade der oder die von ihm Geliebten sterben würden?

Auch hier geht es nicht um die »natürliche« Seite seines Sterbenmüssens, sondern um die Frage, ob die Liebe zum Anderen das *eigene* »natürliche Sterben« gleichsam verschärft, also dieselbe »Folge« hat wie für den Liebenden, wenn ihm der/die Geliebte entrissen wird.

Doch so wohl nicht. Der Liebende will ja: *Du* sollst leben, und das ist ja hier der Fall. Natürlich wollte und will *er selbst* für den Anderen dasein. Aber diese Liebe zum Anderen ist gerade nicht ein Ja *zu sich selbst*, sondern ist das Ja zum Du: Du sollst sein, du darfst nicht sterben, du sollst leben. In diesem Ja zum Du liegt gerade die Selbstlosigkeit der Liebe, auch ihre gegenwärtige Sicherheit, mit der sie geradezu überspielt und zurückdrängt, daß sie doch auch nur die Liebe, das Wollen eines endlichen Menschen ist, der, wenn er gestorben ist, den Lebenden und Geliebten *in der Welt* nicht mehr lieben kann. Diese eigene Endlichkeit und Begrenztheit, die nun in unserem Fall bewußt wird und die auch zur Sorge um den Anderen wird, wäre aber nicht mehr Liebe zum und Sorge um den Anderen, sondern verkehrte sich gewissermaßen ins Gegenteil von selbstloser Liebe, wenn der Sterbenmüssende nun mehr oder nur noch an sich selbst dächte. Vielmehr wird der wirklich Liebende sagen: Mach du dir keine Sorgen, für dich ist es viel schlimmer als für mich – was ja zutrifft, wenn auch er geliebt wird. Nicht der eigene Tod ist also das eigentliche Feindliche und Widerwärtige, er gehört zur endlichen Konstitution irdischen Lebens, sondern der Tod des geliebten Anderen.

11. KAPITEL
Kain und Abel (Gen 4,1-16):
Am Ende doch noch eine gute Geschichte

1 *Adam erkannte seine Frau Eva. Sie empfing und gebar Kain.*

2 *Und sie gebar nochmals, seinen Bruder Abel. Abel wurde ein Schafhirt – Kain aber wurde ein Ackerbauer.*

3 *Nach geraumer Zeit geschah es nun, daß Kain von den Früchten des Feldes Jahwe ein Opfer darbrachte.*

4 *Auch Abel brachte ein Opfer dar von den Erstlingen seiner Herde, und zwar von ihrem Fett. Und Jahwe schaute gnädig auf Abel und sein Opfer.*

5 *Auf Kain und sein Opfer aber schaute er nicht. Da entbrannte Kain sehr, und es senkte sich sein Angesicht.*

6 *Da sprach Jahwe zu Kain: »Warum bist du entbrannt und warum ist dein Angesicht gesenkt? Nicht wahr:*

7 *Wenn du recht handelst, kannst du es doch aufheben. Wenn du aber nicht recht handelst, so lauert die Sünde vor der Tür, sie verlangt nach dir; du aber sollst Herr werden über sie.«*

8 *Indessen sprach Kain zu seinem Bruder Abel: »Laßt uns aufs Feld gehen!« Als sie aber auf dem Felde waren, erhob sich Kain gegen seinen Bruder Abel und schlug ihn tot.*

9 *Da sprach Jahwe zu Kain: »Wo ist dein Bruder Abel?« Er sagte: »Ich weiß es nicht. Soll ich der Hüter meines Bruders sein?«*

10 *Da sprach Jahwe: »Was hast du getan! Höre, das Blut deines Bruders schreit von der Erde zu mir empor.*

11 *Und nun: Verflucht seist du, verbannt von der Ackererde, die ihren Mund aufgetan hat, um das Blut deines Bruders von deiner Hand zu empfangen.*

12 *Wenn du den Ackerboden bebaust, soll er dir fortan keinen Ertrag mehr geben. Unstet und flüchtig sollst du auf Erden sein.«*

13 *Da sprach Kain zu Jahwe: »Meine Strafe ist zu groß, als daß ich es tragen könnte.*

14 *Siehe, du verjagst mich jetzt von der Ackererde; und vor deinem Angesicht muß ich mich verbergen; und unstet und flüchtig muß ich sein auf Erden; und jeder, der mich findet, wird mich totschlagen.«*

15 *Jahwe aber sprach zu ihm: »Nein! Jeder, der Kain totschlägt, an dem wird es siebenfach gerächt.« Und Jahwe machte dem Kain ein Zeichen, damit ihn nicht jeder, der ihn fände, erschlüge.*

16 So ging Kain weg von dem Angesicht Jahwes und wohnte im Lande Nod östlich von Eden.

Zur jahwistischen Darstellung vom Ursprung der Menschheit und dem Beginn ihres menschlichen Existierens in der Welt, also zur biblischen *Schöpfungs*geschichte gehört auch noch die Geschichte von Kain und Abel. Somit ist die Kain-Abel-Geschichte nicht zu lesen als bloße Erzählung von einer düsteren Begebenheit, mit der nur daran erinnert werden soll, daß es in der Geschichte der Menschheit auch Mord und Totschlag gibt, und dies bald nach ihrem Begonnenhaben. Daß es Mord und Totschlag in der Welt gibt, das weiß der Jahwist und wissen seine Leser ohnehin. Das müßte nicht eigens illustriert werden. Der Jahwist macht vielmehr aus dem bloßen Faktum des Brudermordes eine Begebenheit von prinzipieller, schöpfungstheologischer Bedeutung! So gehört sie noch zum Anfang, ist sie »*Ur*-geschichte« und als solche anderen Ranges als die dann folgenden Stücke, die aus der »*Früh*-geschichte« der Menschheit erzählen.

Das Drama von Gen 4,1-16 soll auch nicht nur Erinnerung daran sein, *daß* es von Anfang an auch das Böse in Gottes Schöpfung gibt. Mit ihm will der Jahwist vielmehr klargestellt sehen, *was* »von Anfang an«, also prinzipiell böse, nämlich gegen den Schöpfungswillen Gottes und somit wirklich verboten ist. Böse, »Sünde« – das Wort fällt erstmals hier –, das ist auf jeden Fall die Ermordung, das Totschlagen eines Menschen. Das ist auch für Gott nur noch ein Entsetzen: »Was hast du nur getan! Das Blut deines Bruders schreit ... zu mir empor!« (4,10) Mit der Kain-Abel-Geschichte als Schluß der *Schöpfungs*geschichte stellt die Bibel die Geschichte der Menschheit von Anfang an unter das göttliche Mordverbot.

Daß es dennoch Mord und Totschlag gibt, bleibt auch wahr. Aber nur düster, resignativ wollte der Jahwist nicht schließen. Deshalb macht er ganz am Ende die Sache mit dem Kainsmal zum Zeichen dafür, daß Gott das Leben in der Welt noch wichtiger ist als das Böse in ihr. Nicht Kain, sondern Gott hat das letzte Wort.

11.1 Das Mordverbot

Dargestellt werden soll das *prinzipielle, von Anfang an* geltende, strenge Verbotensein des Mordens in der Welt, die Gottes Schöpfung ist. Deshalb läßt der Jahwist Kain und Abel die Kinder Adams und Evas sein. Doch beide fungieren nicht als deren Kinder. Sie sind für J auch nicht nur Reprä-

sentanten verschiedener Kulturen, die sich bekriegen. Solche geschichtlichen Hintergründe (Nomadenhirten – Ackerbauern; Kain, Stammvater
der Keniter) sind nicht das, worauf es ihm ankommt, nämlich auf das
Verhältnis *Gottes* zu *Kain als* dem Mörder seines Bruders.

11.1.1 Nach geraumer Zeit (das Folgende steht also für sich) bringen
Kain und Abel Gott ihr Opfer dar. Jeder seines. Aber nur Abels Opfer wird
angenommen von Gott; Kains Opfer nicht. Was heißt das? Für damals! Es
heißt ganz nüchtern: Abels Opfern ist *erfolgreich*, seine Herden mehren
sich. Kains Opfern ist nicht erfolgreich; worüber Kain ergrimmt.

Mehr ist nicht gesagt. So sollten wir auch nicht mehr hinzudenken. Insbesondere ist nicht gesagt, Kain sei ergrimmt, von Zorn entbrannt gegenüber Abel oder neidisch auf ihn! Die herbe, in sich kantige »Geschichte«
will nicht psychologisierend verständlich gemacht und so zu einer zwanglos plausiblen Erzählung geglättet werden. Sonst müßte man dahin gelan-
gen: Gott selbst, der nur Abels Opfer annimmt, wäre der eigentliche
Grund des Zornes Kains gewesen, auf ihn müsse Kain wütend gewesen
sein.

11.1.2 Was sagt nun Gott zu Kain? Gott sieht Kain in seiner Verfinste-
rung – und er warnt ihn. Was das Opfern Kains angeht, so ist von ihm keine
Rede. Mit dem »Wenn du recht handelst (also: nichts Böses tust), kannst
du es (dein Angesicht) doch aufheben« sagt Gott also: Schau, daß du recht
handelst, das hat mit dem Opfer nichts zu tun! Handle recht, auch wenn
dein Opfern nicht angenommen wird, also nicht erfolgreich ist!

11.1.3 Es folgt, wieder ohne inneren Anschluß, der Brudermord.
Warum eigentlich Kain den Abel erschlägt, das wird nicht gesagt. Bewußt
nicht. Dem Jahwisten geht es nicht um Erklären, sondern um die böse Tat
als solche. Sie ist in sich böse. Das macht der Jahwist mit dem folgenden
deutlich: Gott selbst ist entsetzt: »Was hast du getan?« Das heißt: »Das
hättest du nicht tun dürfen! Abels Blut schreit bis zu mir empor. – Und
nun weiter zu dir: Du kannst hier nicht mehr weiterleben, denn die Erde,
die du mit dem Blut deines Bruders getränkt und entheiligt hast, hast du
damit selbst unfruchtbar gemacht für dich. So ist deine Strafe, nur noch
unstet und flüchtig weiterleben zu müssen.« Kain wiederum antwortet
mit dem »Meine Strafe ist zu groß für mich, als daß ich sie tragen könnte«,
daß dies kein lebenswertes Leben mehr wäre. Vertrieben von seinem
Kulturboden, würde er ohne Gott sein, schutzlos – und jeder würde ihn
totschlagen.

Die Kain-Abel-Geschichte ist keine bloße beispielhafte Erzählung von nur Faktischem, das es eben leider in der Welt auch gibt. Alle Beteiligten des kurzen Dramas läßt der Jahwist vielmehr verkünden, daß Morden wirklich *böse* ist: *Gott* warnt Kain vor der *Sünde*. *Abels* Blut *schreit* Gott die Ohren voll. *Kain* versteht sein weiteres Schicksal als *Strafe*.

11.2 Das Racheverbot

Indes hat Gott das letzte Wort: Kain soll weiterleben. Die Strafe, sich in die feindliche Fremde begeben zu müssen, bleibt zwar, denn den eigenen, heimatlichen Ackerboden hat Kain ja unfruchtbar gemacht. Doch auch in der Fremde, die auch Ferne von Gottes Angesicht ist, wird sein Leben von Gott geschützt: vermittels eines Zeichens, das jedem, der es sieht, verbietet, Kain totzuschlagen.

Indem Gott Kain das Schutzzeichen verleiht, verwirft er den »natürlichen« Gedanken, einen Täter müsse *gerechterweise* das Gleiche treffen, das er seinem Opfer antat. Wäre dies Gottes Wille und Gerechtigkeit, so behielte Kain das letzte Wort: »Das ist kein erträgliches, lebenswertes Leben!«

Doch so wollte und will Gott seine Schöpfung nicht. Das »Wunder« des Kainszeichens, das Kain wirklich am Leben läßt, beschließt die *Schöpfungs*geschichte des Jahwisten. Mit Kains Weiterleben läßt er Gott »sagen«: Wenn es auch das Böse in der Welt gibt, das »Gesetz der *gerechten Rache*« habe ich nicht in sie hineingelegt, so will ich die Welt nicht. Es wäre in der Tat ihr eigenes unerträgliches Verhängnis. So beschließt die *an sich böse* Kain-Abel-Geschichte die ganze biblische Schöpfungsgeschichte am Ende doch noch mit einem *guten* Wort: Jahwe ist kein Gott »gerechter Rache«.

Karl-Josef Kuschel
Gottes grausamer Spaß?
Heinrich Heines Leben
mit der Katastrophe

Karl-Josef Kuschel
Gottes grausamer Spaß?
Heinrich Heines Leben mit der Katastrophe
360 Seiten. Gebunden. ISBN 3-491-70350-6

Die letzten Jahre seines Lebens zwangen Heinrich Heine,
den scharfsinnigen Kritiker der Religion, in seine
»Matratzengruft« – gelähmt, fast blind, die schmerz-
haften Krämpfe mit Opium betäubend.
Heines biographische und künstlerische Zeugnisse lassen
seine »Rückkehr zum Gott unserer Väter« im Zeichen
innerer Freiheit nachvollziehen. Er beugte sich nicht,
fand vielmehr zu einem Gespräch mit Gott, in dem
Ironie, Spott und geistreicher Witz nicht fehlen.

Patmos

Walter Simonis
Auferstehung und ewiges Leben?
Die wirkliche Entstehung des Osterglaubens
152 Seiten. Englische Broschur. ISBN 3-491-70345-X

Der Glaube an Auferstehung und ewiges Leben ist
gleichsam der springende Punkt des Christseins.
Das Buch zeigt, dass es durchaus vernünftig ist, an ein
Jenseits und ewiges Leben zu glauben.